魏建功語言學論文集

魏建功 著

商務印書館
The Commercial Press

2012年·北京

圖書在版編目(CIP)數據

魏建功語言學論文集/魏建功著.—北京:商務印書館,2012
(中國語言學文庫·第1輯)
ISBN 978-7-100-08576-2

I.①魏… II.①魏… III.①漢語—語言學—文集 IV.①H1-53

中國版本圖書館 CIP 數據核字(2011)第 187376 號

所有權利保留。
未經許可,不得以任何方式使用。

WÈIJIÀNGŌNG YǓYÁNXUÉ LÙNWÉNJÍ
魏建功語言學論文集
魏建功 著

商 務 印 書 館 出 版
(北京王府井大街36號 郵政編碼100710)
商 務 印 書 館 發 行
北京市鬆源印刷有限公司印刷
ISBN 978-7-100-08576-2

2012年12月第1版　　　開本 850×1168 1/32
2012年12月北京第1次印刷　　印張 14$^5/_8$
定價:35.00 元

目　　錄

古陰陽入三聲考 ………………………………………… 1

陰陽橋 …………………………………………………… 94

《古音陰陽入互用例表》序 ……………………………… 100

遼陵石刻哀册文中之入聲韻 …………………………… 109

說"轍兒" ………………………………………………… 119

張洵如《北平音系十三轍》序 …………………………… 134

吳歌聲韻類 ……………………………………………… 150

唐宋兩系韻書體制之演變
　　——敦煌石室存殘五代刻本韻書跋 ……………… 179

陸法言《切韻》以前的幾種韻書 ………………………… 202

論《切韻》系的韻書
　　——《十韻彙編·序》 ………………………………… 228

《切韻》韻目次第考源
　　——敦煌唐寫本《歸三十字母例》的史料價值 …… 290

"國語運動在臺灣的意義"申解 ………………………… 310

國語運動綱領 …………………………………………… 320

國語通訊書端 …………………………………………… 322

何以要提倡從臺灣話學習國語 ………………………… 324

怎樣從臺灣話學習國語 ………………………………… 327

國語常用"輕聲"字 ……………………………………… 336

國語辭典裏所增收的音 ……………………………………… 349

漢字局部改造的問題
　　——簡體字表、簡體字典和標準行書述評 ……… 354
漢字發展史上簡體字的地位 …………………………… 371
迎接新的文化高潮的前奏
　　——《漢語拼音方案（草案）》幫助漢字通讀正音的重大意義
……………………………………………………………………………… 380
《國語辭典》論評 ………………………………………………… 386
編輯字典計劃 ……………………………………………………… 397
對 1976 年修訂《新華字典》方案（草案）的意見 …………… 404
關於詞典編纂問題致曹先擢同志的兩封信 ……………… 411
祖國語文的特點 ………………………………………………… 425

中國純文學的形態與中國語言文學 ……………………… 434
談文翻白 ……………………………………………………………… 450
談何容易文翻白 ………………………………………………… 458
後記 …………………………………………………………………… 464

古陰陽入三聲考

考　目

作考緣起分一　　　　　　ㄉ通轉說
商訂胡文分二　　　　　　ㄊ轉變說故
　ㄅ正名的商榷　　　　　（丨）時
　ㄆ定義的商榷　　　　　（ㄨ）地
　ㄇ解釋的商榷　　　　　（ㄩ）人
　ㄈ例證的商榷　　　　考餘叢說分四
　ㄌ結論假設的商榷　　　ㄅ聲韻關係說
本考正文分三　　　　　　ㄆ古語臆說
　ㄅ分部說　　　　　　　ㄇ新法考訂說
　ㄆ審音說　　　　　　考賸分五
　ㄇ至祭月三部對純韻說　ㄅ虛妄辨實
　ㄈ部次說　　　　　　　ㄆ疑難懸問
　ㄌ對轉說

作考緣起分一

去年（民國十七年）十月九日，我有一段隨筆：

"吾"字宋代取以對"鷓"之有聲隨音。因疑古代"陽"、"陰"、"入"之別："陽"、"入"固如各家所云，而"陰聲"實亦有聲隨。朝鮮語之有"-l"而爲"-l"，別有"-s"轉爲"-t"，不無相關。陽聲爲 m、n、ŋ 三者，故入聲有 p、t、k 三者至於入聲之 f、s、h，當是陰聲轉入（今應改爲"與陰聲對轉者"）。此於連綿複詞之首次音間之聲，可以研究。以音韻學名詞釋之如下：

陽聲爲附鼻聲	m	n	ŋ
入聲爲附塞聲	p	t	k

純韻之入聲，爲喉音之塞（今應改爲純韻所附之聲）。

分聲爲塞通之變。

l

陰聲爲附通聲	f	s	h
	w (今應改ɥ)	j	w

當時這個假設是因爲同日先有一段隨筆而發生。

唐代回鶻，迄宋音變，字作"畏吾"，元復作"畏吾兒"。其作"畏兀兒"、"委兀兒"、"委吾"、"畏午兒"、"畏孤兒"者，同音別書也。按宋以前語音，入聲尾音尚有聲隨。南宋以降，日漸消失。故回鶻音本爲ŋuiŋul，唐音確當。宋時"回"已爲hui，"鶻"亦爲hul，不得不別取"畏吾"、"委吾"，以符音讀。今"畏"、"委"又復非ŋ聲矣。"吾"字，當時或即有l聲隨，或因讀ŋɔ（或ŋa）時，似有l音模糊於其後也。至於加"兒"字作三字時，"吾"字音讀，亦復非舊，而徑爲vu（或u）之類。今試以朝鮮語音讀"回鶻"二字，與吾人讀"畏兀兒"正無二也。

這個假設定了以後，就着手輯連綿詞，不久病了，便擱置下去。

後來疑古玄同師告訴我，胡適之先生對古陰聲有認爲入聲的主張。師意若有所出入，因爲他這一年來常對我講過他對於今日北方入聲讀法的意思。他以爲"鶴"之爲"ㄏㄠ"，"勺"之爲"ㄕㄠ"，"藥"之爲"lㄠ"，"六"之爲"ㄌㄡ"，"菊"之爲"ㄐㄡ"，"粥"之爲"ㄓㄡ"等等，恐怕是"古已有之"的。他的意思说，古音的入聲讀音狀況和今音之各地同異互見是一樣情形，所以北方之讀"覺"爲"ㄐㄠ"，"粥"爲"ㄓㄡ"等等，原來也許就是北方的聲音。這本來也是一種假設。我便提出我對陰聲的假設，他説這也未嘗不可説，不過要找證據！

最近，我見到了《新月》第一卷第十一號，讀過適之先生的《入聲考》，覺得可以將這個未得充分證據的假設寫出來，讓治《國音史》的學者指教！

玄同附記：我一向是主張段氏古音有入無去說的。在兩年前有一個時候，相信孔氏古音有去無入說。理由是這樣：今入聲字，古常與陰聲相通而不與陽聲相通，看《廣韻》等書，入聲字的"聲符"，見於陰聲的很多而見於陽聲的極少。竊疑古音如有入聲，而入聲是有塞聲隨的，則應與有鼻聲隨的陽聲相通，不應與沒有聲隨的陰聲相通。又見"鶴、勺、藥"等字古在宵部而今北音適讀幺韻，"六、菊、粥"等字古在幽部而今北音通讀又韻，與古音的路正相吻合；故擬改從孔說，以爲古有去無入。後來一想，照此說法，對於附k與附t的入聲固無問題，而對於附p的入聲，沒有陰聲可歸，便沒有辦法了。照錢大昕與鄒漢勛所說，緝盍似與脂泰有關，但相通者什一，而不相通者什九，當然不能根據單文孤證，抹摋其他，便胡亂把緝盍併入脂泰。故不久即取消此意，仍主段說。現在我以爲入聲字的聲符常與陰聲相通者，乃是它的聲隨漸漸失去，或如建功兄所說，塞聲隨變爲通聲隨。此等變遷，大概《三百篇》時代偶一有之；自周末至西漢，乃大盛；後來越來越利害，所以變出去聲和陽平來，而陰聲的平上兩聲中也有一部分古入聲字跑了進去；至元明以來，大多數的區域乃將入聲完全消滅了。

商訂胡文分二

我未叙正文之前，請將對於胡先生《入聲考》要商訂的話說了——我之所以作這篇考證文正是胡先生那篇考證文引出來的。

(ㄆ)正名的商榷：中國學術上名詞用法的淆混最不堪狀，音韻學中更加厲害。只一個"聲"字就足賅其例。"聲"字的用法有：

(1)"聲音"，常言；
(2)"聲紐"、"雙聲"、"發聲"、"收聲"，專言"子音"；
(3)"諧聲"多指同"韻"，專言"母音"；
(4)"四聲"，專言"聲調"；
(5)"陽聲"、"陰聲"、"入聲"，專言"音綴"。

胡先生文中，在名詞上略有可商之處凡四點：

(1)"收聲"。胡先生說明入聲的定義：

"入聲"是韻母收聲於-k、-p、-t三種聲尾的聲韻。"

"收聲"一詞，等韻家拿來講聲紐音讀狀態的，大抵是今日音韻學上所謂"鼻聲"和"摩擦聲"。此處用"收聲"，似尚可商。推想胡先生的文意當是：

> 韻讀末尾讀出-k、-p、-t 的聲隨（即胡先生云"聲尾"）來的一種韻叫入聲。

(2)"聲韻"。按胡先生所謂"聲韻"，乃是"附聲隨韻"，或"附聲韻"、"聲隨韻"。

假使只用一個"聲"字作爲"附聲隨韻"的形容，與單獨的"聲"、"韻"二字要有混亂。

(3)"閉口"。胡先生謂：

> 收聲於-k 的爲
> （a）屋覺類（屋—覺）皆閉口；
> （b）藥德類（藥—德）皆閉口。

"閉口"向指 m、p 的閉口聲，此處胡先生說的"閉口"是"合口"。"合口"是用於韻母的，"閉口"是用於聲母的。因爲韻是根本無阻的音，只有開合，不能有開閉！胡先生本文所引孔廣森語中的"至於入聲則自緝合等閉口音外，……"，可以證明。

(4)"入聲"。就是下節所說。

(夂)**定義的商榷**：我對於胡先生全文的"定義不劃一"，認爲是最可商的一點。胡先生說過了《入聲考》，所考的"只關於漢以前有無入聲的問題"。就我所知，我們研究古音（周、秦—前漢）只是分陰陽入三聲來講，所以亭林《音論》、東原《聲韻考》都特別記述"四聲之始"，顯然與陰、陽入分爲兩截。胡先生因爲過去學者有許多拿後出的四聲去講古音，便作《入聲考》。其實，過去學者沒有能用標音符號去審音，並且依據分四聲的《切韻》韻部做材料。因而既分陽、陰、入三聲，又被平上去入四聲鬧得頭昏眼花罷了。胡先生却被"陽陰入"、"平上去入"兩重壓迫了。他全篇替"陽陰入"的入聲下定義，竟不斷的去討論"平上去入"的入聲有無問題！

胡先生全文給入聲（陽陰入之入），下的定義有：

(1) 入聲是韻母收聲於-k、-t、-p 三種聲尾的聲韻。《新月》頁一）

（2）入聲有特別的聲尾,和陽聲之收聲於-m、-n、-ng 者固然不同,和陰聲之收聲於單純韻母或複合韻母者,也絕不相同。《新月》頁二）

（3）入聲爲最古之聲。《新月》頁四）

（4）凡同偏旁之字,古代平入同押的,其時皆是入聲。《新月》頁八）

（5）去入同用的字,古時皆是入聲,皆有[聲]尾,後來一部分脫去[聲]尾,皆成去聲。《新月》頁九）

以上（1）（2）的意思是對的。（3）（4）（5）是還得商量的問題。胡先生評過去學者的根本錯誤說：

> 根本上的錯誤是什麼呢？就是在那人人平常都不疑問的"某部有平上去入"一句最不通的話。入聲自有特別的聲尾,故決不會和平上去爲同部。故說某部四聲皆備,開口便錯。

於是他提出修正說：

> 所謂某部古備四聲,其實只是某種入聲字有一部分很早就失掉了聲尾,變成了平上聲；後來又有一部分失掉了聲尾,變成了去聲。

他是根據上面（3）（4）（5）的觀念下的判案,但是我敢說：

> 講古音的陽陰入用韻書時代以來的平上去入講,"開口便錯"！

我們講古音,可以說：古音的陽聲字、陰聲字包括今音分在平上去的字；古音的入聲字包括今音分在去入的字；但不能說古音某部陽聲字或某部陰聲字是讀今音的平或上或去。古音的陽聲、陰聲、入聲只是音綴分別的標準；平上去入是陰陽入的分別方法變更以後分聲調的東西。所以,胡先生說,"某種入聲有一部分很早就失掉了聲尾,便應變成了陰聲"。而他卻說是"變成了平上聲"！說"變成去聲"的,也是一樣。因爲他自己居然也在說明"某部古備四聲"了,焉得不入歧路,焉得不自相牴牾呢！我們要認明古音陰陽入和後來的平上去入的沿革關係。茲依舊說列表如下：

今音對古音	聲　調　及　音　綴					註
今	平	陰平 陽平	上	半上	去	入缺	本欄小字是 國音情形。
古	陽 附-m、-n、-ng					入附-p、-t、-k	
^	陰 不附-m、-n、-ng、-p、-t、-k						

我們讀胡先生《入聲考》,但注意他的八條《三百篇》時代古陰聲狀況的假設,便可中肯,那是他全文的結論。那八條結論中間,我們就可以看出"入聲"定義的不劃一。他説:

> 以我的觀察,陰聲各部的古音在《三百篇》時代大概有下列的狀況:
>
> (1)歌部是收聲於韻母的平聲。
>
> (2)脂微的平聲在古時大概是收聲於-i的平聲。
>
> (3)至祭各去聲韻是收聲於-t的古入聲。
>
> (4)術物等入聲是古入聲。
>
> (5)支部是古入聲,無平聲,可稱"益部"。
>
> (6)之部是古入聲,似無平聲,可稱"弋部"。
>
> (7)宵幽侯各部古時也是入聲。
>
> (8)魚模各韻也是古入聲——以上從支到魚模,皆收聲於-k。《新月》頁十六)

如何可以在這八條中間看到他所用的入聲定義的不劃一呢?請觀下文,便知端底。

(冂)解釋的商榷:這裏,我們要來討論上文引出的胡先生的入聲定義(3)(4)(5)。

依胡先生説,入聲是中國最古的聲(3),所以凡平入通押的(4)和去入通押的字(5),原來都是入聲,那在平去的字便是入聲的聲尾脱去以後的情形。再拿他的八條結論來看,古陰聲尚有(1)歌(2)脂微兩部是收聲於平聲,就是説是陰聲。他全文的目的似乎是"古無陰聲"的說明，或"古陰聲爲最古入聲所變"的說明。然則這歌脂微爲什麼收聲於平聲呢？

又，韻的基本(舊日所謂元音)當然是單純韻和由單純韻拼成的複合韻。鼻韻和那些加附聲母的韻應當是後起，不然也該同時。這是音韻學上講"音素"演變的正格。假如入聲是最古的聲，而陰聲(按即胡先生所謂平上聲和去聲)由入聲變出來的，那中國語豈不是與語言學的公例相反嗎？陽聲如何？胡先生也未曾說明。度其意大約是與入聲同古。若重視他"入聲最古"的"最"字，則並陽聲也應是先由入聲變來的了！那末，原始中國語也可算極其奇特了！

講音韻的人常拿小孩兒學話的演進做人類語言演變的參考。因爲人類進化的歷程，大家認爲小孩兒自小到大是一個小縮影。我們沒有聽過小孩兒們學話先從入聲起。照胡先生舉例(《新月》頁十四)，我們可以推定"父"、"母"二字，豈不應該讀 pak、mak(父古聲 p，父母古韻 a)了嗎？難道中國的先民却成了例外？——雖然也許是例外。我們總不能相信這個新假設，與汪榮寶先生不肯相信中國古韻多歛的舊假設一樣。胡先生指古陰聲爲入聲，我們既不能從同。但我們相信古陰聲也有聲隨是可能的。不過既不是 -m、-n、-ŋ，也不是 -p、-t、-k。

胡先生譯引瑞典學者珂羅琨倫的《分析字典引論》27(《新月》頁七)，做他的"入聲爲古而他聲爲轉音"的理由：

> "乍"已讀成去聲，而"昨"字仍是入聲。"敝"已讀成去聲，而"瞥"字仍是入聲。如果先有去聲，後變成入聲，則"乍"、"敝"等字的韻母儘可以隨便加上三種入聲尾之任何一種，可以加 -k 尾(屋藥等部)，可以加 -p 尾(緝乏等部)，可以加 -t 尾(質薛等部)。何以從"乍"之入聲字皆只有 -k 尾(鐸部)，從"至"之入聲字皆只有 -t 尾(質屑部)，從"敝"之入聲字皆只有 -t 尾(屑部)，而不會混入別種聲尾呢？

> 由此可知"乍"字古本是有喉音的聲尾(-k 或 -g)的入聲，"至"與"敝"本是有齒音的聲尾(-t 或 -d)的入聲。

他又引珂羅琨倫用方音做參證的研究說：

珂羅琨倫先生用廣東話和日本的漢音吳音作參證,推知中古時期(隋代《切韻》成書時期)的入聲的音值。就這一千幾百年的音韻演變的歷史看來,無論在那一種方言裏,都只見入聲之變平,從不見平聲之變入。故我們可以推知入聲之古。

關於這兩點,方法上誠然是我們研究中國音韻,尤其是古音韻的重要參考。不過推想上的結論,我們總得要斟酌去取。最重要的一點,便是珂氏是以《切韻》爲標準而講平上去入四聲的。他講的"入先於去"只是《切韻》裏分劃的去入,並非《切韻》以前的聲調便可以用去入來分。他這一個證明儘可替我們古音研究中證明古音入聲字對等於《切韻》音去入二聲,便是説"《切韻》音的去聲字在古音中即是入聲"。可是這裏《切韻》的入聲是今四聲的入聲,與古音的入聲價值不同,也並不能賅括古陰聲也是入聲。至於珂氏看出"只見入聲之變平,從不見平聲之變入"的現象也是根據的這一千幾百年《切韻》時代方音的演變,不可以將《切韻》音"平聲"便只當做古陰聲。《切韻》時代的平聲字對等於古陽聲、古陰聲的各一部分呢。"只是入變平,平不變入",可以論之於《切韻》音。講古音還似乎以用"陽"、"陰"、"入"來説,較爲明白正確。

(二)例證的商榷:胡先生舉的例:

(1)來字的協韻法。他説:"若'來'是平聲,則不當和入聲之'服'、'棘'、'塞'等字爲韻。若是入聲,則不當和平聲字爲韻。若'來'是平聲,則'服'、'棘'等字當然也是平聲,方可爲韻;若是入聲,則'思'、'期'、'壻'、'哉'等也是入聲,方可爲韻。但決無入聲和平聲相爲韻之理。"

思來《《雄雉》》	期哉壻來思《《君子於役》》
疾來《《采薇》》《《杕杜》》	來又《《南有嘉魚》》
牧來載棘《《出車》》	來服《《大東》》
亟來囿服《《靈臺》》	寒來《《常武》》

《新月》頁三)

(2)段玉裁所分《六書音均表》第二部字説是無入皆平,如"昭"、"樂"、"懆"、"藐"、"虐"(抑)爲韻。胡先生説:"我們何以不可

説'昭'字與'沼'、'炤'等字古時同是入聲呢"？《《新月》頁四）

(3)胡先生説："凡從'毛'的字古皆讀入聲,《詩經·板》之四章,'毦'字協'虐'、'謔'、'蹻'、'毦'、'謔'、'熇'、'藥',《詩經·抑》之十一章,'昭'、'樂'、'懆'、'藐'、'敎'、'虐'、'耄',皆可爲證。又'罞'字亦是入聲,亦是一證。從'固'的字古亦讀入聲,'涸'字可爲證。故《詩經·關雎》之'芼'與《楚辭》之'固'皆入聲也"。——反駁孔廣森古音無入説。《新月》頁三及四）

(4)同偏旁的字,絕大多數全都變平聲或去聲了。但往往有幾個冷僻不常用的字還在入聲。如從高之"嚆"、"熇",從交之"較",從喬之"蹻"、"屩",從召之"炤",從毛之"罞",從固之"涸",從夜之"被"、"腋"、"液"等,從至之"蛭"、"垤"等,從寺之"特",從是之"湜"……。此項冷僻之字決不會是由平聲變成的入聲,必是因冷僻而得保留古音。故我們認入聲爲古。《新月》頁十八）

我在此處且不論其他,更不多在胡先生的例子上起異議。因爲他舉的例證從他的眼光去説已經是對的了。我們且依他結論的新假設再向古韻文裏去比合比合看。我們假定認明一句話:文字中間描摹聲音(縮稱摹聲)的字,它所表示的聲音,一定與被表示的東西所有的聲音相似——幾於相同;否則是字音有了演變,才會不像。我翻檢過了《三百篇》中間的摹聲字,有:

喈喈　寫兩類聲音:

(1)禽聲——黃鳥、鷄鳴、倉庚、鳳凰,

(2)金聲——八鸞、鐘。

虺虺　寫雷聲。

鷕　寫雉鳴聲。

嘅　寫嘆聲。

懆　寫嘆聲。

以上屬脂部。

吁　寫嘆聲。

呱　寫哭聲。

許許　寫伐木羣人舉力聲。

薄薄	寫驅車聲。(亦)
橐橐	寫杵聲。(亦)

以上屬魚部(新考亦部附)

喓喓	寫蟲羣鳴。
嗷嗷	寫鴻鴈哀鳴。
交交	寫黃鳥、桑扈鳴。
嘵嘵	寫哀音

以上屬宵部。

膠膠	寫雞鳴。
叟叟	寫淅米聲。
呦呦	寫鹿鳴。
蕭蕭	寫馬鳴。
瀟瀟	寫風雨聲。

以上屬幽部。

嘒嘒　　寫三種聲音:

(1) 蜩鳴——蟲,

(2) 鸞聲——金,

(3) 管聲——竹。

噦噦	寫車鸞聲。
濊濊	寫罟入水聲。
翽翽	寫鳳凰飛羽聲。

以上屬祭部。

挃挃　　寫收穫聲。

以上屬至部。

緝緝　　寫口舌聲。

以上屬緝部。

這些都是陰聲和入聲。除了脂部胡先生承認是收-i 的陰聲(他所謂平聲),再擱開祭至緝三部以及亦一部的入聲,還有魚宵幽三部。依胡先生説,應該是收-k 的入聲。我們實在難以相信,

(1) 嘆息的聲音(吁)和哭的聲音(呱)末尾可以附-k;

(2) 伐木羣衆用力的聲音(許)末尾也附上了-k！
我們也難以相信，

(1) 羣蟲鳴聲的末尾是有-k 作 jɔk 或 iɔk（jauk、jaok、iauk、iaok），而人的哀音也是有-k 尾音作 jɔk 或 iɔk（jauk、jaok、iauk、iaok）的；

(2) 哀鴻之聲作 ŋok 或 ʔɔk（ŋauk、ŋaok、auk、aok）而附加-k！
我們更難以相信；

(1) 雞叫不作 ko ko（或變 kiokio——ʞioiʞ——ʞouʞou），而作 kokkok；

(2) 淘米的聲音不作 so so（或變 ʃoʃo——ʃuʃu——ʃouʃou），而作 soksok；

(3) 鹿叫的聲音不作 jo jo 竟至於 ʔoʔo（或變 ioio——iuiu——ouou），而作 ʔokʔok、jokjok；

(4) 馬鳴不作 ho ho（或變 çioçio——çiouçiou），而作 hokhok；

(5) 風雨聲不作 so so（或變 siosio——siousiou），而作 sok-sok！

以上這三部本是陰聲，胡先生訂做入聲，所以摹聲字所表的音就全行不像了。依我看來：

"吁"字正是現在人開口便出的嘆聲 ha"哈"！ he"咳"！ 的原形。ha、he 引長便是 hai、hei。ha、hai、he、hei 失去 h，便是 a、ai、e、ei。"葛之覃兮施于中谷"的"于"正是一個 a 的聲音。我們如皋方言裏面就有這種"a"的用法。用如皋方言講《三百篇》中的"于"，便可明瞭，而且都講的通。這"于"字大概是動詞的後置語助詞，而表示下列各種意味：

(1) 自動詞的既事式＝了。

(2) 自動詞的方事式＝著。

(3) 他動詞的過去方事式＝著了。

(4) 同"吁"(除外)，嘆詞。

各例中"于"字音都是 ɑ。《三百篇》中的語助詞、嘆詞，用這方法來對照，都能得相當的解釋。又，hai 非原始聲音，因為許多方音裏頭讀 ai 的字，都只能讀成 a 或 e。所以 ha、he 的嘆聲才是今日 hai 的原始聲音。ai 的來源還另有一條從附-t 的 a 字變來的路。

"呱"字正是小孩兒的哭聲。現在有叫小孩做"哇哇"的，便是這"呱呱"末聲的聲音 uaua。小兒決不會合着嘴 kuku 的哭，這是很簡明的事實。哭着嘴一合一開，正是先 u 後 a。哭的厲害，嘴只開着合不攏來便是 aa。

"許許"正是做工的齊聲用力的聲音，當是 ha、he（又有變爲 hai、hei、ho、hoi 的），與"吁"字同。

這類凡表示人自然發生的聲音的字是魚部，這現象是值得注意的，魚部必不是入聲。魚部寫聲（與摹聲略異）字例如：

吧 且 者 諸 喳 嗦 咤 居 呱 呀 乎 呼
吁 噓 許 胥 嘎 啥 嚷 惡 烏 于 於 與
......

"嘵嘵"正像今人呼爲"吆吆"之聲；而"喓喓"也正是蟲豸的叫聲。大抵人哀痛時，若不是號啕，其發出的自然呼聲，一定是較低而長，如 ici ici。

哀鴻之聲是 ŋcŋc 或 ʔcʔc 的"嗷嗷"。c 後來變了，於是成了 ao、au、iai、iau 之類。c 音朝鮮存留尚多，其字母中的ㅓ、ㅕ，便是 c、ci。例如：

    c   어   魚 語 御

    ci   여   余 與 豫

按朝鮮讀魚韻爲어여，讀宵韻爲오요（o、io），我以爲是中古以來既變之音。依着條理相推，恰可做古魚部爲 a，宵部爲 c 之參證。

    鷄叫正是"膠膠"koko 的。"交交"同"膠膠"。

    淘米的聲音正是 soso。

    鹿叫正是 ʔoʔo。

    馬鳴正是 hoho。

    風雨聲正是 soso。

    朝鮮音讀尤侯爲 u（우），尤、幽爲 iu（유），是古幽部侯部已混

古陰陽入三聲考　13

變後情形。

這古宵幽二部字，《三百篇》中多用以摹擬禽獸鳴聲，這是可注意的一點，宵幽二部必不是入聲。宵部寫聲字例如：

　　叨　嘮　嗷　嘵　吆　嘤……

幽部寫聲字例如：

　　咆　啁　呦　殽　啾　皋　膠　噢　哮　咻　蕭　嘯
　　叟　飀　騷　呦

陰聲字除了這魚宵幽三部不應該如胡先生所説是入聲外，還有支之侯三部，胡先生也説該是入聲。在《三百篇》中，我們找不到用這三部字摹擬事物聲音的例，只有些語助詞和嘆詞。語助詞和嘆詞也是一種寫聲的字，大概有"巧合自然之妙"。

"兮"、"只"、"斯"最多見，同在支部，當是收 ə 或 ɐ 的一種中韻。因爲中韻容易發，所以支部字用做語助詞的多見。因爲中韻的地位，別的韻部容易轉來。方面一多，所以支部字音最爲紛雜。如果支部是入聲，加上-k，爲什麼語助詞最多見的倒是有-ik 的"兮"呢？其實"兮"的韻爲 ə 或 ɐ，乃是説話到末尾極容易附帶的"自然韻"。因爲 ə、ɐ 的發音與入聲沒有分清楚，便誤以爲是入聲了。"兮"字當有以下的沿革：

　　　　ə、ɐ——xɸ——hɸ——çɸ

"只"字當有以下的沿革：

　　　　zə、zɐ——tzə、tzɐ——tzɸ、zɸ

"斯"字當有以下的沿革：

　　　　sə、sɐ——sɸ

"哉"、"矣"、"思"、"止"、"其"、"而"、"有"、"載"、"忌"、"噫"、"嘻"同在之部，當是收 i 或 I 的前升韻。I 與入聲容易不分，這是致誤之由。這一部大概複韻多。複韻發音狀況多有變成"易然韻"。複韻發音習慣有惰性的蜕變，自然韻大半是惰性的歸宿。所以：

　　　哉　　載　　有易然韻 e、ɑ，和自然韻 tzɸ、tsɸ。
　　　矣　　思　　有易然韻 i、e、ə，和自然韻 sɸ、zɸ。

止		易然韻即自然韻 tφ(tzφ　tsφ)。
其	忌	易然韻即自然韻 k'φ(ʁ'φ)。
而		易然韻即自然韻 nφ(ʒφ)。
噫	嘻	有易然韻 e,和自然韻 xφ、cφ、jφ(i, xi, hi, ji)。

"侯",侯部,當是收-u 的後升韻。《小雅·正月》:"瞻彼中林,侯薪侯蒸"。《毛傳》是遠望林中維有薪蒸之意。"侯"既作"維"解,而"維"在脂部。依胡先生說脂部是收-i 的平聲,何以"侯"字是入聲呢? 按脂部當是收 u 的陰聲,與侯收 u 的地位密切,所以轉通。

總括來說,胡先生所考益、弋二部入聲是對的。但他說支、之應是益、弋,作入聲,是不對的。

胡先生所考陰聲是入聲,幾於全不成立。就因爲他把例證用反了——他的例證都是可以證明古陰聲的讀法,並且可以看出古陰、入兩聲的關係。

(丂)結論的商榷:胡先生所考,是取王念孫二十一部加以討論的。王氏二十一部是:

陽聲九	東　蒸　侵　談　陽　耕　真　諄　元
陰聲八	歌　脂　支　之　魚　侯　幽　宵
入聲四	盍　緝　至　祭

胡先生提出要點五:

(1) 陽聲皆無入(指的平上去入的入)。

(2) 歌部(陰聲)無入(同上)。

(3) 盍緝二部(入聲)無平上去(同上)。

(4) 至部與祭部(入聲)皆有去入而無平上(同上)。

(5) 脂、支、之、魚、侯、幽、宵七部(陰聲)有平上去入四聲(同上)。

《新月》頁八)

他討論的情形:

認爲(1)(2)(3)三點不錯,並且加以說明。(《新月》頁十)

(4) 點認爲王念孫"確是一大進步,比段玉裁、孔廣森等精密多了"。(《新月》頁十)

(5) 點認爲"脂、支、之、魚、侯、幽、宵等七部的字古有平上去入四聲'之說是錯誤的",並且考證得有《三百篇》時代古音陰聲各部的狀況。原文引見上文"定義的商榷"節。《新月》頁十六)

我已經在上兩節分別提出商榷。現在我要提出另一個暫定的假設來——便是下章所寫的文字了。

本考正文分三

(ㄅ)分部說

古音無所謂平上去入(以下簡稱"四聲"),這個原則是研究古音陰陽入聲的重要基本。我們研究古陰陽入聲的依傍是分四聲的《切韻》,要類納古音諧聲字母的部類不得不從這裏面抽繹。所以我們對於古陰陽入聲(以下簡稱"古三聲")與今四聲的關係要切實認明。我們可以說:

(1) 古三聲是字音組織上的問題。

(2) 今四聲是字音聲調上的問題。

(3) 古三聲以外是否還各有聲調,目前是不可知的問題,恐怕也是無法可知的問題。

(4) 古今入聲的名稱雖同,其實質是不同的。

(5) 所謂"古無入"(孔廣森說)、"古無上去"(黃侃說)、"古無去"(段玉裁說)諸說之誤,在古三聲與今四聲名混而淆其實。

(6) 所謂"古平上爲一類,去入爲一類"(段玉裁又一說)、"緝合等閉口音爲入"(孔廣森說)、"古之一部分有去入,而無平上"(王念孫、江有誥說祭至),是以今四聲與古三聲對照的解釋。

(7) 胡適之先生《入聲考》的本意是指古三聲的入,而謂古陰聲爲入聲,是由於今平、上、去與古陰混誤。因此本文第二分中用表格所示的古三聲與今四聲的關係,可以重行以算式表明,更加醒眼。

設今平爲 X,今上爲 Y,今去爲 Z,今入爲 S。

又古陽爲 X′,古陰爲 Y′,古入爲 S′。

V 爲附聲記號;CV 爲不附聲記號。

$$X' = V(X+Y+\frac{Z}{N}). \cdots\cdots (1) \qquad N \text{ 爲大於 } 1 \text{ 之整數}。$$

$$Y' = CV(X+Y+\frac{Z}{N'}). \cdots (2) \qquad N' \text{ 爲大於 } 1 \text{ 之整數}。$$

$$S' = V(S+\frac{Z}{N''}). \cdots\cdots\cdots (3) \qquad N'' \text{ 爲大於 } 1 \text{ 之整數}。$$

$$N'' \gtreqless N' \gtreqless N.$$

(1)+(2) $$X'+Y' = V(X+Y+\frac{Z}{N}) + CV(X+Y+\frac{Z}{N'})$$
$$\cdots\cdots\cdots (4)$$

由(4)得 $$X = V \cdot CV\left[(X'+Y') - \left(Y+\frac{Z}{N}+\frac{Z}{N'}\right)\right],$$
$$= V \cdot CV(X'+Y'-Y-\frac{Z}{N}-\frac{Z}{N'}),$$
$$Y = V \cdot CV\left[(X'+Y') - \left(X+\frac{Z}{N}+\frac{Z}{N'}\right)\right],$$
$$= V \cdot CV\left[\left(X'+Y'-X-\frac{Z}{N}-\frac{Z}{N'}\right)\right],$$

由(3)得 $$S = V\left(S'-\frac{Z}{N''}\right).$$

由(1)得 $$\frac{Z}{N} = X'-V(X+Y). \cdots\cdots\cdots\cdots (5)$$

由(2)得 $$\frac{Z}{N'} = Y'-CV(X+Y). \cdots\cdots\cdots (6)$$

由(3)得 $$\frac{Z}{N''} = S'-V(S). \cdots\cdots\cdots\cdots (7)$$

$$Z = (5)+(6)+(7) = V \cdot CV[(X'+Y'+S') - (X+Y+S)],$$
$$= V \cdot CV(X'+Y'+S'-X-Y-S).$$

古三聲的關係也可以用算式表示出來：

設古陽爲 X, 古陰爲 Y, 古入之一爲 $\widehat{AS}$, 古入之二爲 $\widehat{BS}$, 古純韻爲 O。

末尾附聲爲 V, ∽ 爲"轉變"之記號, ↔ 爲"成爲"之記號。

令 XV(-m,-n,-ŋ)組爲 a,
$\widehat{ASV}$(-p,-t,-l,-k)組爲 b,
$\widehat{BSV}$(-F,-θ,-ç,-cç,-s,-tsʒ̑,-h)組爲 c,
YV(-ɥ,-j,-w)組爲 d,
OV(-ʔ,-ɸ)組爲 o.

則 OV∽XV↔OV+a 即 o∽a. ……………………………… (1)
OV∽$\widehat{ASV}$↔OV+b 即 o∽b. ……………………………… (2)
OV∽$\widehat{BSV}$↔OV+c 即 o∽c. ……………………………… (3)
OV∽YV↔OV+d 即 o∽d. ……………………………… (4)
XV∽$\widehat{ASV}$↔a∽b. ……………………………………………… (5)
XV∽$\widehat{BSV}$↔a∽c. ……………………………………………… (6)
XV∽YV↔a∽d. ……………………………………………… (7)
$\widehat{ASV}$∽XV↔b∽a. ……………………………………………… (8)
$\widehat{ASV}$∽$\widehat{BSV}$↔b∽c. ……………………………………………… (9)
$\widehat{ASV}$∽YV↔b∽d. ……………………………………………… (10)
$\widehat{BSV}$∽XV↔c∽a. ……………………………………………… (11)
$\widehat{BSV}$∽$\widehat{ASV}$↔c∽b. ……………………………………………… (12)
$\widehat{BSV}$∽YV↔c∽d. ……………………………………………… (13)
YV∽XV↔d∽a. ……………………………………………… (14)
YV∽$\widehat{ASV}$↔d∽b. ……………………………………………… (15)
YV∽$\widehat{BSV}$↔d∽c. ……………………………………………… (16)
XV∽OV↔XV−V 即 a∽o. ……………………………… (17)
$\widehat{ASV}$∽OV↔$\widehat{AS}$−V 即 b∽o. ……………………………… (18)
$\widehat{BSV}$∽OV↔$\widehat{BS}$−V 即 c∽o. ……………………………… (19)
YV∽OV↔YV−V 即 d∽o. ……………………………… (20)

這二十條算式,可算古陰陽入三聲對轉變化的公式。二十條公式裏已經爲古音學者認定的是(1)(2)(5)(7)(17)(18)(這些純韻，一向大家以爲便是陰聲。故舉出認定了的公式是以 CV 當 YV)。我的新假設，古陰陽入的變化公式應是自(5)至(16)；自(1)至(4)，自(7)至(20)是古陰陽入三聲的產生和消失的公式；也就是三聲對轉變化的歷程的公式；是表示自此至彼之中的現象的。我們可以用下面一個排列表明 a、b、c、d、V 變化歷程情形。

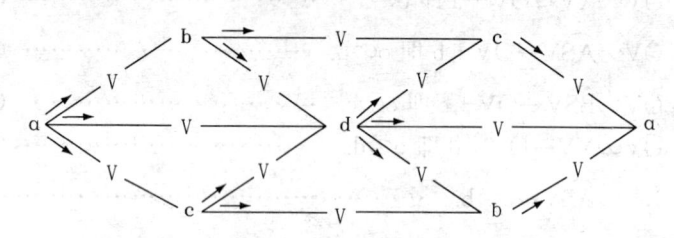

```
         b ←――― V ―――→ c
       ↗ ↙           ↘ ↖
     V     V         V     V
   ↙                           ↘
  a ←――― V ―――→ d ←――― V ―――→ a
   ↖                           ↗
     V     V         V     V
       ↘ ↗           ↙ ↘
         c ←――― V ―――→ b
```

我提出的假設，重要點是：

（1）古陰、陽、入三聲都是附聲隨韻。

（2）古陰、陽、入三聲的來源都是由純韻加附"聲隨"而成。

（3）古純韻加附鼻聲的是陽聲(即前式之 a)。

（4）古純韻加附塞爆聲或分聲的是與陽聲對轉的入聲(簡稱古入聲甲即前式之 b)。

（5）古純韻加附塞擦聲或通聲的是與陰聲對轉的入聲(簡稱古入聲乙，即前式之 c)。

（6）古純韻加附通擦聲的是陰聲(即前式之 d)。

（7）古純韻(今純韻亦然)之末尾本是附"聲門通聲"的，是發音的自然現象。不過讀音時不明顯覺察，而無甚重要。注音時也概可從略了(即前式之 o)。

所以，我們可以分別類部，先列古音韻部的五類：

（一）陽聲類‥‥‥‥‥-m、-n、-ŋ

（二）入聲甲類‥‥‥‥-p、-t、-l、-k

（三）入聲乙類‥‥‥‥-F、-f、-θ、-ç、-cç、-s、-t͡s、-h

（四）陰聲類‥‥‥‥‥-ɥ、-j、-w

（五）純韻類‥‥‥‥‥-ʔ、-ɸ

(一) 類是已經公認的。

(二) 類也是公認了的,只是-l 是新加的。加入-l,乃是從朝鮮語讀漢字的聲音中找到的。朝鮮有注音文字,名叫"諺文",其中分三類:

一類叫"初終聲"。他們叫聲母用在音首的爲"初聲",用在音尾的爲"終聲",首尾兩用的叫"初終聲"。一類叫"初聲"。只用在音首的聲母。一類叫"中聲"。便是韻母。

初終聲有八個字母:

ㄱ其役　　ㄴ尼隱　　ㄷ池困　　ㄹ梨乙

ㅁ眉音　　ㅂ非邑　　ㅅ時困　　ㆁ異凝

(注:引朝鮮韻書朴性源《華東正音》,原註字,右初聲其尼……等字"聲母",左終聲役隱……等字"聲隨"。)

ㄱ是 k,ㄴ是 n,ㄷ是 t,ㄹ是 l,ㅁ是 m,ㅂ是 p,ㅅ是 s,ㆁ是 ŋ。這些字母用作終聲的時候,所對的漢字字音,在ㄷ(t)ㄹ(l)ㅅ(s)的地方有點不同。凡漢字入聲附 t 的字,朝鮮都讀爲附 l。所以朴性源註於ㄹ下用"乙"字,"乙"依《切韻》當是附 t。朝鮮語之所以讀 t 爲 l,也有緣故。朴性源註ㄷ、ㅅ用困因説明過,"困因兩字只取本之釋俚語爲聲",就是朝鮮語言中另有附 t 附 s 的聲音,不是漢字的音讀,而是朝鮮訓讀。這ㄷ、ㅅ兩終聲,現在都讀成像 t(s 不摩擦,只成阻)。因爲這一面有附 t 的音,所以另一方面附 t 的音轉爲 l,t、l 在同一地位,不過發音方法有不同。

(三) 類是我新擬的。現在國內方言裏只有江、浙一帶的入聲讀爲附 h 的是屬於這一類。其餘我們還儘有實例可以證明。

附 s 的見朝鮮語,今讀入 t,朝鮮諺文的ㅅ。

附 t͡s 的見日本語讀漢字(漢音)附 t 的字音,日本假名的ツ。

附 cç 的見日本語讀漢字(吳音)附 t 的字音,日本假名的チ。

附 ç 的見日本語讀漢字(漢音)附 k 的字音變爲字訓的,日本假名的シ(不變的是キ)。

附 θ(th)的,按與 t 幾於相同,疑朝鮮語之附ㅅ者原當是 θ,θ、s 至不易別,又均易入 t。故朝鮮即以實 θ 之ㅅ指之爲 s,而讀時復認爲與t同。

附F(ph)的,按與p幾於相同,見日本語讀漢字(漢音)附p的字音,日本假名的フ。日本語p音晚出,古音只有h、F,故附p者讀入F,因疑我國讀入音爲附h之理或當與此同。附f的,按f與F小異,一爲兩唇,一爲齒唇,最易混同又與ʃ亦易混,河南商丘、安徽霍丘一帶方音有讀ŵu爲f者。此雖未見附於音尾之例,但當屬可能,且與s有繫聯。

珂羅琱倫說:

> 同是舌尖前音,而一方面破裂音t、tʻ、dʻ不跟他方面破裂摩擦音和摩擦音ts、tsʻ、dzʻ、s、z互諧。這條定律的例外比較的不多(《諧聲說》趙元任先生譯;清華研究院《國學論叢》第一卷第二號頁二一六)。

這是很有力量的證據,可以證明我們假定的古入聲乙不與古入聲甲相同。胡適之先生定的古爲入聲的陰聲所附之聲不應是-t……,也不辨自明。t是古入聲甲,t̂s、s古入聲乙。朝鮮語音便是將古入甲的t一部讀做了l,而讀古入乙s似t,與古入甲之t混,其實是tʻs之類。但是爲什麼日本讀古入甲爲古入乙?這因爲日本語:無單獨聲母,t聲字之tʻi(チ)tʻu(ツ)全讀變爲tʻsʻi,tʻsʻɸ,而日本漢字讀音,凡附加之聲都是用與イ(吳音)、ウ(漢音)相拼的音,不能單獨用一聲母。

所以在中國是古入甲的,傳到了日本,受了日本地方的影響讀爲古入乙。從日本發音的特殊點上,我們要明白日本讀中國入聲爲チ或ツ的,其中有一部分是古入乙本來的聲音。這t拼i爲cçi,t拼u爲t̂sɸ,可以看出與古陰聲相對的入聲的聲隨情形,跟下面所講古陰聲附ɥ、j、w的關係。

(四)類也是我新擬的。一向講古音陰聲的都認定了是韻尾不附聲的。胡適之先生才疑惑到這個假設,以爲今日認定的陰聲多半由最古之入聲(附聲)失去所附之聲而成,但歌脂二部是不附聲的陰聲,《入聲考》所考的主要點如此。我因爲"歌部無入"是歷來各家研究結果相同的,覺得歌之所以無入乃是古純韻的原因。純韻無論古今，其發音末尾只是一個光滑的，或帶一點聲門阻的ʔ？(發音之初也往往如此)。如此嚴格的講，中國聲音當無絕對的韻；但ʔ之爲音是發音時自然之聲，所以說到這裏反又要粗疏起來了。然而，把ʔ讀注重了，便成了對純韻之入，所以本文有對"歌"之"祭"及對"止"之"至"。這種入聲是可以當做事實上的可能，與本文所論並不悖謬(另節詳言)。因而我將歌部列爲古純韻類，而陰聲則指一種附聲的韻。這種韻所附之聲，今日已全行失去，大家只當做純韻了。古聲中影、喻、于是 ɥ、j、w 一類的聲，最易消失。陰聲所附有之聲便是這類 ɥ、j、w，所以大家就以爲陰聲與純韻相同。因爲陰聲類所附之聲容易消失，而同時入聲乙類所附之聲也是容易消失，所以就有《三百篇》中所謂"平入通押"和"去入通押"的現象；其實並不應說是"平入通押"和"去入通押"。

所謂"平"當是我所擬定的"古陰聲類"。

所謂"平入通押"的入當是我所擬定的"古入聲乙類"。

所謂"去"當逕歸爲"古入聲甲或乙類"。

何以見得陰聲所附之聲爲 ɥ、j、w 的呢？按 ɥ、j、w 的發音狀態本是喉部與唇部同時摩擦的，與韻 y、i、u 相去"間不容髮"，所以現在影、喻、于三母的字已經成韻了，還有許多方音中間存留着 w、j、ɥ 聲的讀音。我們從影、喻、于的最近演變事實，可以推定古陰聲的聲隨本是 ɥ、j、w，後來消失了，才和純韻混同起來。這種聲隨(通擦)初發音時稍帶阻礙最容易讀成塞擦的聲隨，所以陰聲所對的入聲便是 θ、t͡s、d͡z、s、ç、cç 一類了。w、ɥ、j 如果側重於喉部便成了 h，若側重在唇部，便成了 F、f。這樣看來，我們可以假定：

(1) 陽聲陰聲的聲隨是一種長緩的摩擦聲。陽聲是由鼻腔出來的"通擦聲"，特名爲"鼻聲"而已。陰聲是由口腔出來的"通擦聲"。

(2) 入聲的聲隨是一種短促的塞聲。對陽聲的入聲是"塞爆聲"，後面不隨有其他聲音，去了發音之"阻"立刻就聽不見。對陰聲的入聲是"塞擦聲"，因爲塞而後擦，所以去了發音之阻尚可聽見後面摩擦的聲音。h、F、f 雖是通聲，可是不摩擦，所以歸爲與

"塞擦聲"相近的一類。

（五）類因爲分訂出（四）類來了，便另列一類。這便是舊說的陰聲類。這一類現在只有歌部獨立存留着一點痕跡。其餘我們可以從各部去尋找出來。我們可以大膽的假設說：

古純韻都是單純韻母和複韻，那些複合韻母是古陰聲聲隨消失的痕跡。

我們看，所有複合韻的讀音，大半是先主後輔，這顯然是從較緊的附聲變成較鬆的韻的軌跡。不然，ɑi、ei、ɑu、ou 既然是很早的聲音，爲什麽許多方音中間讀 ɑi、ei、ɑu、ou 只能讀 ɑ、e、o 的呢？這顯然告訴我們，附 j、w、ɥ 的陰聲聲音有兩條演變的路：一是將 j、w、ɥ 韻化，一是將 j、w、ɥ 消失。j、w、ɥ 韻化的便成了複合韻而消失便混同於單純韻。我們可以推想今韻中之所謂陰聲，其中一定包括：

一部分古純韻（原始韻），

一部分古陰聲失了聲隨變成的純韻，

一部分古陰聲變了聲隨而生的複合韻。

這因爲我們相信"古韻是單純的"一句原則。

複合韻的 iɑ、uɑ、yɑ、io、u、yo……則是先輔後主，其來源較古於先主後輔的一種。我們覺得單純韻固然是原始的韻。在單韻之前，因爲發音自然之勢，可以受唇音的影響，而成此種複合韻，比在直往不收的韻後面加 i、u、y 較爲合理。這種複合韻的音讀也實在和那別一類不同，簡直幾於是一個聲音了。我叫這類做"複韻"。而以"複合韻"指那別一類顯然由先後韻母的獨立音素連續讀成的。複韻先後韻母的音素幾於是同時發音的；例如 iɑ、io、iu、ie 或 uɑ、uo、ue……唇先有發 i、u 的姿勢而一張口便是有 i、u 化的 ɑ、o、u、e。純韻中還有一部分是所謂"自然韻"。自然韻是某一聲母之後，不煩做作而即相隨，並且難於拆散的韻，現在國音字母中間的ㄓ——ㄥ便是兩種附自然韻的，ㄓ、ㄔ、ㄕ、ㄖ一種，ㄗ、ㄘ、ㄙ一種。

五類的區分，大致如上。現在再把各類所屬的部分約略寫出。

(1) 陽聲類　這一類分三種：

收 n 的三部：　　　真　寒　諄

收 m 的六部：　　　添　侵　咸　鹽　覃　談

收 ŋ 的六部：　　　蒸　青　陽　江　冬　東

(2) 入聲甲類

(3) 入聲乙類　這一類是陽陰對轉的樞紐，有四種：

收 t(l 或 θ、s、t͡s)的兩部：　　　　　　壹　勿 月應在此類

收 p(或 F、f)的六部：　　　　怗　緝　硤　葉　合　盍

收 k(或 ç、cç、h)的六部：　　　弋　益　亦　龠　昱　玉

另有三部收 t 的入聲，別章論之：　　至　祭　月

(4) 陰聲類　這一類分二種：j 一種，ɥ、w 合爲一種。

收 j 的兩部：灰　脂

收 ɥ、w 的六部：之　支　魚　宵　幽　侯

(5) 純韻類　這一類有七部：

止　尾　語　歌　有　旨　厚

綜結韻部凡六十二，計：

　　純韻七部，

　　陰聲韻八部，

　　陽聲韻十五部，

　　兼對陰陽聲之入聲韻(甲、乙)十四部，分屬兩方，倍之得二十八部，

　　特別入聲對純韻者二部，兼對純韻及陽聲者一部應亦屬兩方。

依照上列假設作表如下(見第 24 頁)：

古純韻	古陰聲	古陽聲	古入聲
止	之	添 蒸 至	怗 七
尾	灰 支	眞 侵 青	壹 緝 益
語	魚	咸 陽	硤 亦
歌	寒 祭		月
有	宵 幽	鹽 江 覃 冬	葉 盇 合 昱
旨	脂	諄	勿
厚	侯	談 東	盇 玉

(夂)審音説

純韻

純韻七部,只有歌部是《切韻》以來所謂平聲並上聲韻,向來古韻學者都給它單獨列爲元音的;其餘六部,今新定出,皆是《切韻》以來所謂的上聲韻。關於歌爲純韻的假定,與各家的分法,現在並無歧異。這六部上聲韻,向來未曾有人分出,只是段玉裁《六書音均表》中是特別與平去入截然分開(段氏以平聲爲一類,去入合爲一類,上聲爲一類),不過還包括在一部中。所以他在《古四聲説》裏説:

> 考周、秦、漢初之文,有平、上、入,而無去。洎乎魏、晉,上、入聲多轉而爲去聲,平聲多轉爲仄聲。於是乎四聲大備,而與古不侔。

我以爲這大概是一個從今四聲裏求古音純韻的痕跡。《詩經韻表》和《羣經韻表》給我們分好的有:

第一部止　第三部有　第四部厚　第五部語　第十五部尾

吾師疑古玄同先生近講古音,便照段氏所分,別列此五上聲韻。我將這五韻和歌韻一齊定做古純韻,尾中分出旨,故有七韻。

何以這五上聲韻(即我所定歌以外之六韻),我要定做古純韻的呢?這便是我所謂"從今四聲裏求古音純韻的痕跡"。我們看,現在的四聲和《切韻》中四聲分配不同的一部韻書《中原音韻》,大抵可以知道:

《中原音韻》時代的入聲消失,變成陽平、上、去,而絕對沒有改到陰平裏去的。去聲變成陽平,但有一個"鼻"字的例子。我們從這個現象上了解:

(1) 陽平至少是古去、入聲消失後才發達起來——這是説附-k、-t、-l、-p(或-h、-ç、-cç、-F、-f、-θ、-s、-t͡s)的韻失了聲隨,把音素的不同改成音調的不同。

(2) 陰平是原有的陰陽聲的音調——假使不是原有的陰陽聲的音調,則去、入聲失了聲隨便也可以變入其中。但那絕不混入的事實,足以暗示我們看出"新變的聲調當與原有的分別",所以陽平之發達總當是在陰平之後。

（3）陽平既當爲後起的，所謂陰平實則包括古陰陽聲，古去聲與入聲有同變陽平的可能，於是只是不與平、去、入同的上聲韻屬於古純韻。

這樣的推想，合上今所謂平聲並上聲韻的歌，并不與"平上一類"的段氏假設相悖。他之所謂"平上一類"當是指"古純韻"與"古陰聲韻"二類。照我的定義說，這七部發音情形，假想如下：

|止| 大約是 i、I 一類的前升韻。段氏第一部的從里、某、母、久、目、己、止、亥、不、采、宰、圖、已、耳、士、史、負、婦、𦥑、子、喜二十一個聲母的字屬之（本文所謂"從某聲母"，是沿用舊日諧聲"聲母"之義，與表示子音之"聲母"有別，特注）。《切韻》的止海韻和賄有韻之一。本部只是單純韻沒有複韻及複合韻。複合韻在之部；凡從本部聲母字音讀複合韻者，皆之部失去聲隨，讀與止同以後發生。單純韻舌叶前韻 i、I 易入舌尖前韻 ɿ、ʅ；故"止"、"旨"今不分。在 i、I 同一地位惟圓唇之不同，則爲 y；由前向後，改齊齒爲合口 u；故止厚音混；厚賄 y、u，止部字今有讀 u 者，如某、母、負、婦、𦥑、久（今日本、朝鮮漢字音讀，𦥑久韻皆作 u）。

|尾| 大約是 e、ɛ 及 ə、ɐ 一類的前及中、半升及半降韻。段氏第十五六部的從鬼、飌、尾、虫、比、皐、委、毇、美、火、水、巛、屮、是、象、匸、只、鷹、解、此、芉、㚔、广、启、買、丅二十六個聲母的字屬之；《切韻》的尾蟹韻和紙韻之半，薺韻，賄韻之一。本部單純韻實是兩組：e、ɛ 在舌前，ə、ɐ 在舌中。故其複合韻分在灰支二部。灰部當與其 e、ɛ 舌前韻對；支部在舌中與 ə、ɐ 對。複韻之齊齒者與支關係大，合撮者與灰關係大。凡從本部聲母字音讀複合韻者，皆灰支二部失去聲隨，讀與尾同以後發生。江南言"鬼"爲"𩲪"。日本讀委、鬼、尾、美、火、水……均是 i 韻。北平讀"尾巴"爲"以巴"、"宜賓"。故"尾"與"止"混。尾部字今有通讀 i 者，如比、启。江南言"水"如"矢"。通常讀是、只、此均是 ɿ、ʅ 韻，故"尾"與"旨"混。江南言"鬼"有作 y 韻。方音中有讀"水"爲 y 韻，故"尾"與"厚"亦混。"尾"亦混"歌"、"語"；從委之"倭"，日本讀 ua，"買"江南讀 a 韻，"是"之應諾語北人言"喳"，"解"、"丅"方言中多

作 a 韻（歌語至近，故並列）。

語 大約是 a 及 ʌ、ɒ 一類的前降及後半降韻。段氏第五部的從父、叚、古、與、巨、土、籽、馬、呂、鹵、下、女、処、羽、虘、鼓、股、雨、五、予、午、户、武、鼠、禹、夏、㫃、㫃、寡、圉、蠱、罟、晉、鱓三十四個聲母的字屬之；《切韻》的語姥韻及麌馬韻之半。本部單純韻也是兩組：一是 a 在舌前，一是 ʌ、ɒ 在舌後。a 組與歌部之 æ 關係大，ʌ、ɒ 組與歌部之 ɑ 關係大。凡從本部聲母字音讀無複韻，複合韻在魚部。複韻與歌部複韻近；故魚部中並有同讀此部複韻，而近於歌。寡、瓜、冋、下、罅、些、野、牙、也……今方音多發音相同，可證。父，吾鄉江蘇如皋言 p 聲 e 韻；無，方音有作 m 聲 e、ə 韻者。是"語"、"尾"相混。本部字與魚部字今大部讀入 u，與"厚"混。母、婦字今通讀 u 韻，而語言中作"媽"；"婦"方言中有謂之"媽媽兒"者。則"止"、"語"相混。採，吾鄉方言音讀如扯，扯，止部字，今音入語部，作 tsa。又朝鮮讀漢字音，止部字今多讀語部韻，語部字則讀有部。皆"止"、"語"混合之跡。本部複韻之齊齒者，音轉爲 y，是"語"、"有"相混之結果；自 ɑi、ci 或 iʌ 入於 io,iə 入於 y 也。本部讀 y 韻，故又與"厚"混。本部字今讀 y 者，方言中多轉讀旨部韻。蘇州讀處、鼠、初、麤、殳之韻，與死、豕、矢、咼、豖、厶、尸、犀韻同，可證。

歌 大約是 ɑ 和 æ 一類的前半降或後降韻。段氏第十七部的從虧、它、爲、离、加、多、麻、祭、吹、叉、沙、禾、己、那、罵、戈、咼、象、我、罷、广、瓦、果、朵、貞、㥒、徙、鳥、牛、叵、也三十一個聲母的字屬之；《切韻》的歌戈韻，哿果韻，麻馬韻之半，支紙韻之一。本部單純韻 ɑ、æ。ɑ 在舌後，æ 在舌前。ɑ 與今麻韻字音關係大，æ 與今泰韻字音關係大。本部無相對之陰聲，ɑ 與"語"之 ɒ、ʌ 近而併入"魚"；æ 與"語"之 a 近而亦併入"魚"也。故亦無複合韻。複韻與"語"、"魚"多混。此部與他部音混似情形，略如"語"部，列例如下：

歌：止
 （1）聲母在歌 麻我罷
  讀音在止 縻蛾(同蟻)罷(同龓)
 （2）音變在歌 渣撦麼
  原義在止 滓採母
 （3）形義在歌 离徙
  音變入止 离徙(普通音)

歌：尾
 （1）聲母在歌 叉也罷多
  讀音在尾 釵也(今音)擺爹
 （2）音變在歌 這(方音如咋)
  原義在尾 此
 （3）形義在歌 虧爲吹象惢
  音變入尾 虧爲吹象惢(普通音)

歌：有
 （1）聲母在歌 罷沙
  讀音在有 罷(啵)莎娑
 （2）音變在歌 啦抓撒錯碼
  原義在有 了爪餿咎埠
 （3）形義在歌 它多禾弓那戈
       咼我广果貟扃
       叵
  音變入有 它多禾弓那戈
       咼我广果貟扃
       叵(普通音)

歌：旨
 （1）聲母在歌 也多
  讀音在旨 池馳侈哆
 （2）音變在歌 靴鞾
  原義在旨 履

(3) 形義在歌　离吹喙㕦
　　音變入旨　离吹喙㕦（蘇州音）
歌:厚
(1) 聲母在歌　瓜（魚部）
　　讀音在厚　呱
(2) 音變在歌　奶（江南音）
　　原義在厚　乳
(3) 形義在歌　咼我广果負羸
　　　　　　　叵多禾己戈
　　音變入厚　咼我广果負羸
　　　　　　　叵多禾己戈（蘇州音）

有 大約是 o、ɔ 一類的後半升及後半降韻。段氏第二三部的從小、夭、兆、表、了、叜、𠃌、庚、糾、淼、杳、宥、皀、幽、少、九、舀、卯、酉、丣、缶、麥、叉、好、手、老、牡、帚、畱、百、守、ㄆ、臼、丑、丂、禾、簋、肘、受、棗、韭、咎、艸、齐、鳥、牖、早、二、討四十九個聲母的字屬之；《切韻》的小、有、黝韻及篠、巧、皓韻。本部單純韻 o、ɔ。開合程度一大一小，但極易混。故如 ɑ、ɛ、ɜ、ə、ɐ、ʌ、ɒ 例，同列一部。其複合韻分在宵、幽二部。宵部當與半降韻 ɔ 對，幽部當與半升韻 o 對。複韻之齊齒者與宵關係大，合撮者與幽關係大。凡從本部聲母字音讀複合韻者，皆宵幽二部失去聲隨，讀與有同以後發生。止部某、不、負、母、畝、婦諸字今讀 u 韻外，方音有作 o 者，是"止"、"有"混。尾部字有讀入本部者，故"尾"、"有"混；如火、好、水、手，今方音中多相糾錯。"有"、"厚"轉為複合韻，同與"尾"複合韻相混；吾鄉讀缶、麥、手、牡、帚、畱、守、臼、丑、肘、受為 εi、ei 韻，讀后、後、口、鼻、走、斗諸厚部字亦為 εi、əi 韻，與尾部比、美、及灰部飛、非、眉韻同。語部字"無"，方言中有作 o 韻者（湖北、湖南、江西），土、五、午、與諸字日本漢字音收 ɔ 韻，下、夏、股諸字江蘇有收 o 韻音（江南、南通）；皆"語"、"有"混。"語"、"歌"音近，"歌"、"有"亦混。歌部字如它、多、己、戈、我、果、朶、負、羸、叵，今通讀入有部韻（蘇州及江南入厚）；他如麻、叉、沙、那、罷、些諸字，方言中（江南最顯)亦皆入"有"可證。故語助之"罷"字亦作"啵",讀與"乇"、"禾"同。"了"字語助今多讀作"拉",字用已失入聲聲隨之"拉"作"啦"。獸"爪",方言中有稱"觚"子者;今通言"搔癢"謂之"抓癢"。"埠頭"通作"碼頭"。物味變之"餿氣",河南商丘謂之"撒氣"(撒,取今音同音字寫之,於義無干)。"咎"、"錯"(北平音)同義,《易》中"無咎"云者,即今"沒有錯兒"之古語也。以上碼、撒、錯諸字今音皆古歌部韻,是"有"入"歌"之例。

<u>旨</u> 大約是 ʊ 及 ɿ、ʅ 一類的後升及中升韻。段氏第十五部的從几、豸、氐、黹、米、介、豐、夃、本、矢、兕、履、夊、豕、旨十五個聲母的字屬之;《切韻》的旨、駭韻及紙、賄韻之一。本部單純韻,舌後 ʊ,舌中 ɿ、ʅ。此部無複韻,複合韻在脂部。凡從本部聲母字音讀複合韻者,皆脂部失去聲隨,讀與旨同以後發生。此部與他部音混者,多半見前;"止"、"尾"、"旨"不分,"語"、"歌"混入"旨","有"、"厚"亦與"旨"混。

<u>厚</u> 大約是 u 及 y 一類的後升及前升韻。段氏第四部的從取、𠂔、乳、瓜、后、後、口、鼻、丕、斗、里十一個聲母的字屬之;《切韻》的厚韻及麌韻之半。本部單純韻,內圓唇 u 及外圓唇 y。此部 u 之複韻近 y,易混,而 y 往往訛為 u 之複韻。其複合韻在侯部與之部灰部脂部複合韻混。凡從本部聲母字音讀複合韻者,皆侯部失去聲隨,讀與厚同以後發生。此部與他部音混情形悉見各部:"止"、"尾"、"語"、"歌"、"有"與"厚"混,"厚"亦混"旨"。主人之"主",今江南讀近於"黹","取"、"乳"諸字亦讀"旨"韻。

依我前面"古純韻是單純韻母和複韻"的假設,這七部讀音當有:

止 i ɪ

尾 e ɐ e ɛ ə ɐ ie ɜi iə ɐi ɜI Iə Iɐ ue
                                  uə ua ɜu ye yə yɐ

語 a ʌ ɑ ɐ ia iʌ ɑi Ia IΛ Iɑ ua uʌ ɑu
                                 ya yʌ yɒ

歌 ɑ æ iɑ iæ lɑ læ uɑ uæ yɑ yæ

有	o	o	ɔ	oi	ei	Io	Iɔ	uo	uɔ	yo	yɔ
旨	ʋ		ๅ	ๅ							
厚	u		y	iu	iy	Iu	Iy				

陰聲韻

由純韻對轉加聲隨 j、w、ɥ，便成爲八部陰聲。八部陰聲的讀音主要部分看相對的純韻可以知道。其附加的聲隨則如下列的假設：

```
止──之    w    ɥ(j)
尾┬─灰    j
  └─支    w    ɥ(j)
語──魚    w    ɥ(j)
有┬─宵    w    ɥ(j)
  └─幽    w    ɥ(j)
旨──脂    j
尾──侯    w    ɥ(j)
```

我已經說過附 j、w、ɥ 是陰聲較古的形式，後來失了聲隨就當做了純韻，其聲隨變而不失的就成了複合韻。附 ɥ 聲的似較少，易變 j。附 j 聲的變成 i 韻。附 w 聲的變成 u 或 ʋ 韻。所以，上列八部之失聲隨者便爲純韻。其爲複合韻者：

iI	之	iu(o) iʋ	Iu(o) Iʋ	ei(I) ei(I)	əie(I) ɐie(I)	ai(I) ɑi(I)	ɒi(i) ɔi(I)	æi(I) ʋi(I)	oi(I) ui(I)	ui(I) yi(I)	ๅ ๅ
εe	灰	(eu) (eʋ)	(εu) (εʋ)	ei εi	(əi) (ɐi)	(ieu) (ieʋ)	(iεu) (iεʋ)	iei iεi	(iəi) (iɐi)	uei uεi	(uəi) (uɐi)	yei yεi	(yəi) (yɐi)
əɐ	支	ə(o)ue ɐ(o)ue	ə(o)uɐ ɐ(o)uɐ	(eu) (εu) (eʋ) (εʋ)	(əɜ) (ɐɜ)	(əi) (ɐi)	iəei iɐei	uəi uɐi	(ieu) (iɐu)	(iuəi) (iuɐi)	(iəi) (iɐi)
		(uəi) (uɐi)	(yəi) (yɐi)	ๅ ๅ							
ɒʌɑ	魚	au ʌu ɒu ɑo	ai ɒi ɑi	iau iʌu iɒu iao iʌo iɒo	iai iɒi iai iɒi	uʌi uai uɒi	yai yɒi	iɒi y
æa	歌	au æu ao æo	ai æi ɐi iɜ	iau iæu iao iæo	iai iæi iɐi iæi	uai uæi	yai yæi
ɔ	宵	ɔu	iɔ	uɔi	uɔi iɔi iɔu
o	幽	ou oi	iou ioi	uoi

ʮy　脂　$\begin{matrix}\text{iu}&\text{ui}&\text{iɒi}\\\text{iʊ}&\text{y}\end{matrix}$

yu　侯　$\begin{matrix}\text{au}&\text{uæ}&\text{uɛ}&\text{ui}&\text{iai}&\text{iɒi}&\text{iæui}&\text{iui}\\\text{ʌu}&\text{ɒu}&&\text{yi}&\text{iʌi}&\text{uɒi}&&\text{iyi}\end{matrix}$

這八部中間由-w、ɥ變成-u-y的有之、支、魚、宵、幽、侯，由-j變成-i的有灰、脂。各部中間所假定的複合韻有些並不是通常可能的發音，不過有時也許竟有一兩個例子出來需要說明，故一併列出。現在分部說明：

|之| 止部 i、ɪ 的韻尾附加 w、ɥ 聲隨。段氏第一部的從絲、來、𠃊、箕、其、臣、龜、𠂉、疑、而、丌、㞢、才、醫、臺、牛、兹、巛、辝、辭、思、丘、𧘇、灰、由、郵二十六個聲母的字屬之；《切韻》的之、咍韻及灰、尤韻之一。因爲 w、ɥ 音失掉，故之、止兩部，多被視爲一部。i 之後加 ɥ，發音較爲不易，故更易轉讀爲 j；由 j 則逕入於 i。以止韻之後附加 j，勢必成爲 ij，j 轉變爲 i 則成爲 iɪ，自與不附等。但因有附 j 的原因，故復轉變爲與 i 同其升降程度之舌尖韻 ɿ、ʅ；"之"乃與"旨"相轉同。旨、脂被視爲一，故之、脂就不辨了。止韻後附加 w，w 轉變爲 u，則爲 iu，與"厚"的複韻相似。厚、侯被視爲一，故之、侯就有混讀的了。吾鄉方音讀厚、侯作 ɛi。口語"的"與"之"字同意；江西音讀"之"正是與今通常讀"的"同。吾鄉方音，"的"韻讀爲 ɛi，而與"厚"、"侯"相同，正是一反證。因疑此類 u 實與 ʊ 近；i、ʊ 相綴，漸與厚、侯之 y 混耳。不能讀 y 之日、韓人讀中國ㄩ母，往往如是。i 或逕爲 y 而與"侯"同。江南言"龜"皆作 y 韻，可證。"佢"猶"其"也，廣東語言"佢"音在 ɛɪ、y 之間。

|灰| 尾部 e、ɛ 的韻尾附加 j 聲隨。段氏第十五部的從飛、自、裹、非、枚、㱿、囗、隹、㶾、眉、威、回、衰、肥、夔、乖、危、開十八個聲母的字屬之；《切韻》的微韻和齊韻之半，灰韻之一。失去 j，被視爲與尾同。j 轉變爲 i。故今方音中多讀作 i 韻，取之韻之音而代之；之則與脂、支同爲 ɿ、ʅ 音。此部合口音，有讀與"厚"、"侯"混者；如吾鄉崔、頹、磓、纍韻皆作 y。

|支| 尾部 ə、ɐ 的韻尾附加 w、ɥ 聲隨。段氏第十六部的從兮、支、知、卑、斯、乁、圭、厄、兒、規、夂、醯、傘十三個聲母的字屬之；

《切韻》的佳韻及支、齊韻之半。w、ɥ之變如"之"部;故"支"復與之、脂不辨。其ɥ變爲j,則與灰同。今方音中灰作i,支則作ɿ、ʅ;灰作e、ɛ;支則作i。所以,《切韻》讀i的齊韻字是分屬在"支"、"灰"兩部。因此,w、ɥ如失去時,"支"則與"灰"同被視爲與尾同。

魚 語部a、ʌ、ɒ的韻尾附加w、ɥ聲隨。段氏第五部的從且、亏、夫、牙、瓜、巴、吳、虍、鸝、壺、舁、車、烏、於、魚、疋、圖、乎、巫、疋、殳、凵、居、初二十四個聲母的字屬之;《切韻》的魚、模韻及虞、麻韻之半。w、ɥ變爲韻的例子同前;不過此部ɥ有直變作y,及轉j變i的兩條路。例如魚,方音裏有將韻作u的(江南及江西),有讀作i的(江蘇之南通),讀作y的是現在的普遍現象,這便是魚部w、ɥ變化的痕跡。w、ɥ失掉時,便視與語同。父、夫、與、於、巨、居、無、吳、户、乎,方音裏今多同讀爲u。

歌 由"語"的發音a、ɒ、ʌ與歌的發音ɑ、æ發生起轉變來。所以,魚部和歌部讀音有些相混。"我"字在有些方音中與"牙"字同音。"罷"字與"巴"同音。

宵 有部ɔ的韻尾附加w、ɥ聲隨。段氏第二部的從毛、票、焱、敖、勞、交、高、刀、苗、爻、巢、垚、器、梟、森、眔、幺、焦、黽、朝、料、㡿二十二個聲母的字屬之;《切韻》的宵韻及蕭、肴、豪韻之半。此部附ɥ爲不可能,因爲ɔ已圓唇,再隨一圓唇ɥ,結果仍只是ɔ,或成爲ɔː耳,ɥ故當無有。此無異於ɥ失去。且y之讀ɔ,朝鮮讀漢音如是。因此,宵部字與有部開口字視爲同一。w變u附ɔ後與附o後相近;故宵與"侯"混。w失去後,亦與"有"開口同一。

幽 有部o的韻尾附加w、ɥ聲隨。段氏第三部的從州、求、流、休、舟、㫃、汓、曹、攸、李、髟、周、矛、勹、粤、舀、孚、柔、絲、牢、劉、丩、囚、雔、由、龜、彪、鹵、麀、牟、覺、夒、㐺三十三個聲母的字屬之;《切韻》的尤、幽韻及蕭、肴、豪韻之半。此部附ɥ與"宵"同樣不可能。附w與"宵"同例,故"宵"、"幽"與"侯"混;老、劉、樓三字,方音中同異互錯,即其證明。"宵"、"幽"之別本爲半升合,半降開之小有不同;勞、牢、交、丩、毛、牟、森、彪、巢、曹、梟、休、舀、㫃……方音中多有不分者。故"宵"、"幽"聲隨失去,被同視爲與"有"相同。

脂 旨部 ʊ、ɿ、ʅ 的韻尾附加 j 聲隨。段氏第十五部的從妻、皆、厶、衣、綏、禾、幾、夷、齊、希、尸、卟、伊、犀十四個聲母的字屬之;《切韻》的脂、皆韻及支、灰韻之一。此部附加 j 或不可能,失去則與"旨"同。如有 j 變 i;在 ʊ 後者如灰部合口例,音與"侯"混。綏遠之"綏",讀 ui、y 兩音可證。"俱"義同"皆",當是 ui、y 之轉。ʊi 與 ui 近。在 ɿ、ʅ 後者,有二結果:一,ɿ、ʅ 不受 i 影響,仍與"旨"同;一,ɿ、ʅ 受 i 影響,隨向 i 之發音,則與"之"不辨。這是互相混同的,因爲"之"本是 i 而變爲 ɿ、ʅ。

侯 厚部 u、y 的韻尾附加 w、ɥ 聲隨。段氏第四部的從朱、區、兀、需、俞、芻、臾、毋、婁、句、侯、兜、丵、須十四個聲母的字屬之;《切韻》的侯韻及虞韻之半。此部附 w 的結果,仍是 u 或 u:;y 後不便附 w,不然便與"之"同,w 變 u,y 受影響變 i 成 iu。故"之"、"侯"有相混的關係。附 ɥ 的結果是:一,ɥ 變 j,j 變 i,在 u 後成 ui;——故"灰"、"侯"有相混的關係;——ɥ 在 y 後,仍是 y。在 u 後的 w,若是影響給 u 的力量大,結果使得 u 會傾向到 w 的讀法去;於是與"宵"、"幽"近。

按照發音學上韻的部位畫圖,我們可以明白純韻和陰聲韻的地位。

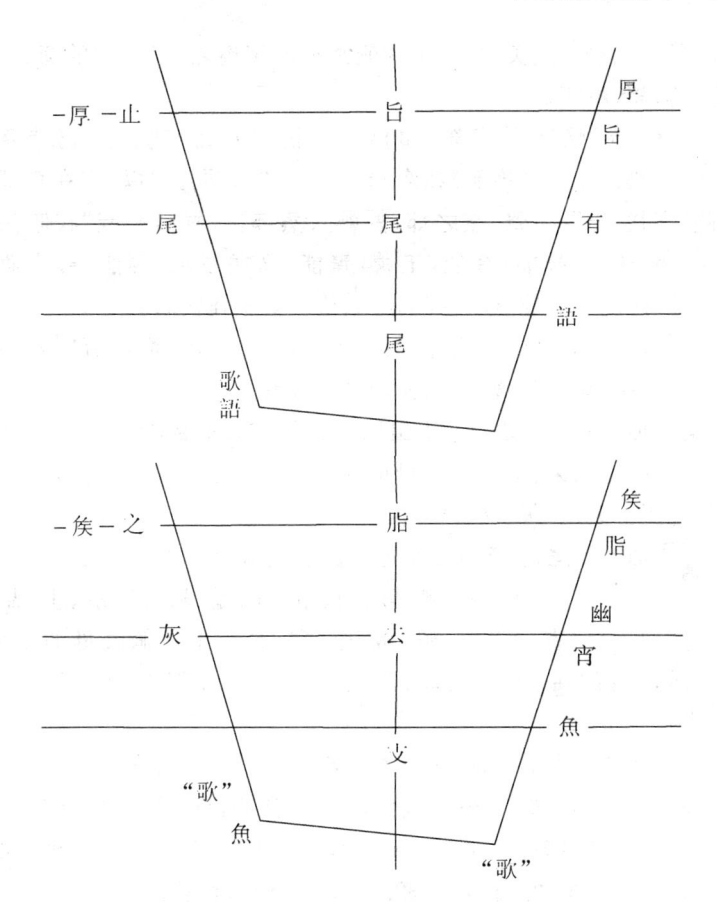

```
 —厚 —止 ————————— 臼 ————————— 厚
                                  臼
 ———— 尾 ————————— 尾 ————————— 有
                                  語
 ———————————————— 尾
              歌
              語

 —俟 —之 ————————— 脂 ————————— 俟
                                  脂
 ———— 灰 ————————— 去 ————————— 幽
                                  宵
 ———————————————— 文 ————————— 魚
           "歌"
              魚                "歌"
```

陽聲韻

純韻對轉加聲隨,或純韻對轉成的陰聲對轉改聲隨,聲隨是 m、n、ŋ 的,就是陽聲十五部。依《廣韻》韻目的排列,陽聲韻是先 ŋ (東……江),次 n(真、諄……仙),次又 ŋ(陽、唐……登),末 m(侵……凡)。茲依本文純韻的分部,敘述其相對的各陽聲,以發音部位自內而外,與《廣韻》略似的次第排列(ŋ ——— n ——— m)。

與止、之對轉者:

| 蒸 | 加 ŋ 於止、之部 i、I 韻尾後。段氏第六部的從曾、蠅、朋、曾、弓、升、應、興、夌、恒、徵、兢、厷、夂、登、乘、爯、熊、丞、

承、凭、陾、登、乃、关、肯二十六個聲母的字屬之,《切韻》的蒸、登、拯、等、證、嶝韻。

從"乃"聲字在蒸部,如扔、芿、朸、仍、艿、訒、迺、礽諸字。"乃"對轉入止部,《廣韻》在海韻。"疓"、"薾"同。"以"字在止部。"能"字從"以"(ǎ)聲,在之部,對轉入蒸部。《廣韻》"能"在咍韻,三足鼈;代韻,技能;登韻,工善,賢能,又熊屬獸;等韻,夷人語。從"能"聲之字有態、儓、瞺(日無光)、䗪(小嬴蟲)在代韻。

"等"從"寺"聲,在止部;對轉入蒸部。《廣韻》海韻有"等"字,齊也;等韻"等"字,齊也,類也,比也,輩也。

添　加 m 於止、之部 i、I 韻尾後。段氏第七部的從浸、冘、林、心、凡、罙、壬七個聲母的字屬之;《切韻》的添、凡、忝、范、梴、梵韻。與尾、灰、支對轉者。

青　加 ŋ 於尾、支部 ə、ɐ 韻尾後。段氏第十一部的從熒、丁、生、盈、鳴、名、平、寧、賏、甹、冂、爭、开、霝、嬴、晶、解、壬、鼎、頃、幷、耿、夋、省、黽、正、殷、敬、令、夐、命三十一個聲母的字屬之;《切韻》的耕、清、青、耿、靜、迥、靜、勁、徑韻及庚、梗、映韻之半。

"卑"字在支部。從"卑"聲之字有"鞞",在尾、支部,廲、虘在支部,對轉入青部。"鞞",紙韻,刀鞞;齊韻,同"鼙",騎上鼓;支韻,蜀地縣名牛鞞;迥韻,刀室。"廲"、"虘"一字,佳韻,江東呼蚌長而狹者;支韻,蚌屬,名蛭廲;耿韻,同"蛖",蛤蛖。

"开"字在青部。從"开"之枅、筓、螀、䀏對轉入支部。齊韻,枅,承衡木;筓,女子十有五而筓;螀,螢火;䀏,能視。

侵　加 m 於尾、支部 ə、ɐ 韻尾後。段氏第七部的從今、琴、音、陰、𠂤、品、𠃬七個聲母的字屬之,《切韻》的侵、寑、沁韻。

真　加 n 於尾、灰部 e、ɛ 韻尾後。段氏第十二部的從秦、人、頻、寅、㠯、身、旬、辛、天、田、千、令、因、申、真、匀、臣、民、羋、玄、申、丏、扁、引、廴、尹、燊、信、命、冄、尢、印、𤴡、佞、晉、奠、闐三十七個聲母的字屬之;《切韻》的真、臻、先、軫、銑、震、霰韻及諄、準、稕韻之半。

"信"在真部。"伈"從"信"聲,對轉入灰部,《廣韻》在支韻,笑伈。"洗"從"先"聲,在尾部,《廣韻》薺韻,洗浴,由真部對轉;在真部者,律名,"姑洗",《廣韻》銑韻。

"比"在尾部。從"比"之"玭"與"琕"同,尾部對轉入真部,《廣韻》先韻,班珠。

"只"字在尾部。從"只"之"魡",轉入真部,在《廣韻》銑韻,開口見齒。

"是"字在尾部。"睼"從"是"聲,轉灰部,《廣韻》齊韻,遠視及坐兒;對轉入真部,《廣韻》霰韻,迎視。

"圭"在支部。"洼"從"圭"聲,對轉入真部,在《廣韻》霰韻,大水皃。

"民"在真部。從"民"之"䀈",對轉入灰部,在《廣韻》齊韻,病人視皃。

與語、魚對轉者:

| 陽 | 加 ŋ 於語、魚部 ɑ 及 ɒ、ʌ 韻尾後。段氏第十部的從王、㞷、亡、行、易、丬、方、亢、兵、尣、京、羊、庚、殸、畕、強、兄、桑、丒、彭、央、昌、倉、相、㐭、卬、慶、亡、量、羹、香、𣎵、光、皀、明、网、永、爽、囧、从、象、皿、竝、丙、弜、秉、丈、杏、上、向、誩、亞、㐫、竟、朢五十五個聲母的字屬之。《切韻》的陽、唐、養、蕩、漾、宕韻及庚、梗、映韻之半。

"奴"字在魚部。"帑"從"奴"聲,《廣韻》在模韻,引《說文》曰金幣所藏;對轉入陽部,《廣韻》在蕩韻,金帛舍。

"𦥔"字在語部。《廣韻》蕩韻有"鏪"字,鈷鏪,對轉入陽部;《廣韻》姥韻,亦作"鈷鏪"。

| 咸 | 加 m 於語、魚部 ɑ 及 ɒ、ʌ 韻尾後。段氏第八部的從广、奄、弇、冄、叜、凵、丙七個聲母的字屬之。《切韻》的咸、嗛、陷韻及銜、檻、鑑韻之半。

與歌對轉者:

| 寒 | 加 n 於歌部 ɑ 及 æ 韻尾後。段氏第十四部的從鮮、叀、辛、泉、𩰲、麗、䜌、官、爰、閒、亘、連、西、䙴、干、安、奴、叩、肩、

冊、閑、廛、丹、焉、元、𦣞、山、戔、㭱、延、次、䌛、尙、丸、虔、羴、兆、寒、姦、般、删、便、冤、絲、宀、前、臱、煩、穿、全、隺、麤、莧、班、䇷、厂、巠、卵、𩰙、反、夗、丩、㕕、柬、繭、奰、衍、合、犬、雋、扶、舛、侃、免、羼、弄、件、反、曹、善、典、釆、卷、弜、旦、半、象、扇、見、爿、㫃、曼、奐、弁、闌、縣、憲、㪜、虜、宦、燕、爨、叡、祘、面、贊、算、建、萬、片、斷、品、漢百十四個聲母的字屬之；《切韻》的元、寒、桓、删、山、仙、阮、旱、緩、濟、産、獮、願、翰、諫、襉、線韻及先、銑、霰韻之一。

"多"字在歌部。"疹"從"多"聲，對轉入寒部，《廣韻》寒韻，力極。《廣韻》删韻有"戌"字，屋牡瓦名；按，如此字從"戈"聲，是由歌部對轉入寒部。

"果"字在歌部。"祼"從"果"聲，對轉入寒部，《廣韻》換韻，祭名。"棵"從"果"聲，亦對轉入寒部，《廣韻》緩韻，斷木。

"單"字在寒部。《廣韻》寒韻有"騼"字與歌韻同義，連錢騘，《説文》曰：騼騤，野馬也；寒部對轉歌部。《廣韻》哿韻，有"騼"（垂下兒）字，又與寒韻同有"癱"字（寒韻，火癱，小兒病也，風在手足病。哿韻，勞也，怒也。箇韻亦有"癱"，勞也）。與上同例。

"贊"在寒部。"瓚"從"贊"聲，在《廣韻》歌韻同"䠮"，蹋也。當是由寒部對轉入歌部。

"難"在寒部。從"難"之"𪘀"（獸名）、"儺"（驅役）、"魌"（人值鬼驚聲）、"齇"（麋鹿骨醬）。《廣韻》在歌韻，是由寒部對轉入歌部。

"丹"在寒部。"那"（何、都、於、盡、多）。"牰"（獸）、"舥"（多）從"丹"，《廣韻》在歌韻、是由寒部對轉入歌部。《廣韻》哿韻有"娜"字妸娜美兒；"那"字，俗言那事；例同。箇韻亦有"那"，語助。

"釆"在寒部。"番"從"釆"聲，《廣韻》在元韻，獸足及數也；對轉入歌部，在《廣韻》戈韻，番番勇也。又"墦"（墦冢山）、"皤"（老人白兒）二字亦在戈韻。過韻亦有"播"（揚、放、棄、種、布）、"番"（獸足）、"譒"（敷、謠）。

"臠"從"戀"聲，在《廣韻》戈韻，臚腸胃也。"戀"在寒部。是寒部對轉入歌部。

"岜"字在寒部。《廣韻》果韻有"揣"(搖也)、"稞"(桓韻同,禾垂皃)、"敤"(試也)、"裸"(桓韻同,衣正幅也,又衣長也),是寒部對轉入歌部。

與有、宵、幽對轉者：

|江| 加 ŋ 於有、宵部 ɔ 韻尾後。段氏第九部的從囪、雙、嵩、尨、夅、夂六個聲母的字屬之；《切韻》的江、講、絳韻。

|冬| 加 ŋ 於有幽部 o 韻尾後。段氏第九部的從中、䪞、蟲、戎、冬、宗、彤、農、眾、賵、宋十一個聲母的字屬之；《切韻》的冬、宋韻及東、送韻之半。

"矛"字在幽部。《廣韻》東韻有從"矛"之"罞"(肴韻同,麋罟),"髳"(覭髳茀離),"雺"、"霿"、"霚"(天氣下,地不應)。送韻有"霧"(同上)。宋韻有"雺"(同上)。皆有、幽部對轉入冬部。

"農"字在冬部,《廣韻》肴韻有"獿"字,犬多毛,豪韻作長毛犬,字亦作"獶"。肴韻又有"硇",硇沙,藥名。豪韻又有"嶩"同"狃",平嶩,山名。皆冬部對轉入有、幽部。

|鹽| 加 m 於有、宵部 ɔ 韻尾後。段氏第七部的從占、芟、兼、僉、甘、猒、炎、詹、甛、芰、閃、冉、夾、焱、欠十五個聲母的字屬之；《切韻》的鹽、嚴、琰、儼、艷、釅韻。

|覃| 加 m 於有、幽部 o 韻尾後。段氏第八部的從咸、男、彡、先、三、羊、甚、審、圅九個聲母的字屬之；《切韻》的覃、感、勘韻及咸、談、豏、敢、陷、闞韻之半。

與旨、脂對轉者：

|諄| 加 n 於旨、脂部 u 及 ɿ、ʅ 韻尾後。段氏第十三部的從塵、屍、昏、麇、舜、辰、光、困、脣、屯、門、分、孫、賁、君、員、爨、昆、臺、萬、川、雲、存、巾、侖、蓳、壼、文、豚、旬、斤、昷、熏、飧、筋、蜦、尊、舟、盾、今、帚、乚、臺、丨、本、允、艮、刃、寸、圂、奮、胤、糞、薦、肴、困、孔五十七個聲母的字屬之；《切韻》的文、殷、魂、痕、吻、隱、混、很、問、焮、慁、恨韻及諄、準、稕韻之半。

"希"字在脂部。《廣韻》準韻有"脪"、"痚",腫起,是脂部對轉入諄部。

"匕"字在旨部。《廣韻》隱韻有"齔",毀齒,是旨部對轉入諄部。

"奞"即"奮"在諄部。《廣韻》脂韻有"奞"字,是諄部對轉入脂部。

"佷"在諄部。《廣韻》佷韻、皆韻並有"䘰"字,是諄部對轉入脂部。

"亯"即"稾"在諄部。"敦"從"稾"聲,《廣韻》魂韻、灰韻並有"敦",注:"《詩》敦彼獨宿",是諄部對轉入脂部。又諄韻有"錞",樂器,鳴之所以和鼓;賄韻並有之,矛戟下銅鐏,或作"鐓"云,是諄部對轉入旨部。"錞",賄韻,木實垂皃,亦諄部對轉入旨部。

"㕫"在諄部。《廣韻》賄韻有"㵽",同"浼",水流平皃;又有"燜",爛也;皆諄部轉入旨部。

"夋"在諄部。《廣韻》灰韻有"朘"、"峻"、"屡"並同,赤子陰;是諄部對轉入脂部。

與厚、侯對轉者:

東 加 ŋ 於厚、侯部 u、y 韻尾後。段氏第九部的從東、公、丰、同、邕、豐、叢、冡、从、封、容、凶、充、茸、舂、孔、冢、竦、冗、廾、送、共、弄二十三個聲母的字屬之;《切韻》的鍾、腫、用韻及東、董、送韻之半。

談 加 m 於厚、侯部 u、y 韻尾後。段氏第八部的從毚、马、臽、敢、斬五個聲母的字屬之;《切韻》的談、銜、敢、檻、闞、鑑韻之半。

以上畧就附 m、n、ŋ 的韻部,據《廣韻》中字拈舉數例;其附 m 及 n、ŋ 等韻互相關係和對轉的條例,另詳於《對轉說》。

入聲韻

純韻,或陰聲,或陽聲,對轉加聲隨或改聲隨,便成爲入聲十七部,有十五部作爲兩部算,一共三十二部入聲(對純韻的入聲另節論之)。兼對陰陽聲的入聲,聲隨是(甲)t(l)p、k 和(乙)θ、s、t͡s、F、f、ç、cç、h 兩類。這兩種聲隨,今方音混爲一類。t、p、k 外,只有 h 也存在,故分部爲十四,而應視爲由二十八部合併而成的;別有一特別入聲,倍之乃符三十之數。茲如述陽聲的次第,列入聲於下:

與止、之、蒸、添對轉者：

弋　加 k(甲)或 ç、cç、h(乙)於止、之部 i、I 韻尾後，及改蒸部 ŋ 聲隨爲之。段氏第一部的從意、又、佩、戒、異、再、菊、毒、圅、息、弋、畐、北、亼、嗀、直、悳、圣、則、麥、革、或、亟、力、㘴、棘、黑、匿、㠭、色、寒、仄、矢、敕、㞕、伏、克、牧、嗇、畐、苟、音四十二個聲母的字屬之；《切韻》的志、代、職、德韻及屋韻之一。凡從本部聲母字音讀入他部者，皆轉變以後發生。

怗　加 p(甲)或 F、f(乙)於止、之部 i、I 韻尾後，及改添部 m 聲隨爲之。段氏第七部的從乏、立、集、入、十、廿、卒、鈒八個聲母的字屬之；《切韻》的怗、乏韻。凡從本部聲母字音讀入他部者，皆轉變以後發生。

與尾、支、灰、青、侵、真對轉者：

益　加 k(甲)或 ç、cç、h(乙)於尾、支部 ə、ɐ 部韻尾後，及改青部 ŋ 聲隨爲之。段氏第十六部的從厂、易、朿、畫、辰、枺、瑞、囟、系、益、析、辟、鬲、脊、臭、启、狄、秝、彳、冊、毄、糸二十二個聲母的字屬之；《切韻》的卦韻、寘韻之一，昔、錫韻之半，麥、陌韻之一。凡從本部聲母字音讀入他部者，皆轉變以後發生。

緝　加 p(甲)或 F、t(乙)於尾、支部 ə、ɐ 部韻尾後，及改侵部 m 聲隨爲之。段氏第七部的從咠、及、邑、習、皀、㬎六個聲母的字屬之；《切韻》的緝韻。凡從本部聲母字音讀入他部者，皆轉變以後發生。

壹　加 t(l)(甲)或 θ、s、t͡s(乙)於尾、灰部 e、ɐ 韻尾後，及改真部 n 聲隨爲之。段氏第十五部從屮、胃、惠、未、位、退、隶、祟、出、尉、對、頪、内、孛、配、未、臸、魅、畏十九個聲母的字屬之；《切韻》的未、隊韻及怪韻之半。凡從本部聲母的字音讀入他部者，皆轉變以後發生。

與語、魚、陽、咸對轉者：

亦　加 k(甲)或 ç、cç、h(乙)於語、魚部 a 及 ɒ、ʌ 韻尾後，及改陽部 ŋ 聲隨爲之。段氏第五、十七兩部的從卸、躲、亞、舍、絫、睢、丙、舝、庶、乍、步、互、各、亦、夕、石、舄、隻、若、屰、睪、谷、章、戟、毛、酋、霾、炙、白、尺、赤、赫、墼、臬、霏、歫、龜、蔓、嬰、索、瓞、虢四十二個聲母的字屬之;《切韻》的御、暮韻、遇韻之半,鐸韻之半、樂、陌、麥、昔韻之一。凡從本部聲母的字音讀入他部者,皆轉變以後發生。

砝 加 p(甲)或 F、f(乙)於語、魚部 a 及 ɒ、ʌ 韻尾後,及改咸部 m 聲隨爲之。段氏第八部的從業、乏、燮、法、劫五個聲母的字屬之;《切韻》的洽、狎韻之半。凡從本部聲母的字音讀入他部者,皆轉變以後發生。

與有、宵、幽、江、冬、鹽、覃對轉者:

龠 加 k(甲)或 ç、cç、h(乙)於有、宵部 ɔ 韻尾後,及改江部 ŋ 聲隨爲之。段氏第二、三兩部的從梟、兒、須、暴、鬧、奏、弔、盜、號、樂、卓、龠、翟、爵、学、勺、雀、弱、敫、龘、虐、雀二十二個聲母的字屬之;《切韻》的笑韻,嘯、效、號韻之半,及沃、覺、藥、鐸、錫韻之半。凡從本部聲母的字音讀入他部者,皆轉變以後發生。

昱 加 k(甲)或 ç、cç、h(乙)於有、幽部 o 韻尾後,及改冬部 ŋ 聲隨爲之。段氏第三部的從翏、臭、戉、孝、奧、采、幼、殹、就、秀、冃、報、畐、告、六、埶、肅、朮、畜、祝、匊、夒、肉、毒、夋、伓、目、竹、逐、翏、鷟、臼、昱三十三個聲母的字屬之;《切韻》的宵、幼韻,嘯、效、號韻之半,沃韻之半,及屋、覺韻之一。凡從本部聲母的字音讀入他部者,全是轉變以後發生。

葉 加 p(甲)或 F、f(乙)於有、宵部 ɔ 韻尾後,及改鹽部 m 聲隨爲之。段氏第七、八兩部的從妾、涉、枼、疌、曄、讒、夾、爾、聿、乏十個聲母的字屬之;《切韻》的葉、業韻。凡從本部聲母的字音讀入他部者,皆轉變以後發生。

合 加 p(甲)或 F、f(乙)於有、幽部 o 韻尾後,及改覃部 m 聲隨爲之。段氏第八部的從合、龖、眔、沓、納五個聲母的字屬之;《切韻》的合韻及洽、盍韻之半。凡從本部聲母的字音讀入他部的,全是轉變以後發生。

與旨、脂、諄對轉者:

|勿| 加 t(l)(甲)或 θ、s、t͡s(乙)於旨、脂部 u 及 ḭ、ɿ 韻尾後,及改諄部 n 聲隨爲之。段氏第十五部的從示、閉、二、戾、祤、氒、棄、气、兂、四、計、医、器、繼、自、凶、冀、燓、卒、率、尣、出、兀、弗、叟、㐭、勿、甶、云、𠆢、乁、骨、丿、頁、劍、師、鬱三十七個聲母的字屬之;《切韻》的怪韻之半,寘韻之一及術、物、迄、没韻。凡從本部聲母的字音讀入他部的,全是轉變以後發生。

與厚、侯、東、談對轉者：

|玉| 加 k(甲)或 ç、cç、h(乙)於厚、侯部 u 及 y 韻尾後,及改東部 ŋ 聲隨爲之。段氏第四、三兩部的從禺、豈、付、具、戍、舞、奏、冓、豆、扁、孜、寇、晝、鬥、匸、谷、肉、族、屋、獄、足、束、賣、辱、曲、玉、蜀、木、彔、臬、羹、豖、卜、局、鹿、禿三十六個聲母的字屬之;《切韻》的侯韻、遇韻之半,燭韻及屋、覺韻之一。凡從本部聲母的字音讀入他部的,全是轉變以後發生。

|盍| 加 p(甲)或 F、f(乙)於厚、侯部 u 及 y 韻尾後,及改談部 m 聲隨爲之。段氏第八部的從甲、昂、雹、帀、矗、弃六個聲母的字屬之;《切韻》的盍、狎韻之半。凡從本部聲母字音讀入他部的,全是轉變以後發生。

凡舊所謂"平入通押"之韻字,其入本古乙類;"去入通押"者,本皆古入也。以上各部相互間關係,並與前列陰陽聲各部同詳《對轉説》。又凡新立韻部標目字或有不與所賅聲母符合者,均以所賅聲母之讀音爲準。

各部説了,還有三部特別的入聲,因爲有單獨叙述的必要,便另開下章——《至祭月三部對純韻説》。

(ㄇ) **至、祭、月三部對純韻説**

我在《分部説》中叙明有：

　　至部入聲對止部純韻；

　　祭部入聲對歌部純韻；

　　月部入聲對歌部純韻及寒部陽聲。

這三部不與那其餘做陰陽對轉樞紐的各部一樣；並且照歷來的所謂：

"歌部無入",

"至、祭古無平上",

似乎也不相同。雖然我已說了,"這種入聲是可以當做事實上的可能,與本文所論並不悖謬",現在這章便來說明"並不悖謬"的所以然。

在本文第二分裏和第三分開始,我已經力辨古今入聲二者的意義之不同。此處所引"歌無入"一語,與"至、祭無平上"一語,是用今四聲的分別來論古三聲的,其錯誤不必再論了。我們現在要注意的是:

(1)歌非入,當然無入;至、祭非平上,也當然無平上;

(2)但是歌可以有對轉的韻,至、祭也可以有對轉的韻;

(3)入聲的原則是韻尾附加短促的聲隨,則歌既是純韻,便可附加聲隨;

(4)至、祭既是入聲,便有失聲隨的可能,與對轉的條例不悖;

(5)古代三聲對轉,不是四聲相配。

所以,說到純韻與入聲絕對不是一個東西,就不能相"配",他們兩方面按着對轉的條例却一定能相"對"。"對"與"配"的分別,在乎我們對古三聲、今四聲的認識明白。

我們統計所有附 n 的古陽聲連寒部才一共三部,這個現象是值得注意的。按照《分部說》裏所畫的純韻和陰聲的部位看,我們又歸納出一個事實來。這個事實是從各部可以轉變的範圍中表現出來的;全數的韻部可以有三組的轉變的劃分,這三部附 n 的陽聲,每組恰巧有一個。我們從發音原理上可以解釋這個現象,而這個現象又是寒部之所以對歌部的重要事實,也就是入聲月部對歌部的原因。

大概附 n 聲的韻可以將發音分得界限清晰的。用國音字母來表示,便是:

ㄢ, ㄧㄢ, ㄨㄢ, ㄩㄢ;

ㄣ, ㄧㄣ;

ㄨㄣ, ㄩㄣ。

ㄢ、ㄣ的大分別是顯然無疑的。至於ㄣ、ㄧㄣ的讀音，雖是有分別，然而都是舌前韻；舌前韻自 i 以至於 ε，加上 n 却很難有絕對的差異，而往往混同，所以這兩種音在一組。ㄨㄣ、ㄩㄣ是合口韻（撮口由合口變去），與齊齒開口（ㄣ、ㄧㄣ）韻都顯得不同，所以自成一組。凡ㄢ的韻所有齊齒、合口、撮口影響都不能減少他開口的特徵，所以ㄢ與ㄧㄢ、ㄨㄢ、ㄩㄢ在一組。所謂ㄣ、ㄧㄣ組的音便是"真"部；所謂ㄨㄣ、ㄩㄣ組的音便是"諄"部；而所謂ㄢ、ㄧㄢ、ㄨㄢ、ㄩㄢ組的音便是"寒"部。這樣，寒部的主要韻母既是 a，豈不正是對歌部的一個陽聲嗎？與陽聲相轉是有入聲的，所以月部便是對寒部的入聲；也就是月部爲對歌部的入聲。在這一點上說，我們也可以承認歌部是包含陰聲的純韻——陰聲聲隨與純韻不分的韻（說見前《分部說》論陰聲與純韻相混的地方）。

　　段玉裁說過，今音的平上在古是一類，去入在古是一類。而據他的考證，在《六書音均表》中所收集的材料，又有一個現象值得注意。這個現象，我已經根據它分訂出歌部以外的六部古純韻，便是今音平上在古詩歌用韻的地方之並不相通（見《審音說》）。從這件事實，我們知道有古純韻。入聲大抵是陰陽聲對轉的樞紐。月部是與歌、寒部對轉的，既已說明，而至、祭兩部却孤單單無所歸宿。假是我們相信"入聲最古"的話，或者可以不必再懷疑——其如我們在本文第二分裏早已否認了這個假設何？假是我們也如同過去學者只用古詩歌押韻字做分合標準，或者也可以不必去尋求——其如我們現在惟一宗旨是在求讀音的假設何？而且至、祭既是入聲，除去他所附之聲隨，便就該有其所相同的一韻的聲音；然則至、祭二部之有對轉的純韻也不問可知了（陰陽聲依已定結論，不應有）。所以，我們相信，至、祭二部是與純韻有同古的可能，而必與純韻中之某二部相對轉。

　　月部所屬與祭部相關，這是考分祭部獨立的各家的公論（王念孫、江有誥都這樣說，見《音學十書》所錄王、江通信）。從這一點，我們再細細注意方音實例，知道祭部是與月部同，與歌部相對轉，才得兩兩相關。這也就是章炳麟主張古音長音 a 韻是泰，而汪榮寶主張是歌的所以生起瓜葛來的了。但是，既然兩部所屬的字是截然爲二，則發音也就有一點小異，而都是開口韻却爲大同之點。歌部音有 ɑ、æ 二類；月部音既與其 ɑ 相對，所以我以爲祭部是與其 æ 相對。同樣，我們找到至部是與止部相對轉。止部有兩音(i,I)，按考至部字音當與其 I 相對，合之語音實況也可見到。這許多純韻末尾讀重了ʔ，隨着發音的收束形勢，自然的都成了 t。因此前面所謂"把ʔ讀重了便成了對純韻之入"的便全是附 t 的了。這 t 實也與 s、θ 相似。關於這一切的證明也全要到《對轉說》裏去談。

現在將三部入聲發音的情形略述如下：

|月| 加 t(l)(甲)或 θ、s、t͡s(乙)於歌部 ɑ 韻尾後，及改寒部 n 聲隨爲之。段氏第十五、十六兩部的從戉、𡿪、月、伐、欮、乚、夏、屮、剌、蕨、歹、末、孚、犮、尐、桀、折、舌、絕、叕、㩒、屮、𣏟、丨、幺、屮、臬、乎、𦰩、威、𢇍、嵩、叚、㡿、㿦、奪、米、劣、叔、孑、巿、瞿、匕、垔、卧、丽、戲四十七個聲母的字屬之；《切韻》的過、箇、禡、月、曷、末、鎋韻。凡從本部聲母之字音讀入他部的，全是轉變以後發生。

|祭| 加 t(l)(甲)或 θ、s、t͡s(乙)於歌部 æ 韻尾後。段氏第十五部的從祭、衛、贅、毳、叔、利、裔、埶、世、乇、剌、彗、轊、拜、介、大、太、匃、帶、貝、會、兌、巜、最、外、薑、吠、乂、丯、砅、筮、寎、夬、叡、摯、泰三十六個聲母的字屬之；《切韻》的祭、泰、夬、廢韻及寘韻之半。凡從本部聲母之字音讀入他部的，全是轉變以後發生。

|至| 加 t(l)(甲)或 θ、s、t͡s(乙)於止部 I 韻尾後。段氏第十五、十二兩部的從至、疌、質、實、吉、悉、八、必、戍、七、阝、奧、李、畢、一、血、逸、𠄌、乙、徹、設、別二十二個聲母的字屬之；《切韻》的至、霽、質、櫛、黠、屑、薛韻。凡從本部聲母的字音讀入他部的，全是轉變以後發生。

以上三部雖別列於甲、乙二類古入聲之外，但爲甲爲乙，必居其一；按諸方音多近似於乙，所以今音就與純韻混同。今甲乙二類聲隨並舉，表示其所屬類尚未一定(月應與壹、勿同)。

附各部發音轉變三組圖一。

古陰陽入三聲考　47

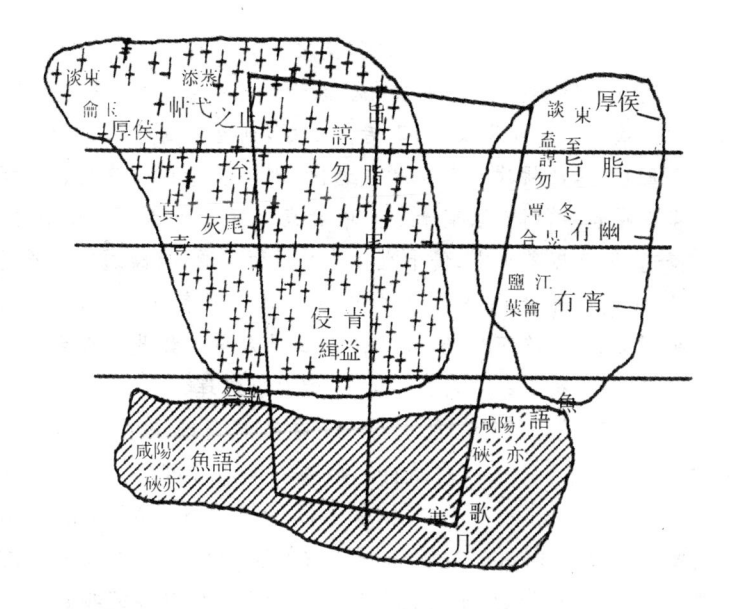

（二）部次説

分部及讀音已經説了，我們可以根據讀音將各部次序排定。韻部的排列大抵可以分：

（一）由舌前到舌後一種；

（二）由舌後到舌前一種；

（三）由開降分到合升及齊升；

（四）由合升及齊升到開降。

（一）（二）兩種是順着韻部位置三角圖沿邊連排的；（三）是先一點後兩歧的分列；（四）是先兩歧後合一的分列。我現在用（一）的連列，比較於讀音狀況上容易明瞭。

江有誥《音學十書·詩經韻讀·凡例》云：

戴氏十六部次第，以歌爲首，談爲終。段氏十七部次第，以之爲首，歌爲終。孔氏十八部次第，以元爲首，緝爲終。以鄙見論之，當以之第一，幽第二，宵第三。蓋之部間通幽，幽部或通宵，而之、宵通者少，是幽者之宵之分界也。幽又通侯，則侯次四。侯近魚，魚之半入於麻，麻之半通於歌，則當以魚次五,歌次六。歌之半入支,支之一與脂通,則當以支次七,脂次八。脂與祭合,則祭次九。祭音近元,《說文》諧聲多互借,則元次十。元間與文通,真者文之類,當以文十一,真十二。真與耕通,則耕次十三。耕或通陽,則陽次十四。晚周、秦、漢多東陽互用,則當以東十五。中者東之類次十六。中間與蒸、侵通,則當以蒸十七,侵十八。蒸通侵而不通談,談通侵而不通蒸,是侵者蒸談之分界,則當以談十九。葉者談之類次二十。緝間與之通,終而復始者也,故以緝爲殿焉。如此專以古音聯絡,而不用後人分配入聲爲組合,似更有條理。

這是江氏始之終緝的部次說。現在按照音理來說,比他只以通轉定序,當較正確——因爲通轉條例也是從音理上來的。前文《審音說》中所定之音讀,有在兩個不同的發音部位的,這裏各依其主要的一個排列,例如歌、語、厚、旨的次第便是。本文最注意古聲的對轉。所以依照發音部位定純韻次第,而由各純韻對轉的各聲,以"陰陽入"的次第順序連列,各聲的次第由內向外。

因爲以一純韻爲中心,連列其對轉各聲,則在這一個發音中心之內的各類,便合成爲一小團,今定名爲"系"。所得之"系"凡九,特"系"二;"系"各賅純韻、陰聲韻、陽聲韻、入聲韻甲或入聲韻乙,若干"類"不等;"類"之下爲"部",是爲古音之韻的最後獨立單位——"系"者,古音之最低限度韻的劃分也,亦即古音分韻之單位也。"系"不標"音目",只冠以"序數";"部"不冠"序數",但標其"目";"部"之"序數"注於"類"下。依"類"列"部",可得各"類"的"部序",然後成一"以部爲經,以類爲緯"的"韻目",用來和"以系爲綱"的"系次"相發明。

系次

系一,六部:

止純一　之陰一　蒸陽一　　　添陽一　弋入甲乙一　　帖入甲乙一

特系一,一部:

(止)　　　　　　　　　　　　　　　　至入一

系二,四部:

尾純二　灰陰二　　　　真陽一　　　　　　　壹 $^{入甲}_{乙一}$

系三,五部：

（尾）　支陰三　青陽二　　　侵陽二　益 $^{入甲}_{乙二}$　　緝 $^{入甲}_{乙二}$

系四,六部：

語純三　魚陰四　陽陽三　　　咸陽三　亦 $^{入甲}_{乙三}$　　磕 $^{入甲}_{乙三}$

系五,三部：

歌純四　　　　　　寒陽二　　　　　　　月 $^{入甲}_{乙二}$

特系二,一部：

（歌）　　　　　　　　　　　　　　　　祭入二

系六,六部：

有純五　宵陰五　江陽四　　　鹽陽四　龠 $^{入甲}_{乙四}$　　葉 $^{入甲}_{乙四}$

系七,五部：

（有）　幽陰六　冬陽五　　　覃陽五　昱 $^{入甲}_{乙五}$　　合 $^{入甲}_{乙五}$

系八,四部：

旨純六　脂陰七　　　　諄陽三　　　　　　勿 $^{入甲}_{乙三}$

系九,六部：

厚純七　侯純八　東陽六　　　談陽六　玉 $^{入甲}_{乙六}$　　盍 $^{入甲}_{乙六}$

韻目

純韻：

　一止　　二尾　　三語　　四歌　　五有　　六旨
　七厚

陰聲韻：

　八之　　九灰　　十支　　十一魚　　十二宵　　十三幽
　十四脂　十五侯

陽聲韻：

　十六蒸　十七青　十八陽　十九江　　二十冬　　廿一東
　廿二真　廿三寒　廿四諄
　廿五添　廿六侵　廿七咸　廿八鹽　廿九覃　　三十談

入聲韻甲：

　卅一弋　卅二益　卅三亦　卅四龠　卅五昱　卅六玉
　卅七壹　卅八月　卅九勿
　四十怗　四一緝　四二磕　四三葉　四四合　四五盍

入聲韻乙：

四十六弋　四十七益　四十八亦　四十九龠　五十昱　　五十一玉

五十二壹　五十三月　五十四勿

五十五怗　五十六緝　五十七硤　五十八葉　五十九合　六十盍

入聲韻特：

六十一至　六十二祭

系一的韻在前升地位，最爲顯著。

至部是特系一，在止部下。

其下，半升半降地位，屬於系二的尾、灰……部分。

系三詳後。

這下面應該是歌、祭部首；可是歌……部主要音讀是系五舌後降的地位，而祭是特系二。所以系四是語、魚……部。

語、魚……部的主要音讀是前降的地位，接着向舌後，便是系五的歌……部。

由歌……部的地位再向後上升，也是語、魚……部；可是其主要音讀已在系四，所以系六是有、宵……部後半降的地位。

有、幽……部是後半升的地位，所以是系七。

在後半升到後升的地位是旨、脂……部的主要音讀，系八。

後升的地位是厚、侯……部，所以是系九。

厚、侯……部音讀又在前升的地位，所以居末，與前升地位的系一音讀相繫聯。

系八的旨、脂……部音讀又在中升地位，向下到半升及半降地位是尾、支……部；這一部本與前半升半降地位的尾、灰……部有關，所以列入系三。

就轉變的關係看：系一、特系一、系二、系三、特系二、系八是一組；系四、系五、系六、系三是一組；系四、系六、系七、系八、系九是一組。

第一組是齊齒類的前及中韻爲中心；例如：之系一、至特一、灰系二、支系三、祭特二、脂系八韻的轉變。第二組是開口類的半降及降韻爲中心；例如：魚系四、歌系五、宵系六、支系三韻的轉變。第三組是合口類的後韻爲中心；例如：魚系四、宵系六、幽系七、脂系八、侯系九韻的轉變。

部居既定，次當言"對轉"。

(丂) 對轉説

未講我所擬的對轉系統以前，且將研究對轉的大概説一説。

對轉之發明似乎要以戴東原先生爲第一人。他没有用出"對轉"這個名詞，所以人們只知道：對轉是孔廣森《詩聲類》發其端，章炳麟《成均圖》承其緒。其實，東原先生先著《聲韻考》，後訂《聲類表》，内容所分就是對轉的部類。我們這裏應該將段玉裁《聲韻表序》引來大家看看：

先是，師於癸巳（按：是清乾隆三十八年，一七七三年），以入聲爲樞紐，以——

真以下十四韻（按：即陽聲，下同），與脂、微、齊、皆、灰（按：即陰聲，下同），入聲質、術、櫛、物、迄、月、没、曷、末、黠、鎋、薛爲一類。

蒸、登與之、咍，入聲職、德，爲一類。

東、冬、鍾、江、與尤、侯、幽，入聲屋、沃、燭、覺，爲一類。

陽、唐與蕭、宵、肴、豪，入聲藥，爲一類。

庚、耕、清、青，與支、佳，入聲陌、麥、昔、錫，爲一類。

歌、戈、麻與魚、虞、模，入聲鐸，爲一類。

閉口音侵以下九韻，入聲緝以下九韻，爲一類。

以七類之平上去分十三部，及入聲七部，得二十部。既詳其説《聲韻考》中。其中，尤、侯不分，真、文不分，侵、覃不分，以庚、支同入，歌、魚同入，與余書（按：指段氏《六書音均表》）別異。

這是東原先生第一次的對轉分類情形。後來段氏刻《六書音均表》請東原先生做《序》的時候，東原先生又改正了一個類目，寫給段氏，要他參酌了改正《六書音均表》。段玉裁其時在四川，戴先生在北京，路途寫遠，信到時書早已刻成了。所以段氏《序》曰：

余書刻於丙申（按：是乾隆四十一年，一七七六年）四月，由富順寄都門；而師丁酉（按：是乾隆四十二年，一七七七年，東原先生是年卒。）正月序之。丙申之春，師與余書，詳論韻事，將令及未刻參酌改正，而此扎浮沉不達！……丙申春命予參酌之書，又改七類者爲九類。真以下十四韻各爲二：真、臻、諄、文、欣、魂、痕、先，入聲質、術、櫛、物、迄、沒、屑配之；元、寒、桓、刪、山、仙，去聲祭、泰、夬、廢，入聲月、曷、末、鎋、薛配之。又侵、鹽、添爲一類；覃、談、咸、銜、嚴、凡爲一類。侵、覃之分，同於江氏及余者也。質、月之分，又前人及余所未議也。丁西之五月，師又自著書曰《聲類表》，以九類者譜之爲九卷：

一曰，歌、魚、鐸之類。

二曰，蒸、之、職之類。

三曰，東、尤、屋之類。

四曰，陽、蕭、藥之類。

五曰，庚、支、陌之類。

六曰，真、脂、質之類。

七曰，元、寒、桓、刪、山、仙、祭、泰、夬、廢、月、曷、末、黠、鎋、薛之類。

八曰，侵、緝之類。

九曰，覃、合之類。

每類中各詳其"開口"、"合口"、"內轉"、"外轉"、"重聲"、"輕聲"，呼等之繁瑣，今音古音之轉移，綱領既張，纖悉畢舉。……五日成此編，距易簀之期僅二十日，未及爲例言。

這是東原先生最後的對轉類表。戴先生不稱之爲《韻類表》，而名之曰《聲類表》。是否有意在分別古初三聲與後來四聲，先生沒有寫下例言來，我們不能妄斷；然而這一點却是我們值得注意的。

孔廣森曾經受過東原先生的教的，他著《詩聲類》，雖如段玉裁說分部與戴先生畧有不同，其定名也是言"聲"不言"韻"，不無師承之處，我們也應該注意。"對轉"之名由孔氏說出，東原先生著作中已有其實。雖然孔氏自己序《詩聲類》道：

竊取李登《聲類》之名，以名是編。

可是他既是東原弟子，而且孔、戴兩家當時還有戚誼，東原遺書刻者是孔氏的叔父，更有廣森做的序；要說戴先生的著作沒有給他影響,這怕是不見得(王昶撰東原先生《墓志》云:"女一,許字曲阜孔廣根,蓋繼涵次子也。"故知刻先生遺書的微波樹主人孔誧伯〔繼涵〕是先生的兒女親家,而爲廣森的叔父)。縱然孔廣森自己沒有提到戴先生一句,段玉裁在《聲類表序》連帶說到《詩聲類》,那並不是無因的。《聲類表序》云:

> 抑誧伯之猶子撝約太史,又成《詩聲類》一書,謂:
>
> 陽聲有九,曰:
>
> 元之屬、耕之屬、真之屬、陽之屬、東之屬、冬之屬、侵之屬、蒸之屬、談之屬。
>
> 陰聲有九,曰:
>
> 歌之屬,支之屬,脂之屬,魚之屬,侯之屬,幽之屬,宵之屬,之之屬,合之屬。
>
> 元歌同入,耕支同入,真脂同入,陽魚同入,東侯同入,冬幽同入,侵宵同入,蒸之同入,談合同入,以平入相配。其書精心神解,又與師及余説不同,東、冬爲二,以配侯、幽,尤微妙悟。

這陽聲陰聲之名,豈不與戴先生《與段若膺論韻書》中講"陰陽表裏"之說有淵源關係嗎?

孔氏所列還是拿今四聲與古三聲相涉的。東原先生所訂便是一個音表,平上去入的韻目不過是與今韻對照的用處。我們可以相信段玉裁的話:

> 蓋江氏之論顧氏也曰,"考古之功多,審音之功少"。吾師之論余亦云爾。江氏與師皆考古審音均詣其極,而師集諸家大成。

東原先生之前,江慎修《古韻標準》分十三部,事實上也很有東原先生的意見參加在裏頭。吾師疑古玄同先生説,江氏入聲八部其實是獨立的,而且兼對陰陽,已有"對轉"意味云。江氏分配韻部情形是:

| 屋 | 東董送 | 尤有宥 |
| 沃 | 冬腫宋 | 侯厚候 |

燭覺　　　鍾江講用絳　　幽黝幼
以上第一部，對十三部之第一第十一二部。
質術　　　真諄軫準震稕　支脂之紙旨止尾實至志未霽
櫛物　　　臻文吻隱問焮　微齊佳薺蟹駭賄祭泰卦怪夬
迄没屑薛　殷魂痕先混很　皆灰咍尤海有厚隊代廢宥
　　　　　銑恩恨霰
以上第二部，對十三部之第四第二二部。
月曷　　　元寒阮旱願翰　魚語御
末黠　　　桓删緩潸換諫　虞麌遇
鎋屑薛　　山先僊産銑獮　模麻姥馬暮禡
　　　　　襇霰線
以上第三部，對十三部之第五第三二部。
藥鐸　　　真諄軫準震稕　魚語御
覺陌麥　　臻文吻隱問焮　虞麌遇
昔錫　　　殷魂痕先混很　模麻姥馬暮禡
　　　　　銑恩恨霰
以上第四部，對十三部之第四第三二部。
麥昔錫　　元寒阮旱願翰　支脂之紙旨止尾實至志未霽
　　　　　桓删緩潸換諫　微齊佳薺蟹駭賄祭泰卦怪夬
　　　　　山先僊産銑獮　皆灰咍尤海有厚隊代廢宥
　　　　　襇霰線
以上第五部，對十三部之第五第二二部。
職德　　　蕭篠嘯　　　　支脂之紙旨止尾實至志未霽
　　　　　宵小笑　　　　微齊佳薺蟹駭賄祭泰卦怪夬
　　　　　肴豪巧皓效號　皆灰咍尤海有厚隊代廢宥
以上第六部，對十三部之第六第二二部。
緝　　　　侵寑沁　　　　歌哿箇
合　　　　覃感梽　　　　戈果過
葉洽　　　談鹽忝　　　　麻馬禡
以上第七部，對十三部之第十二第七二部。

合盍　　　覃談鹽感敢埳　陽養漾
　　　　　勘闞豔
帖業洽　　添嚴咸忝廣孂　唐蕩宕
　　　　　㮇釅陷
狎乏　　　銜凡檻范鑑梵

以上第八部，對十三部之第十三第八二部。

　　孔氏之後，自是章炳麟發揮"對轉"之理爲最有力者，他的《文始》一書全以《成均圖》條理寫定。他在"對轉"以外，又講"旁轉"，由"旁轉"又生出"對轉"，一共有五種轉例，於是凡一不同之音，竟可以展轉相通，名爲二十三部，却可指做一部！所以，他講的"對轉"與我們現在所要說的"對轉"就有些不同。雖然他這一轉百通的說法，我們不能全然贊同；但向來講"對轉"明白而精細的，我們可以承認沒有第二人。東原先生首獲"對轉"之實，孔撝約始道"對轉"之名，皆所謂"前脩未密"。太炎先生表列音例，推闡其理，是所謂"後出益精"。章氏《新方言》有《音表》二十三部：

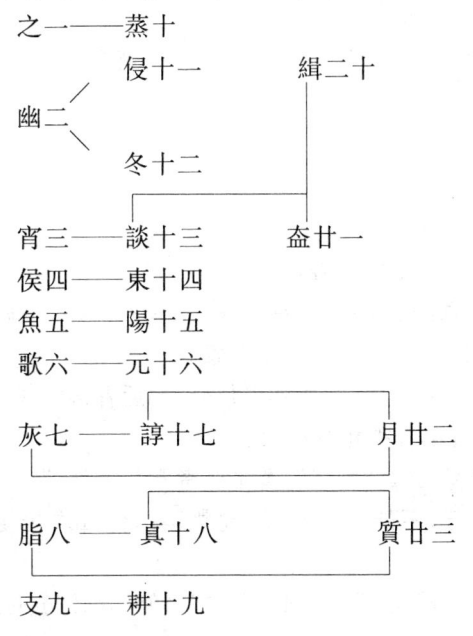

```
之一──蒸十
      ╱侵十一      緝二十
幽二─
      ╲冬十二
宵三──談十三      盍廿一
侯四──東十四
魚五──陽十五
歌六──元十六
灰七──諄十七      月廿二
脂八──真十八      質廿三
支九──耕十九
```

孔氏説有《詩聲類》列例。

章氏説有《文始》、《新方言》列例。

戴氏書頃有人爲之整理,與其《轉語二十章》相發明。

我現在假設的結果,分"系"有如戴、章之"類",分"類"有如孔氏之"類",分"部"便與各家之"韻"或"部"相同。章氏又分"弇"、"侈"爲二列,今則散見於《審音説》發音部位圖中。茲逐項定説立目如後:

(1) 凡同一主韻及以此韻爲中心而繫綴各異之聲隨者,謂之"同系"。

(2) 凡同一聲隨而以此聲隨爲中心繫綴於各異之主韻者,謂之"同類"。

(3) 凡同以一韻爲中心者,謂之"同部";同部必"同位"。

凡韻之部位相同者,曰"同位"。

凡聲隨異類而其部位相同者,曰"位同"。

(4) 凡系之中,各以類分;凡類之中,各以聲分;一聲之中,各以部分。

凡同爲鼻聲聲隨者,爲"陽聲類"。陽聲類三:脣鼻聲、舌尖鼻聲、舌根鼻聲。

凡同爲通擦聲隨者,爲"陰聲類"。陰聲類三:脣通擦聲、舌尖通擦聲、舌根通擦聲。

凡同爲塞爆或分聲隨者,爲"入聲甲類"。入聲甲類三:脣塞爆聲、舌尖塞爆或分聲、舌根塞爆聲。

凡同爲塞擦或通聲隨者,爲"入聲乙類"。入聲乙類三:脣塞擦或通聲、舌尖塞擦或通聲、舌根塞擦或通聲。

凡無聲隨者,爲"純韻類"。純韻類以位分,比近者得同居。

(5) 凡同系各類各部音得相轉,是爲"對轉"。

凡"對轉"各部之音,必爲"雙聲";聲不同者不爲"對轉"。

凡"對轉"各部之音,不能顯見其爲"雙聲"者,依聲之轉變條例必得其系統。

凡"對轉"各類之聲隨,必爲"位同";同類"對轉"者必"異位"。

凡"對轉"之例可於一系之中類推用之；其例外者不得謂之"對轉"。

（6）凡"對轉"例以外之相轉者，爲"通轉"（《通轉說》詳另章）。

（7）凡"對轉"所自出者，爲"主轉韻"。

（8）凡"對轉"所從入者爲"受轉韻"。

（9）凡相爲主受者，爲"互轉韻"。

（10）凡由純韻主轉受於陽陰入聲之"對轉"，謂之"全系對轉"之"正轉"。

（11）凡由陽陰入聲主轉受於純韻之"對轉"，謂之"全系對轉"之"反轉"。

"全系對轉"爲"基本對轉"。

"正轉"、"反轉"爲"總轉"。

（12）凡純韻陰聲互轉之對轉，謂之"異類對轉"之"順逆轉"。

（13）凡純韻陽聲互轉之對轉，謂之"異類對轉"之"順逆轉"。

（14）凡純韻入聲互轉之對轉，謂之"異類對轉"之"順逆轉"。

（15）凡陽聲陰聲互轉之對轉，謂之"異類對轉"之"平轉"。

（16）凡陽聲入聲互轉之對轉，謂之"異類對轉"之"平轉"。

（17）凡陰聲入聲互轉之對轉，謂之"異類對轉"之"平轉"。

"異類對轉"爲"孳乳對轉"。

"順逆轉"、"平轉"爲"局部轉"。

（18）凡此陽聲與彼陽聲互轉之對轉，謂之"同類對轉"之"自轉"。

（19）凡此入聲與彼入聲互轉之對轉，謂之"同類對轉"之"自轉"。

"同類對轉"爲"聯枝對轉"。

"自轉"亦爲"局部轉"。

全系對轉 全系對轉，必徵之同系純陰陽入諸類悉有可據者，然後成立；不然，只能算做"異類對轉"。正轉、反轉爲聲隨之增減變化的兩方面。純韻沒有聲隨；如原是這類的韻而有附加同位逐類聲隨的轉音，便是從無到有的轉變。以純韻爲主,所以叫由他增加聲隨的轉變做"正轉"。自聲隨的任一類而同時有向別幾類同位聲隨以及純韻的轉音,便是從甲到乙以及自有到無的雙方轉變。以純韻爲主,所以叫消失聲隨向他轉變的做"反轉",雖然也兼着是變聲隨的。

正轉爲:純韻與陽聲、陰聲及入聲甲乙。或分別爲兩路:純韻與陽聲及入聲甲,純韻與陰聲及入聲乙。

反轉爲:陽聲,入聲甲與純韻,陰聲,入聲乙與純韻。

因此,正轉是屬於順逆轉的,而反轉以順逆轉爲主並有平轉爲副。

正轉韻目

(1) 止:之蒸弋$^甲_乙$　　止:之添怗$^甲_乙$

(2) 尾:灰真壹$^甲_乙$

(3) 尾:支青益$^甲_乙$　　尾:支侵緝$^甲_乙$

(4) 語:魚陽亦$^甲_乙$　　語:魚咸硤$^甲_乙$

(5) 歌:寒月$^甲_乙$

(6) 有:宵江龠$^甲_乙$　　有:宵鹽葉$^甲_乙$

(7) 有:幽冬昱$^甲_乙$　　有:幽覃合$^甲_乙$

(8) 旨:脂諄勿$^甲_乙$

(9) 厚:侯東玉$^甲_乙$　　厚:侯談盍$^甲_乙$

(特1) 止:至

(特2) 歌:祭

反轉韻目

(1) 弋甲蒸:止　　弋乙之:止　　怗甲添:止　　怗乙之:止

(2) 壹甲真:尾　　壹乙灰:尾

(3) 益甲青:尾　　益乙支:尾　　緝甲侵:尾　　緝乙支:尾

(4) 亦甲陽:語　　亦乙魚:語　　硤甲咸:語　　硤乙魚:語

(5) 月甲寒:歌　　月乙"歌":歌

(6) 龠甲江:有　　龠乙宵:有　　葉甲鹽:有　　葉乙宵:有

(7) 昱甲冬:有　　昱乙幽:有　　合甲覃:有　　合乙幽:有

(8) 勿甲諄:旨　　勿乙脂:旨

(9) 玉甲東:厚　玉乙侯:厚　盍甲談:厚　盍乙侯:厚
(特1) 至:止
(特2) 祭:歌

二特系全系只是兩類,實就是異類對轉中的順逆轉;依分系情形當排在這類,以轉變實況說便互見於下。

異類對轉　異類對轉,只限於同系之一類與別一類相對者而言;若一類所對不止一類而各類且爲同位者,當與全系對轉有關。順逆轉爲聲隨之增減。平轉受聲隨之變易。順逆轉兼有正轉、反轉之事,皆由純韻與聲隨韻間的變化,是舊日所謂"正對轉"(章說)。我們爲要以純韻爲主,故在全系對轉中定稱"正"、"反",是很粗疏勉強的辦法。至於,以聲隨韻失聲隨而爲純韻是發音之"順",自純韻加聲隨而爲聲隨韻是發音之"逆",此處所謂"順逆轉",便是用的這較爲合理的意思。"順逆轉"的例子不必順逆俱備。平轉與順逆轉正相對。同位兩類聲隨的相轉是平列的,所以叫"平轉"。

順逆轉韻目

(1) 止:之　止:蒸　止:添　止:弋甲　止:弋乙
　　止:怗甲　止:怗乙
(特1) 止:至
(2) 尾:灰　尾:眞　尾:壹甲　尾:壹乙
(3) 尾:支　尾:青　尾:侵　尾:益甲　尾:益乙
　　尾:緝甲　尾:緝乙
(4) 語:魚　語:陽　語:咸　語:亦甲　語:亦乙
　　語:狹甲　語:狹乙
(5) 歌:寒　歌:月甲　歌:月乙
(特2) 歌:祭
(6) 有:宵　有:江　有:鹽　有:龠甲　有:龠乙
　　有:葉甲　有:葉乙
(7) 有:幽　有:冬　有:覃　有:昱乙　有:昱乙
　　有:合甲　有:合乙

(8) 旨:脂　　旨:諄　　旨:勿甲　　旨:勿乙
(9) 厚:侯　　厚:東　　厚:談　　厚:玉甲　　厚:玉乙
　　厚:盇甲　　厚:盇乙

平轉韻目

(1) 蒸:之　　添:之　　蒸:弋甲　　添:怗甲　　之:弋乙
　　之:怗乙
(2) 眞:灰　　眞:壹甲　　灰:壹乙
(3) 青:支　　侵:支　　青:益甲　　侵:緝甲　　支:益乙
　　支:緝乙
(4) 陽:魚　　咸:魚　　陽:亦甲　　咸:硤甲　　魚:亦乙
　　魚:硤乙
(5) 寒:[歌]　　寒:月甲　　[歌]:月乙
(6) 江:宵　　鹽:宵　　江:龠甲　　鹽:葉甲　　宵:龠乙
　　宵:葉乙
(7) 冬:幽　　覃:幽　　冬:昱甲　　覃:合甲　　幽:昱乙
　　幽:合乙
(8) 諄:脂　　諄:勿甲　　脂:勿乙
(9) 東:侯　　談:侯　　東:玉甲　　談:盇甲　　侯:玉乙
　　侯:盇乙

　　順逆轉中純韻與陰聲對轉者，舊日合而爲一類，通稱陰聲；今所謂陰聲與純韻有別，此類陰聲就是"平入通押"的"平"，説見《分部説》中；今所謂純韻即舊日之"陰聲"。特系(1)(2)與全系對轉互見。平轉系五的歌部是指屬於陰聲者，非純韻，見《審音説》。

同類對轉　同類對轉，必於同系之一類中兩部言之；若不同系是通轉的例。自轉爲聲隨之變易。因爲是在同系而同類的聲隨變易，所以叫"自轉"。陰聲不能自轉。

自轉韻目

(1) 蒸:添　　弋甲:怗甲　　弋乙:怗乙　　弋甲:弋乙
　　怗甲:怗乙

(3) 青:侵　　益甲:緝甲　　益乙:緝乙　　益甲:益乙
　　緝甲:緝乙
(4) 陽:咸　　亦甲:硤甲　　亦乙:硤乙　　亦甲:亦乙
　　硤甲:硤乙
(6) 江:鹽　　龠甲:葉甲　　龠乙:葉乙　　龠甲:龠乙
　　葉甲:葉乙
(7) 冬:覃　　昱甲:合甲　　昱乙:合乙　　昱甲:昱乙
　　合甲:合乙
(9) 東:談　　玉甲:盍甲　　玉乙:盍乙　　玉甲:玉乙
　　盍甲:盍乙
(5) 月甲:月乙

自轉中此入聲與彼入聲之對轉的甲乙兩類對轉者,舊日無此分別,通稱入聲;今以入聲乙類當"平入通押"之"入",原有入聲別爲甲類;說見《分部說》。

全系對轉以全相對轉爲條件,故謂之"總"轉。

異類及同類對轉限於兩部之間,故謂之"局部"轉。

總轉由一語發生衆語,是語言變化的基本,故謂之"基本"對轉。基本對轉是語言原始狀況的推求。

順逆轉、平轉,限於局部,由一部分生數語,是語言變化的孳乳,故謂之"孳乳"對轉。"孳乳"對轉是語言變遷狀況的推求。自轉在局部中之更小部分,由一語駢生一語,是語言變化的聯枝,故謂之"聯枝"對轉。"聯枝"對轉是語言穿錯狀況的推求。

基本"對轉"和"聯枝"對轉的不若"孳乳"對轉多;"基本"對轉往往混在"孳乳"對轉裏頭,而"聯枝"對轉却又牽入"通轉"的範圍(上說以下頁表明之)。

江、戴、孔、章之外,清儒研究古音的人,還有一位未明言"對轉"而研究的內容已有"對轉"意味的,便是段玉裁。段氏《六書音均表》所說的,有許多只是結論,不談來源;他的態度或許有些武斷,可是他的見解却很是摯敏,假設也就非常精確。例如本文最重要的"古三聲"與"今四聲"的分別,段氏在《古四聲說》(《音均

對轉	名稱	基本對轉	總對轉	對轉			聯枝對轉		
	語言作用別								
	用音部分別		全系對轉				同類轉		
	語音類別	正轉		反轉	異局類轉	平轉	自駢轉		
	對轉方法別				逆轉				
	言語作用	一語發生	一語各類	一語相襲	一語分生	一語相生	一語相生		
對	語音部分	同系異部	同系異部隨	同部	同系異部	同系部	同系異部同類相隨		
	語音變化	增	聲隨	減聲隨及變易聲隨	變	變易聲	變易聲		
情形	主轉	純韻陰陽入甲乙	純韻	陽入甲	純韻	陰陽入乙		陽聲 陽聲	人聲甲 人聲甲
	受轉	陽入甲	陰入乙	純韻				陰聲 入聲乙	入聲甲 入聲乙
	互受合	必為變聲變聲不可見者必合於聲母轉變條例						陰聲 陽聲 人聲甲 入聲乙	人聲甲 人聲乙
對轉條件	聲母	必同							類同而必位異
	韻位	必同							
	聲隨	類異而必位同							
附注		此類多分如次兩類人甲及人乙聲與人甲及人乙陽聲與陰聲至嚴至限也	依此可考見古人聲之甲乙分類聲與純韻之分	依此可考見古人聲之甲乙分類及純韻之分	此即舊陰陽聲類	此二類即舊陰陽人對轉		依此可考見古人聲之甲乙分類及純韻之分	

① 編者按：此處原簡缺字。

古陰陽入三聲考　63

表》一)裏分界是何等嚴明！雖然我們不能逕直說段先生那時便明定了這問題，可是他從平、上、去、入的四聲上能說清了古今的不同，已儘夠我們嘆服的了！這是我和吾師疑古先生所常感覺到的，治古音最有特見，而最易爲人忽略，却偏最不可忽略的清代學者，是注《說文解字》、訂《六書音均表》的段懋堂先生。所以叙了我對轉條例的假設之後，再將段氏論古四聲以及對轉有關的話記述出來。

段氏《古四聲說》：

> 古四聲不同今韻，猶古本音不同今韻也。考周、秦、漢初之文，有平、上、入，而無去。洎乎魏、晉，上入聲多轉而爲去聲，平聲多轉爲仄聲，於是四聲大備而與古不侔；有古平而今仄者，有古上、入而今去者，細意搜尋，隨在可得其條理。

這只是就四聲來說古今音有的不同，雖未講出古三聲，可是看他下文，便覺我本文《分部說》論列的不過是補充說明了他所謂不同於今的"四聲"罷了！他的下文是：

> 今學者讀《三百篇》諸書，以今韻四聲律古人，陸德明、吳棫皆指爲"協句"，顧炎武之書亦云"平仄通押"、"去入通押"，而不知古四聲不同今，猶古本音部分異今也。明乎古本音不同今韻，又何惑乎古四聲不同今韻哉？如"戒"之音"亟"，"慶"之音"羌"，"訇"、"響"之音"香"，"至"之音"質"，學者可以類求矣。

他看出：

> 古平上爲一類，去入爲一類，上與平一也，去與入一也。上聲備於《三百篇》，去聲備於魏、晉。

> 第二部(案：段氏古音分部之第二部爲蕭、宵、肴、豪、篠、小、巧、皓、嘯、笑、效、號)平多轉爲入聲，第十五部(案：段氏古音分部之第十五部爲脂、微、齊、皆、灰、旨、尾、薺、駭、賄、至、未、霽、祭、泰、怪、夬、隊、廢、術、物、迄、月、没、曷、末、黠、鎋、薛)入多轉爲去聲。

他極聰明銳利的見到古今音有變異；今之所不同古或相同，古之所同今亦或不同；作《古今不同隨舉可徵說》、《音韻隨時代遷移說》、《古音韻至諧說》、《古音義說》、《古諧聲說》、《古假借必同部說》、《古轉注同部說》。其中多有精當不易之論。

今音不同唐音，即唐音不同古音之徵也《《古今不同隨舉可徵說》、《六書音均表》一）。

今人槩曰"古韻不同今韻"而已。唐、虞而下，隋、唐而上，其中變更正多，槩曰"古不同今"，尚皮傅之說也。音韻之不同，必論其世《《音韻隨時代遷移說》、《音均表》一）。

明乎古本音，則知古人用韻精嚴，無出韻之句矣。

明乎音有正變，則知古人"哈"音同"之"，"先"音同"真"，本無詰屈聱牙矣。

明乎古四聲異今韻，則知"平仄通押"、"去入通押"之說未爲審矣《《古音韻至諧說》、《音均表》一）。

字義不隨字音爲分別。音轉入於他部，其義同也。音變析爲他韻，其義同也。平轉爲仄聲，上入轉爲去聲，其義同也。今韻例多爲分別，……皆拘牽瑣碎，未可以語古音古義《《古音義說》、《音均表》一）。

一聲可諧萬字，萬字而必同部，同聲必同部。明乎此，而部分音變，平、入之相配，四聲之今古不同，皆可得矣《《古諧聲說》、《音均表》一）。

這都是我的《分部說》、《審音說》和本節《對轉說》的重要點與他的意見沒有什麼不同的地方，不過在分部的名目和審音的實際比較詳細了一些。前面敘述過江、戴、孔、章的對轉部類；段氏有《古異平同入說》，也正是以他十七部爲標準的對轉分部說。他沒有正式提出"對轉"二字，自然也就不與講對轉的條例全同，這是要聲明的一點。依《古異平同入說》《音均表》三），段氏對轉部類如下：

部數	第一	第二	第六	第三	第四	第九	第五	第十	第十二	第十一	第十五	第十三	第十四	第十六	第十七	第七	第八
入聲	職德			屋沃燭覺			藥鐸		質櫛屑		術物迄月沒曷	末黠鎋薛		陌麥昔錫		緝葉怗	合盍洽狎業乏
平聲	之咍	蒸登	蕭宵肴豪	尤幽	侯		東冬鍾江	魚虞模	陽唐	真臻先	庚耕清青	脂微齊皆灰	諄文欣魂痕	元寒桓刪山仙	支佳	歌戈麻	侵鹽添	覃談咸銜嚴凡
上聲	止海			有黝	厚		語麌			旨尾薺駭賄							
對轉部次	1	2	3	4	5	6	7	8

段氏說的"音韻不同必論其世"的"世","約而言之,唐、虞、夏、商、周、秦、漢初爲一時,漢武帝後洎漢末爲一時,魏、晉、宋、齊、梁、陳、隋爲一時。"(《音韻隨時代遷移說》,《音均表》一)他說"古人之文具在,凡音轉、音變、四聲其遷移之時代皆可尋究。"我現在將我要表明的"古三聲"及"今四聲"關係,更仔細寫成一表(見下頁表):

依本表,本文所說的"古陰陽入"的"古"之界限,當推到《三百篇》以前,而陰、陽、入甲、乙和純韻一共應有五種;漢世以降,才只有陰、陽、入三聲了;六朝而後,就成了陽聲、平、上、去,陰聲、平、上、去,以及入配陽平、上、去的情形;隋、唐之下,一變而爲平、上、去、入的聲調分類,入聲卻始終未變性質。何以應當推到《三百篇》以前?這是從段氏《音均表》所得結果加的解釋,吾師疑古先

時代	音韻史的解釋	變遷內容

變遷內容	音韻史的解釋	遞變之韵	時代
音	對陽聲平上一類平入陰入轉陰聲平上兩類通押陽入	——互相通轉——名同而實不同——遞變中先後名目間之關係 二者相同或相關	紅字為確定或假設的標準名目① 陽—入甲—入乙—陰—純	三百篇以前
綴		陽　入甲←（入乙）（陰）—純	周秦
聲	異平 去入一類上入四 从平		
調	同入 去入通押轉去聲 从平转	（入甲）＝（入乙）＝陰＝（純） 陽　入　陰	漢
音		陽　入　去　　上	魏晉
綴		平　　　平	六朝
混		上　平　去　入　去　平　上	切韵 卅韵 隋唐
聲	陽入相配 濁聲母消失 五 入聲消失 陽韵韵生 聲	上　平　去　入　去　平　上	廣韵 宋
		上　去　入　去　陽平　陰平　上	中原音韵 洪武正韵 及韵略易通 元 明
		上　去　（入）去　陽平　陰平　上	五方元音 國音 清
調	國音四聲	上　去　（入）去　陽平　陰平　上	現代

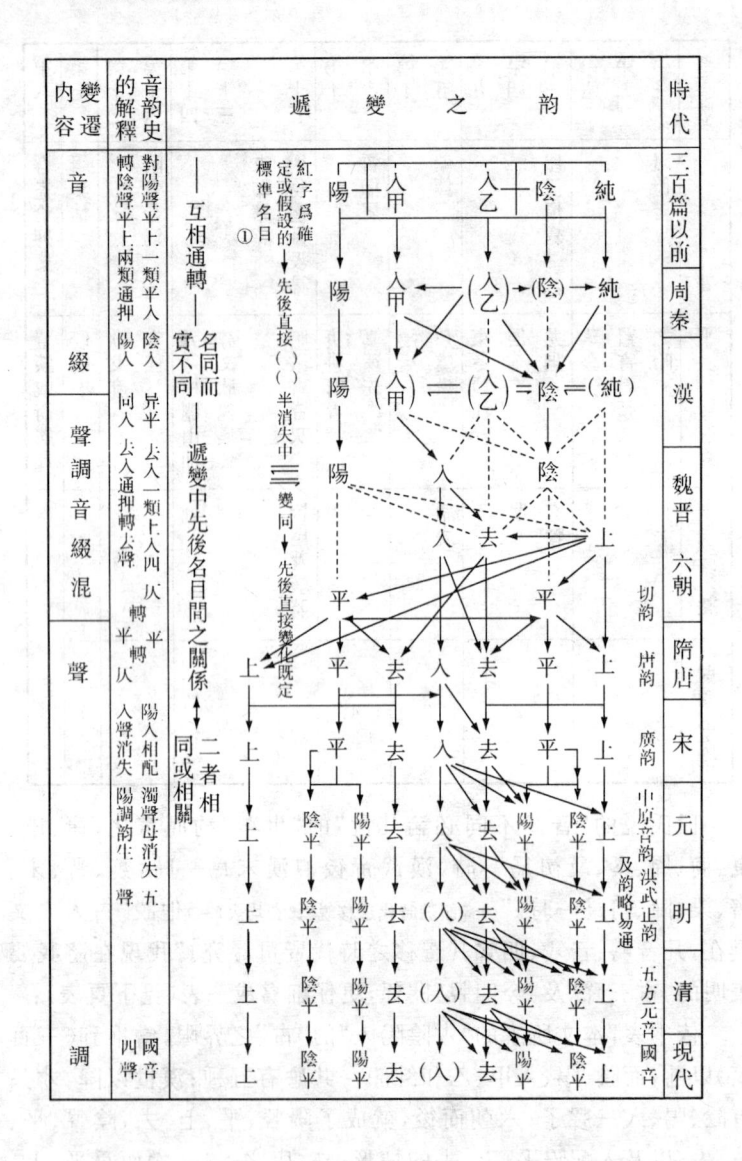

① 注：原刊未标红字，不便妄加。

生在我篇首附記的話,也很給我不少的指示。

因此:有許多問題,在這個假設之下,我們可以迎刃而解了。

(1) 平入通押。　　　　　　　　(4) 平轉仄。
(2) 去入通押。　　　　　　　　(5) 仄轉平。
(3) 陰陽同入(異平同入)。　　　(6) 上入轉去。

平入通押之平是陰聲。去入通押之去就是入聲。平入通押的入是入聲乙類。陰陽同入的入是入聲甲類與入聲乙類的混合。陰陽同入的陰包含純韻和陰聲以及平入通押的入聲乙類。上入轉去的上是純韻陰聲的混合;入是入聲甲類與入聲乙類的混合。平、仄應是陰聲、陽聲以及一部分古初純韻和入聲甲類或入聲乙類。

爲了節省篇幅,"對轉"的字例將別成《對轉字譜》此處不贅。"對轉"說畢說"通轉"。

(ㄅ) 通轉說

對轉的條件:

(1) 聲母:必爲雙聲;雙聲不可顯見者,必合於聲變條例。
(2) 韻母:必爲同位。
(3) 聲隨必位同,同類則異位。
(4) 於一系之中類推其例,必皆能通。

不與這條件相合,而聲音上確有相轉關係的,我們該歸到"通轉"裏講。

"通轉"乃是聲音錯綜變化的情形,不必全系皆然,也不限於一系。所以與對轉的條件有時相同,有時不相同。我們可以舉出它的現象如下:

編次		1	2	3	4	5	6	7	8	9	10
通轉情形	聲母	同位	異位	同位	異位	異位	同位	同位	異位	異位	同位
	韻母	同位	異位	同位	同位	同位	異位	異位	同位	異位	同位
	聲隨	位異	位同	位同	位異	位同	位異				

(續表)

編次		1	2	3	4	5	6	7	8	9	10
通轉條件	係	或同或異	或同或異	或同或異	或同或異	或同或異	或同或異	或同或異	或同或異	或同或異	或同或異
	部	應同而異	應異而同	應同而異	應同而異	應同而異	應異而同	應異而同	應同而異	應異而同	應同而異
	類	或同或異	或同或異	或同或異	或同或異	或同或異	或同或異	或同或異	或同或異	或同或異	或同或異

對轉是一源分派，通轉是衆川交流。所以講通轉應該合聲韻兩部分與詞類對照起來研究，才可以得到一點結果。例如上面(3)(6)(7)可以謂之"雙聲"，(4)(5)(8)可以謂之"叠韻"；(1)(2)(9)(10)却在雙聲叠韻解釋以外的例子，而聲韻的同位異位以及聲隨的位異位同都有一定的軌道，我們在許多詞類中間確實可以遇見，或其分別不在字音而在字形，或其分別雖在字形而又關字音，或其分別兼在形音而統合於義。我曾經想依傍發音部位的標準略定條綱，以爲研究聲音變化的軌跡，由這道路可以將聲韻之學活用到文字、訓詁、語言轉變的方面去。現在將這《音軌》的初稿當爲《通轉說》的脉絡。

音軌

聲類軌部一　同位異勢相轉軌一　塞鼻相轉系一

　　　　　　　　　　　　　　　塞通相轉系二

　　　　　　　　　　　　　　　塞分相轉系三

　　　　　　　　　　　　　　　塞清濁相轉系四

　　　　　　　　　　　　　　　塞清氣音相轉系五

　　　　　　　　　　　　　　　塞濁氣音相轉系六

　　　　　　　　　　　　　　　鼻通相轉系七

　　　　　　　　　　　　　　　鼻分相轉系八

	鼻清濁相轉系九
	通分相轉系十
	通清濁相轉系十一
	分清濁相轉系十二
異位同勢相轉軌二	塞塞相轉之一清系一
	塞塞相轉之二清氣系二
	塞塞相轉之三清音系三
	塞塞相轉之四濁系四
	塞塞相轉之五濁氣系五
	塞塞相轉之六濁音系六
	鼻鼻相轉之一清系七
	鼻鼻相轉之二濁系八
	通通相轉之一清系九
	通通相轉之二濁系十
	分分相轉之一清系十一
	分分相轉之二濁系十二
同位或異位增減變異軌三	單變複系一
	複變單系二
同位或異位分合變異軌四	單變複系一
	複變單系二
韻化軌五	塞韻化系一
	鼻韻化系二
	通韻化系三
	分韻化系四

凡部一之軌一二必於疊韻者用之。

凡部一之軌三四五非必用於疊韻，而韻之不同者，必合部二之各軌同時參證。

韻類軌部二　同位異勢相轉軌一　前升降相轉開合系一
　　　　　　　　　　　　　　　後升降相轉開合系二
　　　　　　　　　　　　　　　中升降相轉開合系三
　　　　　　　　　　　　　　　升前後相轉平撮系四
　　　　　　　　　　　　　　　半升前後相轉平撮系五
　　　　　　　　　　　　　　　半降前後相轉平撮系六
　　　　　　　　　　　　　　　降前後相轉平撮系七
　　　　　　　　　　　　　　　平入相轉系八
　　　　　　　　　　　　　　　平上相轉系九
　　　　　　　　　　　　　　　平去相轉系十
　　　　　　　　　　　　　　　上入相轉系十一
　　　　　　　　　　　　　　　上去相轉系十二
　　　　　　　　　　　　　　　去入相轉系十三
　　　　　　　　　　　　　　　平陽陰相轉系十四
　　　　　　　　　　　　　　　上陽陰相轉系十五
　　　　　　　　　　　　　　　去陽陰相轉系十六
　　　　　　　　　　　　　　　入陽陰相轉系十七
　　　　　　異位同勢相轉軌二　開開相轉系一
　　　　　　　　　　　　　　　合合相轉系二
　　　　　　　　　　　　　　　平平相轉系三
　　　　　　　　　　　　　　　撮撮相轉系四
　　　　　　　　　　　　　　　平陽陽相轉系五
　　　　　　　　　　　　　　　平陰陰相轉系六
　　　　　　　　　　　　　　　上陽陽相轉系七
　　　　　　　　　　　　　　　上陰陰相轉系八
　　　　　　　　　　　　　　　去陽陽相轉系九
　　　　　　　　　　　　　　　去陰陰相轉系十
　　　　　　　　　　　　　　　入陽陽相轉系十一
　　　　　　　　　　　　　　　入陰陰相轉系十二
　　　　　　同位上下變異軌三　升變降系一

	降變升系二
	半升變降系三
	降變半升系四
	升變半升系五
	半升變升系六
	半降變降系七
	降變半降系八
	升變半降系九
	半降變升系十
	半升變半降系十一
	半降變半升系十二
同位前後變異軌四	升前變後系一
	升後變前系二
	半升前變後系三
	半升後變前系四
	半降前變後系五
	半降後變前系六
	降前變後系七
	降後變前系八
	升中變前後系九
	升前後變中系十
	半升中變前後系十一
	半升前後變中系十二
	半降中變前後系十三
	半降前後變中系十四
	降中變前後系十五
	降前後變中系十六
異位同趨衍變軌五	前後同趨系一
	上下同趨系二
同位異趨衍變軌六	前後異趨系一

　　　　　　　　　　　　上下異趨系二
　　　　分合軌七　　複分爲單系一
　　　　　　　　　　　　複合爲單系二
　　　　　　　　　　　　單合爲複系三
　　　　　　　　　　　　單分爲複系四
　　　　增減軌八　　附聲隨系一
　　　　　　　　　　　　失聲隨系二
　　　　　　　　　　　　變聲隨系三
　　　　鼻韻化軌九　單韻鼻韻化系一
　　　　　　　　　　　　複韻鼻韻化系二
　　　　　　　　　　　　聲隨韻鼻韻化系三
　　　　聲化軌十　　單韻聲化系一
　　　　　　　　　　　　複韻聲化系二
　　　　　　　　　　　　聲隨韻聲化系三

凡部二之軌一二三四必於雙聲者用之。

凡部二之軌五六七非必用於雙聲，而聲之不同者必合部一之各軌同時參證。

凡部二之軌八必於聲隨韻用之，而與前七軌及部一各軌有時必同時參證。

凡部二之軌九必於非聲隨韻與聲隨韻之相轉變者用之，而與軌八有直接因果關係，與前七軌及部一各軌有時必同時參證。

凡部二之軌十與部一之軌五有直接因果關係，與兩部各軌有時必同時參證。

　　詞類軌部三　聲同軌一（雙聲）
　　　　　　　　　韻同軌二（疊韻）
　　　　　　　　　聲韻皆同軌三（重言）
　　　　　　　　　聲韻均異軌四（切脚二合）
　　　　　　　　　聲韻混合軌五（反切拼音）

凡部三之軌一必有合於部一各軌中者屬之。

凡部三之軌二必有合於部二各軌中者屬之。

凡部三之軌三必有合於部一二各軌中者屬之。

凡部三之軌四必有合於部一二各軌中而爲複聲者屬之，且必有一本字與之同義。

凡部三之軌五必有合於部一二各軌中而爲切音者屬之，且必有一本字與之同音。

凡部三之軌四與軌五，上一字雙聲，下一字疊韻爲其同點。軌四，上一字必入聲，收聲又必與下一字之聲同阻，或非入聲而必非附聲韻，下一字必爲通聲或分聲；軌五上一字之韻與下一字之聲無所限制：是其異點。故軌四易上一字以本字，即入於軌二；或去下一字，加本字於上一字上，即入於軌一；但不盡可顛倒；而軌五不能變易。

凡部三之軌四五，有時必與部一二各軌參證，而後定其軌屬。

上凡三部，二十軌，百又六系，古今絕代，殊方別邑，語言變異之跡，可按而求其遞異和同之郵也。

凡所謂"位"，在聲言阻；在韻言舌之前後上下，及口腔之內外。

凡所謂"勢"，在聲言清濁音及氣音流之於一聲內者，與塞鼻通分彈之於一阻內者；在韻言脣之作用及舌之作用。

凡所謂"分合"、"增減"，言複聲、複韻及複合聲、複合韻。

凡所謂"上下"、"前後"，言韻之部位。

凡所謂"趨"，言韻之上下、前後之途程。

凡所謂"化"，言失其本部之性質，化與別部性質相似，以至相同。

凡所謂"變"，言本甲而成爲乙；"變異"同。

凡所謂"相轉"，言甲有爲乙者，乙亦有爲甲者。

凡所謂"衍變"，言其歷程不止一變，如甲成爲乙，復自乙爲丙。

凡所謂"混合"，言甲乙相合而爲丙。

對轉便是《音軌》部二軌八增減軌的事實。陽聲與入聲甲的對轉是《音軌》部一軌一系一塞鼻相轉的道理應用在聲隨上的解釋,由韻説即是部二軌八系三的變聲隨。陰聲與入聲乙的對轉是《音軌》部一軌一系二塞通相轉的道理應用在聲隨上的解釋,由韻説即是部二軌八系三的變聲隨。純韻與陰、陽、入對轉(即舊説的陰陽入),是《音軌》部一軌五韻化和部二軌十聲化的道理應用在韻讀末尾的解釋,由韻説即是部二軌八系一的附聲隨和系二的失聲隨。陰聲、陽聲、入聲之同類對轉是《音軌》部一軌二系一(或系四?)、系八、系九(或系十?)的塞塞、鼻鼻、通通相轉的道理應用在聲隨上的解釋,即是部二軌八的系三變聲隨。本文所論通轉的十項現象,用《音軌》的解釋可以逐條説明:

(1)(4)(6)是部一軌二異位同勢相轉的道理應用在聲隨上的解釋。按在部二是軌八系三。

(2)(3)(5)是部一軌一同位異勢相轉的道理應用在聲隨上的解釋。按在部二是軌八系三。

(7)(8)(9)(10)是部二軌一二三四六七的事實。

各部通轉關係如下二表:

第一表

橫列:自之至侯,自灰至脂,相爲異位通轉;自添至談,自真至諄,自蒸至東,自弋至玉,自壹至勿,自怗至盇,自至至祭,各遞爲同類通轉。

直列:自壹至至,自月至祭,特各遞爲同類通轉,餘爲同類對轉。

斜列:皆得相通。同一類者相爲異位通轉;不同類者互爲異類通轉。

古陰陽入三聲考　75

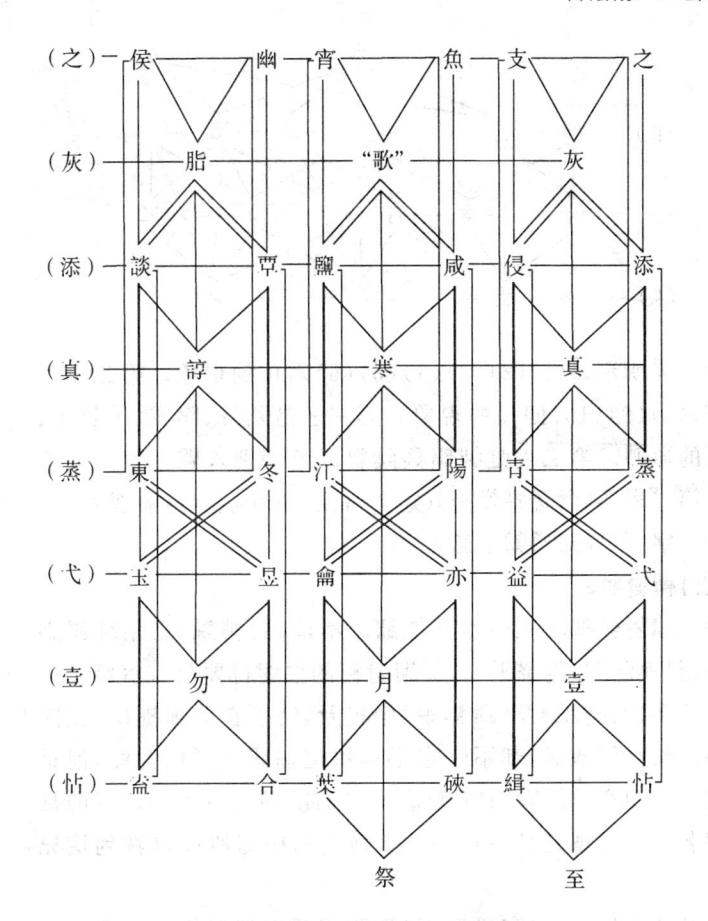

(之)—侯——幽—宵——魚—支——之
(灰)—脂————"歌"————灰
(添)—談—盍—鹽——咸—侵—添
(真)——諄————寒————真
(蒸)—東—冬—江—陽—青—蒸
(弋)—玉—昱—龠—亦—益—弋
(壹)——勿————月————壹
(怗)—盍——合—葉—硤—緝—怗
　　　　　　　　祭　　　至

（注：細綫爲通轉，附對轉各部別用粗綫。）

第二表

横列：自止至厚，相爲異位通轉；自之至侯，自灰至脂，爲陰聲變同純韻者，與第一表所列性質不同。

直列及斜列：本互爲異類通轉，今音視同同類通轉，至、祭附入，爲今音。

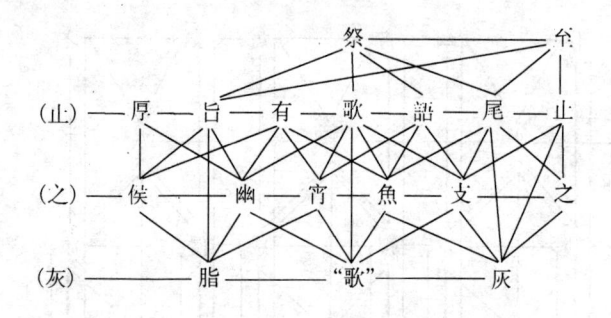

```
                              祭————至
                             /|\  /  /|
(止)——厚——旨—有—歌—語—尾—止
         \ / \ / \ / \ / \ / \ /
(之)——侯——幽—宵—魚—文—之
         / \ / \ / \ / \ / \ / \
(灰)————脂———"歌"———灰
```

第一表所示爲(1)(2)(3)(4)(5)(6)六項的現象。第二表所示爲(7)(8)(9)(10)四項的現象。第一表是陰聲、陽聲、入聲甲、入聲乙的通轉。第二表是純韻與陰聲以及特別入聲音變以後的通轉。第二表與《發音轉變圖》(見《至、祭、月三部對純韻説》節後)參看。

通轉字例另詳《通轉字譜》。

(六)轉變説故

歷來講對轉都説入聲是其樞紐。本篇《對轉説》已用純韻爲主,將入聲與陰聲、陽聲平列,所謂對轉的樞紐得要另有解釋。這個樞紐不在《對轉説》及《通轉説》中提及,特別在此節提出,正因爲對轉固然有個樞紐,却不一定必須由這樞紐才可以對轉,但是這樞紐于一切音的轉變倒極有關係。因此,通轉實爲一切音的轉變的總名——對轉是其一種——其轉變的樞紐所以也就到這兒才講。

吾師疑古先生《文字學音篇》釋陰陽聲有與對轉之意義相關者,其言曰:

所謂陰聲者,其音皆下收於喉而不上揚。陽聲則不下收而上出於鼻。

要之陰聲、陽聲,實同一母者,惟有無鼻音爲異。故陰聲加鼻音,即成陽聲。陽聲去鼻音,即成爲陰聲。

入聲者,介於陰陽之間。緣其音本出於陽聲,當有收鼻音。顧入聲音至短促,不待收鼻,其音已畢,頗有類於陰聲。然細察之,雖無收音,實爲收勢(按此處師即言明 ng—k,n—

古陰陽入三聲考 77

t,m—p 三組,實爲國内治音韻學者道出此訣之第一人);則又近於陽聲。故曰介于陰陽之間也。

因其音介於陰陽之間,故可兼承陰聲、陽聲,而與二者皆得通轉。《廣韻》以入聲承陽,近代古音家上考古韻,謂入聲多與陰聲通用。此即兼承陰陽之證。

這便是入聲爲對轉樞紐的說法。我在《分部說》公式下已經提明新假設與舊結論略有不同,其修改對等的情形是:

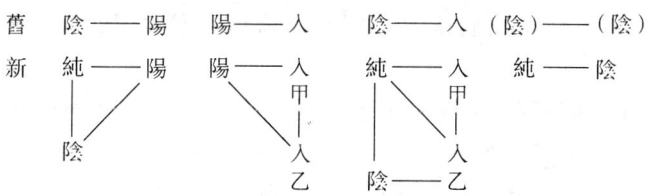

```
舊  陰——陽   陽——入   陰——入   (陰)——(陰)
新  純——陽   陽——入甲  純——入甲  純——陰
         |         |        |
        陰        入乙      陰——入乙
```

所以照《音軌》部二軌八的條例,對轉的事實有《分部說》所列的二十條公式;若照舊說便只六條:

(1) 陰×聲隨⇌陽。　（×附加）。（⇌轉爲）。
(2) 陰×聲隨⇌入。
(3) 陽∥聲隨⇌陰。　（∥離去）。
(4) 入∥聲隨⇌陰。
(5) 入∞聲隨⇌陽。　（∞變換）。
(6) 陽∞聲隨⇌入。

何以我們要用純韻爲主呢? 疑古師所謂"陰聲、陽聲實同一母者,惟有無鼻音爲異",則主要既在於韻母,而陽入又有"音"、"勢"之異,陰入更復通用;雖入聲似乎就是轉變的樞紐,但我已將陰聲解爲與陽入相同之附聲韻,陰陽對轉之例既必修改爲純陽對轉,純陰亦可對轉,陰入對轉自當是純入對轉。純陰已有分別,入聲豈得是陰陽之樞紐呢? 語音變遷之後,泯合了純韻陰聲而爲一,入聲始爲對轉的樞紐。如此看來,純韻是陽陰入的基本,陽入、陰入兩組相轉的音理相同,其與純韻對轉的道理也就明白。如今要問:

純陽(入甲)、陰(入乙),既各自爲類,則陽、陰各有一定的聲隨,何得通轉?

假如純陰合一,陽陰就如同陽純;則對轉說雖在鼻音之有無,而遺失附加之音較爲習慣,是只可陽(入)轉爲純(陰)韻;何以故能於純韻之後加一鼻音(聲隨)轉爲陽(入)聲? 又何以所加鼻音且有數種?

同樣入聲和純韻何得互相通轉?

陽聲自類,陰聲自類,入聲自類,各有各種聲隨,何得通轉? 具體的說,便是我們檢看《廣韻》發現以下事實,因而起了上述疑問:

(1) 在《廣韻》的陽聲韻裏有些陰聲(包含本文所謂純及陰與入之爲去者,爲便覽者,名稱於此沿用舊義,特注)諧聲聲母。

(2) 在《廣韻》的陰聲韻裏,有些陽聲諧聲聲母。

(3) 在《廣韻》的陽聲韻裏,有些入聲諧聲聲母。

(4) 在《廣韻》的陰聲韻裏,有些入聲諧聲聲母。

(5) 在《廣韻》的入聲韻裏,有些陽聲諧聲聲母。

(6) 在《廣韻》的入聲韻裏,有些陰聲諧聲聲母。

(7) 在《廣韻》的各種陽聲韻裏,有些不同的陽聲諧聲聲母互收。

(8) 在《廣韻》的各種入聲韻裏,有些不同的入聲諧聲聲母互收。

(9) 在《廣韻》的各種陰聲韻裏,有些不同的陰聲諧聲聲母互收。

關於這些現象,除了韻書所收的,在方音裏也遇得着不少的例子。例如通行徐州一帶的《十三韻》,其第一韻"青請倩情",平上去的排列就與通常不同。"青"中所收之字,有:

青丁星聽(青韻),
英兵兄生亨烹坑撑(庚韻),
耕争閧(耕韻),
東弓聰風中翁充通空哄(東韻),
精貞傾(清韻),

宗（冬韻），
雍松（鍾韻），
升稱（蒸韻），
登崩楞甐（登韻），

便是附 n 聲韻自類的通類。又如光緒戊申刻本合肥蒯光燮所著《同聲韻學便覽》，可以見皖北一部分的方音，他在十一真（原書用平水韻目）下列：

真　　貞庚蒸蒸鍼侵同音；
臻　　爭庚繒蒸尊元同音；
因　　殷文蠅蒸音侵英庚同音；
辛　　欣文猩庚馨青興蒸心侵同音；
晨　　繩蒸同音；
臣　　橙庚桯青承蒸忱侵同音；
人　　仍蒸壬侵同音；
親　　輕庚青青欽侵同音；
申　　聲庚深侵同音；
賓　　兵庚冰蒸同音；
鄰　　嚀庚靈青陵蒸林侵同音；
春　　皴文同音；
津　　斤文驚庚經青兢蒸侵侵同音；
秦　　勤文鯨庚琴侵同音；
頻　　屏青平庚憑蒸同音；
銀　　迎庚淫侵同音；
勻　　雲文榮庚螢青同音；
囷　　君文同音；
民　　明庚冥青同音；
淳　　肩青尋侵同音；
倫　　崙元能蒸同音；
屯　　豚元騰蒸同音；

——便是陽聲各類相互間的通轉。又如吾友黟縣舒君耀宗於十五年手輯《黟縣同音字》，就有陰聲、陽聲、入聲通轉事實：

櫻鸚鶯罃（陽）挨阿（陰）同音；

娃（陰）橫（陽）同音；

庚賡梗更羹耕（陽）皆階喈街佳（陰）同音；

坑鏗硜硻揩（陽）揩（陰）同音；

亨酺（陽）呵（陰）皸（入）同音；

我（陰）額（入）同音；

行（陽）偕諧骸孩（陰）同音；

爭箏錚正（陽）齋（陰）同音；

釵差儕（陰）呈程（陽）宅澤擇（入）同音；

叭徘排牌簰（陰）膨蟚彭（陽）同音；

烹澎（陽）白帛（入）同音；

蝱（陽）埋霾（陰）麥陌貊驀脉（入）同音；

生笙甥聲牲（陽）石（入）同音；

忱（陽）柴豺（陰）同音；

都（陰）毒（入）同音；

英瑛櫻嬰纓嚶瓔鶯（陽）易亦繹懌譯嶧驛蜴埸弋奕翼弈翌翊（入）覡（陰）同音；

砰枰抨（陽）粃批（陰）同音；

登燈鐙丁玎釘叮靪酊汀（陰）邸低（陰）笛（入）同音；

亭停婷（陽）隄堤提題醍緹蹄（陰）同音；

聽廳（陽）棣杕梯剔薙（陰）狄敵翟迪糴覿滌荻趯逖特（入）同音；

滕騰謄朦藤庭廷霆蜓（陽）啼（陰）同音；

肩京荆驚經涇兢旌擎檠顜鯨精晶睛曾憎僧（陽）雞笄齏（陰）同音；

卿輕蜻清青（陽）溪豀悽妻棲凄萋（陰）藉疾蒺嫉集輯籍緝茸習襲夕席夕汐（入）同音；

擒情晴曾（陽）薺齊臍蠐（陰）同音；

寧嚀濘能仈（陽）尼泥呢（陰）同音；

古陰陽入三聲考　81

拎(陽)歷曆櫪櫟櫪(入)同音；

靈鴒伶泠蛉舲剆齡鈴苓囹聆零翎玲羚(陽)犁(陰)同音；

猩星惺腥鯹僧(陽)西犀嘶恓(陰)同音；

形刑型邢陘(陽)奚畦兮鼷携蹊稽(陰)同音；

諳嫻(陽)鴉丫椏(陰)同音；

班頒般斑扳癍(陽)巴吧芭笆疤葩(陰)鈸(入)同音；

蟠(陽)杷琶(陰)同音；

攀潘(陽)跋魃鈸拔(入)同音；

盤磐胖(陽)耙爬趴(陰)同音；

簪(陽)查楂遮(陰)同音；

参驂餐(陽)雜(入)叉差杈扠(陰)同音；

閒姦艱監奸(陽)加嘉家葭猳笳枷跏迦袈痂(陰)同音；

蝦(陰)盍闔郃狎狹(入)同音；

霞遐瑕(陰)緘械閒閑咸鹹啣函銜含頷菡(陽)同音；

麻痲蟆(陰)漫瞞蹣饅蠻(陽)同音；

牙芽衙(陰)顏巖(陽)同音；

番翻旛(陽)伐筏罰閥垡乏(入)同音；

山刪珊衫杉三跚汕(陽)沙砂紗鯊裟(陰)同音；

坯(陰)勃渤桲浡(入)同音；

入仁仍(陽)而兒輀(陰)同音；

煙臙嚥胭咽蔫焉奄淹醃閹鄢懨湮湮(陽)葉曄闕頁(入)同音；

焱炎鹽簷閻延筵蜒然燃(陽)耶爺椰琊(陰)同音；

顛癲巔(陽)爹(陰)同音；

奸兼鰜鶼縑堅肩阽姦尖煎湔羝旃鷦詹瞻譫沾霑顫覘(陽)嗟遮(陰)舌(入)同音；

牽愆騫謙殲戔千阡遷韆簽僉籤纖(陽)車斜(陰)桀傑竭截絕(入)同音；

乾虔銓詮痊全泉潛錢前襌嬋蟬蟾纏廛躔旋璇漩箭(陽)邪(陰)同音；

妍（陽）業鄴熱蓺（入）同音；

軒掀遷先仙鮮躚（陽）賒奢些（陰）叶齛脇協挾俠涉舌（入）同音；

嫌弦絃舷（陽）蛇佘（陰）同音；

喧諼暄萱諠宣瑄（陽）靴（陰）穴（入）同音；

腰幺夭喓邀妖殀（陰）藥若（入）同音；

安鞍剜豌彎灣（陽）蛙哇洼窪（陰）活（入）同音；

穿（陽）奪（入）同音；

鑽專甎耑（陽）抓（陰）同音；

傳椽（陽）厝（陰）同音；

肐干竿玕肝乾官冠觀棺倌關（陽）瓜（陰）同音；

寬（陽）誇（陰）同音；

薨歡驩貛（陽）花（陰）或惑獲（入）同音；

弘閎宏泓邯寒韓還環鐶寰闤鬟轘桓（陽）懷槐淮華劃（陰）同音；

陰因姻音裡茵媼氤殷慇（陽）衣猗漪醫伊咿噫黟（陰）裛（入）同音；

淫霪寅夤蠅（陽）遺移匜貽詒宧頤飴怡彝蛇夷姨胰痍洟迤（陰）同音；

雲云耘筠匀（陽）余予璵輿餘歟妤畬盂雩俞瑜逾踰窬腴刟諛臾渝愉榆芋萸瘐如儒襦茹（陰）同音；

瓶（陽）枇琵（入）同音；

娉姘伻（陽）陂羆不邳帔狉披毗（陰）弼（入）同音；

貧頻顰瀕蘋憑凭（陽）髀睥皮疲脾鼙（陰）同音；

今金襟巾斤筋衿矜（陽）機磯稽羈肌姬箕基幾穄（陰）同音；

妗芹琴檎（陽）萁祁祈綦旗（陰）同音；

欽親侵（陽）欺（陰）及極（入）同音；

靳勤懃禽琴芩尋（陽）奇畸騎崎觭琦其歧期淇耆麒岐芪琪蘄祺（陰）同音；

古陰陽入三聲考　83

　　君均鈞軍麇津遵(陽)歸龜居拘俱駒且疽雎趄沮狙苴咀徂殂追錐騅詛裾(陰)同音；

　　瓊惸羣裙夐秦尋潯旬巡循馴郇(陽)睽葵逵馗夔揆劬渠瞿鸜衢徐(陰)同音；

　　吟銀誾垠迎凝齦人(陽)宜沂疑儀嶷(陰)同音；

　　鄰鱗麟轔驎鄰林琳霖淋臨遴燐陵菱綾稜崚棱凌(陽)黎犁梨藜璃氂貍離鸝籬漓莉謷荔(陰)同音；

　　倫淪輪綸掄崙(陽)廬臚閭(陰)同音；

　　威逶葳椳(陰)疫役域閾棫(入)同音；

　　欣昕欿興馨悻莘辛新薪心(陽)希稀晞羲犧曦嬉僖熹熙歆(陰)同音；

　　熏薰勳醺獯荀詢恂洵殉徇(陽)虛噓歔吁雖綏尿須鬚需糈胥(陰)同音；

　　憂幽優攸悠呦歐謳鷗殴櫌漚嘔(陰)浴欲慾峪鵒(入)同音；

　　堆(陰)凸突(入)同音；

　　推胎苔(陰)突(入)同音；

　　樞丘蚯揪秋鞦鰍抽(陰)局侷跼賊(入)同音；

　　蹲(陽)椎箠搥搥(陰)同音；

　　催崔摧璀猜(陰)朮(入)同音；

　　該(陰)滑(入)同音；

　　恢灰(陰)合盒囫(入)同音；

　　煨隈偎猥哀埃(陰)勿物核(入)同音；

　　包苞胞玻(陰)薄雹(入)同音；

　　拖(陰)鐸(入)同音；

　　搓蹉嵯瘥齹抄(陰)昨鑿擢濯鐲(入)同音；

　　甄針箴鍼斟真珍診溱貞禎楨征徵癥蒸烝(陽)資貲姿咨茲滋孳孜粢趑支枝肢卮脂之芝胝淄緇菑輜差知蜘(陰)同音；

　　臻稱(陽)雌疵鴟癡螭魑嗤媸(陰)埴值殖植桎蛭姪蟄直

(入)同音；

沉陳塵(陽)慈鷀瓷磁弛峙池踟墀遲馳持篪褫辭祠詞(陰)同音；

身申伸呻深紳升昇陞勝(陽)師獅鰤尸屍施詩湜思司絲私斯厮澌緦罳撕(陰)實食蝕寔十什拾(入)同音；

神繩乘剩賸嵊辰臣晨宸岑(陽)時蒔鰣塒匙(陰)同音。

我又有一部閩縣潘逢禧《正音通俗表》，是閩音與普通音（當屬國語）的對照（同治庚午刻本），計訂二十一字母（聲），三十二部（韻）。在他表中可以見到閩音陽聲 m、n、ŋ 的相混通。他說：

穿鼻抵齶閉口三音雖多相混，而實不無分別。故於登、山、川、心四部每字母皆分三格(第一格穿鼻,第二格抵齶,第三格閉口)，煙部每字母皆分二格(第一格抵齶,第二格閉口)。此皆略示饑羊之意，俾學者得以明口法，子細尋求《正音通俗表摘要》頁十二)。

我們畧舉山部一二例如下：

酣字母

　　陽　　航杭吭頏桁行
　　寒　　寒汗韓翰榦
　　覃　　含頷函涵菡鹹蚶顄

貴字母

　　江陽　　矼杠扛豇釭　　岡鋼綱剛堈亢芫
　　寒　　干玕竿肝忓乾
　　覃　　弇淦甘柑

姱字母

　　陽　　康穅歉顩
　　寒　　刊看
　　覃　　龕嵁戡堪坩

駕字母

　　陽　　禳勷瀼穰瓤攘鬤
　　先　　然

鹽　　髯蚪枘

釀字母

陽　　囊

寒　　難

覃咸　　南男蚪諵　　喃

因此，我們可以這樣說：凡韻書裹各種韻的聲母互相穿錯，是寫定韻書時記錄的人，依據發音實況寫的。這些例子對於依形聲聲母分部的系統之穿錯，正如韻書既定以後的今日各種方音中又起了穿錯一樣，不過是寫定韻書時的穿錯情形到現在又增加了許多事實。寫韻的人自己不能無其方言；以一種方言的聽感寫錄各種讀音，中間不能不受其方言支配，韻書中間各種韻就因之互相生了穿錯關係。我們可以從兩相穿錯的地方知道，凡是穿錯的例子一定有兩個條件：

（1）彼此穿錯的字音必不與原屬的韻讀（或即原形聲聲母字音）脗合。

（2）彼此穿錯的字音與新收入的韻讀脗合與否是不一定。

我們知道韻讀全同，才能列爲一韻；但這裹說新收入的韻讀與彼此穿錯的字音不一定脗合，豈不衝突了呢？上面說過，寫韻的人的方言的聽感足以支配他的手。這些現象的事實，根本不與原屬韻讀相同者即是寫韻的人感到不同；至於同於另外那一類，或獨自一類，自然，也憑着寫韻的人的感到了。所以：

第一，寫韻的人感到了不同，才給穿錯的寫出；

第二，寫韻的人照所感到的不同，才給穿錯的定出類別；

第三，縱或寫了，雖可見其與原韻不同，仍然不能確信即與新入之韻相合，但總必相似。

從這上面想，我們覺得一切各自爲類的陽聲、陰聲、入聲皆與純韻起對轉以及互相通轉；以純韻爲主，其間又該有過渡的音。

我所謂"過渡的音"是純韻與陰陽入之間的橋。韻書中字聲母穿錯互收的音，如照前說非脗合而相似，便應是這種"過渡的音"。我有一篇《陰陽橋》，在《北大學生》創刊號上發表了。内容就是論這純韻(舊所謂陰)與陽聲中間的過渡的音。這裏要講的不是僅僅"陰陽橋",而是"音的通轉的橋"。

我們講這音的通轉的"橋",是對一種音變現象所下的解釋。這種現象在韻書裏表現的是穿錯變化已定之後的文字記載;方音中所見的例子是給我們説明這文字記載穿錯變化的音的實證。籠統的説來,過渡的"橋"是純韻的鼻化,我們叫這種韻做"鼻韻"(《音軌》部二軌九屬之)。

要明白"鼻韻",我們可以注意日本語的"撥音"。日本假名五十音圖在五十之數以外有個"ン",他們名之曰"撥音"。日本語没有附聲韻,聲母屬於鼻音的有:

マ	ミ	ム	メ	モ	爲 m。
ナ	ニ	ヌ	ネ	ノ	爲 n。
ガ	ギ	グ	ゲ	ゴ	之在語詞中爲第二音者爲 ŋ。

撥音特别用來對寫外國語的附聲韻——在"蘭學"(日本謂西洋學術之名稱)未盛的時代,便只是注漢字音。撥音未有之前,注漢字音多半依其所附之聲而用マ行ナ行ガ行音。例如日本古代用漢字寫土語的《萬葉集》裏:

伊香山的"香"註作"カゴ";

鐘禮能雨的"鐘"註作"シゲ";

融通王的"通"註作"ツギ";

便是利用"香"、"鐘"、"通"的附聲韻ŋ,而成"伊香"(イカゴ)、"鐘禮"(シゲレ)、"融通"(ユツギ)諸語。那時日本語的鼻音ŋ存在着,才借用這些漢字來寫音。還有《倭名抄》一類的書記的地名:

相樂　香美　愛宕　宕野　餘綾

美濃　當麻

也都是日本語"サガラ"、"カガミ"、"アタゴ"、"タゴノ"、"ヨラギ"、"ミナギ"、"タギマ"諸語中存着ŋ音的時候,於是借這有ŋ音的漢字"相"、"香"、"宕"、"綾"、"濃"、"當"用來對音。這是日本ガ行音曾用來對漢字附ŋ鼻聲韻的事實;後來這類收ŋ的韻字音全失了,變爲ウ、イ段音。《萬葉集》書"空蟬"作"欝贍",以注"ウツセミ"的音,《倭名抄》記"美含"、"玖潭"、"印南"、"惠曇"等地名,以對"ミグミ"、"クタミ"、"イナミ"、"エドモ"的音;又有"燈心"、"汗衫"、"柑子"等,注作"トウシミ"、"カサミ"、"カムシ",全都是鼻音 m,以收 m 韻的漢字來應用到マ行音上,或寫マ行音以表明收 m 韻。《山家集》(和歌):

  紅的顔色 紅ノ色
  濃的梅花 (濃キ梅)ヲ(コキムメ)(古今)
 攀折它的人的 折ル人ノ
  袖子上 袖ニハ
   深深的香氣 深キ香ヤ
    也許沾着了 トマルウム

"濃梅"的音是"コキムメ",而用"古今"二字對音,"古"音是"コ","今"音是"キム"。《類聚名義抄》、《伊呂波字類抄》兩書中,m、n 大致有别,可也漸漸往混同的路上來了;一面收 m 的韻字音,又漸漸受了アヤワ三行音的影響,連着韻讀起來了。收 n 的韻字音,在日本語最初嚴格的與 m、ŋ 音相分,用ナ行注音,後來用ン表音(m 還是用ム表示),m、n 日就混一成功,黃遵憲《日本國志》中所記的情形直到現在(參看日本小倉進平著《國(日本)語及朝鮮語發音概説》頁八二———一〇五)。其始注音方法應是只表其聲,無奈假名讀音必合聲韻同讀,不可分解,日久成爲習慣,以往密合漢字之注音,後人不能了曉,便添出這個撥音來了。

  漢字附聲的音三類,ン音只包括了兩種(侵——凡的 m 和真——仙的 n;東——登的 ŋ 另有轉變)。黃遵憲《日本國志·學術志》述日本方言故云:

    考日本方言不出四十七字中(按指日本"伊吕波"假名)。……四十七字之外,有五十母字譜。……五十字外,別有"ン"字,讀若"分"(合口以鼻輔),是爲鼻音,即ム姥音之別,惟尾聲有音。凡東、江、陽、庚、元、文、删、先、侵、覃、鹽、咸諸音以ン字助音,亦能得其音(國語不出支、微、歌、麻音,其讀漢文凡東、江、陽、庚、元、文、刪、先、侵、覃、鹽、咸諸聲皆以ウ字收聲。ウ即烏也。故非用ン字,則不能成各種音韻)。

現在ン音的"音便"條例是:

$$\text{ン}\begin{cases}\text{カンナン（艱難）　此下一音在サザタダナラ六行。}\\\quad\quad\quad\text{n}\\\text{サンポ（散步）　此下一音在バパ（ハ變入此二行）マ三行。}\\\quad\quad\quad\text{m}\\\text{バンコク（萬國）　此下一音在アカガヤワ五行。}\\\quad\quad\quad\text{ŋ}\end{cases}$$

這又是以ン字下一音爲轉移,將漢字原有一定的聲隨全給混了——附ŋ的消失了,m併入了n,而n受後一音的影響再分讀成m、ŋ。其先後關係,適成下表:

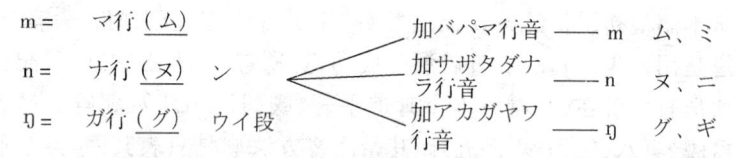

漢字韻末附加之鼻聲隨	日本最初對音假名	日本ン音發生後的對音(日本漢字音讀)	撥音之音變情形（日本語音）	日本語中之鼻聲(限在語中)	現在日本對音假名
m =	マ行(ム)		加バパマ行音	m	ム、ミ
n =	ナ行(ヌ)	ン	加サザタダナラ行音	n	ヌ、ニ
ŋ =	ガ行(グ)	ウイ段	加アカガヤワ行音	ŋ	グ、ギ

從這變化的情形,告訴我們ン音是m、n、ŋ共同相似的鼻音。因爲發音地位與m、n、ŋ共同相似,所以這鼻音才可以依着他後面連綴的音而明定其爲m或n或ŋ任何一音。這樣,我們知道是一個鼻化純音。只有純韻的鼻化是地位不明的鼻音;惟其地位不明,才是可以與m、n、ŋ共同相似的音。這樣說來,日本的附鼻聲韻根本便不是一個清清楚楚的n。鼻音n與純韻鼻化最易相混,所以日本漢字注音一有變化便將這ン認做是n。m、n地位極近,所以也併到ン裏去了。日本語既無附聲韻的讀法,撥音ン又被視爲n及m轉成的n,而ŋ的音便被認做是韻的鼻化,只寫做那些主要韻讀的長音以ウ、イ段音表之。其實用ン表示m、n與ウ、イ

長音表示ŋ的究竟,是同樣的。例如:
　"東"不作"トグ",而作"トウー";
　"陽"不作"ヤグ",而作"ヤウー";
　"京"不作"キャグ",而作"キャウー";(東京之京)
　　　又不作"ケグ",而作"ケイー";(京城之京)
　"停"不作"テグ",而作"テイー"。(電車停留場之停)

這些ウ和イ的長音,其作用與ン並無差異,雖然日本人自己在今日已不能了然了。我們可以用現代日本人注中國ŋ音的字音的實例證明ン音本不分n、m、ŋ;而昔日日本人之用ウ、イ長音表ŋ乃是ン專屬於n以後特爲分別的辦法,其所謂長音實是鼻化的意味。這些長音表示鼻化的意味日久埋没了,以致現代注中國音ŋ收聲的覺其未能密合,不得不用ン重注,於是用ウ、イ長音的成爲"日本的漢字音讀",而用ン的成爲現代對譯中國字音的日本音讀。我們就舉幾家到中國遊歷的記載中的譯音做例:

芥川龍之介:《南京的基督》中"京"字注作"キン"。
同　　　人:《湖南的扇子》中"廣"字注作"カン"。
　　　　　　　　　　"東"字注作"トン"。
同　　　人:《上海遊記》中"上"字注作"シャン"。
　　　　　　　　"等"字注作"タン"。(記章炳麟口語之"等一等")
　　　　　　　　"香"字注作"シャン"。(一品香)
　　　　　　　　"湯"字注作"タン"。
　　　　　　　　"裳"字注作"シャン"。(衣裳)
　　　　　　　　"東洋"注作"トンヤン"。作(東洋人)
前田河廣一郎:《上海的旅館》中"黄"字注作"ワン"。(黄包車)
　　　　　　　　"民"字注作"ミン"。(《新民報》)
櫻井忠温:《銃後》中"梁"字注作"リャン"。(高粱)

(以上都是《現代日本文學全集》所收的文字)。

因此,我們明白了陽聲韻之所以讀成,以及歸入陰聲韻,與這是仿佛相似的;那漢字原來分別很嚴的 m、n、ŋ 音,在日本語特別影響中全混變成純韻鼻化的音。雖另添出撥音來代表 n,其實這ン即是與 m、n、ŋ 共同相似的鼻音。我們從這點看出 m、n、ŋ 中間交通的關鍵——即鼻音相互間的通轉——也是由於在鼻化純韻之後爲舌的位置所影響而發生。

陰聲、入聲所附聲隨與陽聲的位同,其自類通轉的道理可以對照陽聲的解釋去解釋。現在日本語的"促音"ッ在閉塞爆音及擦音前的條例可以做入聲的參考。這"促音"雖是有別於撥音,其爲地位不明則一,特撥音爲有收"音"的,而促音是有收"勢"的。所以,我們不妨説,入聲相互間的通轉是由於未成音而有勢——短促摩擦——的鼻化純韻之後,爲舌的位置所影響而發生(陰聲見前《審音説》)。又,日本收 ŋ 的漢字音轉爲イ、ウ 二類長音,似乎也可以了解我假設陰聲爲 j、W 二類的道理,因爲"半母"的價值介于聲韻之間,就儘夠應照我所謂轉變中的橋是"地位不明的聲音"的意義。日本促音條例附下:

古陰陽入三聲考　91

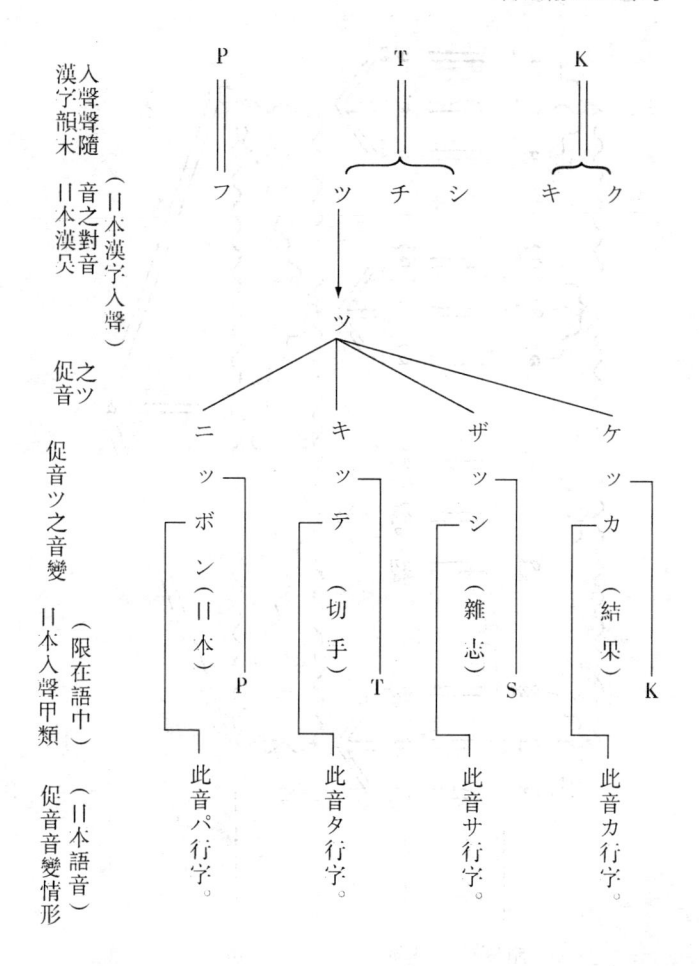

```
         P              T                 K
         ‖              ‖                 ‖
         フ           ツ チ シ           キ ク
                        │
                        ▼
                        ツ
           ┌────────┬────────┬────────┐
           ニ        キ        ザ        ケ
           ッ        ッ        ッ        ッ
           ボ        テ        シ        カ
           ン       （切      （雜      （結
          （日       手）      志）      果）
           本）
            P        T         S         K
           此       此        此        此
           音       音        音        音
           パ       タ        サ        カ
           行       行        行        行
           字       字        字        字
           。       。        。        。
```

入聲聲隨（日本漢字入聲）
漢字韻末音之對音　日本漢只
　　　　　　　　之ツ　促音
　　　促音ツ之音變（限在語中）（日本語音）
　　　　　　　　　日本入聲甲類　促音音變情形

根據這種情形，我們得到音理方面所謂"通轉之橋"的骨架。

92 魏建功語言學論文集

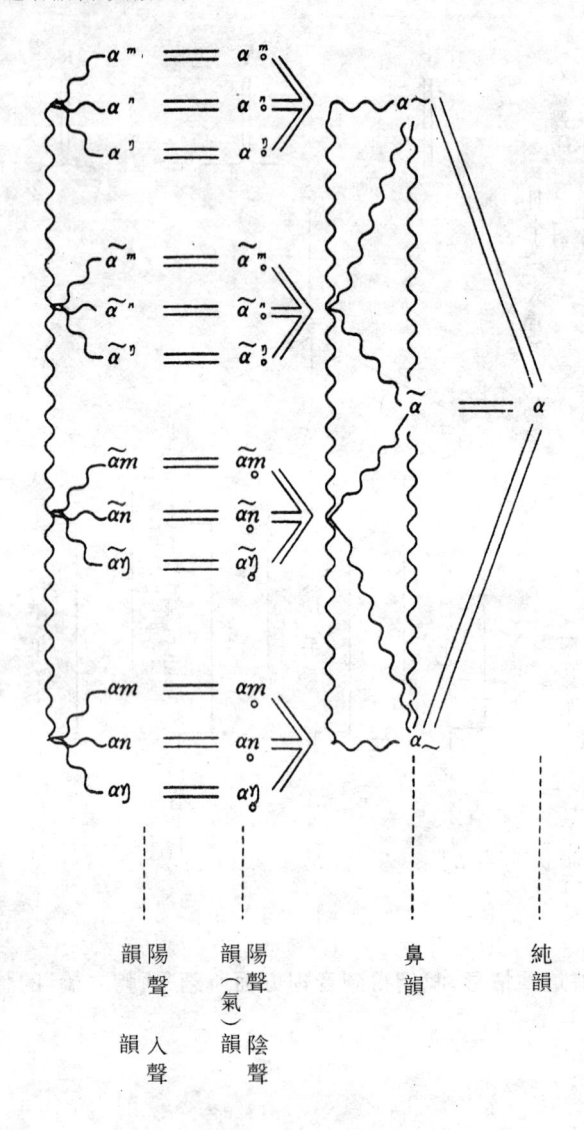

$$
\begin{array}{c}
\alpha^m \equiv \alpha^m_\circ \\
\alpha^n \equiv \alpha^n_\circ \\
\alpha^\eta \equiv \alpha^\eta_\circ
\end{array}
\Rightarrow \alpha\sim
$$

$$
\begin{array}{c}
\tilde\alpha^m \equiv \tilde\alpha^m_\circ \\
\tilde\alpha^n \equiv \tilde\alpha^n_\circ \\
\tilde\alpha^\eta \equiv \tilde\alpha^\eta_\circ
\end{array}
\Rightarrow \tilde\alpha \equiv \alpha
$$

$$
\begin{array}{c}
\tilde\alpha m \equiv \tilde{\alpha m}_\circ \\
\tilde\alpha n \equiv \tilde{\alpha n}_\circ \\
\tilde\alpha\eta \equiv \tilde{\alpha\eta}_\circ
\end{array}
\Rightarrow
$$

$$
\begin{array}{c}
\alpha m \equiv \alpha m_\circ \\
\alpha n \equiv \alpha n_\circ \\
\alpha\eta \equiv \alpha\eta_\circ
\end{array}
\Rightarrow \alpha\sim
$$

陽聲韻　陽聲韻（氣）　鼻韻　純韻
入聲韻　陰聲韻

陽	入	陰
—m	—P—f—F	—W　j　ɥ
—n	—t—s—t͡s	—j
—ŋ	—k—h—ç	—W—j—ɥ

假設一純韻 a(即舊説之陰聲)。此 a 韻轉變爲陽聲 am、an、aŋ 或 a^m、a^n、$a^ŋ$,其轉變的軌道就很多了。但無論如何,必不能不由雙線軌道之一轉去。曲線的軌道是或然的途徑;陽聲相互間多從這方面轉變。反之,自各種陽聲轉變爲陰聲,也是一樣。在 ā 的地位或然性爲最大,這所以是"通轉之橋"。

轉變之音理的解釋,具如上説。故循《音軌》之跡,得言轉變三"根":

"時"變而有"古語"、"今語";

"地"變而有"凡通語"、"方言";

"人"變而有"雅言"、"俗語"。

綜而言之的是語言學,專繫於音便爲音韻學,分門別類就得劃成訓詁、方言、修辭、文法種種學問(關於轉變三根,我有《與友人論方音之由來》載《語絲》五卷八期,茲不復贅)。

依照本文原目還有二分未完,一是"考餘叢説分",一是"考賸分"。但那都已是入聲問題以外的,當別有論列,本篇於此暫告結束。

原載《國學季刊》1929 年 2 卷第 4 期。

陰 陽 橋

陰陽者何？所以言音聲之綴繫也。

言音聲之綴繫，何爲而言陰陽？襲韻學之舊名也。

何爲而襲韻學之舊名？承成説而加之新誼也。

然則陰陽之爲韻學舊名者若何？陰陽之於韻學，聲母以之（陽清、陰濁），聲調以之（四聲之陰陽），皆《等韻學》以降之所立名也。其用於音綴者，古韻學家所特稱也。

古韻學家之言陰陽者何昉？章炳麟曰：

初明音理，自江氏始也。江氏初爲《古韻標準》，蓋實與戴東原戮力；同入相配，已肇陰陽對轉之端。其後東原爲《聲類表》，傳及淮岱孔撝約化其鴃音，始采集爲《詩聲類》，然後緐音異讀，各有友紀。（成都嚴刻江永《古韻標準·序》）

孔氏之説奚若？《詩聲類》云：

竊嘗基於《唐韻》，階於漢、魏，躋稽於《二雅》、《三頌》十五國之風，而繹之，而審之，而條分之，而類聚之，久而得之：有本韻，有通韻，有轉韻。通韻聚爲十二，取其收聲之大同。本韻分爲十八，乃又剖析於斂侈清濁，毫釐纖眇之際。曰元之屬、耕之屬、真之屬、陽之屬、東之屬、冬之屬、侵之屬、蒸之屬、談之屬，是爲陽聲者九。曰歌之屬、支之屬、脂之屬、魚之屬、侯之屬、幽之屬、宵之屬、之之屬、合之屬，是爲陰聲者九。此九部者，各以陰陽相配，而可以對轉。……分陰分陽，九部之大綱；轉陽轉陰，五方之殊音；則獨抱遺經，研求豁悟，……向之不可得韻者，皆一以貫之，無所牽強，無所疑滯。

孔氏之言，自"元"至"談"陽聲者九，自"歌"至"合"陰聲者九，各得對轉相配，舉類標名，爰掇陰、陽二字也。

然則陰、陽二字何與於音聲之綴繫？陰、陽之稱，戴東原實爲之始,孔廣森承其師説,不加訂釋也。

戴氏之説又奚若? 戴君《與段若膺論韻書》云:

僕審其音,有入者如氣之陽,如物之雄,如衣之表。無入者如氣之陰,如物之雌,如衣之裏。又平、上、去三聲,近乎氣之陽,物之雄,衣之表。入聲近乎氣之陰,物之雌,衣之裏。故有入之與無入之去近。從此得其陰陽雌雄表裏之相配。

蓋東原基於《唐韻》而論平入相配之理也如此。

然則陰陽雌雄表裏之稱,本戴氏委曲喻況之言,奚爲而襲之? 篳路襤褸,前修未密;刮垢磨光,後起益精。是故承成説而加之新誼,孔廣森因以列類;章炳麟所謂"化其鴞音"是也。

孔氏列類,但承師説,陰陽之義,不加訂釋;然則陰陽於音聲之綴繫,爲誼究何若? 章炳麟繼作《成均圖》,乃爲之説曰:

孔氏《詩聲類》,列上下兩行,爲陽聲、陰聲。其陽聲,即收鼻音,陰聲非收鼻音也。(《國故論衡·小學略説》)

故曰陰陽者言音聲之綴繫也。

孔氏十八類中,"合"列於陰聲。"合"爲入聲,入聲何爲而作陰聲? 章氏《成均圖》,侵、冬與緝、盍(即"合")同在陽聲。緝、盍猶"合"之爲入也,曷又爲陽聲? 合、緝之類,究收何音? 陰陽之別於收鼻音者,將奚以成理? 孔氏自爲説曰:

入聲則自緝、合等閉口音外,悉當分隸自支至之七部,而轉爲去聲。蓋入聲刱自江左,非中原舊讀。(《詩聲類》)

章氏非之,曰:

緝、盍二部雖與侵、談有別,然交廣人呼之,同是撮脣,不得以入聲相格。孔氏以緝、盍爲陰聲,其失……也。(《小學略説》)

且又謂:

陰陽聲者,例猶夫婦。入聲猶子。子雖合氣受形,裏妊必予其母。(《二十三部音準》)

章氏陰入子母之喻,無異爲孔張目。是二家者,皆一以陰陽爲音聲之基,而各以入屬之陰,屬之陽,其失惟均也。蓋子雖裏妊

於母,受形分體不復同於母也。陰陽入鼎足而三者,未可闕其一也。故江、戴兩氏"二平同入"之説爲允。章氏亦嘗道其善曰:

> 江、戴以陰陽二聲同配一入。此於今韻得其條理,古韻明其變遷,因是以求對轉,易若截肪。(《二十三部音準》)

特囿於成見,以謂:

> 其實古韻之假象耳,已知對轉,猶得兔可以忘蹄也!(同上)

陰陽入必相提而並論,始吻然無閒於音理;其所收音,相轉必不出其位也。章氏云:

> 夫陽聲弇者,陰聲亦弇。陽聲侈者,陰聲亦侈。陽聲軸者,陰聲亦軸。(《小學略説》)

乃論韻之主讀,故以撮脣相同,逕合侵緝,談盍,云"不得以入聲相格"也。故其説陽聲收鼻音是也,陰聲非收鼻音似是而非也。

然則陰、陽、入收音之位云何?章氏曰:

> 鼻音有三孔道:其一侈音,印度以西皆以半"摩"字收之,今爲談、蒸、侵、冬、東諸部,名曰"撮脣鼻音"。其一弇音,印度以西皆以半"那"字收之,今爲青、真、諄、寒諸部,名曰"上舌鼻音"。其一軸音,印度以"姎"字收之,不待撮脣上舌,張口氣悟,其息自從鼻出曰"獨發鼻音"。(《小學略説》)

所謂半"摩"字者 m 也。所謂半"那"字者 n 也。所謂"姎"字者 ng 也。m 之位在兩脣。n 之位在舌端。ng 之位在舌根。是收音以鼻聲之陽聲也,章氏説。入聲收音以爆聲。位同於 m 者爲 p。位同於 n 者爲 t(l)。位同於 ng 者爲 k。此吾師疑古玄同先生所立説也。(見先生《文字學音篇》第二章(4))陰聲收音以通聲。位同於 m 者爲 y,位同於 n 者爲 j,位同於 ng 者爲 w。入聲復有收音以擦聲者。位同於 p 者爲 ph(f),位同於 t 者爲 th、ch、ts、sh、s,位同於 k 者爲 h。此余所臆説也。(詳《古陰陽入三聲考》)入之 p、t、k,對陽聲者也。入之 ph、th、h,對陰聲者也。陰之所收,直通不返,無殊於純韻之本狀也。故歷來諸家以爲:

> 陽聲失收音之鼻聲爲陰聲。

入陰失收音之爆聲爲陰聲。

其實陰、陽、入於純韻之後，各有收音，鼇然就位，莫可紊也。故曰，以陰陽言音聲之綴繫者，襲韻學之舊名，承成説而加之新誼也。

章氏言佗弇軸三鼻音，於佗音，何爲并談、蒸、侵、冬、東而名曰"撮唇鼻音"也。章氏自注：

> 古音蒸、侵常相合互用，東、談亦常相合互用；以侵、談撮唇，知蒸、東亦撮唇。今音則侵、談撮唇，而蒸、東與陽同收。此古今之異。（《小學略説》）

又曰：

> 夫撮唇者使聲上揚，上舌者使聲下咽，既已乖異；且二者非故鼻音也，以會厭之氣，被閉距於唇舌，宛轉趨鼻，以求渫宣，如河決然。獨發鼻音則異是。印度音"摩"、"那"皆在體文，而"姎"獨在聲勢，亦其義也。談、蒸、侵、冬、東諸部，少不審則如陽。然其言之自別。《釋名》云："風，沇豫司冀橫口合唇言之；風，氾也。青徐跧口開唇推氣言之；風，放也。"放在陽爲開唇，風氾在侵、談爲合唇，區以別矣，焉可懱也？（《小學略説》）

夫中土聲韻，析言音素，可假印度體文聲勢之名；而不可持印度體文聲勢之用以別中土聲韻之類。蓋體文聲勢之名，不過分言其品；而體文聲勢之實，則當各視其業。聲勢不得爲體文，而體文兼爲聲勢者有之。體文不得爲聲勢，而聲勢兼爲體文者亦有之。體文聲勢絶不相兼者又亦有之。若論所謂佗弇軸三鼻音之 m、n、ng 於印度以西，吾不敢言；於中土，則既皆可爲體文（如三十六字母之明、泥、疑是也），而亦皆得爲聲勢，如《唐韻》之談、真、陽等是也。章氏謂印度音"摩"、"那"皆在體文，"姎"獨爲聲勢；印度如是，中土不必强同。必欲比合華、梵，以爲是正，謂能審音之理，得毋惑乎！

章氏之惑固在捆一韻之主讀與收音，其所以捆一者何也？曰：舍"陰陽之橋"而弗由，此其所以惑也！

曷謂"陰陽之橋"？鼻韻是也。

鼻韻者何？並純韻之主讀同時收音於鼻，所謂弇侈軸音渾沌如一也。日本語之ン，實有相似之點，在"音便"中可爲m，可爲n，可爲ng也。

鼻韻何以爲"陰陽之橋"？陽聲之主讀爲鼻韻，收音則以鼻韻而浼泯。陰聲之收音習以爲同於純韻，主讀爲鼻韻，則又往往涉似陽聲之爲鼻韻者。陽聲之收音及其主讀之鼻韻，若均消失，輒爲陰聲。陰聲主讀之鼻韻，影響收音，若歸於顯著，輒爲陽聲。故曰：鼻韻者陰陽之橋也。

然則鼻韻者惟一"陰陽之橋"乎？曰：亦不盡是。陰陽對轉之例，陰入於陽者，實非常覯，而爲其例則必是鼻韻。陽入於陰者，隨處可得，其途有二：一遵鼻韻而遞變，一逕失收音而轉變。陽與陽亦以鼻韻而相通轉；蓋其韻之主讀同一，收音以鼻韻而浼泯也。故曰：言鼻韻爲"陰陽之橋"者，疏言之也。其爲式如次：

(1) 陽聲——→鼻韻——→陰聲
(2) 陽聲————————→陰聲
(3) 陽聲——→鼻韻——→陽聲
(4) 陰聲——→鼻韻——→陽聲

其例如何？日本語讀漢字音之東、冬、鍾、江、陽、唐、庚、耕、清、青、蒸、登韻，山西聞喜縣讀陽、唐諸韻（據新修《縣志》云），皆爲陰聲。按皆由ng陽聲讀鼻韻而入於陰聲者也。杭州、江浙一帶，江蘇江北一帶，徐州西至於歸德，諸方音於陽聲韻或收m（入n）、n、ng之全部，或收ng、n（m併入），任各一種，讀爲鼻韻，皆陽聲之讀鼻韻尚未入於陰聲者也。凡韻書中諧聲聲母爲陽聲而列於陰聲者，亦皆是第一式之鼻韻變入也。宋朱敦儒（洛陽人）《樵歌》用韻，不分m、n、ng。國立北平圖書館新藏西夏文《佛經》（寧夏出土）中之漢文佛曲《真空寶卷》，用韻亦然。當塗、江浦讀"當"、"江"如"丹"、"間"，皆由讀諸陽聲爲鼻韻，合以爲一也。凡韻書中諧韻聲母爲甲陽聲而列於乙陽聲者，亦皆是第三式之鼻韻變入也。凡韻書中諧聲韻母爲陰聲而列於陽聲者，皆是第四式之鼻韻變入也。至於第二式之例，則於方言轉語中求之，不遑枚舉也（如北平讀"三"爲 sa，"兩"爲 lia，霍邱讀"方"爲 fu 之類）。

然則章氏之書言陽聲旁轉之例（見《國故論衡》及《文始》），其東、侵，冬、侵，蒸、侵，蒸、談，東、談，冬、談是以鼻韻相通也。曷爲而列一類？鼻韻可用以言通轉之理，未可據以定合類之微；章氏失之！是故不明鼻韻，不識"陰陽之橋"；不得"陰陽之橋"，無以通轉變之理也。通乎此，然後合以陽入、陰入轉變之方（此當另論），猶執磁晷而行於九達之逵，循指順道，攸往無不利，蔑有癸亥矣！則章氏之訾江、戴，而自謂：

一平一入者，其說方以智。二平一入者，其說圓而神。

圓出於方，未有蔑棄榘則，而作旋規者也！
學者或亦可以渙然融泮也乎？

繆君玉源治疇人之學，而余所攻爲輶軒所紀，皆適足自娛無以樂人者。頃玉源參與母校月刊編立，來索余文。余固愧無學，不足貢獻於師友；重以其屬望之殷，略述平昔習聞，聊以塞責。民國十八年除夕前三日。

原載 1930 年《北大學生》第 1 期

《古音陰陽入互用例表》序

夷考中國音韻之學,有反切之表音,乃至有等韻經緯聲韻調之圖攝,其於分析語文音讀至明且顯,徒以表音工具爲囫圇不可分化之形體,時移地轉,輾轉至無以瞭曉。學者復尊華攘夷,以其法乎天竺聲明轉唱,棄若敝屣,鄙不置論。寖假流傳於荒寺老僧,窮鄉學究之口,玄談繳繞,沉淪烟瘴,神奇歸於腐朽,極天下滑稽之大觀!於是侈言"今音"、"古音"、"等音"三大部者出矣。殊不知中古韻書之興,本源反切歸納文字,等音之書挈其全書之綱領,並行不悖,所謂合之雙美,離之兩傷者也。即由韻書上考古音(古音正義應指現代音以前各時代音之沿革),自資料之搜比論證言,固屬考據,而其所以爲考據之準則,何莫非等音之事乎?昔休甯戴東原論崑山顧甯人考古之功多,而審音之功少,蓋得之矣。戴氏初與婺源江慎修商略《古韻標準》(江氏《四聲切韻表》當是同時並作之書),後自著《聲韻考》,皆可見其重審音也。自餘言古音者,多詳於部類分合,至金壇段若膺能見之、脂、支三部之分於資料中,而不能説其音理上之所以不合,其最著也(歙江晋三亦以等韻説古音,蓋爲徽州學者之特別表現也)。戴開論音之端,段定分部之局,曲阜孔撝約明用戴氏所立陰陽之名,高郵王懷祖踵訂段氏所平上去入之譜(王氏《古韻譜稿》藏國立北京大學,爲明析古音四聲第一人)。王氏不以古音研究著於世,獨孔氏書下衍,發餘杭章太炎《成均圖》對轉之風,大行海内者數十年;蘄春黄季剛爲之補充,列陰陽入三部相對之序。諸君者,戴氏以等音排列部類,寓説音於立名,章氏著二十三部音準以言其古韻音讀,黄氏亦有説在其音略中,而世之論古音者,類能用其矩矱著書立説,古音之學炳焉大明,壹若别出乎等音與今音。先師吴興錢玄同先生講説音韻沿革,始用近代西洋文字略言陰陽入韻收聲之别(見《文字學音篇》），又有《廣韻》韻類合併爲二十二攝表，與戴氏聲韻考用意相同。後以其出自演繹，置而不用。晚年撰《古韻二十八部音值之構擬》，更取國際音標及注音符號爲之標識，蓋以近年語音學及語言學之輸入而有作也。時西方漢學家瑞典高本漢（B. Karlgren）治中國音韻學，以《廣韻》反切及等韻系統爲資料，參考方音若干種，論定隋代聲韻系統。進而取段王所分古韻部，由隋音上推周秦古音（高氏稱隋代爲古音，周秦爲上古音），其法加密於中土諸賢，國中學者亦多能用其方術，古音之學似復會於今音、等音。此所論音值，陰陽入固屬於音素，爲一要事；平上去入別屬於音調者，亦於聲韻交錯影響上尋其踪跡，又爲一要事。向者音素之"入"與音調之"入"，爲六朝《切韻》所混淆不能辨，得釐劃如指於掌，一救段若膺以來言古音者所坐之失，庶幾豁然開朗，別出一境地與？

竊謂今後談説古音所用工具及方法捨語音學及語言學必無勝義表見，實亦所謂等音、今音、古音三部不可分離，而後如戴氏所倡考古、審音二者兼美也。例如一入聲問題，前悟者循取故名不爲剖分，後學迷惘不敢變易，滋謬誤而不可解，埋没故實，層纍滯積，自有古音學研究以來，即如雲翳蔽日，皆在模糊影響之中，不有語音學及語言學之觀念，將何以明音素、音調之別乎？顧甯人全重考據，得古音入聲歸於陰聲之結果。以語音實例言，是古代音系正如今國音系統也。此爲音素上韻讀情形，至於音調之辨，甯人則逕以"四聲一貫"之説了之。蓋其所以如此簡易言者，大抵所據資料中現象不足以別音調界劃之嚴也。取後衍之《唐韻》（顧氏言《唐韻》即《切韻》，實是《廣韻》材料）系統反求古音，自不少爲時代增減之事實，然其界劃寬嚴處消息亦正出於其中，嚴於《唐韻》者固即其本跡，而寬於《唐韻》者亦未嘗非其本跡。今國語區中通俗韻轍固不以四聲分協，而四聲之界不泯也，以此喻彼，謂古人協韻爲"四聲一貫"未嘗不可；論古人語音爲"四聲一貫"實有未可（實際四聲非六朝新創，乃漢語本然，六朝江左文人爲之立名耳）。江慎修似已明此理。段若膺能道四聲古今不同，蓋亦基於古音不同於今音之觀念，惜不能辨音素與音調之別而混謂周秦漢初無去，魏晉以下始大備云云（世乃有從而考訂古無上聲者，尤可怪也）。余謂段氏"古四聲不同今韻"一語乃一絕好古音研究題目，尚未得人致力。亡友北平白滌洲著《北音入聲演變考》，取元明以至現代北音入聲分配平上去三聲之現象整理而知今國音所分入陰平、陽平、上、去中之入聲字與聲類有相應之條例（其例如下：一，邦、非、端、知、見、精、照七母入陽平；二，滂、敷、透、徹、溪、清、穿七母入去；三，並、奉、定、澄、羣、從、牀七母入陽平；四，明、微、泥、娘、疑五母入去；五，心、審、曉三母入去；六，邪、禪、匣三母入陽平；七，影、喻、來、日四母入去；八，上列一、二、五三類有入上者；九，各類又有入陰平者。入上之例爲元代讀音之遺痕；入陰平之例爲近代新趨勢）。他如今音宋以來濁聲母之上聲調字讀歸去聲，亦音韻史之明例。以此喻彼，則於聲類韻部整理以外，音調之當研析，彰彰明矣。海甯王靜安於近代古文史學貢獻極大，所爲《五聲說》（見《觀堂集林》）謂："錯綜戴、孔、段、王、江五家之說，而得其會通，無絲毫獨見參於其間"，實頗自得。其言曰："余則謂陽聲自爲一類，有平而無上、去、入。今韻於此類之字，讀爲上、去者皆平聲之音變。而此類之平聲，又與陰聲之平聲性質絕異。如謂陰類之平爲平聲，則此類不可不別立一名。陽聲一，與陰聲平上去入四，乃三代秦漢間之五聲。此說本諸音理，徵諸周秦漢初人之用韻，求諸文字之形聲，無不脗合"。此就考據所分類目壹若成理，而不悟陽、陰（人依舊說歸於陰）之分自爲一事，陽之平與陰之平何得爲二事？果精密而分之，或者以爲調値上有不同，則陽之分類何可逕定爲平（前人皆已併爲平）？而陰之分類又何可混合爲平上去入四類也？陰之與入先當分之，如陽之與陰分；次則陰之平當分二，一爲純陰聲者，一爲與入聲通協者（極少），陰之上當分二，一爲純陰聲者，一爲與入聲通協者；陰之去當分二，一爲純陰聲者，一爲與入聲通協者；如是陰入協者得平上去三類；又於入分二，一爲純入聲者，一爲與陰聲通協者。試以段氏十七部爲例，大齊當假定爲十類，庶於音理與例徵兩相脗合（十類者：甲，陽聲平上去,在段之六、七、八、九、十、十一、十二、十三、十四諸部,乙,陰聲平上去,在段之一、二、三、四、五、十五、十七諸部;丙,陰聲平上,在段之四部;丁,陰聲平,在段之十六部;戊,入聲入,在段之七、八兩部;己,入聲平上去入,在段之一、三、五、十五諸部;庚,陰入協聲平上去入在段之一、三、五、十六諸部;辛,陰入協聲去入,在段之十二、十六兩部;壬,陰入協聲平,在段之二部;癸,陰入協聲上去入,在段之十五部。由此甲癸十類再合聲韻分配關係,方可論斷何者爲有,何者爲無,而必下接中古及現代)。王氏之錯綜會通,適足示余説之論古音必當以語音學及語言學工具方法爲宗之不謬,且更昭古音研究之成績於韻部分合討論已臻峯極,而於聲類、調類分配之關係仍付闕如也(語音變遷至爲繁賾,聲韻交互影響之理,已爲學人共喻而常道,然尚未有應用於古音研究者,調更無論矣。高本漢論我古音之作,嘗道及韻因調變之例,大致言入聲因降調而失聲附,入於去聲。然於上古音《詩經》中平入協韻之例則不爾,別擬其平有聲附爲濁母;去入協韻之例,去有聲附爲清母降調,其他古音之調類並未論及。高氏之論據自其隋代音系上溯於古音陰平與入通協,有所構擬,實取段若膺王懷祖分部爲資料,而依資料之現象以爲説焉。故如段氏第一部與六部之例,高氏於其《詩經研究》中,列爲四表:一陽聲(段第六部),二純入聲(段第一部之入),三陰入聲相協者(段第一部中入與平上去協韻者),四陰聲(段第一部之平及上)。陽聲爲-ŋ聲附,純入聲爲-k聲附,陰入聲相協者,及陰聲皆假定爲-g聲附(其他各類定爲＊d＊p＊r)。壹若古音家所謂陰聲者古初皆爲別種塞入之入聲,後來遺失而成陰聲,而平聲無聲附之韻反爲中國古語中所不見矣(陰入無通協例者,段表僅一第十七部。高僅有三類構擬爲陰聲)！高氏且更由其構擬而著爲中國語詞義類之分族研究(張世祿譯稱《漢語詞類》),亦已自陳未及注意古語音調,將另爲文以論之云(見張譯本一〇四頁)。此所謂《漢語詞類》之研究,以有聲附之韻尾爲類三:-ŋ、-k、-g爲一類;-m、-p、-b爲一類;-n、-t、-d、-r爲一類。

與(一)k-、kʻ-、g-、gʻ-、ŋ-、x-;(二)t-、tʻ-、d-、dʻ-、t̂-、t̂ʻ-、d̂-、d̂ʻ-、ts-、tsʻ-、dz-、dzʻ-、tśʻ-、dź′-、ś-、s-、z-、s-;(三)n-、ń-、l-;(四)p-、pʻ-、bʻ-、m-(古複聲母高氏略指其例,認作事屬冒險,而不詳列其類,後文論之)。四類聲母相經緯,成(一)k—ŋ,(二)t—ŋ,(三)n—ŋ,(四)p—ŋ,(五)k—n,(六)t—n,(七)n—n,(八)p—n,(九)k—m,(十)t—m,n—m,p—m,十表。於此十表得中國語言上義類轉換之法則。轉換之法則分屬《韻之聲附》、《聲》、《韻呼》,及《韻》四部分。韻之聲附轉換法則得三類:ŋ—k—g 一也,n—t—d—r 二也,m—p—b 三也。聲之轉換法則得主要者二事:不送氣清母與送氣濁母相轉換一也,送氣清母與送氣濁母相轉換二也。韻呼之轉換法則,開齊合撮(高訂之○,余稱之爲開。i、ị余稱爲齊。u、w 稱爲合。iu、iw 稱爲撮)錯綜得九類,而以開齊轉換爲基本方法。韻之轉換法則,合同一元音之變異及不同元音者凡二十四類(此多爲高氏本人之假定)。匯合四部分之法則,自韻與聲附集合之轉換賅括爲十三例。考其術與昔賢之言音轉初無二致,即如聲附之轉換例實陽入陰對轉之排列,其他數事言音韻訓詁者屢道不一道,特多片零斷碎,未嘗騾括成書。有之,則戴東原"轉語"之規模,章太炎《文始》之系統,足以敵當。章氏固開近世中國語言文字學之端緒,首言義類之語根矣,終不能如高書易爲人識。曰:"由古音韻學轉入古語言學"也,實至奇事!試念高氏遺置"複聲母"(章太炎有"古雙聲説",而未能大其用)、"音調"兩大問題而論證古語詞類轉換之法則,視戴、段、王、章以來所勝者何在?余乃深究其所以,無他,蓋仍不出工具方法之利用語音學及語言學基礎而窮探聲音之究竟耳。

古音研究自爲古語探討之工作,理至明淺,其問題之繁多又非一言可盡,自來諸家以及今日學者於語言之整理要皆失於爲個體字音所剮割;《文始》也,《漢語詞類》也,皆中國語言讀音之鸞鼎也!余不敏,妄昧之見,以謂古音研究至章而不得不活用於語文之整理,章以後爲之補苴者不在守框格以爲填嵌,當別從語言之形式尋求其面目。例如古聲母之複合,即其一事。高氏取我諧聲字論複聲,資料不足,輒爲閣置。且《漢語詞類》不取《廣韻》、《集韻》、《爾雅》、《蒼頡篇》、《方言》、《説文解字》、《廣雅》中一切語詞,甚至謂"不能接收",以爲非最普通語言中流行者也。蓋高之運用資料必轉假吾人之整理,是知當不全同於我日常造次習用者,然未可以其所蔽没其所察也(前年高氏又有新著 Grammata Serica 則已改變舊觀,民國三十四年,建功註)。至若聞風嚮慕,執其策而不能跬步自行,則崇高後車何異於戴、章前轍乎?此余所以主張古音研究之資料當再增多於前人,而向來結果尤宜重爲檢討,如諧聲系統今必參合古文字學爲之校覈,更加斷代剖析是也。戴東原、程易疇、王懷祖所啓發之"轉語"研究,有能繼作則必可觀。所謂"轉語"亦稱"連語",若"連綿詞",其音例尚未有大著述(王懷祖有《叠韻轉語》稿,例不甚多,未成書也)。連綿詞音之形式有雙聲,有叠韻,有非雙聲叠韻者。非雙聲叠韻者往往可以與雙聲或叠韻者證驗,於字與字間音之同異離合,及義類語根之條理,皆足發明,且尤有助於近時趨向之漢藏語系比較研究。

　　十年前余寫《古音系研究》一書,意在擎舉斯學總總問題(或以未有若何解決爲憾,是未識余意耳)。蘄向於中國語言學之新建設,已發此説,更歷喪亂,侄傯保命,碌碌未有所成,蓋所知加廣,所見愈複,所可爲者更多,而所能爲者彌少矣。況身不欲爲學專絶於己,往往好作淺説爲泛衆貢知識,輒醜恥剽竊炫夸之行也。去年來國立編譯館,既得讀懷甯陳仲甫先生《小學識字教本》稿,讚歎歡喜以爲自有古文字資料以來,文字學家趨末棄本,抱殘守闕,兩無裨補之失,俄然掃空,因有問疑,獲加命提。先生不棄譾陋,更以所著《古音陰陽入互用例表》寄余讀之。余惟先生實爲檢討向來古音分部結果而有此作,其要目具詳自序,鋭思精斷,非依違章、高者所可夢想。古音之分部,余嘗究心,初以段氏有《十七部合用類分表》一變顧江因依分合《廣韻》先後爲次第之法,而以所見合韻之現象爲之排比,下逮章、高,人自爲敘,莫知適從,故頗疑焉。且見陰陽入之異類常相涉,同類又常相混,以爲自其通而當合也似可不必分，請益於先師錢先生。先生始以余言凝思而疑然，繼則以爲不然：部類之分爲其大異而設，相涉相混者乃大異中之小同，大小之辨，不可不察。余又進而曰："然則分其所必不可合，而合其所常混涉以另分之，將何如？"先生曰："善，顧其繁瑣破碎將有不足表徵者耳。"因相與泛論時地縱橫分理詩書古籍韻文之最目，已録於《古音系研究》書中，荒落因循，莫報師命。《古陰陽入三聲考》則在其前時草率之作，有待芟正。今讀仲甫先生序，乃有如出諸己口者，是又覺余業之不當廢。抗戰以來先師病留北平，佗傺寂寞而殁，昔者躑躅東安市場書攤搜購《實庵字説》（仲甫先生發表於《東方雜誌》中文字），走余書齋喜相告示，情景猶如昨日。今先生亦老矣，避兵入蜀，盡失藏書於故鄉，重以母姊骨肉之喪，雖在病苦，不廢著作，《小學識字教本》與此《三聲互用例表》而外，尚有多篇，惜先師皆不得見已！

余於《古陰陽入三聲考》中，取段表陰聲上聲之獨分者別列之，後先師訂古韻部曾於黄氏二十八部以外加五部，爲三十三部，晚論古音韻值又用二十八部，雖已示審音之準則。或人尚有不愜其爲説之間，未若海外高氏之條縷繽紛者。夫《切韻》反切系統之紀録，本漢魏以下古今南北之綜合，分韻乃多，存其面目固可——構擬，藉明所以分之理；其先後時代之客觀現象皆不相侔，强不相侔之事實爲相貫之解釋，庸非"强作解人"？其所得詳，是先生所謂"鑿孔栽鬚"也。向以先師爲過簡者，諒亦如憾鬚稀邪？今讀先生作表，於資料分析之揭櫫"古人無用聲附爲韻，聲附不同且亦爲韻"之義，專主以韻讀訂類，得毋有憾其孔少者乎？善察秋毫，短視輿薪，是亦專家之蔽耳。

古音分部方法，自戴氏之九類二十五部，段氏之六類十七部，乃有"類"以攝"部"。戴氏之"類"似以韻母爲主，陰陽入隨韻讀而貫系。段氏之"類"則以聲附爲主，陰陽入依聲附以分別。段氏之類無論矣，戴氏第一類兩陰一入，第八九類一陽一入，於音理不可説。且謂一類皆收喉音，二、三、四、五類皆收鼻音，六、七類皆收舌齒音，八、九類皆收唇音，似又視陰聲爲有收音（即聲附）者矣！

陰陽入之界説，當戴之時，猶未昭明，故不免於模棱。即脣聲附之陽入韻，自來各家亦如戴所分，無陰相當，其實侵、緝、覃、盍於脣聲附之前皆當有同讀之陰韻，理至明淺。循是以往，排比考證資料壹似向來對轉系統爲至當不易，深長思之，其疏漏實至大而不爲人覺。此亦先生所謂察及秋毫而不見輿薪之又一端也。先生此表綜計四類十系五十韻：陰四以開、齊、合分爲十；陽以脣、舌頭、舌根聲附分爲二十，入如陽之數；所以分合之準則壹依資料表現之自然而分分合合，與戴氏法近而不盡同（戴言平者今分入陰陽，去屬陰，入則仍爲入。今第一類當戴一、五、七、八、九，第二類當戴三、四、一、五、八、九，第三類當戴二、六、八，第四類當戴八、二）。"考古"、"審音"，不相蔽壅。余所爲古陰陽入三聲考，韻類系列皆以陰韻挈領，貫聯陽入，與先生説合，其即以爲可教而命之序耶？

余所能言者盡此，爰爲比列類次，而告學者：此實懷寗陳先生古韻分部系統也。

第一類[a]
  第一系　陰[a]歌支魚模麻佳皆祭泰夬 ……………………（1）
         陽[an]寒元删山仙……（1）……入[at]曷月薛黠鎋
         陽[aŋ]唐庚………………（2）……入[ak]鐸陌麥昔
         陽[am]侵覃談咸銜……（3）……入[ap]緝合盍洽
  第二系　陰[ia]支脂齊佳祭 ……………………………………（2）
         陽[ian]先仙真…………（4）……入[iat]屑薛質
         陽[iaŋ]耕清青…………（5）……入[iak]陌昔錫
         陽[iam]侵鹽添嚴………（6）……入[iap]緝葉帖業洽
  第三系　陰[ua]戈支佳皆模祭泰夬廢 ……………………………（3）
         陽[uan]桓元删山仙……（7）……入[uat]末月黠鎋薛
第二類[ɔ]
  第四系　陰[ɔ]肴豪尤侯魚虞模歌麻 …………………………（4）
         陽[ɔŋ]江東冬鍾陽唐庚耕清 …………………（8）
         ……………………入[ɔk]覺屋沃燭藥鐸陌麥昔

　　　　　　　陽[mɔ]侵覃談鹽銜……(9)……入[ɔp]緝合盍狎
　第五系　　陰[iɔ]蕭宵尤幽魚麻……………………(5)
　　　　　　　陽[iɔŋ]陽庚清青……(10)……入[iɔk]藥陌昔錫
　　　　　　　陽[iɔm]侵鹽……………(11)……入[iɔp]葉業
　第六系　　陰[uɔ]虞模戈麻…………………………(6)
　　　　　　　陽[uɔŋ]陽唐東鍾………(12)…入[uɔk]藥鐸陌麥屋燭
　　　　　　　陽[mɔu]凡………………(13)…………入[uɔp]乏
第三類[i]
　第七系　　陰[i]脂微齊……………………………(7)
　　　　　　　陽[in]真臻欣先………(14)……入[it]質櫛迄屑
　　　　　　　陽[im]侵添……………(15)……入[ip]緝帖
　第八系　　陰[oi]之咍脂皆灰尤侯虞…………………(8)
　　　　　　　陽[oin]真臻……………(16)……入[oit]術櫛物没屑
　　　　　　　陽[oiŋ]蒸登東鍾………(17)……入[oik]職德麥屋沃
　　　　　　　陽[oim]侵………………(18)……………入[oip]緝
　第九系　　陰[ui]微脂齊皆灰………………………(9)
　　　　　　　陽[uin]諄文魂…………(19)……入[uit]術質物没屑
第四類[u]
　第十系　　陰[u]虞侯……………………………(10)
　　　　　　　陽[uŋ]東鍾……………(20)……………入[uk]屋燭

先生所由發明不過陰陽入互用一事，已大改前人陳陳相因之觀，學者儻亦深韙余言古音研究所當新闢之途邐乎？然則歷禩之醞蒞語文面目，將由是而知有以變鸞鼎爲丹竈，煉真還原邪？理有至近淺百世不能明者，學有至幽深一語無足奇者，衆共鹵莽，大道所以艱難也。老聃有言："吾不知，誰之子象帝之先！"

如皋魏建功謹序，民國三十年十月十五日成於四川江津中白沙黑石山。

　　　　　　　　　　　原載1945年《女子師範學院學術集刊》第1期

遼陵石刻哀册文中之入聲韻

遼陵石刻有帝后哀册文五篇,按其年代排列則在公歷1031至1101年間,當北宋仁宗天聖九年至徽宗建中靖國元年;時《廣韻》、《集韻》皆已相繼成書,此五篇册文用韻字例中之入聲字取以對校,於北地入聲韻變讀問題,不無一二消息可見也。

五文作於四期,是漢人手筆:

(一) 1031　聖宗文武大孝宣皇帝哀册文　　張儉作
(二) 1058　欽愛皇后哀册文　　　　　　未題名
(三) 1081　仁德皇后哀册文　　　　　　未題名
(四) 1101　道宗仁聖大孝武皇帝哀册文　耶律儼作
(五) 　　　宣懿皇后哀册文　　　　　　張琳作

其韻字實例如下:

(一) 張儉作聖宗哀册

古樹號風,寒山帶雪(薛韻)。
會同軌於萬方,啓欑塗於七月(月韻)。
縞仗俄排,柤庭斯設(薛韻)。
凌晨將御於龍輴,遠日欲辭於鳳闕(月韻)。
嗣皇帝臣宗真孺慕絶漿,哀摧泣血(屑韻)。
爰命召於輔臣,俾祖述於鴻烈(薛韻)。

(二) 欽愛皇后哀册

大行太皇太后博厚成儀,中和毓德(德韻)。
婉淑慈仁,聰明正直(職韻)。
嬪嬙卑下,示之以謙抑(職韻)。
子孫衆多,勗之以温克(德韻)。
對褘褕之纖靡,輒不更衣;處宫室之深嚴,嘗無踰國(職韻)。

(三) 仁德皇后哀册

　　　　歲琯均時,應鍾肇律(術韻)。
　　　　鹵仗烟凝,重岡霧蔚(物韻)。
　　　　望神座之甫安,却靈輀之將出(術韻)。
　　　　嗣孫皇帝弘基深軫孝思,固存哀恤(術韻)。
　　　　遵遺旨以披誠,考舊章而備物(物韻)。
　　　　溫詔俄宣,徽猷載述(術韻)。
(四) 同上
　　　　體軒之星,儲婺之宿(屋韻)。
　　　　蕣顏既芳,蘭儀亦郁(屋韻)。
　　　　漁涉圖書,浣濯褌鞠(屋韻)。
　　　　樛木歌能,關雎詠淑(屋韻)。
(五) 同上
　　　　惟帟封路兮日影重,簫鼓鳴郊兮風韻咽(屑韻)。
　　　　逗古陌以凄霜,駐空林而慘月(月韻)。
　　　　當初之夜壑孤藏,今夕之逝川共閱(薛韻)。
　　　　鑰固泉扃,關沈歲闕(月韻)。
(六) 耶律儼作道宗哀册
　　　　穆駿不歸,軒龍已陟(職韻)。
　　　　萬國悲聲兮猶喪考妣,七月期延兮俄營陵域(職韻)。
　　　　彤輅轔轔,袞儀翼翼(職韻)。
　　　　三奠終徹,百靈慘惻(職韻)。
　　　　孝孫嗣皇帝延禧仰成威明,承繼社稷(職韻)。
　　　　感象物以號泣,恨仙遊之冥默(德韻)。
　　　　追錄其功兮異世使望,欲報之恩兮昊天罔極(職韻)。
　　　　爰詔輔臣,具銘聖德(德韻)。
(七) 同上
　　　　已卜萬祀,方傳八葉(葉韻)。
　　　　宇宙惟清,日月相接(葉韻)。
　　　　綱要修整,聲文暐曄(葉韻)。
　　　　一統正朔,六合臣妾(葉韻)。

遼陵石刻哀册文中之入聲韻

(八) 同上

　　禮祠先廟，神靈來格（陌韻）。
　　孝養長樂，敬恭無斁（昔韻）。
　　朝陵幸邑，建號如册（麥韻）。
　　天旋雲被，風施雨澤（陌韻）。

(九) 同上

　　睿思敏麗，宸襟洞達（曷韻）。
　　沛築高唱，薰琴間發（月韻）。
　　刑憲三千，惟務全活（末韻）。
　　師徒百萬，不喜征伐（月韻）。

(十) 同上

　　鯨海之東，鯤溟之北（德韻）。
　　若木西荒，桂林南側（職韻）。
　　遠近庶邦，強弱諸國（德韻）。
　　占風効欵，慕義述職（職韻）。

(十一) 同上

　　蠢爾韃靼，自取凶滅（薛韻）。
　　擾我邊陲，萃其巢穴（屑韻）。
　　上將既行，奇兵用設（薛韻）。
　　即戮渠魁，羣黨歸悅（薛韻）。

(十二) 同上

　　上性自然，生知不學（覺韻）。
　　瞻形繪像，調律修樂（覺韻）。
　　君臣宴會，內外恩渥（覺韻）。
　　禮文若古，制度復樸（覺韻）。

(十三) 同上

　　維蒸民之所歸，須大人之有作（鐸韻）。
　　乘時而出也天曆爰在，極數而終也神器是託（鐸韻）。
　　大葬之制，舊章用度（鐸韻）。
　　鄙珠玉之華侈，尚甄陶之儉約（藥韻）。

閟清暉兮幽默，置洪業兮盤礴（鐸韻）。

別垂理世之謨訓，昭示嗣君之矩矱（鐸韻）。

被雅頌兮洋洋，煥簡編兮灼灼（藥韻）。

庶延亙於無窮，自邈揚於景爍（藥韻）。

(十四) 張琳作宜懿皇后哀冊

昔惟聖人，配茲令德（德韻）。

升在中壼，來從外戚（錫韻）。

詳剖石字，位膺天極（職韻）。

玉璽疏寵，象服增飾（職韻）。

贊助大化，啓迪內職（職韻）。

懂不黷而婉麗貞仁，性不華而沈潛剛克（德韻）。

(十五) 同上

坤紀斷維，月輪覆轍（薛韻）。

陵域暝兮苦霧暗，山楹寂兮流泉咽（屑韻）。

萬籟喑鳴，百靈慘烈（薛韻）。

十五節入聲韻，除(四)(七)(十二)的韻字在一韻中，其餘都有出入，如果按照《廣韻》的同用獨用的標準看，有些也并不相符。同用獨用條例如下：

屋（獨用）	覺（獨用）
沃（燭同用）	質（術櫛同用）
燭	術
櫛	麥
物（獨用）	昔
迄（獨用）	錫（獨用）
月（沒同用）	職（德同用）
沒	德
曷（末同用）	緝（獨用）
末	合（盍同用）
黠（鎋同用）	盍
鎋	葉（帖同用）

屑（薛同用）	帖
薛	洽（狎同用）
藥（鐸同用）	狎
鐸	業（乏同用）
陌（麥昔同用）	乏

例（一）薛屑通押是相合，而和月通押就不相合了。薛屑月之通押，似乎是當時的一個通常現象，例（五）也是如此，月韻還有例（九）的現象，與曷末通押。曷末通押合於《廣韻》。這兩個現象告訴我們月韻的字在當時讀成兩類：一與曷末同類，一與薛屑同類。《廣韻》標準中的月與没同用似乎不是一種實際的事實。我們看到例（一）與例（五）的月韻字都是"月"、"闕"，一處與薛韻"雪"、"設"、"烈"，屑韻"血"押韻，一處與薛韻"閲"，屑韻"咽"押韻，於是例（一）的"滅"、"穴"、"設"、"悦"，例（十五）的"轍"、"咽"、"烈"當然也都是韻讀相同的了。例（九）的月韻字是"發"、"伐"，與曷韻"達"，末韻"活"押韻。《韻鏡》和《七音略》的二十一，二十二，二十三，二十四四圖裡包含這些入聲韻，就是《切韻指南》所謂"山攝"的音，已與《廣韻》月與没同用的標準隔了攝了，没韻在十七，十八圖屬"臻攝"。那麽，等韻的系統與《廣韻》的系統中間對於月韻的音值似乎就有"en"、"an"兩個音位的變異。如今遼陵石刻上的例子告訴我們1031至1101年間，月韻的音值屬於"an"音位的。因此照《廣韻》成書的年代和遼聖宗死的年代以及作哀冊的張儉應用的聲韻標準的年代三者比合來看，我們覺得這裡面隱藏了傳襲的紙面音類和實際的口頭音類的差異。《廣韻》成於1008年。張儉作遼聖宗哀冊的聲韻標準的時代如以聖宗卒年説，當是1031年，後於《廣韻》二十來年。我們雖不能説張儉不用《廣韻》標準，却也不能説張儉必用《廣韻》標準。但據《遼史》列傳十，張儉是宛平人，聖宗統和十四年舉進士第一，興宗重熙十二年卒，年九十一。重熙十二年當是公曆1044年，上推九十一年，應在954年、遼穆宗應曆四年、後周世宗顯德元年，儉生。當儉舉進士時，年已四十三，他文學的修養自應在四十三歲以前了。遼人在937年已

設南京於幽州，唐代中原文物被吸收不少，張儉所有的文學上聲韻標準必來自中原，爲唐五代之支流。那麼，《廣韻》的時代比他作文時代早，而他所據聲韻標準却不比《廣韻》標準晚；他的作品表現的現象與《廣韻》標準的差異，如果不是地域的關係就一定是時代的關係了。我們上面已經看出張儉所表現的直向下到耶律儼、張琳都一樣。耶律儼析津人，據《遼史》列傳二十八説，他本姓李，父仲禧，興宗重禧年間受賜國姓；道宗咸雍年間儼登進士第，有詩名。張琳瀋州人，有傳在《遼史》列傳三十二。遼與宋雖相往來，但是書籍流傳比較困難；遼人科第取士多沿唐制，韻書標準唐人詩賦就不定依據；有此兩種情形，遼陵石刻的韻字例所以有代表其時北地漢人聲韻實際的可能。我由這個意思上想到已列出的入聲韻韻讀既不與《廣韻》相同，和等韻也像不全同，覺得許是今音入聲變讀的開端吧？等韻如《韻鏡》：

月闕	合口三等在二十二圖（外轉）
雪闋悦	合口四等在二十二圖（外轉）
血穴	合口四等在二十四圖（外轉）
設烈轍	開口三等在二十三圖（外轉）
咽	開口四等在二十三圖（外轉）
滅	開口四等在二十一圖（外轉）
× × × ×	
發伐	合口三等在二十二圖（外轉）
活	合口一等在二十四圖（外轉）
達	開口一等在二十三圖（外轉）

等呼參差到這樣似乎不能算押韻的自然狀態。我於是想到《中原音韻》所表現的入聲狀況。

我曾經將《廣韻》入韻與《中原音韻》排成《〈中原音韻〉入派三聲與〈廣韻〉入聲韻對照關係表》。

中原音韻	廣韻收-p之韻	廣韻收-t之韻	廣韻收-k之韻
支思平			
上	緝	櫛	德
去			
齊微平	緝	質	昔錫德職
上	緝	質迄	陌昔錫職德
去	緝	質	陌昔錫職德
魚模平		術物沒	屋沃燭
上		術物沒	屋沃燭德
去	緝	術物沒	屋沃濁
皆來平			陌麥
上			陌麥職德
去			陌麥職德
蕭豪平			覺藥鐸
上			覺藥鐸
去		末	覺藥鐸
歌戈平	合盍	物沒末	覺藥鐸
上	合	曷末	鐸
去		末	覺藥鐸
家麻平	合盍洽狎帖乏	月曷黠鎋	
上	合洽狎乏	月曷黠鎋	
去	合盍狎	月曷末鎋	
車遮平	葉帖	月屑薛	
上	緝洽葉帖業	月曷屑薛	陌
去	葉業	沒月屑薛	陌
尤侯平			屋
上			屋燭
去			屋沃燭

在"家麻"和"車遮"韻下就看見月曷末屑薛五韻變讀的現象，正如遼陵刻石韻例相似。我們再注意這現象的內容。

等	平	上	去	廣韻	中原音韻
一			明	末	
	透定	心	來	曷	——家麻
二	並			曷	
三一	奉	非	微	月	
			泥	屑	
三		曉		屑曷	
	群並牀	知徹澄並	疑來日	薛	
		照穿審			——車遮
	群	見溪曉	疑影喻	月	
四	定從匣	見溪透滂	疑明喻	屑	
		精清心曉			
	定從邪	溪邦心	明喻	薛	

"伐"正是家麻韻的奉母,"發"是家麻韻的非母,"達"字是家麻韻的定母,"活"不在家麻而是歌戈韻的匣母。原來《中原音韻》時期的曷末還有二種變讀:

末韻明母一等作蕭豪韻去聲;

曷韻見溪一等作歌戈韻上聲;

末韻定邦並匣一等作歌戈韻平聲;見溪端定邦滂並明清一等作歌戈韻上聲,明母一等作歌戈韻去聲。

中原音韻的"歌戈"、"家麻"、"車遮"原是古的歌部,唐人歌麻還有不分的痕跡,如今遼陵刻石比《中原音韻》系統當然早幾百年,所以分派"歌戈"、"家麻"兩韻的入聲,當時押韻是可能。依照《中原音韻》的三聲分配,我們豈不要承認"伐"平、"發"上、"達"平、"活"平以三個平聲和一個上聲協韻了?這一個問題正和"活"入了歌戈表現唐遼音讀和宋元以下不同的例子一樣,我現在只為提出唐遼之間北音入聲已經開始變化的消息,其中更細的考究要待另外的機會再說。

從上面說的一類想來,那些全節押韻的入聲字雖在《廣韻》的一韻中,我們也應相信是已經派入三聲的韻,不贅述。又例(二)

(六)(十)(十四)的錫職德韻,例(三)的術物韻,例(八)的陌麥昔韻,例(十三)的藥鐸韻,分論於次。

(一)錫職德按前對照表《中原音韻》派入齊微韻的平上去:

一等　　德韻　　從匣作平
　　　　　　　　見端邦曉作上
　　　　　　　　明作去
三等　　德韻　　來作去
　　　　職韻　　群澄邦牀作平
　　　　　　　　見徹照穿審作上
　　　　　　　　娘影來作去
四等　　職韻　　精心作上
　　　　　　　　喻作去
　　　　錫韻　　透定從作平
　　　　　　　　見溪端透定滂並精清心匣作上
　　　　　　　　疑明來作去

職德韻還有讀入皆來的上去聲,德韻又有讀支思魚模的上聲。遼陵刻石中"德"、"直"、"抑"、"克"相協,"克"字《中原音韻》作皆來韻,"德"、"克"都是上聲,"直"平聲,"抑"去聲。"陟"、"域"、"翼"、"惻"、"稷"、"默"、"極"、"德"相協,"惻"皆來韻上聲,"翼"、"默"去聲,"極"平聲,"域"魚模韻去聲。"北"、"側"、"國"、"職"協韻,"側"皆來韻上聲。"德"、"戚"、"極"、"飾"、"職"、"克"協韻,"克"皆來韻上聲,"極"平聲。這些例子裏表現唐遼入聲錫職德先派入齊微,分散到皆來支思魚模,是宋元以下的現象。

(二)術物韻按《中原音韻》派入魚模韻的平上去:

一等　物韻　　邦作上
三等　物韻　　奉作平
　　　　　　　敷作上
　　　　　　　微作去
　　　術韻　　牀作平
　　　　　　　徹穿作上

來作去

"律"去、"蔚"去、"出"上、"怵"上、"物"去、"述"平協韻,只有聲調待考。

(三)陌麥昔韻按《中原音韻》派入皆來韻的平上去,昔又入齊微的平上去,陌又入齊微車遮的上去。"格"見二、"數"喻四、"册"穿二、"澤"澄二協韻;"格""册"上、"澤"平,都在皆來,"數"去在齊微,這表現陌麥昔韻唐遼派入皆來,宋元以下分散齊微車遮。

(四)藥鐸韻按《中原音韻》派入蕭豪歌戈的平上去,覺韻相同,上古音現象已是如此。"作"精一上,"託"透一上,"度"定一平,"約"影三去,"礴"並一平,"嬳"匣一平,"灼"照三去,"爍"審三上相協。

關於這些入聲韻按照《中原音韻》的分派聲調不能全一致的問題,我疑心和現在國音與《中原音韻》入聲變讀的聲調分歧理由一樣。現在國音的標準,亡友白滌洲先生整理出的入聲字和聲母的對照關係是:

凡清音聲母濁音聲母又次濁音聲母和匣母讀陽平。

凡次清音聲母次濁音聲母又次清音聲母和曉影喻來日五母讀去聲。

《中原音韻》凡清音次清音又次清音和曉母讀上聲,國音標準中還有一些遺跡。

國音標準裏又有陰平的趨勢。

因此我們要更進一步對滌洲的《北音入聲演變考》所整理的時代向上詳密的探討了,我在這裏且引起一個頭兒,自然聲母的演變和聲韻的互相影響的事情還得再找。

滌洲到下星期一(十月十二日)死且兩週年,謹於民國二十五年十月四日至五日四時草此小文,用獻紀念。嗚呼!

質問無從,空嗟"可作"!

"生死路殊?"永懷疑惑。

原載 1936.10.8《讀書週刊》第 69 期

説 "轍 兒"

偶因日前舍耘先生給我的信裏説，"韻從流水，并無'轍'數"，不免就談一番國語上韻的問題。

提起了押韻，不論是文學作品與否（這是指其作品的價值而言），只要是一種韻文體例的東西，那每一個誦讀可以作節落的地方先後都得聲音和諧，念上口去方能好聽。這種事實在國語區域裏民衆文藝上叫做"合轍兒"。合轍兒者，押韻之謂也。

這個"轍兒"，就是我們常説的"韻"。韻與轍兒中間却也有些不同的地方。現在通行的《詩韻》是一部極不合理的書，既與嘴裏念的音不符，又亂了正則韻書的系統。自從清代二百多年拿它做科舉試士的標準以來，只有一般讀書求功名的人死死牢記着它的韻字。論起歷來民衆文藝的作者，他們軋根兒没有詩韻的標準在心裏。我們從這一方面推上去看，大抵宋、元以來"普羅"的韻轍早已自然而然的發生了。我們不能説宋、元的戲曲一定是民衆的文藝，可是那"合於口語"的一點可以相信得過。與這事實相關的有部代表韻書——元代周德清的《中原音韻》。《中原音韻》與現行《詩韻》不同，但也與正則韻書的系統有别，最要之點在於"漸近自然"。我們如果説國語區域中民衆文藝的轍兒是由《中原音韻》變下來的，那並没有什麽大錯的地方。像梨園行裏以及各樣耍絃子説唱的，大半講究一點的人都喜歡説他們"咬字眼兒"全是"中州音"。説大膽些，中州音的確當得過一種標準的國音，國音標準的北平音自然是有些不同中州音一樣。

現在國音標準的北平音雖與中州音不全同，可是在戲曲中的轍兒却大致相同，而不與現行北平音全合，因爲轍兒多少帶一些歷史的遺傳，而北平音却自由的跟時代變化。我們知道國音的系統本自《中原音韻》一系演變來的。《中原音韻》本有十九韻，到了清初樊騰鳳的《五方元音》合成十二韻,國音實際便有十八韻。我們排列下來一看就明白了。

國音	五方元音	中原音韻
ㄚ	馬(十)	家麻(十三)
ㄛ	駝(八)	歌戈(十二)
ㄜ	駝,蛇(九)	歌戈,車遮(十四)
ㄝ	蛇	車遮
ㄞ	豺(十一)	皆來(六)
ㄟ	地(十二)	齊微(四)
ㄠ	獒(六)	蕭豪(十一)
ㄡ	牛(五)	尤侯(十六)
ㄢ	天(一)	寒山(八),監咸(十八)
(ㄨㄢ)		桓歡(九)
(ㄧㄢ,ㄩㄢ)		先天(十),廉纖(十九)
ㄣ	人(二)	真文(七),侵尋(十七)
ㄤ	羊(四)	江陽(二)
ㄥ	龍(三)	東鍾(一)　庚青(十五)
ㄦ	地	支思
ㄖ	地	支思
ㄙ	地	支思
ㄧ	地	齊微
ㄨ	虎(七)	魚模(五)
ㄩ	虎	魚模

上面除了《中原音韻》的十七、十八、十九,早已併到八、十、七裏去了,我們可以看出國音分化顯明了的有:

ㄜ自ㄛ、ㄝ裏分出來。

ㄦ、ㄖ、ㄙ,分別清楚。

ㄟ、ㄧ分別清楚。

ㄩ自ㄨ裏分出來。

我們試看看所謂轍兒呢,爲數十三,叫做"大轍兒",外有"小

轍兒"兩條。平常說來是十三道轍兒,有目無書,轍名和秩序也就沒有準兒。我知道的是這樣的:

　一　　　　中東
　二　　　　江陽
　三　　　　一七
　四　　　　灰堆
　五　　　　油求
　六　　　　梭坡
　七　　　　人辰
　八　　　　言前
　九　　　　發花
　十　　　　乜斜
　十一　　　懷來
　十二　　　姑蘇
　十三　　　遥條

小轍兩條叫:

　小人辰兒,
　小言前兒。

跟上面一比較,咱們就可以相信我說的轍兒是歷史遺傳品的話了。

（一）中原韻的東、鍾,五方元音的龍,就是中東轍兒;元音將中原的庚、青併在一起,十三道轍兒裏頭也是合的。國音的情形實際是分的:

　ㄥ ………………… 庚青和東鐘的一部分。
　ㄨㄥ、ㄩㄥ ………… 東鍾。
　ㄧㄥ ………………… 庚青。

（二）中原韻的江、陽,五方元音的羊,就是國音的ㄤ、ㄧㄤ、ㄨㄤ,與江陽轍兒全同。

（三）中原韻的支思、齊微,分得很清楚,五方元音最無道理,全給混合爲地韻,十三道轍兒表面和中原相像,可還跟元音一樣的混雜,雖然分做一七轍兒和灰堆轍兒。國音將中原的支思分別成ㄦ、ㄙ'和ㄦ;ㄦ就是十三道轍兒的小轍兒;十三道轍兒不但ㄦ、ㄙ'未分,還又把丨合來做了主體。可算元音的地韻,十三道轍兒分出兩轍來,這一七轍兒相當中原的支思而又變了,另一條灰堆轍兒相當齊微的微一部分。如果依了這四種分合不論時代可成下圖:

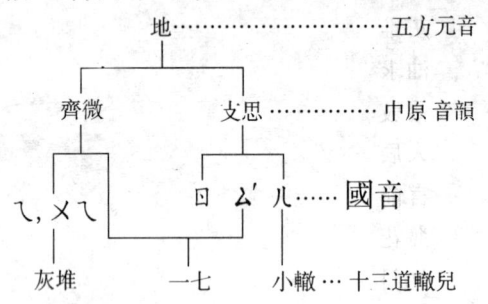

```
            地 ············五方元音
           ┌─┴─┐
         齊微   支思 ············中原音韻
          │    │
        ┌─┴┐ ┌┴─┐
       ㄟ,ㄨㄟ  ㄭ ㄙ' ㄦ ······國音
        │    │   │
       灰堆   一七  小轍 ··· 十三道轍兒
```

(四)中原韻的尤侯,五方元音的牛,就是國音的ㄡ、丨ㄡ,與油求轍兒全同。

(五)中原韻的歌戈、家麻、車遮,五方元音的駝、馬、蛇,就是梭坡、發花、乜斜三道轍兒。國音却有四韻,ㄛ、ㄚ、ㄝ和ㄜ。這因爲ㄜ韻是ㄛ和ㄝ兩韻裏分出來的。原本只是ㄛ、ㄚ兩韻,ㄝ從ㄚ裏分出來再分出;更望上推又只是ㄚ一韻,分出了ㄛ,ㄛ又分出ㄜ;於是這ㄜ到國音裏才獨立成了門户。所以,ㄜ韻在中原和元音裏是主要的存在歌戈和駝裏而一部分包含在車遮和蛇裏,十三道轍兒裏就只含在梭坡轍兒中間,乜斜轍兒便純粹是讀ㄝ的音沒有ㄜ混雜。這個詳情留待我別處作文叙述。現在寫出國音與十三道轍兒中間的同異來。

```
 ㄛ ㄜ    ㄝ     ㄚ
 └┬┘    │     │
 梭坡    乜斜    發花
```

説仔細些,梭坡裏的ㄛ國音全變了ㄜ,而梭坡只賸下了ㄨㄛ;乜斜裏全體肅清了車遮裏的ㄝ變做ㄜ便賸得丨ㄝ和ㄩㄝ;發花是相當ㄚ、丨ㄚ、ㄨㄚ的。

(六)中原韻的真文,五方元音的人,就是人辰轍兒;中原原有的侵尋是一種閉口韻,後來併進了舐腭韻合在這裏。國音的ㄣ、

ㄧㄣ、ㄨㄣ、ㄩㄣ，與它相當。

（七）中原韻的寒山、桓歡、先天，合併了監咸、廉纖，五方元音全併成天韻，十三道轍兒也混合做言前轍兒。國音的ㄢ相當寒山（監咸），ㄧㄢ、ㄩㄢ相當先天（廉纖），ㄨㄢ相當桓歡。

（八）中原韻的皆來，五方元音的豺，就是懷來轍兒，相當國音的ㄞ、ㄨㄞ。

（九）中原韻的魚模，五方元音的虎，就是姑蘇轍兒，全部不分ㄨ、ㄩ，國音才分別了ㄩ和ㄨ。這倒是明朝兩部韻書分得清楚，也可見元音和十三道轍兒的襲中原而沒有改動。那兩部韻書，一是蘭茂的《韻略易通》分成居魚和呼模，一是畢拱辰的《韻略匯通》分成居魚和乎模。

（十）中原韻的蕭豪，五方元音的獒，就是遙條轍兒，相當國音的ㄠ、ㄧㄠ。

以上的十項只見十三道轍兒合多分少，我們可以明白民衆文藝押韻的標準了。他們真是只要"漸近自然"，約略有個"大蓋齊"的轍兒，在語音上必不能混的才給它分清。這種必不能混的地方多半是聲音演變的痕跡，十三道轍兒裏的小轍兒就是。

國音的儿要算中原韻以來的新變演的音，十三道轍兒裏便獨立分開它來。這音裏包括下面這們多字，按隋、唐以來的音說是屬於日紐的聲母和支之脂三部的韻母。

兒　而輀胹胹洏　（平）

耳　洱珥餌駬　爾邇　（上）

二貳樲　佴刵咡　（去）

這裏最要緊的是個兒字，民衆文藝近代語言中間缺少不了的音，按照中原音韻以至一切韻書都放在支思一類的韻裏，實際音讀已是這捲舌韻的儿了，既不是ㄖ，也不是ㄦ；所以國語區域戲曲裏爲之另立轍目。何以它不成爲"兒轍兒"，却要開成"小轍兒"，並且分作"人辰"、"言前"兩小轍兒呢？上面開的十九個字是純粹的捲舌韻，其餘在國語裏的各韻都可以附加這捲舌韻，我們叫那些做"儿化的韻"。這些儿化的韻，說它是儿固然不對，說它是每一韻的ㄦ韻也不對。這就是民衆辨音的寬嚴得中的地方；原來十三道轍兒轍轍都可以附ㄦ，而它的音却分出十三個來，因爲語音的自然變化，就歸納成"小人辰"、"小言前"兩道小轍兒。就我聽說的，小轍兒只限於：

一七 ⎫
灰堆 ⎬合成小人辰兒。
人辰 ⎭

言前 ⎫
發花 ⎬合成小言前兒。
懷來 ⎭

大約唱曲兒的合小轍兒，只要加ㄦ在各轍之後讀音相和的就可以一處押韻。審音上嚴了，用韻上倒寬了。

國音的ㄦ自然合於小人辰兒，這小人辰兒的音是【ər】。小言前兒的音是【ɐr】。照國音說，其餘七轍兒也能成爲小轍兒。依着國音捲舌韻的情形，我們可以將十三道轍兒的小轍兒讀音寫出。

（一）小人辰兒

以國音ㄜ附ㄦ的爲中心，包括五種讀音，八個來源。

(1) ㄜㄦ之一

　一七轍的ㄖ
　一七轍的ㄙˊ
　一七轍的ㄦ
　灰堆轍的ㄟ
　人辰轍的ㄣ
　　這五個音【ər】
　一七轍的ㄧ
　人辰轍的ㄧㄣ
　乜斜轍的ㄧㄝ
　　這三個音【iər】
　灰堆轍的ㄨㄟ
　人辰轍的ㄨㄣ

說"轍兒" 125

姑蘇轍的ㄨ
　這三個音【uər】。
人辰轍的ㄩㄣ
乜斜轍的ㄩㄝ
姑蘇轍的ㄩ
　這三個音【yər】。
(2) ㄜ儿之二
梭坡轍的ㄜ
這個音【ɤr】，國音ㄜ就有的兩個讀音，現在將它合在一起。
(3) ㄥ儿
中東轍的ㄥ
這個音【iər】的鼻韻，因爲母音相同於ㄝ，所以倂在這裏。
(4) ㄡ儿
油求轍的ㄡ,ㄧㄡ,讀【our】,【iour】。因爲ㄡ的複韻，變與【ɤ】音近，所以附在這兒。
(二) 小言前兒
以國音ㄚ附儿的爲中心，包括五種讀音，七個來源。
(1) ㄚ儿
言前轍的ㄢ
發花轍的ㄚ
懷來轍的ㄞ
　這三個音【ɐr】
言前轍的ㄧㄢ
發花轍的ㄧㄚ
懷來轍的ㄧㄞ
　這三個音【iɐr】。
言前轍的ㄨㄢ
發花轍的ㄨㄚ
懷來轍的ㄨㄞ

这三个音【uɐr】

言前辙的ㄩㄢ

这个音【yɐr】

(2) ㄤ儿

江阳辙的ㄤ、丨ㄤ、ㄨㄤ，读【ar】、【iar】、【uar】的鼻韵。

因为【ɐ】、【a】部位相近，所以併在一起。

(3) ㄥ儿

中东辙的ㄥ、ㄨㄥ，读【ʌr】、【uʌr】的鼻韵。

因为【ʌ】、【ɐ】相近，所以相併。

(4) ㄠ儿

遥条辙的ㄠ、丨ㄠ，读【aᵊr】、【iaᵊr】。

因为ㄠ的複韵变与【ɐ】相混，所以附在这儿。

(三) 小梭坡儿

以国音ㄛ附儿的为中心，包括两种读音，两个来源。

(1) ㄛ儿

梭坡辙的ㄛ、ㄨㄛ，读【or】、【uor】。

因为梭坡的ㄛ儿在小人辰儿裏，往往ㄛ儿也就合到小人辰裏去了。实在读ㄛ儿时，由 o 到 r 中间，多少许有些 ə 的意味。

(2) 一ㄨㄥ儿

中东辙的一ㄨㄥ

这个音【ur】的鼻韵。

中东辙的ㄩㄥ

这个音【iyur】的鼻韵。

因为【u】与【o】部位相近，所以合在一起。中东的ㄨㄥ儿在小言前儿裏，往往一ㄨㄥ儿也就合到小言前裏去了。这也是一样的道理，【u】的鼻韵到 r 中间，总有些小言前的 ɐ 的意味。

照此看来，国音的细分倒出不了十三道辙儿的粗分的结果。这叫做"约定俗成之谓宜"。

我在這裏的分割還是未定的草議。大抵小人辰兒的全部和小言前兒的 1、2、3 是靠得住的，而小言前兒的 4 往往獨立的押韻。小梭坡兒不過是個假設，還待討論。試驗北平押小轍兒的歌謠，如"大姑娘大"：

　　大姑娘大，
　　　二姑娘二，
　　小姑娘出門子，
　　　給我個信。※
　　搭大棚，
　　　貼喜字；※
　　牛角燈，
　　　二十對；※
　　娶親太太兩把頭；※
　　　送親太太苤拉翅。※

通首押的小人辰兒，凡有※符的地方如不加明"兒"字，別的地方的人一定以爲是無韻的；但是加了"兒"，人家也可以誤會是五個"兒"字與一個"二"字押韻。這就都錯了！我們得要說是全首押的儿化的さ韻，因爲這裏的——

　　信字人辰轍，儿化變小人辰兒，與字、翅兩個一七轍的字和灰堆轍的對字，都在一個小轍兒裏。娶親太太句若是當成逢單的句子，以末了的送親親太太句入韻，頭字雖油求轍也不會混亂上面說的小人辰兒的部分。

　　又一首"二姑娘二"：

　　二姑娘二，
　　　二姑娘出門子給我個信。※
　　搭大棚，
　　　貼喜字；※
　　娶親太太苤拉翅，※
　　　八團褂子大開衩，※
　　四輪馬車雙馬對，※

箱子匣子都是我的事。※

這首也是小人辰兒(明社出版《北平歌謠集》將字、翅、衻、對下全去了兒字,不是唱的人變了譜兒必是錄的人耍了聰明)。凡儿化韻的記載都以寫個"儿"母好,別寫"兒"字容易誤會。下面再舉些例子:

一個小孩儿,
　上廟臺儿,
栽了個跟頭,
　撿照小錢儿;
又打醋,又買鹽儿,
　又娶媳婦儿又過年儿。
　　　　　(小言前兒)
　　——一個小孩儿——

......

扒着廟門瞧娘娘;
娘娘搭着粉儿,
　和尚撅着嘴儿;
　　　　　(小人辰兒)
娘娘戴着花儿,
和尚光着禿腦袋瓜儿。(小言前兒)
　　——月亮爺亮堂堂——

小小子儿,
坐門墩儿,
　哭哭啼啼要媳婦儿。
　　　　　(小人辰兒)
要媳婦儿幹嗎?
　點燈説話儿
　　吹燈做伴儿
到明儿早晨梳小辮儿。
　　　　　(小言前兒)
　　——小小子儿——

……
猪肉片兒,
　好大塊兒兒,
羊肉打滷,
　過水麵兒。
不吃不吃,
　兩碗半兒。
　　　　　(小言前兒)
　　　——拉大鋸——
小桃樹,
　彎彎枝兒,
　　上頭坐個小閨女兒。
　　　　　(小人辰兒)
……
　　　——小桃樹——
……
窗戶沒蹬兒,
　打的老婆照鏡兒。
鏡兒沒底兒,
　打的老婆唱曲兒。
曲兒沒頭兒,
　打的老婆耍猴兒。
　　　　　(小人辰兒)
耍猴兒沒圈兒,
　打的老婆躦天兒。
　　　　　(小言前兒)
　　　——小二哥——
小五兒,
小六兒,

鼻涕疙疸炒豆儿。

　　　　（小人辰兒）

你一碗儿，

我一碗儿，

　急的禿子白瞪眼儿。

　　　　（小言前兒）

　　　——小五儿——

香——香蒿儿，

辣辣——辣辣罐儿，

苦麻儿，

萵苣菜儿。（小言前兒）

　　　——香香蒿儿——

究竟十三道轍是否有目無書？在北平的確沒有書。求之於方音中，有些地方是有這種書的。江蘇銅山（舊徐銅府）一帶有一種《十三韻》，書面上題明是"考字奇本"，内容的目錄是：

一　青請倩情　（中東）

二　屋武誤吳　（姑蘇）

三　吉紀記極　（一七）

四　灰惑會回　（灰堆）

五　豁火貨和　（梭坡）

六　邰噎泰臺　（懷來）

七　腰咬要堯　（遙條）

八　鴨雅亞牙　（發花）

九　秧養樣陽　（江陽）

十　葉耶夜爺　（乜斜）

十一　幽有又尤　（油求）

十二　温穩問文　（人辰）

十三　焉衍彦言　（言前）

徐州的語音也還是國語區域的系統，所流傳的這種通俗韻書與十三道轍簡直相同的。清嘉道間山東滕縣的張畊著有一部《古韻發明》，他也説到十三音，是否有書不得而知。他説：

> 天下共有十三音，能全備者少。故相傳有十三叫法，以"江交鳩居堅金經饑吉皆角加結"十三字一聲之轉辨方音。……今滕全備十三音，但入混平而不能辨。沛與滕一湖之隔，相去數十里，即正齒混齒頭而無正齒音。入混平由脣吻之侈，近於燕趙之重濁。混齒頭由脣吻之弇，近於吳楚之輕淺。……

沛縣是徐州屬，與滕縣所備的十三音照張氏説似乎相同，不過聲類上有正齒混齒頭的不同。這兩種目録的對照如下：

江——秧
交——腰
鳩——幽
居——屋
堅——焉
金——温
經——青
饑——灰
吉——吉
皆——邰
角——豁
加——鴨
結——葉

我又從一種石印的通俗韻書《十五音》看出它與十三音的關係，並且知道它是山東一帶的方音。這部《增補十五音》不過將十三音裏多分出兩韻而已：

東——青
江——秧
蕭——腰
支——吉

齊——吉
元——焉
真——溫
微——灰
虞——屋
姑——屋
皆——邰
歌——豁
家——鴨
遮——葉
幽——幽

往南到湖北，有一種通俗韻書《字音會集》分爲十四音：
優——油求
依——一七
巴——發花
賒——乜斜
夫——姑蘇
呵——梭坡
詩——一七
焉——言前
央——江陽
風——中東
深——人辰
蒿——遙條
威——灰堆
哀——懷來

也是十三道轍一系的音，又別分出入聲。這樣看來，十三道轍乃是一個普遍的近代語音韻類的分部大綱了。各地的增減分合都是爲了方域的限制。

說到這裏，我們可以對一種疑問的人答話了。有一種人以爲十三道轍是金科玉律,那是不對的。你如果要做現代的國語韻文,最好依照現行的國音押韻,因爲這是分析得最正確的韻類。你如果以爲要照十三道轍押韻,最好大體上也給它變動變動,把那已成爲音韻史上的痕跡的地方總得除去了。所以舍耘先生所謂"韻從流水",却是最適當的態度,管它什麽"轍數"!換句話說,十三音之必伸縮爲十四、十五,地使然也;十三轍之將細析爲十七、十八,時使然也。

謹說轍兒前因後果如此:

大轍兒組織需要改訂,

小轍兒前途未可限量。

民國二二年九月五日　豹軒
原載 1933 年《國語週刊》第 103、104 期

張洵如《北平音系十三轍》序

今北平本在古來幽州地界。東漢十三州裏的幽州囊括代、上谷、漁陽、右北平、遼西、遼東、玄菟、樂浪八郡（平地屬漁陽）。這幽州的名稱在《釋名》裏説是"在北，幽昧之地也"。關於這地方的地位自然是邊檄荒遠，其語言也不過是鄙語方言了。揚雄記載方言的時候，對這一帶往往用燕國、代國的故名，和朝鮮、洌水、趙、魏、齊、晉、衞錯綜並舉，顯然自成一個系統區域。那當然與今日北平語的關係很淺。唐前人書裏寫着幽州的語言的略有：

1. 青幽之間，凡土而高且大者，謂之墳。（《方言》）
2. 額，鄂也，有垠鄂也，故幽州人則謂之鄂也。（《釋名·釋身體》）
3. 幽州及漢中皆謂老嫗爲媪。（《史記·高祖本記》集解引文穎）
4. 雞頭，水中芡，幽州謂之雁頭。（《淮南子·説山訓》注）
5. 蔄苗，荻秀，楚人謂之蔄，蔄讀敵戰之敵，幽冀謂之荻苔也。（《淮南子·説林訓》注）
6. 蚈，馬蚿也，幽冀謂之秦渠蚈，蚈讀蹊徑之蹊。（《淮南子·時則訓》注）
7. 菲，幽州人謂之芴，《爾雅》又謂之蒠菜……。（陸機《毛詩草木蟲魚鳥獸疏》）
8. 萑，芄蘭，一名蘿藦，幽州人謂之雀瓢。（同上）
9. 蟋蟀，楚人謂之王孫，幽州人謂之趣織。（同上）
10. 蜰蟲，幽州人謂之蜡箕，即蜡蟟，蝗類也……（同上）
11. 蝛，如蝗而斑色，毛翅數重，其翅正赤，幽州人謂之蒲錯。（同上）
12. 蟠蛸，一名長脚，荆州河内人謂之喜母，幽州人謂之

親客。(同上)

13. 小鳩,一名鶻鳩,幽州人或謂之鶌鳩,梁宋之間謂之佳,揚州人亦然。(同上)

14. 鴡鳩,幽州謂之鷲。(同上)

15. 鴟鶝,幽州人或謂之鸋鳩,或曰巧婦,或曰女匠,關東謂之過贏,關西謂之桑飛,或謂之襪雀,或曰巧女。(同上)

16. 黃鳥,黃鸝留也,或謂之黃栗留,幽州人謂:黃鶯,一名倉庚,一名商庚,一名鵹黃,一名楚雀,齊人謂之摶黍。(同上)

17. 鯸,似鮎厚而頭大,徐州人謂之鰱或謂之鱅,幽州人謂之鵊鴟,或謂之胡鱅。(《詩經‧釋文》)

18. 薂,似括樓,幽州人謂之烏服。(《詩經‧葛生》孔疏)

19. 苕苕,饒也,幽州人謂之翹饒。(《詩經‧防有鵲巢》孔疏,《史記‧魏世家》注)

20. 穀,幽州人謂之穀桑,荊揚人謂之穀,中州人謂之楮。(《詩經‧鶴鳴》孔疏)

揚雄《方言》有一處稱"沅、湧、溲,幽之語"當是南方幽地,未列入。

二十條中間,漢人才有五六條,陸機吳人記有十條,六朝以下的記錄四五條而已。我們從這個事實的表現,可以知道揚雄、許慎的時代這一個區域的語言雖是有獨立系統的地位,而其中實在又要分得很繁複的小區間,等到魏晉以降就成了一個比較範圍寬泛的"幽州人語系"了,越往後越減少了特殊方言的色彩。

唐承隋後,大的幽州區域名稱取消了(隋併於冀州)。北平人有句傳說的史諺:"先有潭柘,後有幽州。"這是說西山潭柘寺的歷史的,所謂幽州指北平一地而言。幽州從此是民族史上的重要名詞,地位與那大的幽州迥殊,而語言的問題却不大見人道及了。唐代開闢"道"制,河北道中設有幽州,就是現在的北平。公曆936年,這幽州和其他十五個州同時被石敬瑭送給了契丹人,第二年契丹人在幽州設析津府作為"南京",因此成了華夷雜處的大都會,到現在整整一千年了!經過一千年的時間,那原來比較寬泛的"幽州人語系"似乎漸漸消滅變化成了另一個新的語言系統。這個語言系統是佔極重要的地位的,簡直是中國語的近代標準系統。我們稱之爲"北平語系"。

大凡一個語言標準系統的成立,乃是許多不同語系的人薈萃在一處,互相融和,竭力推置,不知不覺,去泰去甚,把語言的音素選拔出最便易的,將語言的組織鍛鍊成最簡明的;所以都會最久的地方語言系統聚的最複雜,混合而成的標準却最易於溥及四方。北平建置做都會以來,遼、金、元、明、清乃至民國,中間除了明太祖和建文帝時期三十多年,算到民國十七年(1928年)國民政府遷都南京,一共九百五十七年,要算中華立國建都第一長久的地方了。由這長久政治中心造成了標準的語言。中國語言系統裏由政治中心養成標準資格的語言,北平語應該是第五種。五種是:

一秦語:咸陽、長安。
二豫語:洛陽、開封。
三寧語:金陵。
四杭語:杭州。
五平語:北平。

這五種,我們仔細看看其中的關係不由得不承認北平語資格完全,不由得不相信北平音系天演晚成。請聽我道來!秦以前,封建的制度割分了許多地方獨立的政治中心,語言因而各成系統。我們讀漢以前的書幾於不能離開了"方音"、"方言"的觀念。秦始皇的統一,集權到了中央的政治中心,所謂"書同文"的設施就自然產生。他開創了"國字"統一政策,可沒有管着"國語"!我們固然不能知秦時咸陽音系的情形,從後來揚雄記方言,問"天下上計孝廉及内郡衞卒會者"調查訪問的記錄,我們不難想象當秦時許多人在咸陽所説的話是如何的奇奇怪怪。然而這時期共同的標準是"雅言",雅言並非純粹的語言,大半還是藉文字的體義表意志。我大膽的説那是用的"官字"表"官意"(仿"官話"詞例作),這就形成了雅言的官話資格。如果就現代的材料約略窺探一下,劉文錦先生的《記咸陽方音》告訴我們:

咸陽聲類二十七，比北平音系多 t、t' 兩"舌上音"。

咸陽韻類十六，比北平音少 ə、ɣ。

咸陽調類四，和北平音一樣。

拼音條例除了四點（見中央研究院歷史語言研究所《集刊》三之三 427 頁），餘與北平音一樣。

調類的來源，除去入聲變化的條例，大體也與北平音一樣（同上，435 頁）。

入聲變化：①全濁＞全清陽平；②次濁＞陰平；③全清與次清＞陰平。

所謂"官話"就是某政治中心地的"方音雅言"。現代咸陽的方音既與現代官話的音系相近，我們可以明白早先他們中間的關係不是沒有的了。那麼，像長安、洛陽、開封等方言現代的狀況，我們大體知道和咸陽與北平的關係並無二致，我們至少敢於承認這幾處語言的系統是在這九百多年中間造成最後一種"方音雅言"——北平語——的分子了。

現今的"官話"不是分得兩大支嗎？一支自然是北平音系的"正則官話"，一支是南京音系的"藍青官話"。上面排列的五種做官話標準的語言和這兩支的關係正是表現"方音雅言"的成長發育的狀態。我們有：

正則官話：北平音系（咸陽、長安、洛陽、開封）

藍青音系：南京音系

變蛻官話：杭州音系

這三種官話的性質：

方音雅言：正則官話

半方音雅言 }：藍青官話
半雅音方言

雅音方言：變蛻官話

咸陽、長安、洛陽是唐以前的政治中心，也是文化中心，"雅言"的產生自然是在這一帶。公曆 907 年的時候，朱溫篡了唐的帝位，遷都大梁，開封開始成爲中國政治中心了。我們可信這時候的方音雅言的更動並不很大,猶之乎咸陽之於長安,長安之於洛陽,只在一個大的音區中的小遷移而已。宋朝開國都汴梁,那時遼人已經佔有北平二十多年了。在汴梁的宋人住了一百六十六年,遼人與之發生交涉者凡一百六十四年。遼人未設南京之前,在阿保機的時代,已經收納了許多漢人,建造了許多漢城(參看吾友姚從吾先生《說阿保機的時代的漢城》一文,載北大《國學季刊》五卷一號)。《遼史·百官志》云:"遼有北面朝官矣,既得燕、代十有六州,乃用唐制復設南面三省六部臺院寺監諸衛東宮之官,誠有志帝王之盛制,亦爲招徠中國之人也。"契丹人的文化大半受唐代的影響。五代至北宋的遼國實在是政治的重心,交聘之使不絕於途,由汴梁往上京臨潢府,這南京析津府成了一個孔道。南京設置的偉大,《遼史·地理志》可以略見。遼人既早有俘獲以及收納的漢人,契丹語、漢語並用,而漢語定已盛行於契丹人。阿保機自述能漢語(見《五代史記·四夷附錄》)。《遼史·伶宦傳》記羅衣輕的故事:

羅衣輕,不知其鄉里,滑稽通變,一時諧謔,多所規諷。興宗敗於李元昊也,單騎突出,幾不得脫。先是,元昊獲遼人輒劓其鼻;有奔北者惟恐追及。羅衣輕止之曰:"且觀鼻在否?"上怒,以毳索繫帳後,將殺之。太子笑曰:"打諢底不是黃幡綽。"羅衣輕應聲曰:"行兵底亦不是唐太宗。"上聞而釋之。上嘗與太弟重元狎昵……又因雙陸賭以居民城邑,帝屢不競,前後已償數城。重元既恃梁孝王之寵,又多鄭叔段之過,朝臣無敢言者,道路以目。一日復博,羅衣輕指共局曰:"雙陸休癡!和你都輸去也!"帝始悟,不復戲。

以上足證明契丹人使用着一種漢語,其系統應該是被俘獲以及依附的漢人的方言的混合。這些方言的混合,與南京設置以後的都會語言的成立多少有些關係。我們雖無明文可證南京的民衆和這些漢人有什麼絕對關係,但從遼開國入佔幽州多用這批漢人從事戎行是可以證明的。既是得有幽州的力量多半在這批漢人身上,那麼建置南京的重要分子當然也是這批漢人,而造成南京語言的中堅系統勢必是這批漢人的方言的混合了。我大膽假定這大部分漢人方言的混合是今日"北平語系"的雛型。

這"北平語系"的形成固然是那些漢人的語言的混合,同時我們讀《遼史》又知道唐代的舊文物和汴京的法物(見禮樂儀衛諸志)都整個的流入了幽燕以北去了。我曾經從遼陵石刻的哀册文中窺見當時漢人所作的韻文用韻的字例裏,入聲字的讀音已經有後來中原音韻的派入三聲的現象(別詳《遼陵石刻哀册文中之入聲韻》一文,見天津《益世報·讀書週刊》第六十九期)。這一個問題雖然還沒有完全確定,但是大致沒有什麽不能成立的。中原音韻的系統據周德清《正語作詞起例》云:"平上去入四聲,音韻無入聲,派入平上去三聲,前輩佳作中間備載明白,但未有以集之者,今撮其同聲,或有未當,與我同志改而正諸。"他所根據的前輩佳作當然是在其成書年代以前的,該是元泰定甲子(1324年)以前。上面説的遼陵石刻的年代代表宋天聖九年到建中靖國元年(1031—1011年)的時代。那麽,自從1324年的《中原音韻》著録了入派三聲的系統,在這以前未著録而自由成長的時期,我們就説是從1031年到1101年以後的二百二十三年中間正可以表現其逐漸孳生的歷史也未嘗不可以。亡友白滌洲先生在整理北平音系今日入聲變化的條理的工作上,曾經從1324年《中原音韻》的著録現象中歸納條例和其後六百多年的演變狀況做過比較,成《北音入聲演變考》專文(中國大辭典編纂處報告之一)。他發現六百年來北音的入聲變化先後不同。我們從遼陵石刻中入聲韻也隱約看見和《中原音韻》不同。遼陵石刻韻文的作者都是那時的北平的漢人,他們中間年齡最大而最早的一個人(張儉)生在五代末季遼已建設了南京之後,而所作韻文用的入聲字系統就已開了《中原音韻》的先河。我們粗略的説"北平語系"的大規模至少建設了一千年是可以的,如果更從這點向上探求,而毅然説這種新方音雅言繼承的是那一千年以前老方音雅言也未嘗不可以!這個學説,我想等到聲韻史的研究再多得些結論,總有正式解決的一日。

提到四聲變化的歷史,的確是中國語言語音變遷的歷史的投影。近年來國內外學者討論上古音中間平入通押的問題,把與入聲通押的平聲字假定做一種最古的入聲。我們按照這一派的學說,也居然能看出上古音入聲變化的條例的影子,和這一千年來入聲變化的條例所走的路是相像的。譬如"來"字上古音和入聲押韻,這個字最古應該也是入聲,《切韻》以下的系統讀平聲了,這豈不是後來入派三聲的變入陽平的條例?並且和"麥"字《切韻》系統的入聲派入三聲的去聲的韻讀(-ai)也完全相像。入聲的字時時刻刻在變化,變化到陰聲的平上去三聲裏去,我想這是正則官話一脈綿延相承的特點。用《切韻》的標準看上古音的四聲分劃,我們姑且引據王念孫晚年二十二部的系統:

平　東冬蒸侵談陽耕真諄元歌支　脂　之魚侯幽蕭
上　　　　　　　　　　　　　　紙　旨　止語厚有小
去　　　　　　　　　　　　　　寘至䭤祭志御候幼笑
入　　　　　　　　　　　　　　錫質術月合緝職鐸屋毒藥

許多的古音考據家都是這樣的排法:把入聲合在陰聲的部中,與其平上去相繫。《切韻》系統呢,就把入聲繫在陽聲下面,陽聲部分出平上去三聲來了,其分韻之詳細恐不是一個實際一時一地的系統。我大膽的取等韻書代表的系統做《切韻》的實際部類,凡開合圖姑合為一,所得部數當為:

　　平　東冬江支脂之微魚咍佳真殷元先蕭宵歌麻陽庚青尤侵談凡蒸
　　上　董　講紙旨止尾語海蟹軫隱阮銑筱小哿馬養梗迥有寢敢范拯
　　去　送宋絳寘至志未御代卦震焮願霰嘯笑箇禡漾敬勁宥沁闞梵證
　　入　屋沃覺　　　　　　　質迄月屑　　　藥陌錫緝盍乏職

這是用初期《韻鏡》一派等韻的合併結果,大約部數二十六。如果取《中原音韻》的系統依現在國音標準合併排列和這個結果以及王念孫二十二部對照,我們就可以見得一些上下變遷的痕跡:

上古音				中古音				近世音				今 音				十三轍		
平	上	去	入	平	上	去	入	平	上	去	入	平	上	去	入	平	上	去
東				東	董	送	屋	東 鍾				ㄥ				中 東		
冬				冬	(○)	宋	沃					ㄧㄥ						
				庚	梗	敬	陌	庚 青				ㄨㄥ						
耕				青	迥	勁	錫					ㄩㄥ						
蒸				蒸	拯	證	職											
				江	講	降	覺	江 陽				ㄤ				江 陽		
陽				陽	養	漾	藥					ㄧㄤ						
												ㄨㄤ						
支	紙	忮	錫	支	紙	寘		支 思				帀(ㄖ)(ㄗ)				一 七		
		至	質									ㄦ						
脂	旨	鞴	術	脂	旨	至												
		祭	月				一					一						
之	止	志	職	之	止	志		齊 微				ㄟ				灰 堆		
					徵	尾	未					ㄨㄟ						
魚	語	御	鐸	魚	語	卸		魚 模				ㄩ				(一七)		
												ㄨ				姑 蘇		
				哈	海	代		皆 來				ㄞ				懷 來		
				佳	蟹	卦						ㄧㄞ						
												ㄨㄞ						
真				真	軫	震	質	真 文				ㄣ				人 辰		
諄				殷	隱	焮	迄					ㄧㄣ						
侵				侵	寢	沁	緝	侵 尋				ㄨㄣ						
			緝									ㄩㄣ						
元				元	阮	願	月	寒 山										
								桓 歡				ㄢ						
				先	銑	霰	屑	先 天				ㄧㄢ				言 前		
談				談	敢	闞	盍	監 咸				ㄨㄢ						
			合									ㄩㄢ						
				凡	范	梵	乏	廉 纖										
蕭	小	笑	藥	蕭	篠	嘯		蕭 豪				ㄠ				條 描		
				宵	小	笑						ㄧㄠ						

(續表)

上古音				中古音				近世音				今　音				十三轍		
平	上	去	入	平	上	去	入	平	上	去	入	平	上	去	入	平	上	去
歌				歌	哿	箇		歌　戈				ㄜ　ㄛ				梭　坡		
								家　麻				ㄚ				發　花		
				麻	馬	禡		車　遮				ㄝ（ㄜ）				乜　斜		
侯	厚	候	屋	尤	有	宥		尤　侯				ㄡ				油　求		
幽	有	黝	毒															
18	7	9	11	26	25	26	14	19	19	19	9	18				13		

從這表裏我們看到上古入聲配繫的地方和中古音不同而都是近世音與今音衍化加多的陰聲韻。在近世音的系統裏入聲的變化，我們用中古音所列十四韻對照排列來看，比上古音所排列的要更詳細些。我們以這個詳細的分派現象做標準，上下比較就不難明白我說的正則官話一脉綿延的入聲變化的特點了。

中古音入韻		屋	沃	陌	錫	職	覺	藥	質	迄	月	屑	緝	盍	乏
近世音派入三聲	平	尤侯魚模	魚模	皆來齊微	齊微	齊微皆來	蕭豪歌戈	蕭豪歌戈	齊微魚模		歌戈家麻車遮	家麻車遮	齊微	家麻車遮歌戈	家麻
	上	尤侯魚模	魚模	皆來齊微車遮	齊微	齊微皆來支思	蕭豪	蕭豪歌戈	齊微魚模支思	齊微	歌戈家麻車遮	家麻車遮	齊微支思車遮	家麻車遮歌戈	家麻車遮
	去	尤侯魚模	魚模尤侯	皆來齊微車遮	齊微	齊微皆來	蕭豪歌戈	蕭豪歌戈	齊微魚模車遮		歌戈家麻車遮蕭豪	家麻車遮	齊微	家麻車遮齊微魚模	車遮
上古音相之配	去	候	黝		忮	志	御	笑	至	鞂	祭				
	上	厚	有		紙	止	語	小		旨					
	平	侯	幽		支	之	魚	蕭		脂					
王氏上古入韻		屋	毒		錫	職	鐸	藥	質	術	月		緝	合	

我們覺得古今南北方音的差別大體相彷彿，從這一個現象上是可以承認的，並且普通正則官話的系統在一千年來"北平語系"的前許多時候就該有了它的骨架。那麼，有許多人說這一個系統是受了外族語言的影響的話，我們首先要加以否認了（外族語言如獫狁、匈奴、鮮卑、契丹已不可知，女真〔滿珠〕、蒙古大抵可以曉得，至少像入聲性質的音尾是有的，漢語的變化消滅並不能說是受別人的影響）。

關於"北平音系"受外族語言影響的話，人們還拿兩件事做材料：

1. 現在國音字母的"ㄓ、ㄔ、ㄕ、ㄖ"的這一系聲。
2. 現在國音字母的"ㄦ"的這一個韻和附"ㄦ"的一系的韻。

對於第一個問題我在這裏不想說的太離題了，只提明方音中讀"ㄓ"系聲比"北平音系"還有翹舌來得更顯著的，吾友羅常培先生所調查的安徽祁門方音可作爲反證。至於第二個問題，我們仔細研究了"ㄦ"音的演變史似乎就可以明白其所以然。關於"ㄦ"音的演變，唐虞先生在中央研究院《史語集刊》第二本第四部分發表過一篇《兒(ɚ)音的演變》，結論說：

> 我們可以斷定："兒"等變成(ɚ)音自遼已經有直接的材料可以證明；它所以變成，是由聲母類化作用的影響而再略加演變的。

同時他指出一個問題沒有解決：

> 現代方音的現象既然指示我們"兒"音的讀法顯然有南北兩個系統，那末，這種差別是不是"古已有之"，也是頗可注意的問題。

我們可以注意唐先生所斷定的已有"ㄦ"音的直接材料的時代在遼時的一點，至少這國音系統中間的"ㄦ"與外族語言沒有關係而是醞釀在遼以前的自然演變了（這個問題打算在另外的題目裏討論，大約是《中國鼻聲的演化》和《中國捲舌韻的演化》兩個題目）。"ㄦ"韻和附"ㄦ"韻的事實都存在於"正則"、"藍青"、"變蛻"三種官話裏。附"ㄦ"韻的音在南京有與北平(ɚ)相似的價值，杭州話在吳語系統中單獨有一種(l)值的音。這不是一個可以注意的問題嗎？南京音系是有東晉由洛陽遷移去的成分，遠在北平音系建設之前；杭州音系是有北平音系開始建設時的南宋由開封遷移去的成分；北平音系在北地繼續生長起來的。我們似乎不用多説，"儿"韻是中國語官話系統裏的一貫演變的共同特點。北平音系的標準系統所有被人誤認爲外來影響的兩點，我們也可以承認了！

我們既然明白了北平音系是中國標準語自然演變最晚出的結果，這才可以來談這個音系的内容。北平音系到《國音常用字彙》行世才算正式有了客觀的記錄。我們可以用1324年的《中原音韻》和1442年的《韻略易通》、1642年的《韻略匯通》、1655年後的《五方元音》上下排列起來看它演變的情形：

甲　聲類

1324	1442—1642	1655	1918—1934	
邦並	冰	梆	ㄅ	
滂並	破	匏	ㄆ	
明	梅	木	ㄇ	
非敷奉	風	風	ㄈ	
微			（万）	
端定	東	斗	ㄉ	
透定	天	土	ㄊ	
泥娘疑	暖	鳥	ㄋ	
來	來	雷	ㄌ	
見羣	見	金	ㄍ	ㄐ
溪羣	開	橋	ㄎ	ㄑ
			（兀）	（广）
曉匣喻	向	火	ㄏ	ㄒ
影喻疑	一無	蛙雲	（□）	

照知牀澄	枝	竹	ㄓ
穿徹牀澄禪	春	蟲	ㄔ
審牀禪	上	石	ㄕ
日	人	日	ㄖ
精照從	早	剪	ㄗ【ㄐ】
清穿	從	鵲	ㄘ【ㄑ】
心審邪牀	雪	系	ㄙ【ㄒ】

乙　韻類及調韻中入聲字的部屬

1324	1442	1642	1655	1918—1934
家麻 13入	家麻 18	家麻 14	馬 10入	ㄚ（入）
歌戈 12入	戈何 17	戈何 13	駝 8入	ㄛ（入）
				ㄜ（入）
車遮 14入	遮蛇 19	遮蛇 15	蛇 9入	ㄝ（入）
支思 3入	支辭 11	支辭 7	地 12入	ㄭ（入）
				ㄦ
齊微 4入	西微 12	灰微 8		ㄧ（入）
				ㄟ（入）
皆來 6入	皆來 15	皆來 11	豺 11入	ㄞ（入）
魚模 5入	居魚 13	居魚 9宜	（地）	ㄩ（入）
	呼模 14	呼模 10	虎 7入	ㄨ（入）
蕭豪 11入	蕭豪 16	蕭豪 12	葵 6	ㄠ（入）
尤侯 16入	幽樓 20	幽樓 16	牛 5	ㄡ（入）

(續表)

1324	1442	1642	1655	1918—1934
寒山桓歡先天 8　9　10	山寒端桓先全 4　5　6 入　入　入	山寒先全 答　迭 6　5	天 1	ㄢ(ㄨ)
監咸廉纖 18　19	緘咸廉纖 9　19 入　入			
真文 7	真文 3 入	真尋 的 3	人 2	ㄣ
侵尋 17	侵尋 8 入			
東鍾 1	東洪 1 入	東洪 督 1	龍 3	ㄥ
庚青 15	庚晴 7 入	庚晴 德 4		
江陽 2	江陽 2 入	江陽 澤 2	羊 4	ㄤ

這六百年中間的聲韻變化到今日可以有十四條重要的原則：

① 濁聲母除了鼻聲和分聲一律消失。
② 鼻聲的一部分消失，一部分合併。
③ 腭化的聲母發達而獨立。
④ 陽聲韻合併為兩類。
⑤ 入聲韻消失為陰聲韻。
⑥ 陰聲韻儘量分析，特別立母。
⑦ 同化作用的元音發達。
⑧ 後元音多於前元音。
⑨ 三合元音規則化（其中亦有二合元音）。
⑩ 附加聲母的入聲韻字派進陰聲韻的平上去三聲。
⑪ 平聲分成兩類。
⑫ 上聲字一部分分進去聲。
⑬ 去聲字不變。
⑭ 語音中間有變調。

這樣的結果就是二十一聲類，十八韻類，四調類（"ㄦ"韻實是兩類，調類名五實四）。由那些原則仔細分析成這個系統乃是我們今日所謂的"北平音系"。

我們見到聲韻的變遷是自然流露的，而記錄的人却往往是矯揉造作的。在這兩個相反的動向裏往往生出許多怪異的現象來。例如，第三第七兩項原則在北平音系中間產生了"ㄐ"、"ㄑ"、"ㄒ"母，而包括了甲表所列的見精兩系齊撮呼字，於是引起了"尖團字"的問題。尖團字問題應在1743年《圓音正考》著作成書前就起了。如果《中原音韻》到《五方元音》所成立的見精兩系字是所謂尖團字分別的標準，我們參考《圓音正考》的解釋，就不能相信近年來呈"近代劇韻"或"國劇韻"的人所分別的"尖"、"團"音！我們從甲表中間看《中原音韻》聲類的歸併，在"ㄗ"、"ㄘ"、"ㄙ"系下有"ㄓ"、"ㄔ"、"ㄕ"音的照穿牀審母字，至多可以承認辨別ㄗ系、ㄓ系也用"尖"、"團"的名目，其餘的聲類是沒有絲毫關係。然而分尖團的人既然在標準上沒有絕大的把握，甚至於弄出了"尖團兩念"的字來！例如，有人把"下"、"廁"、"塑"、"屑"等字認為"尖團兩念"而"丘"、"丟"、"交"等字却當做"尖字"。又如，第三、第六、第七三項原則，因為乙表裏先後標準分類的牽掣產生了"上口字"的現象，北平音系的自然狀態中是沒有的。《中原音韻》有那分膽量把"支思"、"齊微"兩韻的字仔細分列了一下，因此大家很自然的讀"ㄓ"韻了，但是"齊微"韻裏却包括了"ㄧ"、"ㄟ"兩韻，沒有給分開；不但如此，經過了許多時候字音起了變化，原有分列兩韻的標準也又不全一致了。"支思"韻分出"兒"讀"ㄦ"，"齊微"韻裏又有些讀成了"ㄓ"：這當然與聲類"ㄓ"、"ㄔ"、"ㄕ"、"ㄖ"的發達有關。我們如果說：凡"ㄓ"、"ㄔ"、"ㄕ"、"ㄖ"與"ㄧ"、"ㄟ"相拼，"ㄖ"與"ㄓ"相拼，北平音系都自然的讀成"ㄓ"韻和"ㄦ"韻；守着舊分類標準讀音就是"上口字"的讀法（但ㄦ不上口作"ㄖㄓ"）。與"ㄓ"相對的圓唇韻，普通以為是"ㄩ"，在若干方音裏頭就用它讀"魚模"韻的"上口字"。這是原來都只讀"ㄨ"韻的字，後來分出"ㄩ"韻。北平音系這些讀"ㄩ"韻的是《切韻》"魚"、"虞"韻中字，可是只限

"ㄐ"、"ㄑ"、"ㄒ"、"ㄋ"、"ㄌ"聲類,"ㄓ"、"ㄔ"、"ㄕ"、"ㄖ"聲類就讀"ㄨ"韻。同樣保守着舊標準的分類,聲類應屬於"ㄐ"、"ㄑ"、"ㄒ"而現在讀成"ㄓ"、"ㄔ"、"ㄕ"的都拼新出的"ㄩ"韻,"上口字"裏就多出這一類來。我們可以説"ㄓ"、"ㄔ"、"ㄕ"、"ㄖ"聲類與"ㄧ"、"ㄟ"、"ㄩ"相拼起同化作用,結果一種不變原韻讀,一種變原音讀,都成爲"上口字"。"上口字"的條件就成了一反一正。《韻略匯通》是已經較合理的分併那些已變的字類,所謂《中州韻》一系的書就繞回去了。"上口字"的問題恐怕在1442年至1642年的二百年中間本是没有的。這好比明朝人唱南曲特別注意"閉口音",實在照第四項原則早已没有這種讀音了,《韻略匯通》才直截了當的併進"抵齶音"裏去。現在唱崑曲的人對於"閉口"不過是告朔的餼羊!將來總有一天有一位有魄力的劇曲審音家逕直取消了"尖團"、"上口",斬却一切葛藤吧(我不取《中州韻》一系因襲的書來立論)?那末,歌曲能順着時代的變遷應用聲韻才是一種活潑有生命的文學,舉凡一切拗彆的規定就顯然是時代先後發生的差異了。近代劇曲的發達史無不受此條件的限制:"亂彈"代"崑弋",不是一兩個名伶的勢力,語言文學聲韻工具的親切最有關係;"評戲"的流行將來必有成功的一日,或是"秧歌"等等也會參加若干勢力的。

説到這裏,我們就想到"自然流露"的原則。在國音系統之中的著述如甲乙兩表所引的《中原音韻》到《五方元音》幾部書所表現的大勢和北平音系的現狀略有出入,其中必有時代問題在内。聲類除了"ㄐ"、"ㄑ"、"ㄒ"的增加,大致差不多遠。調類問題已有白滌洲先生整理過了。韻類的狀況幾於全是"上口字"的分割。在現在的系統以前没有成書的口頭相傳的通俗韻轍是按着習慣自然的分配成十三類,簡直是北平音的寬式韻目。我們看它的内容應當是1324年到1642年之間的建設,就是元到明中間的產物,《五方元音》是受它影響的東西。我的理由是:

① 這十三類的分類與乙表1642年以前的系統最近(只有"支辭"中併"宜"是十三轍的系統,餘如"東洪"、"庚晴"合併,"山寒"、"先全"合併,"居魚"、"呼模"合併,全上與1324年以來的系統相近)。

②"儿"韻另有小轍的規定,在1324年以來的系統雖沒有明文與"ㄧ"分開是相同的,但1655年的系統復與"ㄓ"併入"也"韻與上面列入"支思"或"支辭"的意思完全倒行了。

③前面說過"尖團"問題當起在1743年以前,"上口"問題是否晚或早姑付闕疑,但"儿"不上口,則可想見"ㄓ"與"ㄧ"的初分和再合中間必已獨立了。十三轍既爲"儿"設小轍,又合"ㄓ"、"ㄧ"爲"一七":1642年的系統"宜"附於"居魚",不與"支辭"或"灰微"合;是十三轍當在1642年相近的時代就有了。

④"上口"問題雖不能確知其發生的時代,但以"ㄨ"、"ㄩ"一類的分化爲觀點就覺是1442年左右的現象了。這時候"ㄧ"、"ㄟ"還合作"西微",也是一個有力的暗示。

所以從"儿"與"ㄓ"、"ㄧ"及"ㄟ"在十三轍裏分而爲三的情形說,十三轍的時代就很顯然是1442年以後1642年以前的系統了。那麼將近一千年的北平音系得到這個口耳相傳的代表中間時期的系統,我們能給它實紀出來,未始不是研究近代聲韻史的一件有意義的工作了。

東光張君洵如能苦學,服務故宮博物院文獻館,整理史檔頗有成書;暇好研治國語問題,輒因"十三轍"有目無書,而世之辨"尖團字"者又紛囂不知適從,乃按國音標準北平音系作此一編;勤勤懇懇,歷數寒暑,哀然巨帙矣。君嘗就余商略體例,書成屬爲之序,因撮素所感於北平音系之標準問題及十三轍時代之推測,拉雜成文,聊塞責爾。君又別爲《小轍編》,對於國語詞類標準尤多貢獻;余固更樂觀其成而望有以惠世人也!

1937年2月13日,
如皋魏建功於北平。

原載《世界日報・國語週刊》第282、283、284、285期,又載張洵如《北平音系十三轍》(編著者:張洵如,參校者:魏建功,發行所:國語推行委員會中國大辭典編纂處,印刷所:中華印書局。中華民國二十六年一月初版)

吳歌聲韻類

(一) 弁　言

　　吳縣方音，人人知道是特別的，而這種特別方音在國內也特別爲人所愛好。大概多數人遇見了我們江蘇人總以爲我們江蘇人一定會說吳縣（蘇州）話，因爲他們心目中的江蘇話只知道是蘇州話。我也曾經得許多朋友驚奇的來問："你是江蘇人，爲什麼不會說江蘇話？"哈！我却是個"江北老！"我們的江北話截然與江南有些不同的。頡剛兄輯印吳歌，我以"江北老"來代他整理吳歌聲韻，在事實上實在有些不能稱職！所好我的方音——如皋話——的情形，還有些不與蘇州全行隔膜，或者能得其形似。

　　江蘇語言的區分，取其大同，可分出下面幾種：

　　徐海系：這一部分與山東南部河南東南角語音相去不遠，不知者一聽他們話，總以爲是北省人。

　　淮阜系：這一部分較徐海系語音爲重，而且快些。

　　鎮揚系：這一部分較淮阜系語音爲柔，而更速。

　　南京系：這一部分與鎮揚系聲韻相同的多，而參酌官話，成爲南方普通話。

　　上面四系可算在官話區中，除去方音的特別地方，其餘與官話無別。完全與官話不通的方音區就有：

　　蘇松太系：這一部分的語言與浙江的杭嘉湖相合成爲一大區，聲韻與官話頗有不同。吳歌聲韻屬此系。

　　南通系：這一地方的語音甚爲特別，既不與其東南方面蘇松太系相同，又不與其西北鎮揚系相同。

　　溧淳系：這一部分承鎮揚、南京兩系之餘，而與蘇松太相似。

　　我約略分成這七系，簡單的便可分極北蘇語（山東、河南語近似),近北蘇語(介於極北及中路),中路蘇語(介於近北及南路,與安徽北部成一帶),南路蘇語(與浙江語近),及特別蘇語(獨自成系,或係混合數種而成)五類。依五類的分列,我再大致將各縣分出。在大同之中的小異之間,必定有同異相雜的,那此刻不去細析了。

蘇語五類:

贛榆、灌雲、東海、沭陽、宿遷、邳、睢寧、銅山、蕭、碭山、豐沛(極北蘇語)。

鹽城、阜寧、漣水、淮安、淮陰、泗陽(近北蘇語)。

東台、興化、泰、寶應、高郵、江都、儀徵、丹徒、揚中、泰興、如皋、六合、江浦、江寧(中路蘇語)。

奉賢、南匯、川沙、上海、寶山、崇明、海門、金山、松江、清浦、嘉定、太倉、崑山、常熟、靖江、江陰、吳江、吳、無錫、武進、丹陽、金壇、宜興(南路蘇語)。

南通(特別蘇語獨自成系者)、溧陽、句容、溧水、高淳(特別蘇語混合數種而成者)。

吳縣語音之系屬大致如上,本要詳細的分編一部《吳音字類》,事亂不得閒暇,只好先將吳歌的韻腳字做根據,寫出吳音的韻類,用國音的韻類做對照。

從這個韻類的整理,連帶寫出方音的聲類。所以《吳音聲類》附在後面。

(二) 韻 類

吳音韻類一時未能全賅,僅僅就吳歌所有之韻分理,所以只稱"吳歌韻類"。

吳歌中韻字分類,可得大概數目如下:

單韻十一:ɿ、ɿ°、ɤ、u、o、ɒ、i、y、ɛ、œ、i͡ɤ。

複韻十:uɒ、uɛ、uœ、əu、ie、iøɤ、eai、yœ、øɤ、aə。

附聲韻十九:uah、oh、ɒh、əh、ioh、iɒh、ieh、ah,以上附 h。

　　　　　uoŋ、oŋ、əŋ、ioŋ、iɔŋ、iaŋ、aŋ、u͡oŋ、ɡuɛŋ,以上附 ŋ。

　　　　　uən、ən、in、yən,以上附 n。

（韻一）ɀ——國音的ㄗ、ㄘ、ㄙ、ㄓ、ㄔ、ㄕ、ㄖ的韻。《廣韻》的支、紙、寘。

吳歌韻字——事、士、市、寺、子、絲、四、私、司、師、螄、屎。

（韻二）ɀʽ——國音的ㄨ和ㄓ、ㄔ、ㄕ、ㄖ、ㄗ、ㄘ、ㄙ的韻；《廣韻》的支、脂、魚、虞、紙、旨、語、麌、寘、至、御、遇。

吳歌韻字——樹（名詞）：主、嘴、脂、珠、猪、朱、知、書、水。①

（韻三）Y——國音的ㄨ，《廣韻》的魚、虞、模、歌、戈、語、麌、姥、哿、果、御、遇、暮、泰、箇、過。

吳歌韻字——夫、婦。②

（韻四）u——國音的ㄨ；《廣韻》的魚、虞、模、歌、戈、語、麌、姥、哿、果、御、遇、暮、泰、箇、過。

吳歌韻字——布、婆。

（韻五）o——國音的ㄚ、ㄝ、ㄧㄚ、ㄨㄚ、ㄨㄛ；《廣韻》的麻、馬、禡。

吳歌韻字——巴、螞、蟆、麻、瓜、蝦、車、茶、蛇、花、喔、鴉。

（韻六）ɒ——國音的ㄚ、ㄝ、ㄞ、ㄧㄚ；《廣韻》的佳、皆、麻、蟹、駭、馬、泰、卦、怪、夬、禡。

---

① 以上兩韻，原用 Lundell 式字母，依疑古玄同先生改。先生説："ɿ、ч,你用龍特耳之字母固亦佳，但我現在覺得似乎還是用聲母來表示較好，即作'ɀ'與'ɀʽ'也。其理由：(1)龍氏字母甚不通行，且與國際音標是兩個系統。(2)在事實上這幾個特別的音，讀的時候，我覺得自始至終是起摩擦作用的；質言之，即無韻母而以濁聲爲其韻母也。(北京讀濁通聲，吐氣特別少，故較像元音；蘇州讀濁通聲，與英文相像，吐氣甚多，故此等字始終受摩擦，很容易聽得明白。)但無論如何，即使末了不摩擦，確乎是韻，然作 ɀ、ɀʽ 仍無礙也。嚴格的説：

是韻則當作 ɀr、ɀʽr。

是濁通聲則當作 ɀ、ɀʽ。

然隨便一點，即使是韻，不加'r'亦無妨，故此二音作 ɀ、ɀʽ 最無毛病。"

② 這一韻向來與 u 不分，依疑古玄同先生説分開。疑古先生説："日前與南北兩方友人詳細討論，知'夫婦'等字其韻絕非 u，簡直 v 爲韻，而且是始終摩擦的，故北京聲母不用濁，'夫婦'均是 fY；蘇州有濁聲，'夫'爲 fY，'婦'爲 Y。用ㄨ母來拼，實在不對，謂宜將表中之'u'韻下'布、婆、夫、婦'四字改列兩處，增加一類。……聲母而有韻母價值者，應於本字母之下（或上）記以小直，故作Y。（國音'夫婦'等字，依理應拼作'ㄈ万'；今既定拼爲'ㄈㄨ'，當然成事不説，故 Y 韻下仍可曰'國音的ㄨ'。)"

吳歌韻字——擺, 牌, 賣, 大, 賴, 家, 嫁, 解, 枷, 芽, 啥, 債, 齋。

(韻七)i——國音的ㄧ、ㄟ、ㄨㄟ、ㄦ；《廣韻》的支, 脂, 之, 微, 齊, 紙, 旨, 尾, 薺, 寘, 至, 志, 未, 霽, 祭。

吳歌韻字——屁、鮍、皮、被、蟻(讀鼻聲)、米、微、彌、飛、微(讀脣聲)、霏、非、滴、底、啼、地、提、泥、疑、俚、梨、裏、李、籬、離、雞、機、及、奇、期、去、氣、欺、二、戲、稀、齊、嚌、妻、悽、西、細、意、依、夷。

(韻八)y——國音的ㄩ；《廣韻》的魚, 虞, 語, 麌, 御, 遇。

吳歌韻字——吁、餘。

(韻九)ε——國音的ㄟ、ㄚ、ㄢ、ㄞ、ㄨㄟ、ㄨㄢ、ㄧㄢ；《廣韻》的支、脂、之、微、佳、皆、灰、咍、寒、桓、刪、山、麻、覃、談、咸、銜、嚴、凡、紙、旨、止、尾、蟹、駭、賄、海、阮、旱、緩、潸、產、馬、感、敢、豏、檻、范、至、未、霽、祭、泰、卦、怪、夬、隊、代、廢、願、翰、諫、襉、禡、勘、闞、陷、鑑、梵。

吳歌韻字——杯、背、坯、攀、爬、陪、板、瓣、媒、飯、還、對、擔、堆、胎、倈、難、籃、來、監、橄、蓋、開、礙、眼、海、唵、鹹、唉、才、材、財、哉、蘸、攬、菜、釵、三、山、噯、衛、慧、彎、灰。

(韻十)œ——國音的ㄢ、ㄨㄢ；《廣韻》的元、寒、桓、先、仙、覃、談、阮、旱、緩、銑、獮、感、敢、願、翰、換、霰、線、勘、闞。

吳歌韻字——半、探、斷、段、団、囡、干、乾、看、漢、轉、竄、船、纏、傳。

(韻一一)ə͡ɻ——國音的ㄦ；《廣韻》的支。

吳歌韻字——兒。①

(韻一二)uɒ——國音的ㄨㄞ；《廣韻》的佳、皆、蟹、駭、卦、怪、夬。

吳歌韻字——乖、快。

---

① 這個"兒"字的音很難確定, 現在姑且拿"ə"和"ɻ"拚合, 拿括線來連起, 以表示讀音時舌捲如"ɻ", 而舌尖與硬腭不相接觸, 不起摩擦作用。

(韻一三)uɛ——國音的ㄨㄟ；《廣韻》的支、脂、之、删、山、灰、咍、
紙、旨、止、賄、海、潸、產、眞、至、志、隊、代、
諫、襇。

吳歌韻字——關、龜、塊、筷、甩。

(韻一四)uœ——國音的ㄨㄢ；《廣韻》的元、寒、桓、阮、旱、緩、願、
翰、換。

吳歌韻字——罐、觀、官、碗、完、換。

(韻一五)ᵊu——國音的ㄨ、ㄜ、ㄚ、ㄛ、ㄨㄛ；《廣韻》的魚、模、歌、戈、
語、麌、姥、哿、果、御、遇、暮、泰、箇、過。

吳歌韻字——都、多、朶、鑢、路、騾、籮、羅、大、駝、陀、渡、果、歌、
哥、個、褲、苦、科、湖、何、核(核桃)、和、髻、火、誤、
吾、做、坐、搓、楚、蘇、酥、梳、窩。

(韻一六)ie——國音的ㄧㄢ；《廣韻》的删、山、先、仙、鹽、添、咸、銜、
潸、產、銑、獮、琰、忝、豏、檻、諫、襇、霰、線、艶、㮇、
陷、鑑。

吳歌韻字——燕、弦、檐、簽、烟、鹽、片、邊、麵、眠、綿、店、顚、點、
天、田、甜、錢、殿、憐、連、蓮、臉、肩、堅、間、見、年、
錢、姓、前、全、尖、煎、先、鮮。

(韻一七)iøy——國音的ㄧㄡ；《廣韻》的尤、侯、幽、有、厚、黝、宥、
候、幼。

吳歌韻字——丘、休、牛、油、有、游。

(韻一八)iaə——國音的ㄠ、ㄧㄠ；《廣韻》的蕭、宵、篠、小、嘯、笑。

吳歌韻字——腰、要、邀、飄、票、嫖、嬝、鳥、刁、跳、挑、條、了、撈
(豪)、寥、叫、蹺、瞧、俏、笑、宵、轎、橋、焦、小、
搖、遙。

(韻一九) yœ——國音的ㄩㄢ；《廣韻》的元、先、仙、阮、銑、獮、
願、線。

吳歌韻字——圈、圓、院。

(韻二〇)øy——國音的ㄨ、ㄡ；《廣韻》的尤、侯、幽、有、厚、黝、宥、
候、幼。

吳歌韻字——浮、鬮、丟、豆、頭、漏、樓、流、狗、句、鉤、口、修、羞、酒、秋、綢、手、舟、愁。

(韻二一)aə——國音的ㄠ；《廣韻》的蕭、宵、肴、豪、篠、小、巧、皓、嘯、笑、效、號。

吳歌韻字——飽、爆、寶、泡、袍、跑、冒、帽、刀、到、桃、淘、陶、牢、癆、高、糕、好、豪、朝、燒、早、罩、嫂、梢。

(韻二二)uah——國音的ㄨㄚ；《廣韻》的曷、黠。

吳歌韻字——豁、刮。

(韻二三)oh——國音的ㄨ、ㄛ、ㄠ、ㄩㄛ；《廣韻》的屋、沃、覺、藥。

吳歌韻字——燶(平豪叶篤)、篤、綠、六、閣、殼、哭、學(賴學)、鑊、熟。

(韻二四)ɒh——國音的ㄜ、ㄨ、ㄛ；《廣韻》的陌、藥。

吳歌韻字——白、隔、客、宅、著。

(韻二五)əh——國音的ㄜ、ㄨ、ㄛ、ㄨㄚ；《廣韻》的質、曷、緝、合(箇)。

吳歌韻字——脫、個(啥個)、鴿、出。

(韻二六)ioh——國音的ㄨ、ㄩ；《廣韻》的屋、覺。

吳歌韻字——肉、學(大學)。

(韻二七)ɥɒh——國音的ㄛ；《廣韻》的藥。

吳歌韻字——脚。

(韻二八)ieh——國音的ㄧ；《廣韻》的物、屑、錫。

吳歌韻字——吃、滴、擷。

(韻二九)ah——國音的ㄚ；《廣韻》的月、曷、黠、合、葉、洽。

吳歌韻字——髮、法、踏、辣、鴨、插、殺。

(韻三〇)uɑŋ——國音的ㄨㄤ；《廣韻》的陽、唐、養、蕩、漾、宕。

吳歌韻字——光、汪、王、黃、鑛、徨、黃(蛋黃)、慌。

(韻三一)oŋ——國音ㄥ、ㄨㄥ；《廣韻》的東、冬、鍾、董、腫、送、宋、用。

吳歌韻字——風、逢、東、通、洞、童、桶、籠、龍、隆、公、貢、功、工、空、嗡、翁、紅、鬨、充、葱、聰、蟲、重、從、中、終、送。

(韻三二)ɔŋ——國音的ㄤ、ㄥ、ㄧㄤ、ㄨㄤ、ㄧㄥ；《廣韻》的江、陽、唐、庚、耕、清、蒸、登、講、養、蕩、梗、耿、静、拯、等、絳、漾、宕、映、諍、勁、證、嶝。

吳歌韻字——幫、膀、蚌、旁、厐、龐、房、放、方、枋、妨、亡、忘、忙、網、氓、湯、蕩、糖、堂、膛、擋、噹、當、黨、瞪、上（在上，讀分聲）、郎、缸、剛、槓、江、康、行、牀、狀、尚、藏、上（上山，動詞）、妝、裝、孀、霜。

（韻三三）ioŋ——國音的ㄩㄥ；《廣韻》的東、冬、鍾、董、腫、送、宋、用。

吳歌韻字——窮、穹、胸、雄、庸、容、蓉、用、榮。

（韻三四）iɔŋ——國音的ㄧㄤ；《廣韻》的江、講、絳。

吳歌韻字——腔。

（韻三五）iaŋ——國音的ㄧㄤ；《廣韻》的陽、唐、養、蕩、漾、宕。

吳歌韻字——秧、鴦、殃、娘、亮、涼、糧、薑、姜、強、娘（姑母）、香、鄉、響、醬、槍、相、鑲、廂、陽、楊、洋。

（韻三六）aŋ——國音的ㄤ、ㄥ；《廣韻》的陽、唐、庚、耕、清、蒸、登、養、蕩、梗、耿、静、拯、等、漾、宕、映、諍、勁、證、嶝。

吳歌韻字——聲、綳、浜、更、鶊、長、仗、腸、裳、上、傷、商、張、章、帳、撐、生、甥。

（韻三七）uən——國音的ㄨㄣ；《廣韻》的元、魂、痕、阮、混、很、願、恩、恨。

吳歌韻字——棍、董、昏、婚、魂。

（韻三八）ən——國音的ㄣ、ㄥ、ㄨㄥ；《廣韻》的真、諄、臻、文、元、魂、痕、庚、耕、清、青、蒸、登、侵、軫、準、吻、阮、混、很、梗、耿、静、迥、拯、等、寢、震、稕、問、願、恩、恨、映、諍、勁、徑、證、沁。

吳歌韻字——盆、門、悶、粉、甑、燈、凳、嶝、騰、能、根、真、珍、辰、成、神、沈、升、身、僧、恩。

（韻三九）in——國音的ㄧㄣ、ㄧㄥ；《廣韻》的真、臻、文、先、仙、庚、耕、清、青、蒸、登、侵、軫、準、吻、阮、獮、梗、耿、静、迥、拯、等、寑、震、稕、問、霰、線、映、諍、勁、徑、證、嶝、沁。

吳歌韻字——餅、冰、明、名、釘、聽、廳、庭、蜓、鈴、淋、鄰、鱗、經、巾、筋、景、今、輕、琴、人、興、情、精、晶、晴、親、青、清、星、心、蜻、新、蠅、鸚、鶯、音。

(韻四〇) yən——國音的ㄩㄣ;《廣韻》的文、吻、問。

吳歌韻字——君、裙。

前面四十個吳音韻母與國音韻母比較,除去國音中ㄝ一韻沒有發現吳音讀做什麼,其餘同異的情形如下:

(1) 國音ㄧ(i);吳音同,入聲作 ieh。

(2) 國音ㄨ(u);吳音同,又讀爲:y、ᵃu、z̩ᵒ、øy;入聲作 oh、əh、ioh。

(3) 國音ㄩ(y);吳音同。

(4) 國音ㄚ(a);吳音讀爲:ɒ、o、ɛ、ᵃu;入聲作 ah。

(5) 國音ㄛ(o);吳音讀爲:ᵃu;入聲作 oh、əh。

(6) 國音ㄜ(ɔ);吳音讀爲:ᵃu;入聲作 ah。

(7) 國音ㄝ(e);吳音讀爲:ɛ、ie。

(8) 國音ㄞ(ai);吳音讀爲:ɒ、ɛ。

(9) 國音ㄟ(ei);吳音讀爲:i、ɛ。

(10) 國音ㄠ(ɑu);吳音讀爲:aə、iaə;入聲作 oh。

(11) 國音ㄡ(ou);吳音讀爲:øy。

(12) 國音ㄢ(an);吳音讀爲:ɛ、œ。

(13) 國音ㄣ(ən);吳音同。

(14) 國音ㄤ(ɑŋ);吳音讀爲:aŋ、ɔŋ。

(15) 國音ㄥ(ʌŋ);吳音讀爲:oŋ、ɔŋ、aŋ、ne̊。

(16) 國音ㄦ(ər);吳音讀爲:ɹ̃、i。

(17) 國音ㄖ'(ʒʳ);吳音讀爲:z̩ᵒ、z̩。(ㄖʳ 即 Lundell 式的 ʅ。)

(18) 國音ㄙ'ʳ(z̩ʳ);吳音同,又讀爲:z̩ᵒ。(ㄙ'ʳ 即 Lundell 式的 ɿ。)

(19) 國音丨ㄚ(ia);吳音讀爲:o、ɒ。
(20) 國音丨ㄛ(io);吳音入聲作 iɒh。
(21) 國音丨ㄝ(ie);吳音讀爲(?)。
(22) 國音丨ㄞ(iai);吳音讀爲:ε、ɒ、iε。(此未舉例推想如是)
(23) 國音丨ㄠ(iɑu);吳音讀爲:iəɵ。
(24) 國音丨ㄡ(iou);吳音讀爲:iøy。
(25) 國音丨ㄢ(iεn);吳音讀爲:ε、ie。
(26) 國音丨ㄣ(in);吳音同。
(27) 國音丨ㄤ(iaŋ);吳音讀爲:iɑŋ、ɔŋ、iɔŋ。
(28) 國音丨ㄥ(iŋ);吳音讀爲:in、ɔŋ。
(29) 國音ㄨㄚ(ua);吳音讀爲:o。
(30) 國音ㄨㄛ(uo);吳音讀爲:o、ᵊu;入聲作 uah、ɒh、əh。
(31) 國音ㄨㄞ(uai);吳音讀爲:ua。
(32) 國音ㄨㄟ(uei);吳音讀爲:i、ε、uε。
(33) 國音ㄨㄢ(uan);吳音讀爲:ε、œ、uɔ。
(34) 國音ㄨㄣ(uen);吳音同,又讀爲:ən。
(35) 國音ㄨㄤ(uaŋ);吳音同,又讀爲:ɔŋ、uɔŋ。
(36) 國音ㄨㄥ(uŋ);吳音讀爲:oŋ。
(37) 國音ㄩㄛ(yo);吳音入聲作:oh、ioh。
(38) 國音ㄩㄝ(ye);吳音入聲作(?)(推測起來可以知道這是 yeh。)
(39) 國音ㄩㄢ(yεn);吳音讀爲:yœ。
(40) 國音ㄩㄣ(yn);吳音讀爲:yən。
(41) 國音ㄩㄥ(yuŋ);吳音讀爲:ioŋ。

綜合國音與吳音韻母不同之點,我們可以歸納成兩個大類:一類是"此有彼無";一類是"此爲甲彼爲乙"。這兩類是變異的方法。仔細分開,每一類又有幾種:

(A) 此有彼無的。

    a. 國音附聲,吳音不附;

        (1) 國音附 n,吳音不附,如 iεn→ie, an→ε、œ, yen→yœ。

b. 國音復韻，吳音增減其音素之一；
　(2) 少首一音素，如 uo→o, ia→ɒ, ei→i。
　(3) 多中一音素，如 yn→yen。
　(4) 少尾一音素，如 ai→ɒ, uo→ᵉu。
(B) 此爲甲彼爲乙的。
c. 國音所附之聲，吳音不與之同；
　(5) 國音 ŋ，吳音 n，如 ʌŋ→ən, iŋ→in。
d. 國音韻呼吳音不與之同；
　(6) 國音合口，吳音開口，如 uan→œ, uən→ne, uaŋ→ɔŋ。
　(7) 國音齊齒吳音開口，如 iŋ→ɔŋ, ie→ɒ, iaŋ→ɔŋ。
　(8) 國音開口，吳音齊齒，如 e→ie, ɑu→iaə。
　(9) 國音圓唇，吳音不圓唇，如 yuŋ→ioŋ。
　(10) 國音不圓唇，吳音圓唇，如 ɑ→o, u→ẓ°, z→ẓ°, ɜ→ẓ°, ʌŋ→oŋ。
e. 吳音韻的發音部位狀態與國音不同：
　(11) 國音舌前，吳音舌後，如 ie→ɒ。
　(12) 國音舌後，吳音舌前，如 ɑ→ɛ, u→øy, ou→øy。
　(13) 國音舌降，吳音舌升，如 a→ᵊu, o→ᵊu, e→ɛ, ɑŋ→əŋ。
　(14) 國音舌升，吳音舌降，如 u→øy, uŋ→oŋ。
f. (15) 吳音存古，與國音異，如國音之 ər 乃十三世紀頃新變之音，古音則爲 i，今吳音讀國音之 ər 尚有作 i。
g. 吳音全韻的音素與國音不同；
　(16) 國音兩音素，吳音發成一音，此音之部位在兩音素之間，ai→ɛ, ei→ɛ, uɒ→o, iɑ→o。
　(17) 國音之甲音拚合乙音，吳音讀成另一音，au→aə, ɑn→œ，這些吳音與國音歧異的所以然，我們可以找出下列幾種原因：

(1) 受聲母的影響；
(2) 多舌前韻和升韻；
(3) 受語音柔軟的影響；
(4) 部位相近的音省而不發,和先後部位太遠懶而不發。

這四條,除去第三條,其餘不外一條總則:"圖簡易而合於習慣"!這是橫的方面將吳音與國音比較起來看的;但是我們有一點非常困難:究竟國音從吳音裏變出的呢？還是吳音從國音裏變出來的呢？這個縱方面的問題便不是上面的記錄可以解答的了,也不是一時可以鹵莽滅裂而決定的。雖然我也曾經將上面記錄的結果和 karlgron 研究的《切韻》的音（就是《廣韻》的音）對照了一下。這個對照的工作,却也有相當的結果。

《廣韻》	（karlgron 音）	（吳　　　音）
歌戈	ɑ、uɑ。	u、ᵊu。
麻	a、ia、ᵘa、jᵢᵘa。	o、ɒ、ɛ。①
哈灰	ai、uai。	ɛ、uɛ。
泰	āi、uāi。	u、ɒ、ɛ ᵊu。
皆佳	ai、āi、ᵘāi、ᵘai。	ɒ、ɛ、uɒ。
祭	jiæi、jᵢᵘæi。	i、ɛ。
廢	jᵢᵘʌi。	ɛ。
齊	iei、iᵘei。	i。

這幾個韻裏,我們可以這樣說:《廣韻》時代的收 i 的複韻,吳音多已經不這樣發音了。他們把 i 消失了,讀成單韻;這個單韻也多受舌前韻的條件支配,而是 ɛ 或 i 的多。在這個變化裏是差不多有規律的,故 ɑi 變 ɛ,uɑi 就變做 uɛ；ai 變 ɑ,uai 就變做 uɑ。ai 變 ɑ,大概是只截去收韻的 i。去聲泰變成 u、ɑ、ɛ、ᵊu 四讀,大概還

---

① 這裏我們看到歌、戈與麻,吳音截然不同；而歌、戈並非古音,不讀 a 了。根據吳音多舌前韻的條件,我們可以知道他們是從舌後變到舌前來的。但是吳音的 ɑ 還存留在麻裏頭,而麻韻大部分的音讀 o,却又是因為他們從舌後變向舌前去的關係。所以,我們可以知道吳音的麻,現在發音狀況之中實在是把古今音變的痕迹保存在那兒,他們的音比歌、戈要較古一點。

是從 ε、ɑ 兩個音讀遞變出來的；就是 āi 變做 ɑ 或 ε，又變了升韻 u，u 前有ᵓ的乃是受語音柔軟的影響所致。

覃談	am(ām)。	ε、œ。
咸銜	am(ām)。	ε、ie。
鹽	jiæm。	ie。
嚴凡	jiʌm、jiᵘʌm。	ε。
添	iem。	ie。

《廣韻》附 m 聲的韻，現在只存留在粵音、閩音，這是事實；所以吳音收 m 的韻便沒有了。添韻很明顯的看到，一個讀 iem，一個就只讀 ie；其餘覃、談若去掉 m 讀 ɑ，是依變化條理應該如此，大約又受了舌後變向舌前的條件讀做 ε，或爲 œ（ε 圓唇）。鹽韻的 æ，因爲吳音中不發就變了他最便於發的 e；嚴、凡的 ʌ 也是一樣。

寒桓	ɑn、uɑn。	ε、œ、uœ。
山刪	an、ᵘan(ān、ᵘān)。	ε、uε、ie。
仙	jiæn、jiᵘæn。	œ、ie、yœ、in。
元	jiʌn、jiᵘʌn。	œ、uœ、yœ、ən、uən。
先	ien、iᵘen。	œ、ie、yœ、in。

這與上面收 m 的韻一樣的，吳音裏收 n 的韻，除去在舌前的 i 和中間的 ə 後面而外，他們全都不發了。這一方面是附聲韻古今音的變化中一個最極端的例，一方面也是因爲方音裏的特別習慣，把繁難的拼音簡單化了（舌後的 ɑ 後面拚舌尖鼻聲 n，舌頭的運動不能不算應接不暇了）；這種現象，也許將來的中國音都會改變到和他一樣的。例如北京的"三（san）"説成 sa，"兩（liaŋ）"説成 lia；我們如皋說凡是張開的"張"音"tza"，"怎麼樣"的"怎麼"合爲 tzen，"樣"說做 ŋa；南通說"暫時"爲"tzaɪ"，他們"暫"實在是讀"tzɔŋ"，"險些兒"本讀"çien çia əɪ"，他們說話就變做"çia xuɪ"。

| 唐 | ɑŋ、ᵘɑŋ。 | ɒŋ、ɔŋ、iɒŋ、uɒŋ。 |
| 江 | ɔŋ。 | ɔŋ、iɔŋ。 |

陽　　　　　iaŋ、iᵘaŋ。　　　　ɒŋ、ɔŋ、iɔŋ、uɔŋ。

江韻與《廣韻》無大變化，不過有了齊齒的 iɔŋ。陽、唐却變了一部分爲 ɔŋ。看陽、唐裹，吳音 uɔŋ、ɔŋ 配得好好的，也許江、陽、唐，《廣韻》原是有分別。不過吳音照例由降變升，就自 ɑŋ 變成 ɔŋ；同時在 ɑŋ 和 aŋ 往 ɔŋ 的中途，又變出 ɒŋ 來。

豪　　　　　ɑu。　　　　　　aə̀。
肴　　　　　au。　　　　　　aə̀。
宵　　　　　jiæu。　　　　　aə̀、iaə̀。
蕭　　　　　ieu。　　　　　　aə̀、iaə̀。

這一部分的韻，把 ɑ、æ、e 全變做了 a；u 在 a 後，發音部位前後距離太遠，他們就懶得發，只變換舌頭的位置到 ə 的狀態而發成 aə̀ 的音了。

深（侵）　　jiəm。　　　　　ən、in。

寒、桓韻底下，我們已經説過了，大概吳音附舌尖聲的韻緊前面的韻母也是舌前韻。這一韻只是把《廣韻》的附 m 變成附 n，無多大變化。

痕魂　　　　ən、uĕn。　　　　ən、uən。
真諄（臻）　jiĕn、jiuĕn。　　 ən、in。
欣文　　　　jiĕn、jiuən。　　 ən、in、yən。

痕、魂與《廣韻》同。真諄（臻）沒有了合口呼。欣文多變出開口來了。

登蒸　　　　əŋ、ᵘəŋ、jiəŋ。　　in、en、ɒŋ、ɔŋ。
耕庚　　　　ʌŋ、ᵘʌŋ、jiʌŋ。　　in、ən、ne、ɒŋ、ɔŋ。
清　　　　　jiæŋ、jiᵘæŋ。　　　in、ɒŋ、ɔŋ。
青　　　　　ieŋ、iᵘeŋ。　　　　in、ən。

吳音附舌尖聲的韻之前無發降韻的；反之，附舌後聲的韻之前也就沒有發升韻的。所以，《廣韻》的 əŋ、ᵘəŋ、jiəŋ、ʌŋ、ᵘʌŋ、jiʌŋ、jiæŋ、jiᵘæŋ、ieŋ、iᵘeŋ 全把 ŋ 變做 n，讀作 ən 和 in 了。那不變做 n 的，便把前面的韻母來將就 ŋ，變降了一點，讀作 ɔŋ 和 ɒŋ，與江、陽、唐相同去了。變成 ən、in 的和痕、魂、真、諄、欣、文相同。於是

《廣韻》的江、陽、唐和登、蒸、耕、庚、清之一部分,在吳音裏成爲一韻;《廣韻》的痕、魂、真、諄、欣、文和仙、元、先、登、蒸、耕、唐、清之一部分及深(侵)、青,在吳音裏成爲一韻。

侯尤幽　　　əu、jiəu、iəu。　　　øY、iøY。

吳音把《廣韻》時代的 u 變做圓唇的 y;y 較 u 爲前,與 ə 的部位不相近,難於拚合,又加語音柔軟的影響,ə 就變做圓唇的 ø,而發 øY。

微　　jei、juei。　　　　　i、ɛ。
脂　　ji、jui。　　　　　　i、z̩ʮ、ɛ。
支　　jie̜、juie̜。　　　　　i、z̩、z̩ʮ、ɛ、ue、e͡u。
之　　ji。　　　　　　　　i、ɛ、ue。

這部分的韻與咍、灰……部分的韻一例;而支裏變化的最複雜。因爲 ai、ei、ie 複韻和附聲韻-n、-m 的變化,於是《廣韻》的咍、灰、皆、佳、泰、祭、廢與微、脂、支、之及覃、談、咸、銜、鹽、嚴、凡、添、寒、桓、山、删、仙、先在吳音中便分別的同作 ɛ、e、uɛ、ie 韻;《廣韻》的齊、祭、廢與微、脂、支、之同在吳音作 i 韻。

模　　uo　　　　　　　　u、ᵊu。
魚　　jiuo　　　　　　　　u、ᵊu、y、z̩ʮ。
虞　　jiu　　　　　　　　u、y、z̩ʮ。

模、魚、虞部分的韻,吳音已不是《廣韻》之舊,變成後起的 y 韻了。在 y 之先的變化當是 u,現在全還有 u 音;u 便和歌、戈的新音相同,於是歌、戈、魚、模、虞成爲一韻。歌、戈和魚、模同受語音柔軟的影響又讀成 ᵊu。泰韻因爲複韻的變化,有的與歌、戈的《廣韻》音近作 ɒ,連帶的也變成了 u、ᵊu;與魚、模、虞就相同了。魚、模、虞既成了 y,那近於 jiuo、jiu 的 jiæ、ʌi、ei、euə 和 ie 便變出圓唇音來。y 向中緊點,便成了 z̩ᴛ 的圓唇 z̩ᴛʮ,大約 z̩ᴛʮ 總要比 y 還要後起。這 z̩ᴛ、z̩ᴛʮ、y 受聲母變化的影響很大。

東　　uŋ、jiuŋ。　　　　　oŋ、ioŋ。
冬　　uoŋ。　　　　　　　oŋ、ioŋ。
鍾　　jiuoŋ。　　　　　　oŋ、ioŋ。

東、冬、鍾，吳音與《廣韻》音已不同，全無分別。因爲吳音沒 uo 的複合的合口音，所以東、冬、鍾他們就不比《廣韻》音那樣合得厲害，讀成 uŋ 或 uoŋ，而變成 oŋ 和 ioŋ，與《廣韻》鍾相近。①

從《廣韻》音與吳音對照，已經把平聲（上去賅括在内）的情形寫在上面了；還有入聲韻沒有談到。我們知道閩、粵有《廣韻》的入聲音保存着，配在陽聲韻下面：凡收 ŋ 的，入聲韻收 k；收 n 的，入聲韻收 t；收 m 的，入聲韻收 p。這是因爲入聲本是最短促的，舌後阻的 ŋ（鼻聲故長）短促了自然成了他的塞聲 k；n、m 類推。但是江蘇音并不是陽聲韻的短促而收其塞聲，實在都收 h 去了。現在一共有整八個入聲韻：

ieh、ioh、oh、əh、iah、uah、ah、ɒh。

（《廣韻》配收 ŋ 的入聲韻）　（吳音配收 ŋ 的入聲韻）

屋　　uk。　　　　　　　oh、ioh。
沃燭　uok、iok。　　　　 oh。
覺　　ɔk。　　　　　　　oh、ioh。
藥鐸　ɑk、iɑk。　　　　　oh、ɑh、iah。
陌麥　ʌk。　　　　　　　ɒh。
昔　　iæk。　　　　　　 (ɒh)。
錫　　iek。　　　　　　　ieh。
職德　ək、iək。

東、冬、鍾、江、陽、唐入聲同爲 oh、ioh。

陽、唐、庚、耕、清入聲同爲 ɒh。æ，吳音沒有，所以清的平聲就是與庚相同的了，現在他也是 ɒh。

青的平聲是 ieŋ，入聲便是 ieh。

蒸、登平聲 əŋ、iəŋ，入聲變做 uəh。蒸、登、與、真、諄、欣、文收 n 的和深（浸）、覃、談等收 m 的，吳音變成一韻，所以依着他 ie、iə 變 əh 的條理而變做 əh 的合口 ueh。

---

① karlgron 的注音見《國學季刊》第一卷，第三號，《答 maspero 論切韻之音》譯文中；那裏面排顛倒了 u 和 n，ə 和 e 等等地方都改正了；只是他用的 w，我爲方便計全用 u 了。

(《廣韻》收 n 聲的入聲韻)　　（吳音配收 n 的入聲韻）

質術櫛	i̯ĕt、i̯uĕt。	əh。
物	iuət。	ieh。
迄	i̯ət。	(əh)。
月	iʌt、iuʌt。	ah。
没	ət、uət。	(əh)。
曷末	ɑt、uɑt。	ah、uah、əh。
點鎋	at、uat。	ah、uah。
屑薛	iet、iuet、i̯æt、i̯uæt。	ieh。

真、諄、臻、欣、元、寒、桓入聲同爲 əh、uəh；因爲平聲都是 i̯ĕ、i̯ə、ə 後附 n；寒、桓是 ɑ 後附 n；吳音 ɑn 變成 ɛ、e，所以也變成 əh、uəh 的入聲。

文、元、先、仙的 ɑn，吳音變做 œ，所以入聲就變做 yeh。

元、先、仙的 ɑn，吳音又變做 ie、iɛ，所以入聲就變成 ieh。

寒、桓、山、删平聲是 ɑn、an、uɑn、uan，元平聲是 iʌn、iuʌn，入聲吳音全讀成山、删的 ah、uah。

(《廣韻》收 m 聲的入聲韻)　　（吳音配收 m 的變聲韻）

緝	i̯əp。	əh。
合盍	ɑp(āp)。	ɔh、ah。
葉怗	iæp、iep。	ah。
洽狎	ap(āp)。	ah。
業乏	i̯ʌp、iu̯ʌp。	(ah、uah)。

侵、覃、談入聲同爲 əh，與上真、元、寒、桓例同；鹽、添、咸、銜與覃、談入聲同爲 ah，與上寒、桓、山、删例同；惟所附之聲爲 m 之分，吳音把 m 變成 n，而按 n 變化的條理變化。嚴、凡的入聲當與元 iʌ 的變化條理相同，故假定爲 ah、uah。①

---

①　凡假定之音都加括弧表明。這一片賬，現在總聲明一句，是一片浮算的，要等吳歌集出完，證明没有遺漏的例外或舛錯才能確定。這是個預算案，不是決算案！所以有些符號不過是臨時由疑古玄同、劉半農兩先生指導着假定的，非經過儀器的實驗怕總難全靠得住，但也大致不差了。

究竟吳音韻類受聲類的影響如何？我們在下段《吳歌聲類》裏去看吧！我總以爲韻類的變化複雜，他影響到聲類的比聲類影響到他的要重要而且多些；所以不依"先聲後韻"的次序，而首先把"韻類"寫出來，這應該交待明白的。

(三) 聲　類

吳音韻類已經有一個小結果，從韻的整理中，我們連帶整理出了他的聲類共有三十二個：

單聲二十五！　　h、ɦ、k、k'、g、ŋ、ɲ、ç、j、ɥ、s、z、s˚、z˚、t、t'、d、n、l、f、v、p、p'、b、m。

複聲七！　　　　cj、cç、ɟj、tz、ts、tz˚、ts˚。

聲(一)h——國音ㄏ、ㄒ。

　　吳歌字例——【曉紐】海、灰、豁、花、慌、葷、昏、婚、火、漢、蝦、好。
　　　　　　　└【匣紐】黃。

聲(二)ɦ——國音ㄏ、ㄒ、ㄨㄢ、ㄨㄤ、ㄞ。

　　吳歌字例——【匣紐】啣、學、鹹、行、紅、鑊、豪、黃、鐄、徨、餛、
　　　　　　　　　　　魂、完、換、核、何、蝦、湖、和、鬍。
　　　　　　　├【影紐】唉。
　　　　　　　└【喻紐】王。

聲(三)k——國音ㄍ、ㄐ。

　　吳歌字例——【見紐】狗、句、鉤、監、橄、蓋、龜、關、個(ㄜ韻)、
　　　　　　　　　　　鴿、隔、罐、觀、官、干、乾、瓜、果、閣、過、
　　　　　　　　　　　歌、哥、個(ㄨ韻)、高、糕、家、嫁、解、枷、
　　　　　　　　　　　乖、光、根、剛、槓、江、公、貢、功、工。
　　　　　　　└【匣紐】棍。

聲(四)k'——國音ㄎ。

　　吳歌字例——【溪紐】口、開、塊、筷、客、看、殼、哭、褲、苦、科、
　　　　　　　　　　　快、康、空。

聲(五)g——國音ㄎ、ㄏ。

  吳歌字例——【羣紐】狂。
       ├─【匣紐】闃。
       └─【方音字】甩。

聲(六)ŋ——國音ㄤ、ㄚ、ㄢ、ㄨ。

  吳歌字例——【疑紐】礙、眼、誤、吾、芽。

聲(七)ɲ——國音ㄖ、ㄋ、ㄏ、ㄤ。

  吳歌字例——【日紐】二、肉、人。
       ├─【泥紐】泥、年。
       ├─【娘紐】娘(母親)、娘(姑母)。
       └─【疑紐】疑、牛。

聲(八)ç——國音ㄒ。

  吳歌字例——【曉紐】戲、稀、吁、休、興、香、鄉、響、胸。

聲(九)j——國音ㄒ、ㄩㄥ、ㄩㄝ、ㄩㄝ、ㄠ、ㄢ、ㄡ、ㄧ。

  吳歌字例——【曉紐】擷。
       ├─【匣紐】學、弦。
       └─【喻紐】雄、庸、容、蓉、用、榮、陽、楊、洋、蠅、搖、遙、鹽、檐、簷、油、有、游、夷。

聲(一〇)ɥ——國音ㄩ、ㄩㄢ。

  吳歌字例——【喻紐】圓、院、餘。

聲(一一)s——國音ㄙ、ㄕ、ㄗ。

  吳歌字例——【心紐】西、細、絲、四、私、司、三、先、鮮、蘇、酥、小、嫂、笑、宵、修、羞、僧、星、心、新、鑲、相、送、廂。
       └─【審紐】師、蛳、屎、事、山、殺、梳、梢、生、甥、傷、商。

聲(一二)z——國音ㄔ、ㄕ、ㄙ、ㄘ、ㄓ。

吳歌字例──【澄紐】長、仗、腸、場、宅、茶。
　　　　　├【禪紐】裳、辰、成、市、尚、蛇。
　　　　　├【牀紐】神、牀、狀、熟、船、事、士、愁。
　　　　　├【從紐】情、才、材、財、錢(姓氏)、前、全、齊、藏、
　　　　　│　　　從、坐。
　　　　　└【邪紐】寺。

聲(一三)sʾ——國音ㄕ。

吳歌字例──【澄紐】沈。
　　　　　├【審紐】雙、霜、燒、書、水、手、升、身、扇。
　　　　　└【方音字】啥。

聲(一四)zʾ——國音ㄔ,ㄕ,ㄓ。

吳歌字例──【澄紐】蟲、重、纏、傳、朝、綢。
　　　　　└【禪紐】樹。

聲(一五)t——國音ㄉ、ㄋ。

吳歌字例──【端紐】滴、底、鬪、丟、對、擔、堆、店、顛、點、篤、
　　　　　│　　　都、多、島、刁、刀、到、燈、凳、釘、擋、噹、
　　　　　│　　　當、黨、東、朵。
　　　　　├【泥紐】鳥。
　　　　　└【方音字】燶。

聲(一六)tʻ——國音ㄊ。

吳歌字例──【透紐】胎、天、脫、探、跳、挑、湯、吞、聽、廳、通。

聲(一七)d——國音ㄊ,ㄉ,ㄔ。

吳歌字例──【定紐】啼、地、提、豆、頭、田、甜、殿、斷、段、踏、
　　　　　　　　　大(ㄨ韻)、駝、陀、渡、條、桃、淘、陶、
　　　　　　　　　大(ㄚ韻)、蕩、糖、堂、膛、飩、騰、庭、

　　　　　　　├【端紐】殿。
　　　　　　　├【透紐】桶。
　　　　　　　└【從紐】錢（銅錢）。

聲（一八）n——國音ㄋ、ㄐ、ㄗ。

　　吳歌字例——┬【泥紐】難、囡、能。
　　　　　　　├【見紐】囝。
　　　　　　　└【方音字】倷。

聲（一九）l——國音ㄌ、ㄖ、ㄗ。

　　吳歌字例——┬【來紐】俚、梨、裏、李、籬、離、漏、樓、流、籃、來、
　　　　　　　│　　　　憐、蓮、連、臉、辣、綠、六、鑪、路、騾、籮、
　　　　　　　│　　　　羅、了、撈、寥、牢、痨、賴、鈴、淋、鄰、鱗、
　　　　　　　│　　　　郎、亮、凉、糧、籠、龍、隆。
　　　　　　　├【襌紐】上（在上）。
　　　　　　　└【從紐】在（在上）。

聲（二〇）f——國音ㄈ。

　　吳歌字例——┬【非紐】飛、非、法、髮、夫、粉、放、枋、方、風。
　　　　　　　├【敷紐】霏、妨。
　　　　　　　└【拚音字】罉、𡢃。

聲（二一）v——國音ㄈ、ㄨ、ㄨㄟ。

　　吳歌字例——┬【奉紐】浮、飯、婦、房、逢。
　　　　　　　└【微紐】微、亡、忘。

聲（二二）p——國音ㄅ、ㄆ。

　　吳歌字例——┬【幫紐】杯、背、半、巴、布、飽、爆（爆仗）、寶、擺、
　　　　　　　│　　　　幫、板、邊、餅、冰、浜。
　　　　　　　└【並紐】瓣。

聲(二三)p'──國音ㄆ、ㄅ。

　　吳歌字例──【滂紐】屁、坏、攀、片、飄、泡。
　　　　　　　└【並紐】票、膀。

聲(二四)b──國音ㄆ。

　　吳歌字例──【並紐】皴、皮、被、爬、陪、婆、袍、牌、盆、綳、蚌、
　　　　　　　　　　　旁、龐、跑。
　　　　　　　├【滂紐】嫖、鰟。
　　　　　　　└【明紐】庬。

聲(二五)m──國音ㄇ、ㄧ、ㄨㄟ、ㄨㄤ。

　　吳歌字例──【明紐】米、彌、媒、麵、眠、綿、媽、螞、蟆、麻、冒、
　　　　　　　　　　　帽、賣、忙、岷、門、明、名、迷。
　　　　　　　├【微紐】微、網。
　　　　　　　└【疑紐】蟻。

聲(二六)cj──國音ㄐ。

　　吳歌字例──【見紐】鷄、機、肩、堅、間、見、叫、君、經、巾、筋、
　　　　　　　　　　　景、今、薑、姜、脚。①

聲(二七)cç──國音ㄑ。

　　吳歌字例──【溪紐】去、氣、欺、丘、吃、蹺、輕、腔、穿。
　　　　　　　└【羣紐】圈。

聲(二八)ɟj──國音ㄑ。

　　吳歌字例──【羣紐】裙、及、奇、期、琴、強、橋、轎。

聲(二九)tz──國音ㄗ，ㄓ。

　　吳歌字例──【精紐】子、哉、尖、煎、焦、早、精、品、睛、醬、酒、

---

① 這一類的複母發音狀態很難斷定，又好像是單單一個塞聲。我們暫時假定的這樣註音覺較近似。下面(二七)(二八)同。

做。
　　├【從紐】嚌。
　　├【照紐】嚌、舟、蘸、債、妝、裝、章、終。
　　└【知紐】罩、張、帳、中、長。

聲(三〇)ts——國音ㄘ、ㄐ。

吳歌字例──┬【清紐】槍、親、青、清、槎、菜、妻、淒、秋、俏、葱、
　　　　　　　聰、竄、刺、雌、此、次、崔、猜、采、菜。
　　　　　├【穿紐】楚、車(ㄚ韻)、插、攙、釵、充。
　　　　　├【徹紐】撐。
　　　　　└【方音字】瞧。

聲(三一)tzˊ——國音ㄓ、ㄗ。

吳歌字例──┬【照紐】主、脂、珠、朱。
　　　　　├【知紐】豬、知、轉、貞、珍、著、朝。
　　　　　└【精紐】嘴。

聲(三二)tsˊ——國音ㄔ、ㄘ。

吳歌字例──┬【穿紐】吹、齒、處、臭、醜。
　　　　　└【徹紐】寵、恥、癡、抽、丑。

吳歌與國音的聲異同如次：

(1) 國音ㄏ；吳音分 h、ɦ、g 三紐,當舊母曉、匣二紐。
(2) 國音ㄒ；吳音分 h、ɦ、ç、j 四紐,當舊母曉、匣、喻三紐。
(3) 國音ㄍ；吳音 k,當舊母見、匣二紐。
(4) 國音ㄐ；吳音分 k、n、cj 三紐,當舊母見紐。
(5) 國音ㄎ；吳音 kʻ、g 二紐,當舊母溪、羣二紐。
(6) 國音ㄫ；吳音 ŋ,當舊母疑紐。
(7) 國音ㄖ；吳音 ɲ,當舊母日紐。
(8) 國音ㄋ；吳音分 ɲ、t、n 三紐,當舊母泥紐。
(9) 國音广；吳音 ɲ,當舊母疑、娘二紐。

(10) 國音ㄙ;吳音分 s、z 二組,當舊母心、邪二組。

(11) 國音ㄕ;吳音分 s、z、sº、zº、l 五組,當舊母審、澄、禪、牀四組。

(12) 國音ㄗ;吳音分 s、n、l、tz、tzº 五組,當舊母精、見、從、照、知五組。

(13) 國音ㄔ;吳音分 z、zº、ts、tzº 四組,當舊母澄、禪、牀、穿、徹五組。

(14) 國音ㄘ;吳音分 z、d、ts、tzº 四組,當舊母澄、牀、從、清、穿、徹六組。

(15) 國音ㄓ;吳音分 z、zº、tz、tzº 四組,當舊母澄、禪、照、知、四組。

(16) 國音ㄉ;吳音分 t、d 二組,當舊母端、定二組。

(17) 國音ㄊ;吳音分 tº、d 二組,當舊母透、定二組。

(18) 國音ㄌ;吳音 l,當舊母來紐。

(19) 國音ㄈ;吳音分 f、v 二組,當舊母非、敷、奉三組。

(20) 國音ㄅ;吳音分 p、pʻ 二組,當舊母幫、並二組。

(21) 國音ㄆ,吳音分 p、pʻ、b 三組,當舊母幫、滂、並、明四組。

(22) 國音ㄇ;吳音 m,當舊母明、微二組。

(23) 國音ㄑ;吳音分 cç、ɟj 二組,當舊母溪、羣二組。

(24) 國音爲韻,吳音爲聲的有——

國音ㄨㄢ,吳音ɦ;國音ㄧㄥ,吳音 ŋ、j;國音ㄩㄢ,吳音 ɥ。

國音ㄩㄥ,吳音 j;國音ㄧㄥ,吳音 j。

國音ㄧㄣ,吳音 j;國音ㄨㄤ,吳音 ɦ、m。

國音ㄧㄚ,吳音 ŋ。

國音ㄧㄠ,吳音 j。

國音ㄧㄡ,吳音 j。

國音ㄨㄟ,吳音 m、v。

國音ㄞ,吳音 ɦ。

國音丨,吳音 j、m。

國音ㄩ,吳音 ɥ。

國音ㄨ,吳音 v。

國音ㄫ,吳音 ŋ。

——這多半當舊母影、喻二紐,和疑、日、微三紐。

細看吳音與國音的異同與舊日三十六母(或四十一母)比較,就有幾條很明顯的條例。

(1) 塞聲及通聲,吳音有濁聲。

(2) 吳音無翹舌葉聲,及舌上聲,此類多變平舌葉或平舌葉之圓唇聲。

(3) 吳音濁聲有一部分讀做清聲濁流。

(4) 吳音"見、溪、羣"讀 k、k°、g 的字,是開合兩呼;讀 cj、cç、ɉj 的字,是齊撮兩呼。

(5) 吳音"疑"讀 ŋ 的字,是開合兩呼;讀 ɲ 的字,是齊齒呼。

(6) 吳音"泥"讀 n 的字,是開合兩呼;讀 ɲ 的字,是齊齒呼。

(7) 吳音"非、敷"同讀 f,"奉、微"同讀 v,與劉半農先生三十六母排列法所擬"非、敷"同為清音,"奉、微"同為濁音相同;而劉氏以為"非、奉"為唇齒,"敷、微"為兩唇,吳音則皆係唇齒阻。(劉說見《國學季刊》第一卷第三號。)

(8) 吳音"娘、日"均讀作 ɲ,皆為齊齒呼。

(9) 吳音"曉、匣"在開合兩呼讀 h、ɦ,齊撮兩呼讀 j、ɥ;有些齊撮讀入開合。

(10) 吳音"喻"在齊齒讀 j(有變撮為齊者在內);撮唇讀 ɥ。

(11) 吳音"精、清"在開齊兩呼讀 tz、ts,撮唇讀 tz°、ts°;合口變入開撮。

(12) 吳音"照、穿"在開齊合三呼讀 tz、ts;撮唇讀 tz°、ts°。

(13) 吳音"知、徹"在開齊合撮四呼有讀 tz、ts 的,也有讀 tz°、ts° 的。

(14) 吳音"澄"在開合兩呼讀 z°,開口的大部分讀 z。

(15) 吳音"審、禪"在合口及開口一部分讀 s°、z°,齊撮及開口一部分讀 s、z。

(16) 吳音"心、斜"在開齊合三呼讀 s、z,撮皆變開。

(17) 吳音"從"在開齊合三呼讀 z,撮變開。

(18) 吳音"牀"在開合齊三呼讀 z,撮變齊。

至於特別的變讀就有:

(A) 在同樣部位的阻裏轉變的:如羣ɉj 聲中有讀做見 cj、溪 cç,並 b 聲中有讀做幫 p、滂 p',明 m 聲中有讀做並 b,泥 n 聲中有讀做端 t,從 z 聲中有讀做精 tz,澄 z° 聲中有讀做審 s°,精 tz 清 ts 聲中有讀做心 s,匣 ɦ 聲中有讀做見 k、羣 g。

(B) 在同樣程度的阻裏轉變的:如疑 ŋ、微 v 中有讀做明 m,禪 z'或 z 聲中有讀做來 l,從 z 聲中有讀做定 d。

(C) 在相近部位的阻裏轉變的:如

曉匣 hɦ 中有讀做喻 j。

喻 ʋj 中有讀做曉匣 ɦ。

(D) 特例:

見 k 或 ɉj 中有讀做泥 n。

從 z 中有讀做來 l。

(E) 影韻讀做曉匣 ɦ(c 的原則)。

關於知徹澄,照穿乘審禪,精清從心邪,莊初牀山讀音分別問題,有單獨提出來的必要,茲先分別排列如下:

精知莊	tz	清徹初	ts
從斜澄牀	z	心(澄)山	s
照知	tz°	穿徹	ts°
(乘)禪澄	z°	審澄	s°

因爲牀只有 z 無 z°,照穿乘審禪之乘只有 z° 無 z,所以知道照穿乘審禪中之 tz、ts、z、s 是莊初牀山一部分的併合,而照穿乘審禪是 tz°、ts°、z°、s°,因爲心邪只有 z、s 無 z°、s°,也可以知道精清中之 tz°、ts° 是照穿一部分的併合。知徹澄中之澄有 z'、s'二聲而僅一 z 無 s,是知徹澄下之 tz°、ts°、z°、s° 爲照穿乘審禪一部分的併合,而知徹澄之 t、t'、d 消滅爲 tz、ts、z。所以,這幾組的分別和併合可以表明在下面一個表裏。

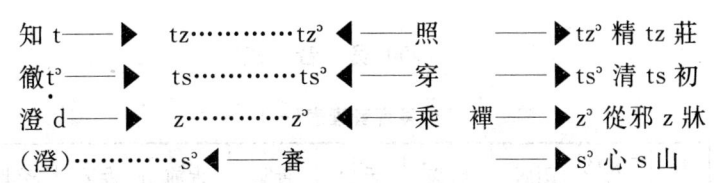

```
知 t ──▶ tz ············ tz· ◀── 照      ──▶ tz· 精 tz 莊
徹 tʻ ──▶ ts ············ tsʻ ◀── 穿      ──▶ tsʻ 清 ts 初
澄 d ──▶ z ············ zʻ ◀── 乘 禪    ──▶ zʻ 從邪 z 牀
(澄) ············ sʻ ◀── 審          ──▶ sʻ 心 s 山
```

至於莊初牀山與精清從心邪同是 tz、ts、z、s，到底什麼分別呢？大概吳音中間已無痕跡可找了。這完全以吳音做主體來分別的，與《廣韻》四十一紐排列的情形不同。疑古玄同先生排列《廣韻》這幾阻的字母如下，寫出好有個對照。

(1) 翹舌葉與硬顎前部阻　　照 tẓ　穿 tȿ　乘 dẓ　審 ɕ　禪 ʑ
(2) 翹舌葉與齒槽阻　　　　莊 tʂ　初 tʂ　牀 dʐ　山 s
(3) 平舌葉與齒齦阻　　　　精 tz　清 ts　從 dz　心 s　邪 z
(4) 舌尖與硬顎阻　　　　　知 t　徹 tʻ　澄 d

據我看來，吳音沒有翹舌葉聲，所以莊初牀山讀像精清從心邪，乃故翹舌葉爲平舌葉，自齒槽移向前面齒齦處成阻。照穿乘審禪讀像精清從心邪的圓唇，也是沒有翹舌葉聲，改做平舌葉而忽變其唇之狀態，舌亦自硬顎移前近齒了。凡吳聲均無舌葉舌尖抵硬顎阻的，所以知徹澄也依舌尖與最易成阻處相阻而讀爲 tz、ts、z。

這樣總看起來，吳音的聲的音素在口腔前部成阻的多，所以吳音的韻的音素也就是舌前韻和升韻多了。於是吳語便成了那一片嬌聲，全是舌頭前部的靈活和些舌前韻舌升韻和諧的"自來腔"。或者也可以說，因爲吳人多舌前和舌升的韻，聲也就多發舌尖舌前的。

關於方音部分還有"聲調"應該調查，關於方言方面還有"語法"應該整理，關於總研究的應該有吳民族沿革、風俗種種的調查，我們現在都沒談到，也實在是力量夠不上，只好待諸將來吧！底下就是一個總報告的結論。

(四) 吳 音 表

吳音音素表（一）

聲韻	口腔的部位	兩唇		唇齒		舌尖		舌葉		舌前		舌後		聲門	
	清濁	清	濁	清	濁	清	濁	清	濁	清	濁	清	濁	清	濁
聲	塞聲	p	b			t	d			c	ɟ	k	g		
	鼻聲		m				n				ɲ		ŋ		
	分聲						l								
	通聲			f	v			s sᶜ	z zᶜ	ç	jɥ			h	ɦ
韻	升韻	zzyu		v		rə		z	zᶜ	iy Y		u			
	半升韻	o								eø	ə	o			
	半降韻	œ ɔ								æ ɑ	ɜ	ɔ			
	降韻									a					

吳音聲母表（二）

聲的種類	阻的部位	阻的程度	清 濁		音標
單聲	聲門	通聲	清聲		h
			濁聲		ɦ
	舌後	塞聲	清聲	濁流	k
				清流	k‘
			濁聲		g
		鼻聲	濁聲		ŋ
複聲	舌前	c 與 j 的結合			cj
		c 與 ç 的結合			cç
		ɟ 與 j 的結合			ɟj
單聲	舌前	鼻聲	濁聲		ɲ
		通聲	清聲		ç
					ɥ
			濁聲		j

(續表)

聲的種類	阻的部位	阻的程度	清　　　濁		音　標
複聲	舌葉		t 與 z 的結合		tz
			t 與 s 的結合		ts
			t 與 z˚ 的結合		tz˚
			t 與 s˚ 的結合		ts˚
單聲		通聲	清　聲		s
					s˚
			濁　聲		z
					z˚
	舌尖	塞聲	清聲	濁　流	t
				清　流	t'
			濁　聲		d
		鼻聲	濁　聲		n
		分聲	濁　聲		l
	唇齒	通聲	清　聲		f
			濁　聲		v
	兩唇	塞聲	清聲	濁　流	p
				清　流	p'
			濁　聲		b
		鼻聲	濁　聲		m

吳音韻母表(三)

(1) 單韻

	舌的部位	兩唇及舌葉	兩唇及舌葉	唇齒	後	後	後	前	前	前	尖
單韻	舌的升降	升	升	升	升	半升	半降與降之間	升	升	半降	半降	升
	唇的圓否	不	圓	不	圓	圓	不	不	圓	不	圓	不
	音標	z̩	z̩˚	v̩	u	o	ɒ	i	y	ɛ	œ	ɹ

(2) 複韻

複韻	結合的音素	u+ɒ	u+ɛ	u+œ	ə+u	i+e	i+øy	i+aə	y+œ	o+Y	a+ə
	音標	uɒ	uɛ	uœ	ᵊu	ie	iøy	iaə	yœ	ØY	aə

(3) 附聲韻

附聲韻	結合的音素	單韻	o	ɒ	ə		a	o	ɔ			a	ə	i
		複韻	ua		io	iɒ	ie		uɒ		io	iɔ	ai	ua			yə
		附加的聲			h					ŋ				n	
		音標	uah	oh	ɒh	əh	ioh	iɒh	ieh	ah	uɒŋ	oŋ	ɔŋ	ioŋ	iɔŋ	iaŋ	aŋ	uaŋ	ən	in	yən

原載《國學週刊》1925 年第 10、11、12、13 期，
1926 年第 1、2 期。

唐宋兩系韻書體制之演變

——敦煌石室存殘五代刻本韻書跋

插圖説明①
(1) 甲本三之一
(2) 乙本一影
(3)(4) 丙本二影爲韻書原本之一全板
(5) 丁本子四之一
(6) 戊本子二之一
(7) 戊本丑一影
(8) 丁本丑《唐韻》二之一

一　論韻書體制沿革之原則與敦煌刻本韻書存殘之分定

敦煌石室存世書籍既散海外，其中韻書轉寫傳歸中土者凡四：王氏手寫石印三《切韻》殘卷，及劉氏《敦煌掇瑣》收刻王仁昫《刊謬補缺切韻》一種②。劉氏書尚未出。於王氏寫本跋語知：法人伯希和運去書中有五代刻本《切韻》，而英人斯坦因③所獲尤完善。今此十六葉攝影，即伯希和之所取以藏諸法巴黎國民圖書館者。吳縣蔣氏印行所藏唐寫本《唐韻》與秀水唐氏鈔寫故宮藏唐人寫王仁昫《刊謬補缺切韻》合於此，則唐代舊韻書存於今者實有七種。

總合七本，韻書沿革約略可述。茲先論此刻本，余曾手寫一

---

① 本篇篇首原有八張插圖，因其不清晰，且見於周祖謨《唐五代韻書集存》而刪去。圖(1)—(8)見於《集存》的頁數和影印件代號如下：(1)：743頁伯二〇一四，(2)：745頁伯二〇一五，(3)(4)：748頁伯二〇一五，(5)：752—753頁伯二〇一四，(6)：771頁伯二〇一五，(7)：772頁伯二〇一四，(8)：759頁伯二〇一四。
② 原卷子存巴黎國民圖書館，皆法人伯希和自敦煌石室中取去。
③ 斯坦因受英印督託入探中亞，首至敦煌，運去書卷歸英不列顛博物館。

過，辨之爲五種刻本。知者，(1)攝影十六葉，刻本字有大小二種，(2)每行以韻字正文字數計算，有行二十五字、二十四字、二十七字、三十字、二十九字五種不同，(3)韻目上標數字有刻寫兩種不同。依此三事定叙甲、乙、丙、丁、戊凡五本。

（一）甲本三影：
　　小字，行二十五字。
　　抄配寫本之一東殘葉與配寫二冬殘葉係一紙分攝二影。
　　十虞葉一影。

（二）乙本一影：
　　大字，行二十四字。
　　二冬、三鍾殘葉一影。

（三）丙本二影：
　　大字，行二十七字。
　　十三佳、十四皆、十五灰同列，始"䩉"終"詼"，兩影原係一紙。

（四）丁本七影：
　　[子]小字，行三十字，韻目數字刻板者。
　　卅一宣殘葉兩影原係一紙。
　　十八板殘葉一影，當與卅一宣葉相續①。
　　卅五豪殘葉一影，與十八板葉同是一刻板之二印本，故"苞"、"胞"行可相配接。
　　[丑]小字，行三十字，韻目數字手寫者。
　　五十一鹽一影。
　　廿四緩、廿五潸、廿六產、廿七銑同列一影。
　　[子丑疑]小字，行三十字，無韻目數字可考者。
　　始"枳"終"壐"一影，即廿八板殘葉。

（五）戊本三影：
　　[子]大字，行三十字，韻目數字手寫。
　　廿六洽、廿七狎、廿八葉、廿九怗同列，始"卅"終"協"，兩

---

① "十八"二字上尚有一數字剝蝕，姑以"十八"呼之。

影原係一紙。

〔丑〕大字,行二十九字,韻目數字手寫。

卅四德殘葉一影。

即此所見,吾人可推知與韻書沿革相關係之原則者三:

(一)最初寫韻者韻目數字非爲確定,韻次乃亦無絕對先後;蓋此刻本猶存目次刻寫兩種體例,五代去唐不遠,相沿成習,未嘗劃一也。更驗之王寫《切韻》殘卷第一種及蔣印唐韻,劉抄王仁昫《切韻》,一則每韻另行(王),一則另行而以別色筆寫韻目及數字(蔣、劉),皆足證信。

(二)自手寫卷子變而爲刻本,書籍形式當有一定制度,如卷子必有一定修廣也。韻書制度,於刻本初型,由此殘本可知者:

(1)裝訂爲"蝴蝶裝";

(2)每開之一面,凡三十四行,爲一"板",板數刻於每面之末;此"板"當今西書所謂"page",即書籍稱"葉"、"頁"之始誼,口語猶有言"頁"爲"板"者。

(三)寫韻者先後並出,所收文字各依己見隨意增減,一聲紐中重字疊見,互出不以爲非;蓋一字數義者便別視爲他文,後世字書以形爲綱,與此有殊。如甲本十虞有二"盰"字[按:當作"盱"]一注"盱眙縣名",一注"舉目使人";丙本十五灰有二"迴"字,一注"迴旋奸回又邪亂角姓",一注"迴還";皆以同音連列而異義分書者也。甲本抄配一東殘葉有二"㦪"字,一注"愸㦪",一注"衣袂";甲本配寫二冬殘葉及乙本二冬有二"㤨"字,一注"慮㤨樂",一注"帛㤨又布名",乙本三鍾有二"忪"字,一注"小□同□",一注"心動"。按:皆異字同音而俗書譌似者也[①]。惟甲本十虞"齫"、"鍋"二字兩見,似無分別,或刻本所據爲寫錄偶誤之本歟?

進而勘合別六種殘卷,得補充資料如次:

(一)王寫《切韻》第二、三兩種,劉抄王仁昫《切韻》,蔣印《唐

[①] 按刻本中從"衣"偏旁及從"巾"偏旁與從"忄"(心)偏旁極淆混,蓋當時書法體勢如此。訓"衣袂"字當作"㦪",訓"帛㤨"及"布名"字當作"㤨",訓"小襌"字當作"忪";今通行《古佚叢書》本《廣韻》已正,惟"㦪"字各本皆作"㦪",澤存堂本乃改定不誤。

韻》,皆於每卷之首列目次,韻中每類聲紐不加圈識,劉本或加圈識。今此刻本與王寫《切韻》第一種及唐寫王仁昫《切韻》相同,別有圈識。蓋最初錄韻者但寫文字,不書目次,不標紐類;閱讀者始用別筆大圈識韻,小點標紐。今刻本甲所寫配一東、二冬殘葉無點識而刻本有之,可證抄閱兩翻經手非一人同時為之也。今刻本甲本十虞,乙本二冬,可證大圈識韻,小點標紐。

（二）蔣印《唐韻》,劉抄王仁昫《切韻》皆別色標寫韻目及韻次。今刻本丁本丑及戊本皆同加韻次,而韻上大圈則又有加與不加之別。丁本丑單加韻次,戊本既加韻次,又著大圈。蓋刻韻本於寫韻,無圈點目次者較早,而有圈點目次者必後;其不刻目次而著圈識者,與目次圈識並刻者之先後變遞瞭然可辨矣。今此刻本丙本可示目次圈識並刻而未加別筆標明之面目,其甲本、乙本、丁本子三種為目次圈識並刻而又加別筆標明之狀況,戊本為刻圈識不刻目次而別加目次圈識之情形,丁本丑則又刻圈識不刻目次之別加目次圈識獨不加韻上大圈者也。

此雖屬於韻書制度之沿革,實攷訂十六葉殘刻攝影本子異同之扼要點。

設依前說條舉書例得明所謂五種刻本尚非辨析詳盡之見。仍用甲乙丙丁戊為別,列成下表:

原擬本名	甲	乙	丙	丁子	丁丑	丁疑	戊子	戊丑
影片數目	三	一	二	四	二	一	二	一
字體	小	大	大	小	小	小	大	大
每行字數	25	24	27	30	30	30	30	29
韻次	刻字	刻字	刻字	刻字	寫字	?	寫字	寫字
紐類	刻圈	刻圈	刻圈	刻圈	刻圈	刻圈	刻圈	刻圈
加標情形	別筆加標圈點	別筆加標圈點	不再用別筆加標	別筆加標圈點	別筆加標目次及紐類點子	別筆加標紐類點子目次無可考	別筆加標目次及圈點	別筆加標目次及圈點

故余所擬丁本爲兩本無可疑，戊本爲兩本或可疑，甲乙丙丁四本皆釐然不可混者；姑合可疑者而計之，實有六刻本。

所以，必稱此十六葉爲六刻本者，蓋唐世寫本韻書種類繁多，即同一主名之書內容亦不相同[1]，此十六葉發現情形無以示吾人信爲一本之確切報告，寧自書例瑣屑別定，不敢輒與以大一統之混括耳。此刻本所源舊本或同或異，當待後論；即確爲一本，而雕板之顯爲數刻尤未可泯忽也。

二　論韻書內容所收字數多寡不足定其先後與敦煌刻本韻書母本之系屬

余既自刻本書制略爲分定六本，不欲更復摸索六本之全書爲如干字。此基於前述原則（三）而取之態度也。

此諸刻本，一字數義者不以形蔽音，偏爲重見；同一聲紐且如此，則異紐又音更不厭詳可知。大抵唐代韻書傳隋本尚夥，法言《序》言："呂靜《韻集》、夏侯詠《韻略》、陽休之《韻略》、周思言《音韻》、李季節《音譜》、杜臺卿《韻略》等，各有乖互"，今於王仁昫《刊謬補缺切韻》兩本中可知其韻目分合。然則石室存世舊韻，未必皆法言一系之書，且亦未必皆爲今傳藝文志、略諸著錄本也。即題明撰人之本，猶須明未必確爲原作。例如：故宮本王仁昫韻題"長孫訥言註"、"裴務齊正字"，敦煌本但題王撰，而韻目表下注明舊日各家分合，敦煌本除缺平聲餘均全存，故宮本惟平聲一有之。詳略既無確據，新舊增減又隨意興，若長孫氏注本已自言之曰："一文兩體，不復備陳；數字同歸，惟其擇善。勿謂有增有減，便慮不同；一點一撇，咸資別據；又加六百字，用補闕遺。"蓋併合兩體，抉擇同歸，其中增減不少，又加六百字亦未必突增於舊。故世所傳韻書收字數目可考見者惟王仁昫《切韻》分

---

[1] 例如故宮本王仁昫《切韻》與敦煌本王仁昫《切韻》皆名"刊謬補缺"，韻目次第既不相同，而能四聲各韻上下連貫自相成理。

類詳記,爲最可信①。餘如王寫《切韻》第二種首題:"伯加千一字",及長孫訥言《序》云:"又加六百字";《廣韻》載孫愐《唐韻·序》末云:"起終五年,精成一部,前後總加四萬二千三百八十三言";皆不若王仁昫韻所記詳盡。以字數計韻本,視此可知不易捉摸也明矣。然則執字數多寡爲韻本先後之據,既無如王仁昫書之明確記數,懸度意忖,不敢置信。

今刻本之"數字同歸"者皆各別並陳,非長孫氏"擇善"之法,舉例見前,可以覆玩;更究其"一文數字"亦概爲羅列,似非孫愐、王仁昫所同。如甲本寫配二冬葉"馮"紐八字,王氏所謂長孫本三字,故宮本王仁昫韻三字新加一字,《廣韻》七字(他韻各紐仿此)。若以字數多寡次先後,豈不須直置諸《廣韻》之下! 余謂此刻本韻書決非陸韻一系,大抵不經長孫以至王、孫一派增減者;故以諸韻收字排比,長孫韻、孫愐韻、王仁昫韻爲連貫之增減,此刻本當別有承襲。自此觀點,於《廣韻》收字反少之感迎刃可解。《廣韻》系統,相沿本之法言、王觀堂始考稱李舟之傳②。《廣韻》所本不與法言一系,字數即異。今刻本固非法言系書,亦何嘗爲李舟系書?

---

① 故宮本首平聲上題:
凡六萬四千四百廿三言舊二萬二千七百廿三言新加二萬八千九百言
敦煌本上聲前題:
一萬二千一十六字二千七十七舊韻四千一百廿一訓卅三或亦五文古二文俗一千三百卅補舊缺訓一千一百一十五新加韻二千八百一十二訓三百六十七亦或一十九正卅一通俗四文
去聲前題:
一萬二千一十四字二千三百卅二舊韻千九十七訓五或亦二文古一文俗一千七十六補舊缺訓一千二百卅六新加韻二千七百六十訓三百九十二亦或卅五正廿三通俗六文
入聲前題:
一萬二千七十七字二千一百五十六舊韻四千四百六十五訓卅一或亦九文古一文俗八百卅八補舊缺訓千三百卅三新加韻二千七百七十四訓四百一十六亦或一十九正一十九通俗二文古四文……
② 見《觀堂集林》八,《李舟切韻考》。

唐宋兩系韻書體制之演變　185

試以刻本戉本洽韻"囡"紐字與王寫第三種《切韻》所存字及兩王仁昫本、孫愐本《廣韻》等相推究，三系殊別顯然紙上。

王寫本第三種《切韻》_{王稱長孫注節本}　囡_{手取物 女洽反一}

蔣印孫愐《唐韻》_{王氏考定爲孫韻第二次本}　囡_{手取物 女洽反}

敦煌本王仁昫韻_{劉氏《敦煌掇瑣》所收刻}　囡_{女洽反手取物又 女減女繁二反}

故宮本王仁昫韻_{唐氏寫印}　囡_{女洽反亦囨 手取物二}　嬶_{凹嬶美兒}

以上一系

《廣韻》　囡_{手取物俗作囨 女洽切四}　嬶_{嬶 美兒}

　　　　喢_{唶喢小人 言相薄}　偛_{偛 偛}

以上一系

五代刻本韻　囚_{女洽反手闪上作囨囲囚 物又女咸反又女繁反九}

　　偛_{偛 偛}　嬶_{嬶美 兒}

　　唶_{唶唶小人 言相薄}　歃_{歃血又山 輒山洽二反}

　　狭_行　臘_{臘臘小 臘動}

　　趿_{趿脚 行}　早_{早 早}

以上一系

説者得毋謂刻本所多之字悉是複見，較之《廣韻》皆爲可刪？不知刻本正以"複見"之特徵有別於《切韻》及《廣韻》。自王仁昫之所謂"刊謬補缺"而與他本同異處思之，學者亦可見五代刻韻書所據舊本必如王仁昫之刊補且加甚者，或逕爲陸、孫、李以外之韻書也。

刻本之字數雖不可揣定，殘存韻目可從而窺推此數刻本韻書雕板異而韻部分合爲同系。

三　論《切韻》陽入韻次之歧與現存唐人韻目之比較

韻目次第，初無定序，音系相從，應爲定則；抄録轉譌，穿錯有之，要不出於其類；求之音史，且宜有説；至於四聲配繫，論音者得以按據，考史者未可尼守也。故《廣韻》目次本李舟《切韻》，王觀堂説是也，惟其言曰："李舟於韻學上有大功二：一使各部皆以聲類相從；二四聲之次相配不紊"，尚有未洽於鄙懷。

王氏寫第三種殘卷，其平上入三聲韻目次第及相配情形[1]，平上相貫，入與平上配對參差。細玩之，猶可得其理解。疑韻書最初排列平上去爲一貫，入自獨立；今朝鮮韻書猶然。則此韻本平上去相貫固無疑義，即入聲別成次第亦所許可。此正李舟《切韻》所以不同於唐以上而新開《廣韻》以來韻次例者，在以入從平確定對繫之先後耳。以《切韻》入聲十六錫至三十二乏之次第推列平聲，則爲——

（一） 自《切韻》入韻上推之目次及其解釋

青清耕庚覃談咸銜鹽添侵陽唐蒸登嚴凡

錫昔麥陌合盍洽狎葉怗緝藥鐸職德業乏

與原平聲次第差異者——

（1）庚、耕、清、青適爲完全逆次。

（2）覃、談降庚、耕、清、青後，咸、銜升鹽、添前，侵降鹽、添後，順次成覃、談、咸、銜、鹽、添、侵七韻收脣鼻聲（閉口）。

（3）陽、唐降侵後，而在蒸、登前，與嚴、凡成三對連列次序。

---

[1] 按此韻目乃陸法言《切韻》系統，茲抽錄陽入二聲情形如次：

唐宋兩系韻書體制之演變　187

按：(1)庚、耕、清、青之逆次仍相連續，於音韻沿革無何大變；(2)七韻附脣鼻聲自爲排列；及(3)陽、唐、蒸、登不在庚、青前後而與嚴、凡同列，隋、唐音聲變遷之跡賴以考見。蓋此韻書平聲覃、談、陽、唐相連在庚前，蒸、登在鹽、添後，嚴、凡在咸、銜後，而覃、談原與咸、銜、鹽、添、侵爲一類，陽、唐、蒸、登、嚴、凡爲一類，本截然不淆，故入聲之次序乃是舊觀；大抵自隋、唐以來平上去顯有新出之異分，寫韻者因變其舊第，合於一音類者輒爲比近，於是成平上去次第不與入聲相對之現象。蔣印《唐韻》、敦煌本王仁昫《切韻》及王寫此本皆是類也[①]。

(二)　王仁昫韻目（故宮本）之解釋

獨故宮本王仁昫《切韻》目次不與各本同，而可明證余上説唐

[①] 故宮本王韻目：

1 東	1 董	1 凍	1 屋	17 臺	16 待	21 代		36 耕	34 耿	39 諍	
2 冬		2 宋	2 沃	18 眞	17 軫	22 震	7 質	37 清	35 請	40 清	
3 鍾	2 腫	3 種	3 燭	19 臻			8 櫛	38 冥	36 茗	41 暝	20 覓
4 江	3 講	4 絳	4 覺	20 文	18 吻	23 問	9 物	39 歌	37 哿	42 箇	
5 陽	4 養	5 樣	5 藥	21 斤	19 謹	24 靳	10 訖	40 佳	38 解	43 懈	
6 唐	5 蕩	6 宕	6 鐸	22 登	20 等	25 嶝	11 德	41 麻	39 馬	44 禡	
7 支	6 紙	7 寘		23 寒	21 旱	26 翰	12 褐	42 侵	40 寢	45 沁	
8 脂	7 旨	8 至					13 黠	43 蒸	41 拯	46 證	21 緝
9 之	8 止	9 志		24 魂	22 混	27 慁	14 紇	44 尤	42 有	47 宥	22 職
10 微	9 尾	10 未		25 痕	23 很	28 恨		45 侯	43 厚	48 候	
11 魚	10 語	11 御		26 □	24 銑	29 霰	15 屑	46 幽	44 黝	49 幼	
12 虞	11 麌	12 遇		27 □	25 獮	30 線	16 薛	47 鹽	45 琰	50 豔	23 葉
13 摸	12 姥	13 暮		28 □	26 湆	31 訕	17 鎋	48 添	46 忝	51 㮇	24 怗
14 齊	13 薺	14 霽		29 □	27 産	32 襇	18 月	49 覃	47 禫	52 醰	25 沓
		15 祭		30 □	28 阮	33 願		50 談	48 淡	53 闞	26 蹋
		16 泰		31 □	29 篠	34 嘯		51 咸	49 減	54 陷	27 洽
15 皆	14 駭	17 界		32 □	30 小	35 笑		52 銜	50 檻	55 鑒	28 狎
		18 夬		33 □	31 絞	36 敎					29 格
		19 廢		34 豪	32 皓	37 號					30 昔
16 灰	15 賄	20 誨		35 庚	33 梗	38 更	19 隔	53 嚴	51 广	56 嚴	31 業
								54 凡	52 范	57 梵	32 乏

代韻書平上去韻所以不與入相對之理爲信。王仁昫韻之特點在目次以音系實況相從，視他唐本韻書變化增多。

王韻（指故宮本王仁昫《切韻》，下皆同。）列陽、唐於東、冬、鍾、江後，是其時陽、唐既非最初與蒸、登、嚴、凡一類，亦不與覃、談、庚、青相近，而已讀同鍾、江一類；故其入聲藥、鐸亦列屋、沃、燭、覺後。

王韻真、臻、文、斤相次，其入聲即以質、櫛、物、訖爲序；王觀堂寫《切韻》櫛在物後，可知相沿成習未加治理，此余首說原則之（一）爲可信也。

王韻列登於真、臻、文、斤後，是陽、唐、蒸、登、嚴、凡一類分劃，而蒸、登並非與庚、青相近，當時實讀同真、臻、文、斤一類也。

王韻入聲黠在褐後，而其平聲適缺，無從考見，上去二聲之濟、訕則在獮、線後。是王時更定部次，有寒無桓，刪、山列先、仙後，魂、痕列寒後，入聲次第必從而更變；特歷來韻序刪次寒後，自然習慣致寫韻者隨手連書，既而省知輒不改易；自紇而下至於月，乃依新目無誤也。

王韻入聲有格、昔在洽、狎後，而其平聲爲耕、清，應列隔、覓間，疑此亦傳寫偶誤也。不然，按其列序當他種韻本蒸、登所次位，豈耕、清韻王時以爲當原蒸、登類，而蒸、登類已分讀他類？王觀堂據《顏氏家訓·音辭篇》，"《韻集》以成、仍、宏、登合成兩韻……"考呂靜分部，耕、清不分，蒸、登不分。王韻格、昔位當於蒸、登之入，正是耕、清合於蒸、登爲兩部，與呂氏書同也（按：此處所述與王說畧異，王文見《觀堂集林》八）。此殆透露後來庚、耕、清、青、蒸、登爲一類之先聲者與？果爾，寫韻者入聲依新更次第書之，而平上去未加致意，仍隨相沿舊序，亦屬可能也。

王韻列佳在歌、麻間，顯示佳已非齊、皆、灰、臺一類，而讀同歌、麻一類。

王韻蒸列侵後，是登既讀同真、臻、文、斤類，蒸則讀同侵類，與陽、唐、嚴、凡固殊，與庚、耕、清、青亦異也。

王韻列覃、談於鹽、添、咸、銜間，與他韻書覃、談、陽、唐相連者異。蓋陽、唐已讀同鍾、江一類，庚、青不與覃、談一類，覃、談實自讀近鹽、添、咸、銜一類；直至後來成爲覃、談、鹽、添、咸、銜之次第，是又再經變化者矣。

王韻嚴、凡最後，與他韻書同；此二韻實爲後出，本與陽、唐、蒸、登一類，故永在次末。

(三) 李舟《切韻》目次之更定

明乎王韻目次紛更之故，則亦可喻李舟《切韻》目次之訂，初未嘗不出於音系變遷自然之勢，而舊韻目次皆會有其本身時代眞價在也。余故曰："《廣韻》目次本李舟《切韻》，王觀堂說是也，惟其言曰：'李舟於韻學上有大功二：一使各部皆以聲類相從；二四聲之次相配不紊'，尚有未洽於鄙懷也。"

尤有進者，說者或將謂余一則曰："最初寫韻者韻目數字非爲確定，韻次乃亦無絕對先後"；再則曰："韻目次第，初無確序，音系相從，應爲定則"；得毋自相矛盾！

四 論隋、唐韻次變化之要點
——陽、唐、蒸、登、嚴、凡之音類沿革

曰，唯唯——否否！所以言"韻目數字非爲確定，韻次乃亦無絕對先後"，如前舉王氏寫《切韻》入聲六物、七櫛之顚倒及十六錫、十七昔、十八麥、十九陌之逆次是也。所以言"韻目次第，初無確序，音系相從，應爲定則"。如上述王仁昫韻陽、唐從鍾、江，登隨文、斤，佳厠於歌、麻，蒸隨於侵是也。余且又曰："抄錄轉譌，穿錯有之，要不出於其類。"如王仁昫韻點遺褐後，耕、清存庚、青間，及唐代諸韻入聲次第仍存舊觀是也。若夫韻書繁變之跡，由來已久，始東終乏之次，分合又不知凡幾矣。陽、唐、蒸、登、嚴、凡一類之變化，則隋、唐以來韻次之尤關重要者也。

五 唐、宋韻書目次之變遞

近世假定附-ŋ、-m 類陽聲韻，大抵最初音讀狀況爲——
舌後韻之附-ŋ者爲一類；……………………………… A
舌前及舌中韻之附-ŋ者爲一類；……………………… B

舌後及舌前或舌中韻之附-m者爲一類；……………… C
舌後韻及舌中或舌前韻之鼻韻而與 ABC 類混似者爲一類。
……………………………………………………………… D

此由唐代習用韻次之入聲推合其平上去聲而知者也。其分類如下：

東冬鍾江一類；………………………………………… A
青清耕庚一類；………………………………………… B
覃談咸銜鹽添侵一類；………………………………… C
陽唐蒸登嚴凡一類。 ………………………………… D

自唐代習用韻次之平上去定其音類，則——

東冬鍾江爲一類，舌後韻之附-ŋ者仍其舊也；……… E
覃談陽唐庚耕清青爲一類，是舌後韻之附-m者，舌後韻之鼻韻與舌前或舌中韻之附-ŋ者相混合也；……………… F
侵鹽添蒸登咸銜嚴凡爲一類，是舌前或舌中韻之附-m者與舌前或舌中韻之鼻韻相混合也。 ……………………… G

於時陽聲排列已改，入聲原自單獨排列，習用一仍舊次也。陰陽入三聲與平上去入四聲升降交遞之消息於此灼然。故宮本王仁昫《切韻》則有——

東冬鍾江陽唐爲一類，是舌後韻之鼻韻轉與舌後韻之附-ŋ者相混合；…………………………………………………… H
庚耕清青爲一類，是舌前或舌後韻之附-ŋ者獨爲一類；… I
侵蒸爲一類，是舌前或舌中韻之附-m者與舌前或舌中韻之鼻韻相混合；……………………………………………… J
鹽添覃談咸銜嚴凡爲一類，是舌後韻及舌前或舌中之附-m者與舌後韻舌前韻之鼻韻相混合。 ……………………… K

其在近世假定附-n類陽聲韻者，惟排列次序略有更變，於音類實際少所歧異。列之如次：

依唐代入聲次第對照排列之舊次第	真文臻殷元魂痕寒刪山先仙
唐代諸韻書之韻次	真臻文殷元魂痕寒刪山先仙
王仁昫切韻韻次	真臻文斤登寒魂痕先仙刪山元

特王仁昫韻列登於此類,蓋舌前或舌中韻之鼻韻與舌前或舌中韻之附-n者相混合也。音之轉變,往復迴環,不可究詰,自甲之乙,乙而之丙,丙復近乙,乙又爲甲,皆不外時地習俗,口齒狃便,爲之肯綮。今方音陽、唐類多有讀ā、āŋ者,蒸、登類多有讀ā、ē、ōŋ、ēŋ者,嚴、凡類多有讀ī、ā者,皆所謂"鼻韻"。古音系統中必有此特殊部類,今盡入於近世假設陽聲韻讀中;蓋自上述 D、F、G、H、J、K 之演變事實,參合方音情形觀之,皆足使人深信附~之韻於吾族語音爲最重要之音素也。如此實際重要之語音,假設其於字音沿革上必有特殊地位也必不爲誤。然則假設表示字音沿革之韻書部目於此特殊音素必有其居留之陳跡也又必不爲誤。今於隋、唐一系韻目中考見陽、唐、蒸、登、嚴、凡爲一類,且即爲此特別音素之一類也當亦必不爲誤。此余説所謂:"求之音史,且宜有説;至於四聲配繫,論音者得以按據,考史者未可尼守也。"

陽唐蒸登嚴凡一類,自隋、唐以還已分併於附-ŋ、-n、-m 三陽聲韻類中,及李舟出,以入從平,更爲寫定,遂成宋代韻書一系之目次。其間,此一類韻之位次升降各有不同,王仁昫最爲徹底。

李舟部目(即《廣韻》),多襲唐習,是以——

(1)因入聲藥、鐸、職、德之舊序,沿唐人平聲陽、唐、庚、青之新次,位陽、唐於庚前,附蒸、登於青後;

(2)依合、盍、洽、狎、葉、怗、緝入聲舊列,析唐時覃、談、陽、唐之覃、談歸於咸、銜、鹽、添之先;

(3)本唐時鹽、添、咸、銜之序,更咸、銜於鹽、添之後(王仁昫已移覃、談在咸、銜前,而鹽、添仍在覃、談前);

(4)入聲列緝在怗後,唐時平聲侵在鹽前,既定覃、談、鹽、添、咸、銜之次,更移侵居覃前;

(5)嚴凡二韻始終居末;

(6)嚴韻上去,陸本無目,王韻陳其失而列广、嚴,舟之儼、釅,非爲始創。

自是以外,率由舊章,不過開合韻之增減,而無音類系統之更變,如真後列諄,析桓自寒,分歌爲戈是也。

六　敦煌刻本韻書及其母本之推定

綜上所論,可知陸詞以前韻書作者輩出;特於唐世,時俗共重陸書。後起繼作,增減變易,亦復有人;添栘,增聿,加諄(準、稕、術),立戈(果、過),析桓(緩、換),別曷(原爲末),益宣(選),補儼(釅),系類繁夥。晚唐出李舟,董理爲新次。

今此殘存刻本所屬底本,當是舟目未定,舊作紛更中之一種韻書,別出法言書以外者也。知者:——

(1) 嚴、凡、蒸、登列爲一類[1];
(2) 別仙韻爲仙、宣二韻[2];
(3) 分寒韻爲寒、桓二韻[3];
(4) 覃、談、咸、銜、鹽、添爲序[4]。

此四端者,(1)爲隋、唐以來舊規,(2)爲夏英公、徐鉉、徐鍇所本,(3)爲孫愐以來所分,(4)爲按合唐時習用入聲之韻次,且平聲必與之對,則(1)之三十三職、三十四德前有三十緝、三十一業、三十二乏適相銜接。是既不與唐人行用之法言舊韻改易平上去次第者相同,又不與孫愐更定之《唐韻》全合(寒、桓分韻爲同點,別有宣韻爲異點)。更不符於李舟《切韻》,獨見宣韻知夏、徐所本之韻近似之耳。故余以爲此殆李舟《切韻》成書以前,孫愐《唐韻》行世以來,與法言舊韻並時流行之韻書也。孫愐兩訂《唐韻》,今傳其《序》紀年曰"天寶十載",王觀堂訂爲復定《唐韻》時,則《唐韻》行世可由此斷。又據觀堂考"李舟《切韻》之作,當在唐代、德二宗之世"。按:王氏引《杜工部詩》:"乾元二年春,百姓始安宅,舟也衣綵衣,告我欲遠適。"云:"是代宗乾元之初,舟年二十許,則《切韻》之作當在代、德二宗之世。"

---

[1] 戊本職德列三十三、三十四,是蒸登與位嚴凡比次之證。
[2] 丁本子宣列三十一,前一韻字爲仙韻,是仙宣分立之證。
[3] 丁本丑緩列二十四,前一韻字爲旱韻收字,是寒桓分立之證。
[4] 戊本二十六洽二十七狎二十八葉二十九怗,洽韻前爲盍韻收字,是覃談咸銜鹽添相次之證。

乾元乃唐肅宗年號，王誤爲代宗。王氏所以稱代、德二宗者，別引《舊唐書·梁崇義傳》：“建中元年……金部員外郎李舟奉使荊、襄。”證與杜工部贈詩之李校書同爲著韻之舟也。建中，德宗即位元年所立年號也。自乾元計至建中有二十三年之久，設舟書成於此際，年亦四十許，正當著作之年，事理所能有也。是此刻本韻書著作時代當約在公曆751年至780年之三十年間前後（天寶十載至建中元年）。

刻本雖於五代，書中唐代史諱字例無由證斷其時代。殘葉見存戊本之洽、葉韻從“枼”之字皆作“某”，似爲諱唐太宗名世民之“世”者，實未可憑。蓋每代開國初葉君主之所諱字，往往養成書寫者無意之習慣，如時人書“玄”、“弘”、“寧”諸字於不知覺中仍守清諱例作“玄”、“弘”、“寍”或別寫“元”、“甯”字樣，非蓄意爲之，實視若固常矣。此本“枼”之作“某”當如是觀。

七　敦煌刻本韻書與《韻鏡》代表之韻書

余於職、德次於業、乏，而念及嚴、凡、蒸、登爲序之《韻鏡》。《韻鏡》之書，鄭樵已見之而不能知其主名，但言梵僧傳之，華僧續之。中國傳本久絶，日本獨存。據南宋高宗紹興辛巳（1161年）張麟之《序》云：

　　反切之要，莫妙於此，不出四十三轉而天下無遺音。其制以韻書一東以下各集四聲，列爲定位，實以《廣韻》、《玉篇》之字，配以五音清濁之屬。其端又在於橫呼……

又孝宗嘉泰三年（1203年）《序》云：

　　《韻鏡》之作，其妙矣夫！余年二十，始得此學字音。往昔相傳，類曰：“洪韻，釋子之所撰也。”有沙門神珙，號知音韻，嘗著《切韻圖》載《玉篇》卷末；竊意是書作於此僧，世俗訛呼“珙”爲“洪”爾，然又無所據。自是研究，今五十載[①]，竟莫知原於誰。近得故樞密楊倓倓淳熙間所撰《韻譜》，其《自序》

---

① 按：自紹興辛巳至嘉泰三年，中經五十載也。

云:"揭來當塗,得歷陽所刊《切韻心鑑》,因以舊書手加校定,刊之郡齋。"徐而諦之,即所謂洪韻,特小有不同。舊體以一紙列二十三字母為行,以緯行於上,其下間附一十三字母,盡於三十六,一目無遺。楊變三十六,分二紙肩行而繩引,至橫調則淆亂不協。不知因之則是,變之非也……

是可知其書來源與所謂《切韻心鑑》有關,體制容或為梵僧所創,而四十三轉先後次第所根據之韻次必有所本,如紹興時張《序》云"以韻書一東以下各集四聲,列為定位"是也。且此《韻鏡》所本韻書又有可知者,(1)韻次必不同於《廣韻》(即李舟韻),(2)蒸、登與嚴、凡為一類是其特要。蓋《序》云:"實以《廣韻》、《玉篇》之字",何異鑿言《韻鏡》所填紐字收自《廣韻》,而韻次別據他書也? 韻書首韻一東為有韻書以來之故常,自不得為《廣韻》或宋代《集韻》之據也。

說者固有以紐字多同《集韻》,為《韻鏡》非宋以上書之證者,若言《韻鏡》本身,余於此議無異說;至論《韻鏡》所表之目次,則以為當分別觀之。且今傳《韻鏡》用目全同於李舟,又應知其曾受時代影響,必經改易,而先後轉次大抵率賡本制,故陽、唐雖已易位,而蒸、登特次嚴、凡後,不因李舟改清、青後也。

《韻鏡》之書刊行雖晚,出於南宋之初,《韻鏡》之成書及代表之目次證於《通志・七音畧》可知其必早。今試推求嚴、凡、蒸、登相次之韻目,適有此十六葉殘書若合符節。余故大為稱快者,得《韻鏡》而推知此五代刻本韻書之為"異雕同系",得此殘本而推知《韻鏡》四十三轉目次自有其代表之韻書。

《韻鏡》所表之目次惟無宣韻,與此刻本韻書異。然宣韻字於《韻鏡》固別成一團;或仙、宣分韻本是暫時,《韻鏡》刊書時即歸於一,而相與表裏之五代刻韻仍存宣目也。今刻本上去聲缺,故不能知宣之上有無選? 茲擬列《韻鏡》代表之韻書目次與刻本韻書存目次第對照,以驗余說(刻本韻書存目以大字記之,並用漢字數碼標明,阿拉伯號碼示擬定韻次序數。擬列《韻鏡》所代表之韻目但按序排寫,不注號數)。

唐宋兩系韻書體制之演變

《韻鏡》目次				五代(平)	刻本(上)	韻書(去)	存目(入)	刻本所屬本子
東	董	送	屋	一東	1	1	1	甲本
冬		宋	沃	二冬		2	2	甲本及乙本
鍾	腫	用	燭	三鍾	2	3	3	乙本
江	講	絳	覺	4	3	4	4	
支	紙	寘		5	4紙	5		丁疑本，係紙韻，不存韻次數目，故用阿拉伯碼。
脂	旨	至		6	5	6		
之	止	志		7	6	7		
微	尾	未		8	7	8		
		廢				9		
魚	語	御		九魚	8	10		甲本
虞	麌	遇		十虞	9	11		甲本
模	姥	暮		11	10	12		
齊	薺	霽		十二齊	11	13		丙本
		祭				14		
佳	蟹	卦		十三佳	12	15		丙本
皆	駭	怪		十四皆	13	16		丙本
		夬				17		
灰	賄	隊		十五灰	14	18		丙本
咍	海	代		16	15	19		
		泰				20		
真	軫	震	質	17	16	21	5	
諄	準	稕	術	18	17	22	6	
臻			櫛	19			7	
文	吻	問	物	20	18	23	8	
殷	隱	焮	迄	21	19	24	9	
元	阮	願	月	22	20	25	10	

魂	混	慁	没	23	21	26	11			
痕	很	恨		24	22	27				
寒	旱	翰	曷	25	二三 旱	28	12	丁	本	丑
桓	緩	換	末	26	二四 緩	29	13	丁	本	丑
刪	潸	諫	黠	27	二五 潸	30	14	丁	本	丑
山	產	襇	鎋	28	二六 產	31	15	丁	本	丑
先	銑	霰	屑	29	二七 銑	32	16	丁	本	丑
仙	獮	線	薛	三十 仙	28	33	17	丁	本	子
				三一 宣	29?①			丁	本	子
蕭	篠	嘯		三二 蕭	30?	34		丁	本	子
宵	小	笑		三三 宵	31?	35		丁	本	子
爻	巧	效		三四 爻	32?	36		丁	本	子
豪	皓	號		三五 豪	33?	37		丁	本	子
歌	哿	箇		36	34?	38				
戈	果	過		37	35?	39				
麻	馬	禡		38	36?	40				
陽	養	漾	藥	39	37?	41	18			
唐	蕩	宕	鐸	40	38?	42	19			
庚	梗	敬	陌	41	39?	43	20			
耕	耿	諍	麥	42	40?	44	21			
清	靜	勁	昔	43	41?	45	22			
青	迥	徑	錫	44	42?	46	23			
尤	有	宥		45	43?	47				
侯	厚	候		46	44?	48				
幽	黝	幼		47	45?	49				

---

① 上聲有無選韻不可知，故自 29 以下皆注？符。

覃	感	勘	合	48	46?	50	24			
談	敢	闞	盍	49	47?	51	二五盍	戊	本	子
咸	豏	陷	洽	50	48?	52	二六洽	戊	本	子
銜	檻	鑑	狎	51	49?	53	二七狎	戊	本	子
鹽	琰	艷	葉	52	50?	54	二八葉	戊	本	子
添	忝	㮇	怗	53	51?	55	二九怗	戊	本	子
侵	寑	沁	緝	54	52?	56	30			
嚴	儼	釅	業	55	53?	57	31			
凡	范	梵	乏	56	54?	58	32			
蒸	拯	證	職	57	55?	59	三三職	戊	本	丑
登	等	嶝	德	58	56?	60	三四德	戊	本	丑

余所擬《韻鏡》目與通行唐、宋兩系韻不同者：

（1）去聲廢、祭、夬、泰之位次上不同於陸，下不同於李。知者，《韻鏡》第九第十內轉去聲廢寄之，第十三第十四外轉去聲祭、夬寄之，以上皆於圖首行注"去聲寄此"字；蓋《韻鏡》時祭、泰已非古同於入之去聲，如王仁昫《切韻》目下注"無平上聲"者，而廢、夬仍存舊音也。此即謂祭、泰已成為四聲中之去聲，"無平上聲"之去聲實有古入之意味。試取陸、王（故宫本）、李舟四去聲韻位次列而觀之，則各有同異：

陸　　暮泰霽祭卦怪夬隊代廢

王　　暮霽祭泰界夬廢誨代

李　　暮霽祭泰卦怪夬隊代廢

王別列佳於歌類，故缺卦（敦煌本依陸韻次第，泰在祭前）。

《韻鏡》第九第十為微三等韻，廢三等韻寄之在入聲，必與未音類相近，故次於未後御前。陸、李廢皆在隊、代後，王在誨、代前。蓋隊、代與未有相通消息，即灰、咍與微有關，廢本近隊、代，及《韻鏡》時讀近於與隊、代有關之未,乃寄於未下。

《韻鏡》第十三第十四爲咍、灰一等皆二等齊四等,夬二等韻寄之在入聲,必與怪音類相近,故次於怪後隊前。陸、王、李三家皆如此。祭韻在《韻鏡》第十三第十四之去聲三等及第十五第十六之去聲一等。知夬爲近怪,以其位二等相同。祭與夬同圖,在去聲三等,並無他三等韻相同;且第十五第十六爲佳二等韻,去聲卦,泰列一等,祭列四等,不與相同;故知祭、泰於《韻鏡》時音已非舊,而祭在三四等;以第十三第十四圖觀之,實近於霽,其又在第十五第十六圖者,變之又變也,是祭音近霽又近卦,故次於霽後卦前。廢、夬、祭之次位既定,泰之所以在隊、代後者,亦因之而推斷。陸韻次泰在暮、霽間,是即平聲模、齊間也,王、李則皆隨祭在齊與佳、皆之去聲霽及卦、怪間。

廢本近灰、咍之去,《韻鏡》時變近於灰、咍相通之微之去,而夬又近於卦、怪,祭近於霽、卦,故泰當非舊音而與廢適相調易。佳、皆本相比,與灰、咍連次。第十三第十四兩圖已有皆列二等,佳乃別列第十五第十六之二等;灰、咍在第十三第十四列一等,去聲已有代、隊,泰乃列第十五第十六之一等。故知《韻鏡》時泰近灰、咍之去隊、代,而其與佳同在第十五第十六圖者以此;佳之特立,蓋有王仁昫別厠歌類之意。惜刻本去聲無存,末由印證矣!

（2）覃、談、咸、銜、鹽、添、侵次序與陸、李不同。此上考與唐代通行入聲韻次相配之次序,而得刻本所互證者也。

（3）陽、唐與庚、耕、清、青近,爲一類。按:依唐行入聲次序,陽、唐之入聲藥、鐸爲二十七、二十八,在侵之入聲二十六緝後。若今刻本職、德不爲三十三、三十四而爲三十五、三十六,則緝爲三十,藥、鐸爲三十一、三十二,業、乏爲三十三、三十四,正合。

乃刻本所存二十九怗、三十三職、三十四德,其間僅缺三韻,適爲緝、業、乏之地位。《韻鏡》列覃、談與咸、銜、鹽、添一類而嚴、凡在蒸、登前,同居於末,與刻本正合,故知其第三十一第三十二圖爲陽、唐、藥、鐸,下接第三十三第三十四第三十五第三十六爲庚、耕、清、青類,刻本亦必與《韻鏡》同也。

然亦有與《韻鏡》異者：

（1）侵不列覃、談前，而在鹽、添後。《韻鏡》侵在第三十八圖，應居覃、談之前，據刻本存目推次鹽、添下也。

（2）佳不在灰、咍後，而在齊後。《韻鏡》佳在第十五第十六圖，應居灰、咍後，據刻本存目定如各家韻次在齊、皆間。

刻本無考，《韻鏡》不可從而決疑者亦有之。自眞至痕，依《韻鏡》魂、痕似當在文、殷前，今依唐、宋二系韻目爲次。

依宋代韻系後增之韻目，既自《韻鏡》列載而知，又於刻本目次數字計算推知。眞下增諄，以十五灰三十一宣上下推知。寒下出桓，據刻本二十四緩知之。歌下立戈，刻本雖無所徵，則一依《韻鏡》者也。

八　敦煌刻本韻書存殘中之孫愐《唐韻》

惟五十一鹽一本（丁本丑），若依今所假定《韻鏡》目次而無宣韻，適合五十一之位次。特其前爲侵韻，正唐習用法言一系韻次，而法言韻無諄、桓、戈，鹽又不得次五十一也。是所謂丁本丑者當劃別爲二刻，此鹽韻刻本韻書系屬別爲一種。因就孫愐《唐韻》系統，齊下出十三移，自一先繼二十九山數次而下，侵適當五十，鹽五十一[①]。復按丁本丑之上聲一影，及丁本疑之上聲紙韻一影皆或與此五十一鹽爲一書；二十七銑以上之韻目不以平出十三移而有增益，故乃與《韻鏡》目亦合。自韻書體制之同，逕歸於孫愐韻也尤爲近理。然則此二三殘葉殆孫愐《唐韻》刻本之僅存於人間者矣！果爲孫韻，則於此又可證其書初制，平聲本不分爲二，非自一先另叙數次，而鹽故不爲二十二；吉光片羽，至可寶也。

---

① 孫愐系統係其第二次天寶十年定《唐韻》，自齊以下目次如下：齊移佳皆灰咍
　　　　　　　　　　　　　　　　　　　　　　　　　　　　　　　　13
眞諄臻文殷元魂痕寒桓刪山先仙蕭宵肴豪歌戈麻覃談陽唐庚耕清青尤侯幽侵鹽添蒸
　　18　　　　27　　30　　　　　37　　　　　　　　　　　　　　5051
登咸銜嚴凡。

九　小結論

吾說果信，敢爲下論：

（一）刻本韻書所據之韻本爲孫愐《唐韻》成書後李舟《切韻》成書前唐人所寫定，與《韻鏡》所依據之韻書爲一系統。

（二）《韻鏡》音之系統當有一種韻書依據，其韻書之情形至少與此刻本韻書有關，或竟爲此韻書。

（三）隋、唐以來韻書系統，迄於李舟，當有四變：

（1）陸法言以前至法言一變，可想定之要點凡三：

（A）平上去包陰陽聲二類，與入分列。

（B）入聲別列，次第當與陽聲韻類相對。

（C）音類單一，韻部較少。

（2）法言以來至孫愐一變，是爲唐時習用之韻目，其狀況如次：

（A）平上去入合爲一貫。

（B）入聲韻次仍其舊觀，陽聲韻類有變化，目次移亂，成平入不相對照現象。

（C）音類變化繁複，韻部分合漸密。

（3）孫愐以來，或竟並時，至此刻本所據原書時一變，其狀況如次：

（A）平上去入既爲一貫，漸改穿錯不對之次第。

（B）陽聲韻類位次又成新列，有上合於法言以前狀況者。

（C）分合既密，韻部加多。

（4）此刻本所據原書時至李舟一變，直與宋《廣韻》相同，平上去入固相配不紊，韻次之音類相從，下合於今音矣。

（四）唐時音聲，法言舊第已不相合；《切韻》之作因以遍滿海內。其中移易變更必非一端，特歧異所在屬陽入二聲，陰聲從無大異，是爲可紀。

十　敦煌刻本韻書殘片之總論斷

大總全文,更爲刻本結斷:

此五代刻唐天寶建中間人作韻書,計六種刻板(甲、乙、丙、丁子、戊子、戊丑),内一刻板存兩印本(丁子);攝影凡十三紙,當整碎八殘葉。書與《韻鏡》時代有關聯,或即其《序》中所云,《切韻心鑑》[①]之一系統也。別餘攝影三紙(丁丑、丁疑)爲孫愐《唐韻》刻本云。是爲跋。中華民國二十年,十月二十九日。

[承劉半農先生惠借所藏敦煌本王仁昫《切韻》抄本參考,獲益匪淺,盛誼可感,謹識謝意。]

原載《國學季刊》1932年第1期

---

① 按:"鑑"當作"鏡",宋初刻書避翼祖諱嫌名改作也。

陸法言《切韻》以前的幾種韻書

（唐王仁昫《刊謬補缺切韻》目下注吕静《韻集》、夏侯詠《韻略》、陽休之《韻略》、李季節《音譜》、杜臺卿《韻略》韻部考目）

(1) 王仁昫《刊謬補缺切韻》的本子。
(2) 王仁昫《切韻》兩種本子韻目下小注原文。
(3) 王仁昫《切韻》與陸法言《切韻》的關係。
(4) 由陸法言《切韻》次序上推吕、夏、陽、李、杜五家部數。
(5) 推求的方法（見注）與結果。
(6) 吕静《韻集》考目及解釋。
(7) 夏侯詠《韻略》考目及解釋。
(8) 陽休之《韻略》、李季節《音譜》、杜臺卿《韻略》考目及其解釋（合併）。
(9) 關於研究古今音系採用標準韻書的三條意見。
(10) 韻目標字聲紐初必相同。

唐寫《切韻》存世者，於今七種[①]，題王仁昫《刊謬補缺切韻》者二：一故宫藏本，一敦煌石室藏本，流入法國國民圖書館。兩本編制不同，敦煌本韻目屬法言《切韻》系，故宫本別自成系。蓋敦煌本爲唐人據法言目次録仁昫刊補文字者與？故宫本殆依仁昫目次録而未周者也。知者，故宫本韻目下注吕、夏侯、陽、李、杜諸家分合同異者，惟平聲之半，而敦煌本所存上去入三韻目下皆注不缺。仁昫自本《切韻》必爲故宫本目次，而是敦煌本目注；非故宫

[①] 法國四種：王觀堂手寫三種，劉曲庵鈔刻一種。日本一種，見《西域考古圖》，王觀堂《遺書別集後編》録入。德國一種，見攝景本於友人齋中。中國一種，吴縣蔣氏印行。

本目次不足符"刊謬補缺"之名,亦非敦煌本目注不足副"刊謬補缺"之實也。

敦煌本目注中稱陸韻者一二處,而言依吕、夏、陽……諸氏訂異同者居多,是王仁昫博采最初韻書刊補法言《切韻》也可知。所舉諸氏,悉見法言《切韻·序》中,則其據書可得而知:

吕　静　　《韻集》
夏侯詠　　《韻略》
陽休之　　《韻略》
李季節　　《音譜》
杜臺卿　　《韻略》①

各家異同見注者,平聲惟故宫本有其半,敦煌本備上去入,今並條列於次(鈔録原文,略加簡式句讀)。

冬　無上聲,陽與鍾江同,吕、夏侯别,今依吕、夏侯。
脂　吕、夏侯與微韻大亂雜,李、杜别,今依陽、李。
真　吕與文同,夏侯、陽、杜别,今依夏、陽、杜。
臻　無上聲,吕、楊、杜與真同韻,夏别,今依夏。
　　以上故宫本注,以下敦煌本注。
董　吕與腫同,夏侯别,今依夏侯。
旨　夏侯與止爲疑,吕、陽、李、杜别,今依吕、陽、李、杜。
語　吕與麌同,夏侯、陽、李、杜别,今依夏、陽、李、杜。
蟹　李與駭同,夏侯别,今依夏侯。
賄　李與海同,夏侯爲疑,吕别,今依吕。
隱　吕與吻同,夏侯别,今依夏侯。
阮　夏侯、陽、杜與混佷同,吕别,今依吕。
潸　吕與旱同,夏侯　　　今依夏侯。
産　陽與銑獮同,夏侯别,今依夏侯。

---

① 按王觀堂寫殘卷《切韻·序》中所述與此合,《廣韻》卷首載《切韻序》中五種以外尚多一種周思言《音韻》。按吕、夏、陽、周、李、杜皆隋以前人,吕晋人,餘皆六朝時;王仁昫韻中不載周目,與殘卷序合,疑唐時已佚。

銑　夏侯、陽、杜與獮同，呂別，今依呂。
篠　陽、李、夏侯與小同，呂、杜別，今依呂、杜。
巧　呂與皓同，陽與篠小同，夏侯並別，今依夏侯。
敢　呂與檻同，夏侯別，今依夏侯。
養　夏侯在平聲陽唐，入聲藥鐸並別，上聲養蕩爲疑，呂與蕩同，今別。
㑏　夏侯與靖　　　　別，今依呂。
耿　李、杜與梗迥同，呂與靖迥同，與梗別，夏侯與梗靖迥並別，今依夏侯。
静　呂與迥同，夏侯別，今依夏侯。
囿　　　　李與厚　　　　同，夏侯別，今依呂。
广　陸無此韻目，失。
范　陸無反，取之上聲，失。
宋　陽與用絳同，夏侯別，今依夏侯。
至　夏侯與志同，陽、李、杜別，今依陽、李、杜。
泰　無平上聲。
祭　無平上聲。
怪　夏侯與泰同，杜別，今依杜。
隊　李與代同，夏侯爲疑，呂別，今依呂。
廢　無平上聲，夏侯與隊同，呂別，今依呂。
願　夏侯與恩別，與恨同，今並別。
諫　李與襇同，夏侯別，今依夏侯。
霰　陽、李、夏侯與線同，夏侯與[1]同，呂杜並別，今依呂、杜。
嘯　陽、李、夏侯與笑同，夏侯與効同，呂、杜並別，今依呂、杜。
効　陽與嘯笑同，夏、杜別，今依夏侯、杜。
箇　呂與禡同，夏侯別，今依夏侯。

---

[1] "與"字下當有脫字，若以銑韻例之，疑"夏侯與同"四字爲衍文。

漾　夏侯在平聲陽唐，入聲□□並別，去聲漾宕爲疑，呂與宕同，今□□。

敬　呂與諍同，勁徑並同，夏侯與勁同，與諍徑別，今並別。

宥　呂、李與候同，夏侯爲疑，今別。

幼　杜與宥候同，呂、夏侯別，今依呂、夏侯。

釅　呂與梵同，夏侯與橄□，今別。

陷　李與鑑同，夏侯別；今依夏侯。

嚴　陸無此韻目，失。

沃　陽與燭同，呂、夏侯別，今依呂、夏侯。

櫛　呂、夏侯與質同，今別。

迄　夏侯與質同，呂別，今依呂。

月　夏侯與沒同，呂別，今依呂。

屑　李、夏侯與薛同，呂別，今依呂。

洽　呂與□□　夏侯別，今依呂。

錫　李與昔同，夏侯與陌同，呂與昔同，與麥同，今並別。

藥　呂、杜與鐸同，夏侯別，今依夏侯。

余取唐行法言韻次，依注語寫各家目，凡原目未注者設其與陸韻同，平上去入上下推擬，粗得其數如下：

呂　175　　夏 180　　陽 182　　李 184　　杜 190

陸　193

王　195

由上列數字觀之，韻部先少後多自可想見。雖然，敦煌本王仁昫韻本於法言，而增嚴之上去二部，故較法言韻多者，即所增之部數，其總數且得兩本可以互勘（故宮本僅韻目及次第之異），陸、王以前各家，王韻有未注者，其數果爲上列，抑更有增減，可疑之韻以外是否猶有問題？凡此之類皆欲於本文試爲探討者也。

吾人欲自陸韻次序上推呂、杜諸家原序，當由陽聲與入聲對照入手；惟陸韻之陽不與入配，入自爲一系統，陽已變其原與此入相对之系统爲新次第，是宜返其初序。陰聲則可仍陸之次序。余以六法①求陰陽入三類，五家之韻目部數有已確知其有無者及未可決定其有無者，重爲總計如次：

			呂	夏	陽	李	杜	陸附	王附	李②附
已知部數	陰聲類	平	15	20	10	12	15	21	21	22
		上	15	20	10	12	15	21	21	22
		去	20	21	13	15	18	25	25	26
	陽聲類	平	21	30	15	11	15	33	33	35
		上	19	28	15	11	15	30	31	33
		去	20	28	15	11	15	31	32	34
	入聲類		20	26	13	11	13	32	32	34
未知有無部數	陰聲類	平	2			9	5	5		
		上	2			9	5	5		
		去	2			10	6	6		
	陽聲類	平	3			14	17	12		
		上	3			13	15	11		
		去	3			13	16	12		
	入聲類		3			13	16	12		
總　計			148	173	172	163	169	193	195	206

---

① 余所用六法：

（一）王注凡甲與乙同者，皆存乙而去甲，如呂董與腫同，故呂目無董而有腫。

（二）王注凡甲與乙别者，則兩者並存，如夏侯董與腫别，故夏侯目董、腫皆有。

（三）王注凡甲乙亂雜或疑者皆並存甲乙，其亂雜者兩處互見，疑者在目旁加"？"。

（四）王注凡有缺而不符者，或四聲注詳略不同者，悉以其他有注可對照者推定，如呂目平去入聲不列東、送、屋，即自上聲推定，又有注不明，尤注缺，即自去聲宥注推定。

（五）王注如各家皆無注文者，作爲各家皆同有此目，如覃、侵、蒸、登、嚴、凡、支、模、齊、祭、泰、夬等是。

（六）王注有一二家在注中叙明者，其餘各家作爲未知有無此目，如東韻下陽、李、杜三家無從確知其有無，故寫目而外加方□（本文以括弧代之）。

自此六法排列之韻目，因下文分別叙論，避複從略。

② 五家以外，並列陸法言韻數，王仁昫韻數，示一標準；又列李舟韻數，即《廣韻》韻數，便作比較。三種韻皆非本文所論，故注"附"字。

表中所得韻部數目與前列相較，可信更當確實；而於分合次第，聲類先後，果與余說陽聲應按之唐代韻目入聲次第相合之假設驗，陰聲次第從來無大變更亦爲余所億中。所以知其然者，說詳余《跋敦煌石室存殘五代刻本韻書》文中。

茲五家者，夏侯氏目得其全部；呂氏目缺疑十八韻，實陰聲二，陽聲三，入聲三；陽、李、杜缺疑過半。爰就呂、夏侯二氏目表，分類論之，陽、李、杜撮其可說者說。

呂靜《韻集》考目

冬　宋沃

鍾腫用燭

江講絳覺

上陽聲，入聲第一類，陽聲收-ŋ，入聲收-k。冬無上聲韻，王仁昫注注明。敦煌本董注呂與腫同，送未注，而東缺不可見，自上聲推定其無東、董、送、屋。呂書爲韻書之始者，東、冬之分必不甚嚴；且王仁昫韻故宮本冬注"陽與鍾、江同"，與敦煌本宋注"陽與用、絳同"，沃注"陽與燭（覺）同"合，足見法言以前東、冬不分者有之，冬、鍾、江不分者有之。冬上聲"湩"字不附董中而附腫中，其初有冬無東也可以想見。陸德明《經典釋文·條例》中云："又以'登'、'升'共爲一韻，'攻'、'公'分作兩音，如此之儔，恐非爲得，將來君子，幸留心焉。"按："攻"今一東二冬並收，王寫殘卷第二種二冬有之，不入一東。陸氏時指以爲非者，蓋東、冬既分立後之韻，音不應歧出也。自其所以分歧之故言，可見東、冬本不分，一旦分之，乃生穿錯。王氏《觀堂集林》（遺書增補本）八《六朝人韻書分部說》云："知呂氏別冬於鍾、江，則東、冬、鍾、江之分爲四可知矣。"

按：王氏未見敦煌本王仁昫韻董韻注故云。又王氏以爲王仁昫韻目所注爲"必陸法言《切韻》目錄下原注"。

按：敦煌本广、嚴、范三韻下注陸韻情形，可知此乃王仁昫所謂"刊謬補缺"之刊補而加之注者，非陸書原注。

支　紙　寘

脂　旨　至

之　止　志
微　尾　未

上陰聲第一類。支韻王仁昫無注，以謂王意各家無歧異，故不加注，乃直列之。惟陸法言《切韻·序》云："支、脂、魚、虞共爲一韻"，指爲諸家之失，今支、脂無異，各家分立，與陸說無從證定矣。脂，故宮本王注呂、夏侯與微韻大亂雜，是脂、微收字穿錯而韻爲兩部也。敦煌本注，旨夏侯與止疑，呂、陽、李、杜別；至夏侯與志同，陽、李、杜別。按：至、志呂亦當別，據旨注與至注斠定。王觀堂考呂靜分部，據《顏氏家訓》"爲、奇、益、石分作四章"語，謂"《韻集》實……分支與麥各爲二"。按：觀堂以爲王仁昫韻目下注是法言原注，故乃繼云："今王目支下不云呂分爲二，……則五家與陸韻異同，目中亦未盡著。"顏氏所謂"爲、奇、益、石分作四章"，指"爲"、"奇"不同在支韻，"益"、"石"不同在昔韻（王說麥韻誤也）。未必支韻昔韻各分爲二之意，蓋顏評呂書收字歸韻不一律，大抵應同在支、昔韻字穿錯列入別韻，有如"爲"、"奇"異部，"益"、"石"分居，非支、昔韻部可從而斷爲二也。

支韻字雜淆入於他韻，亦有旁證。《觀堂別集·後編》載《陸法言切韻斷片考》中，脂韻"伊"字上有"市支反"三字，王氏以爲"脂韻中字以'支'字切之，殊失界限，或係轉寫之譌"云，此可見"爲"、"奇"之作二章或即此種事實。今《廣韻》（《古逸叢書》本）六脂"尸"字下注"式之切"，猶亦有此現象也。然則呂目支、脂固分，而脂、微亂雜，蓋此一類，四韻分別，收字穿插不一耳。又陸法言固亦明言有支、脂共爲一韻者，自其合知其分矣。"脂、微大亂雜"一語，可證脂與微音呂氏時本混。支、脂、之、微四韻先後，意者當有下列變遷：

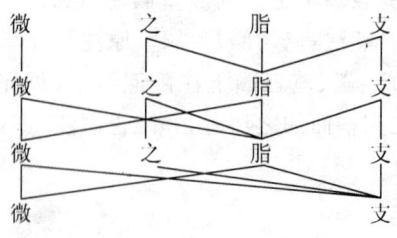

微　　之　　脂　　支
微　　之　　脂　　支
微　　之　　脂　　支
微　　　　　　　　支

虞　麌　遇
模　姥　暮

上陰聲第二類。模韻王仁昫無注，照支韻例。語注呂與虞同，御無注，魚缺不可見，自語推定其無魚、語、御，與法言《切韻·序》"魚、虞共爲一韻"說合。

齊　薺　霽
　　　　祭
　　　　泰
?　?　?（佳蟹卦）
?　?　?（皆駭怪）
　　　　夬
灰　賄　隊
咍　海　代
　　　　廢

上陰聲第三類第四類。佳、皆、蟹、駭、卦、怪韻注中未及呂氏，故缺。祭、泰、夬無注。齊亦無注。祭、泰次第未依陸韻，按怪注夏侯與泰同，是法言以前泰次近皆可知。佳、皆自灰、咍分立情形推之，呂氏或亦別立。廢注夏侯與隊同，呂別，則廢或如王仁昫韻故宮本目次在隊前夬後也。余考《韻鏡》韻目以爲去聲四韻次第，泰當在代後，廢在末後，祭在霽後，夬在怪後。今於呂氏目惜無由考定。且此四韻於"古去爲入"之說最關切，特王仁昫注已不可據斷前古，抑呂書此本在入聲類中亦不得知，乃姑沿《切韻》系統立目。觀注"夏侯與隊同，呂別"，蓋呂書固四韻獨立，可想見也。

文　吻　問　質
殷　　　　　迄
元　阮　願　月
魂　混　慁　没
痕　很　恨
寒　旱　翰　末

？　？　？　？（山產襇鎋）
先　銑　霰　屑
仙　獮　線　薛

上陽聲入聲第二類，陽聲收-n，入聲收-t。真注呂與文同，軫、震、質推知亦與吻、問、物同；而櫛注呂與質同，是呂以真、文、臻合爲文，而櫛、質同爲物，物又用質爲目也。隱注呂與吻同，迄注呂與質別。自隱、吻合，知焮、問亦合。自迄、質別，知殷、文必別。於是知臻韻之立，初本無有，真、文亦未嘗分也。

臻、櫛之所由分疑是殷、迄之遞變，今《廣韻》臻上聲"齔"字不附吻或軫中而附隱中，未嘗非其痕跡。痕入聲"乾"字附沒中，亦可參證附入之部必兩相關聯也。唐以後真後立諄，既成真、諄、文、欣之分野，復出一臻，實爲不倫！故此韻於論《切韻》音者頗致疑難。知文、臻之次第自物、櫛之顛倒，唐代惟王仁昫韻之故宮本目次與李舟韻目作櫛、物耳。

然則真、諄、臻、文、殷之沿革又當有其歷史（表見本節末）。阮注呂與混、很別，月注呂與沒別，元、願據以推定。魂、痕、寒無注，依法言舊目分痕於魂，而未別桓於寒；疑呂氏痕或亦未嘗別出於魂也，然姑存之。清注呂與旱同，故寒後推知無刪。山不可知，產注夏侯與銑、獮別，陽與銑、獮同，未注呂氏故缺疑。銑注呂與獮別，屑注呂與薛別，推知先、仙、霰、線必分，法言《切韻·序》云"先、仙、尤、侯，俱論是切"，不與之合。王仁昫於產下注夏侯與銑、獮別，陽與銑、獮同，是韻書之始平聲決不分先、仙以下別起一二三四數次之徵。若爲斷截，山不應屬上，而先、仙不當居下。世之以上下平誤爲於音聲上有精義，而不信分卷之便宜者可以察焉。

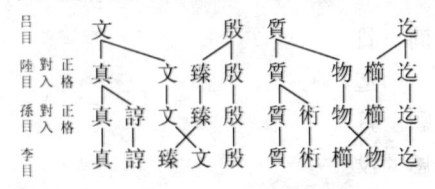

```
呂
目              文          殷  質          迄
陸   正
目   格   真   文  臻  殷   質       物  櫛   迄
     入
孫   正
目   格   真  諄  文  臻  殷  質  術  物  櫛   迄
     入
李
目       真  諄  臻  文  殷  質  術  櫛  物   迄
```

蕭　篠　嘯
宵　小　笑

豪　晧　号

上陰聲第五類。篠注陽、李、夏侯與小同，呂、杜別，嘯注陽、李、夏侯與笑同，夏侯與效同，呂、杜並別，故知蕭、宵吕氏爲二韻。

巧注吕與晧同，效不注吕氏，自巧注推定無肴、效。

麻　馬　禡

上陰聲第六類。笡注吕與禡同，夏侯別，故知歌、哿、箇與麻、馬、禡呂不分也。歌、戈、麻三韻，古音學者以麻爲變韻；觀此可知歌、戈實自麻出。

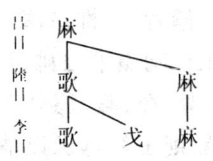

```
         麻
吕曰     歌　　麻
陸曰         
李曰     歌　戈　麻
```

王仁昫韻合佳於此，爲歌、佳、麻一類，王觀堂云："近世言古韻者合。"按：此列佳在歌後，必未分戈於歌以前事實。今據唐代韻書目次知至李舟方立戈韻，然則王仁昫在李前，可爲余説驗。蓋王仁昫認佳音爲 ia、ua 與歌之 a 一類，李舟別 ua、ya 之戈與歌 a 對，而佳襲舊次在皆前不更調也。

青　迥　勁　昔
庚　梗　諍　麥

上陽聲，入聲第三類，陽聲收-ŋ，入聲收-k。按：余考六朝以上入韻次，陽聲悉依唐代入聲韻次，驗之王仁昫注，自此以下諸陽聲適相符合。唐人韻目，法言以下皆置覃、談、陽、唐於麻後庚前，庚、耕、清、青之次又與入聲錫、昔、麥、陌逆。王觀堂説唐人韻書覃、談在陽、唐前，"疑是魏、晉、六朝舊第"（《觀堂別集·後編》頁三）；而於入聲之次第不與陽聲對者，以爲"韻書自隋至於有唐中葉固未有條理秩然之韻次，如今所見之《廣韻》者也。"（《觀堂集林·遺書》本卷八頁十五）鄙意適得其反，説詳《敦煌石室存殘五代刻本韻書跋》中。唐代韻目入聲十六錫、十七昔、十八麥、十九陌，故知覃、談、陽、唐法言所移，而復顛倒青、清、耕、庚舊次。王仁昫注吕氏錫與昔同與麥同，静與迥同，耿與靖（即静）迥同，與梗别,敬與静同,勁、徑併同,梗下注殘缺不辨,前後上下推定,知吕氏原有青、庚二部,其去入即清、耕相對者,蓋此四韻本爲二韻也。王觀堂乃謂故宫本王仁昫入聲與陸、孫諸家不同,"且其平入分配之法,以黠、紇配魂、痕,以鎋、月配肴、豪,以隔(麥)、覓(錫)配歌、麻,故陽聲或無入,陰聲或有入,而格(陌)、昔二韻乃無所配,與陸、孫二家配隸入聲之法不同",致疑仁昫《刊謬補缺切韻》於陸韻次序蓋無變更,今故宫本爲寫書者所亂,非其原次(《觀堂集林·遺書》本卷八頁八)。余於王氏所疑處悉有可解,不俱陳(參看跋五代刻本韻書文)。兹可論者,厥惟吕清、耕與青、庚既不别,而與蒸、登或亦不别一事。王仁昫韻平聲耕、清在庚、青間,其入聲格、昔在洽、狎、業、乏間,而蒸、登、職、德分在斤、侵類,格、昔之位次即他韻書職、德所在。然則王韻無殊以清、耕當蒸、登,寫韻者入聲依其新次,而平聲沿習未改也。果此推斷爲信,是清、蒸、耕、登相併爲二部,與吕氏此目無清、耕也正合。王觀堂亦既言吕目"耕、清爲一,蒸、登爲一",以合《顔氏家訓》"《韻集》以成、仍、宏、登合成兩韻"(《音辭篇》)之説;余更復爲修正者,吕静"清、蒸不分,耕、登不分"是也。顔氏"成、仍、宏、登"四字之序,恰合清、蒸、耕、登之分;清、耕爲次,正唐以前舊目。吕既併清、耕於蒸、登,是當時清、耕不近青、庚可知;而後來以昔、麥爲其入聲者,乃别於蒸、登以配青、庚所分割之平上韻,更爲青、庚定去入之韻矣。於是自青至庚對自錫至陌。殆後陽聲又變次爲自庚至青,入聲亦從而自陌至錫;陸詞至於孫愐,正青至庚改易爲庚至青,入聲未改舊次。王觀堂據顔氏語"爲、奇、益、石分作四章",證吕目支、昔(王誤爲麥)韻分爲二部,支韻余已論之。按:昔韻亦然,只可言其所收字涓入他韻,不得謂昔即析爲二也。支或爲與脂混,是得旁證所言,至於昔,無可設擬;但疑昔或與麥涓,或以清、耕與蒸、登不分故,而與職、德亂雜歟?

侯　厚　候
幽　黝　幼

上陰聲第七類。有注缺殘。宥注吕、李與候同,據以定吕尤、有、宥同於侯、厚、候。幼注杜與宥、候同,呂、夏侯別,故知呂有幽、黝、幼。陸《切韻·序》曰:"先、仙、尤、侯俱論是切。"尤、侯呂正不分,説合。

覃	感	勘	合
?	?	?	?（咸豏陷洽）
銜	檻	鑑	狎
?	?	?	?（添忝㮇怗）
侵	寢	沁	緝

上陽聲,入聲第四類,陽聲收-m,入聲收-p。按:六朝以上韻次舊第,入聲合、盍、洽、狎、豔、怗、緝七韻相次,正後世假定收-p類也。唐人本法言,別合、盍對之覃、談與陽、唐連次移庚、耕、清、青之前;倒緝對之侵於豔、怗對之鹽、添前;別洽、狎對之咸、銜於業、乏對之嚴、凡前,與蒸、登連次。是覃、談音變近陽、唐,陽、唐又變近庚、青,乃同位於庚前也。鹽、添、侵之顛倒正如青、庚之易爲庚、青。咸、銜之移嚴、凡前,必音近嚴、凡可知。王觀堂曰:

> 古音覃、談諸韻與侵、東近,亦與陽、唐近。《詩·大雅·桑柔》,瞻與相、臧、腸、狂韻。《商頌·殷武》,鹽、嚴、濫與遑韻。《楚辭·天問》,嚴與亡、饗、長韻。《急就篇》,談與陽、桑、讓、莊韻。《易林·屯·離》,《蠱·大壯》均以男與陽韻,《蒙·萃》以饞與香、嘗韻。是覃、談、陽、唐聲類本相近,後鹽、添、咸、銜、嚴、凡六部先分出而變爲閉口韻,而覃、談尚未盡變,故厠於陽、唐前而與鹽、添六部異處。此當是《聲類》、《韻集》以來已自如此,而唐人仍之,至李舟乃改正之耳(《唐人韻書覃、談在陽、唐前説》,《觀堂別集·後編》頁三)。

按:呂氏目有覃無談,敢注呂與檻同,是知談與銜同。洽注殘缺,不可考,故有無咸部不可知。豔注呂與梵同,故知呂無鹽部。豔注夏侯與㮇同,知夏侯有添部,而呂不可定;按:鹽既同於凡,是殆無添之故歟？覃、侵皆無注,如前支、模諸韻例推定也。如此,呂目或止覃、銜、侵三閉口韻,添後出與談、咸、鹽諸韻同爲各家增分,則略可考見其先後爲:

```
     覃        銜         侵 凡
     ┌┴┐     ┌┴┐       添  │
                        ┌─┴─┐
     覃 談 咸 銜 鹽 添 侵
```

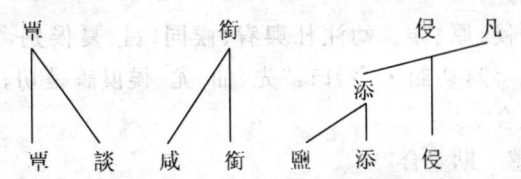

所謂覃、談本近陽、唐，實陽、唐本可近覃、談，覃、談變近於陽、唐，乃與他閉口韻異處。今且知鹽、添出自凡，凡與陽、唐本一類（下詳），則覃、談、陽、唐同列與鹽、添、嚴、凡分居，其因果適爲互相對應之關係矣；同時咸、銜移與蒸、登、嚴、凡爲次，又正似覃、談之與陽、唐爲次也。然則後世之閉口韻陽聲，其始惟覃（談）、咸（銜）、侵，後復增鹽、添、嚴、凡，而成李舟所列音類，世之察者可喻余言。

唐　蕩　宕　鐸
蒸　拯　證　識
登　等　嶝　德
嚴　广　儼[①]　業
凡　范　梵　乏

上陽聲，入聲第五類，陽聲今收-ŋ及-m，入聲今收-k及-p。按：王注末四韻無注，故悉列目。養、漾、藥注呂與蕩、宕、鐸同，知無陽、養、漾、藥。此類韻所附之聲，疑爲與-ŋ、-m以至-n及-k、-p以至-t易混近者，則陽聲當是鼻韻，入聲當是通聲[②]，如江浙方音是。愚嘗謂陰陽入對轉之橋爲鼻韻及所謂"促音"。今考唐以上韻目次第，顯然別列陽、唐、蒸、登、嚴、凡於末，自成一類；而唐代韻次，或同於-ŋ、-k類（陽、唐列鍾、江後），或同於-n、-t類（登列斤後），或同於-m、-p類（蒸列侵後），或同於-m、-p類而共近於-ŋ、-k類（覃、談、陽、唐連列於庚前）；至李舟而下位次始定，陽、唐在庚前，蒸、登在青後，嚴、凡居末。是六韻必與其列次之各韻有主要

[①] "儼"字據王仁昫《切韻》（敦煌本）收字立目，故宮本作"嚴"與平聲"嚴"字混而不辨。後世"儼"爲上聲，去聲用"釅"或用"㪍"。本文據王注而作，故用王目字而略變通，不與他韻同也。

[②] 詳《古陰陽入三聲攷》。

相同之韻讀，而所附之聲又必爲易混於各韻所異之聲者明矣。陽、唐初與覃、談同列在庚前，王仁昫次之於鍾、江。庚韻初當爲-aŋ，江韻當爲-ɒŋ，覃、談當爲-mɐ、-am，陽、唐必爲ã或ɔ̃以至ãŋ、ɔ̃ŋ、ãm、ɔ̃m，乃先後有此諸位次。蒸、登初與鹽、添爲次，鹽、添呂目本同於嚴、凡，王仁昫以登次斤，以蒸次侵，李舟並列蒸、登在清、青後。鹽、添自嚴、凡出，下論之。斤韻當爲-in 或-ən，侵韻當爲-im 或-əm，清、青韻李舟後當爲-iŋ 或-əŋ，蒸、登必爲ĩ或ə̃以至ĩŋ、ə̃ŋ、ĩm、ə̃m、ĩŋ、ə̃ŋ，乃先後有此諸位次。王仁昫韻庚、青之入爲隔(陌)、覓(錫，王青作冥，故入目作覓)，耕、清之入格(麥)、昔，不與同列，而位當唐時韻目職、德；果其有意(平之耕、清寫者未改)，是蒸、登音本可近耕、清(當顛倒爲清、耕)可知，亦即清、耕音變近於蒸、登也。今音-in 與-iŋ 大部方音不分，-im 又轉變爲-in，故蒸、登既近耕、清，亦可有與斤(殷)、侵相近之事實。嚴、凡始終居末，法言以降列咸、銜於其前，獨《韻鏡》及敦煌石室存殘五代刻本韻書列蒸、登於其後。呂氏目自王注知鹽、添韻實本與嚴、凡音近，謂鹽、添自嚴、凡出可也。鹽、添之立，必嚴、凡變近咸、銜所有現象。咸、銜韻當爲-ɛm 或-am，而嚴、凡韻必爲ɛ̃或ã以至ɛ̃m、ãm、ɛ̃n、ãn、ɛ̃ŋ、ãŋ。蒸、登音上已言之，唐代人位次蒸、登、咸、銜、嚴、凡相連，必爲ĩ、ɛ̃、ã、ə̃之相近也。故自嚴、凡出之嚴、添當爲-em，唐代韻目乃與侵連次在蒸、登前。今音實況，嚴、凡已隨侵、銜諸韻變入附-n 類。按之唐存舊入次序而論，則陽、唐、蒸、登、嚴、凡之次正自舌後降韻而舌後升韻，而舌中韻，而舌前升韻，而舌前降韻諸鼻韻之排列也。今呂目陽、唐只有唐；其蒸、登、嚴、凡，王仁昫無注，無由定其分合，然呂目大抵凡後世開合分列之韻類多不分，本考不得旁證未加併合，意者或亦蒸、登但有登，嚴、凡但有凡[①]；若曰呂

[①] 嚴在陸時上去猶缺，呂時有否亦是問題。自陸無嚴上去聲一點，可想見本只有凡耳。又今《廣韻》拯韻猶無反切，注取蒸上聲，亦可見蒸韻後出之迹。陸德明《經典釋文·條例》中云："又以'登'、'升'共爲一韻，'攻'、'公'分作兩音，如此之儔，恐非爲得。將來君子，幸留心焉"。更足徵登、蒸初合爲一之事實爲可信。

時列唐、登、凡三部爲一類,說當不謬。爲欲明辨音類,假定圖位,唐、登、凡三部分域,瞭如指掌;更設呂目諸陽聲位次,並書圖中,觀三部界區所囊括者,可以明法言以來各種別叙之理矣。

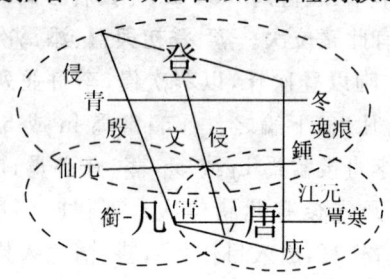

```
            登
      侵  ┌──┐      冬
      青  │  │      魂痕
    ┌─殷─文─侵─┼─鍾──┐
    │ 仙元    │ 江元 │
    │  衡─凡─青─唐─覃寒│
    └────庚────┘
```

夏侯詠《韻略》考目

東　董　送　屋
冬　　　宋　沃
鍾　腫　用　燭
江　講　絳　覺

上陽聲,入聲第一類,與呂氏目同,惟分東、冬爲異。東、冬分立,蓋自夏侯氏起。按:呂氏無東,於自《切韻》音定"本","變"韻之法頗致動搖。自呂氏有麻無歌,更無戈之事實,合而上推,益見今日論《切韻》音亦尚多問題,緣韻書自"隨音歸類"之意起,至於隋、唐而下是否不無"人爲分合"之事,固不得不省察也。自呂與夏侯之異同中,可得若干假設於四部先後分合之跡及古音家分部合併情形互相證論。余合——

(1) 王仁昫注冬、宋、沃陽休之與鍾、用、燭同;

(2) 王注冬無上聲,而《切韻》附"湩"字,腫韻不附董韻中;

(3) 王注呂董與腫同;

而知呂氏以前惟有鍾、江之分,此鍾、江即古音家之中、東部也。今取江有誥《諧聲表》東、冬(即中)所分配《切韻》目觀之,知鍾韻字原亦爲東、冬部古音(呂時以前)已變後所定,不過韻書之始只分鍾、江乃當古東、冬分別之遺痕也。

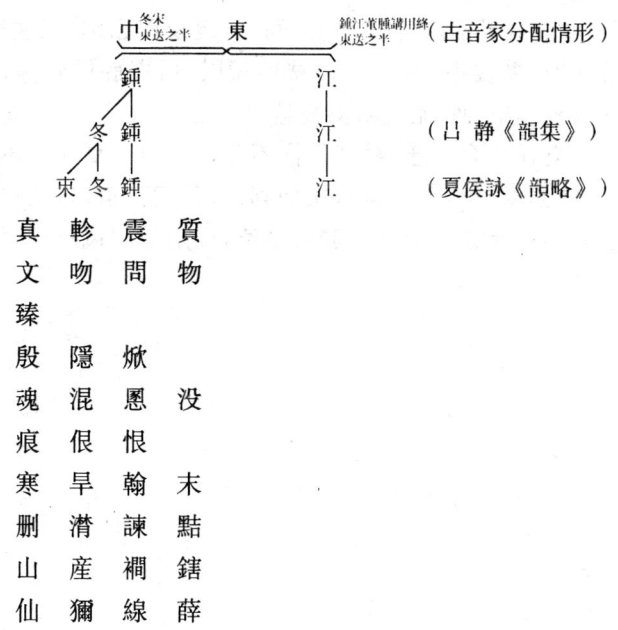

```
                 冬宋              鍾汀董腫講川絲
              中 東送之半  東      東送之半        (古音家分配情形)
                   鍾                       江
              冬    鍾                       江         (呂 静《韻集》)
           東 冬    鍾                       江         (夏侯詠《韻略》)
```

真	軫	震	質
文		吻	問	物
臻			
殷	隱		焮	
魂	混	恩	没
痕	佷	恨	
寒	旱	翰	末
删	潸	諫	黠
山	産	襇	鎋
仙	獮	線	薛

上陽聲,入聲第二類,與呂氏目同異互出。呂以真、文、臻合爲文,櫛、質同爲物,以質目當物目;夏侯分真、文、臻爲三,而櫛合於質。呂有殷、迄,無其上去;夏侯有殷及上去之隱、焮,而迄合於質。按:此四韻在呂目中説訖。今隱注夏侯與吻别,迄注與質同,合呂氏分合情形所表現者,真、諄、臻、文、殷之《切韻》韻目沿革當自文韻一類分出。呂有元,夏侯無,王注阮與混、佷同,願與恩别與恨同,月與没同,故知元同於魂、痕。

按:前四韻古音家真(先)部音,此三韻古音家文(諄)部音,寒以下古音家元(寒)部音;此元合於魂、痕,與今音異,與古音家分配亦殊。真部古音家以真、臻、先、軫、銑、震、霰及諄、準、稕之半當之,文部以文、殷、魂、痕、吻、隱、混、佷、問、焮、恩、恨及諄、準、稕之半當之,而元部以元、寒、桓、删、山、仙、阮、旱、緩、潸、産、獮、願、翰、換、諫、襇、線及先、銑、霰之一當之。然韻目次第自有其時代價值,或中古以還附-n之陽聲韻類爲此三組,不相混似,故如輕脣,舌上之古今不别而分辨於中世。呂以删合寒,夏侯別（王注潸與旱別），呂山有無不可知，夏侯與刪別（王注諫與襉別），呂有先，夏侯與仙同（王注銑與獮同，屑與薛同），陸法言《切韻·序》云："先、仙、尤、侯，俱論是切。"尤、侯不分，呂目正合；先、仙不分，夏侯正合。寒、桓陸韻尚不分，故於呂、夏侯皆不列；惟魂、痕應亦如寒、桓，因法言目次而列之，呂或無痕，依王注，夏侯時必已有矣。元、寒、仙三類韻目沿革，推定於次；並合文類韻沿革同列之：

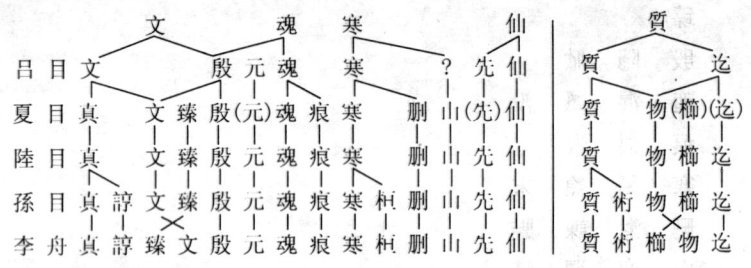

```
          文           魂 寒           仙        質
呂目  文       殷 元 魂 寒    ?  先 仙    質        迄
夏目  真   文 臻 殷(元)魂 痕 寒 刪 山(先)仙    質   物(櫛)(迄)
陸目  真   文 臻 殷 元 魂 痕 寒    刪 山 先 仙    質   物 櫛 迄
孫目  真 諄 文 臻 殷 元 魂 痕 寒 桓 刪 山 先 仙    質 術 物 櫛 迄
李舟  真 諄 臻 文 殷 元 魂 痕 寒 桓 刪 山 先 仙    質 術 櫛 物 迄
```

青　迥　徑
清　靜　勁　昔
耕　耿　諍　麥
庚　梗　　　陌

上陽聲，入聲第三類。錫注夏侯與陌同，靜注與迥別，耿注與梗、靖（靜）、迥並別，梗注缺殘不明，敬注與勁同與諍、徑別。呂氏但有青、迥、勁、昔，庚、梗、諍、麥二類，蓋夏侯始分析之，迄法言乃為四韻。按：錫韻呂同於昔、麥，而夏侯同於陌，顏之推譏呂分"益"、"石"為二章之失，其理於此可見。蓋錫既同於昔，又同於麥，必昔、麥間有穿錯，呂固不分，顏乃視為病也。夏侯去顏時不遠，錫與呂之合昔、麥者異，顏所審音當是夏侯氏時代以後者。

覃　感　勘　合
談　敢　闞　盍
咸　豏　陷　洽
銜　檻　鑑　狎
添　忝　㮇　怗

陸法言《切韻》以前的幾種韻書   219

侵　寑　沁　緝

上陽聲，入聲第四類。吕有銜無談，夏侯銜、談均有之。咸韻吕缺疑，王注洽韻下殘而不能明也；然陷韻下注夏侯與鑑别，合敢下注與檻别，故知夏侯談、咸、銜三韻分立。艷下注夏侯與添同，故知無鹽有添。吕目，注云艷同於梵，已斷其無鹽，且鹽本近於凡而添當亦無有。夏侯時代在吕後；自吕目狀況推言閉口陽聲韻初惟覃、銜、侵三部，迨夏侯時覃、談分衍爲覃、談、咸、銜，又自凡分添入於此類，合侵（覃、侵二韻無注，推定各家皆有之）則爲覃、談、咸、銜、添、侵之序。故自吕至夏侯而下，閉口韻先後情形，得更列次如下：

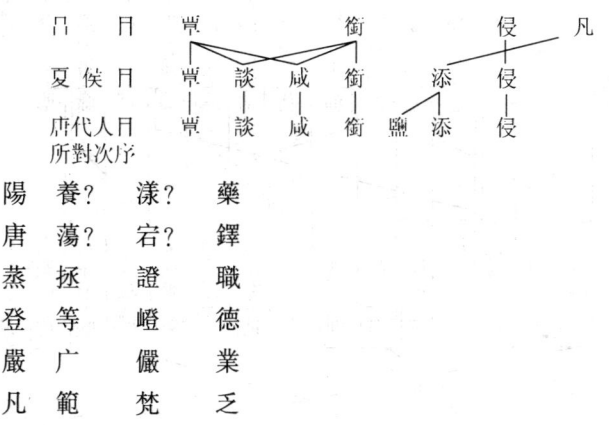

```
吕    目    覃          銜              侵    凡
夏侯  目    覃  談  咸  銜      添      侵
              談  咸  銜  鹽  添      侵
唐代人目    覃  談  咸  銜  鹽  添    侵
所對次序
```

陽　養？　漾？　藥
唐　蕩？　宕？　鐸
蒸　拯　　證　　職
登　等　　嶝　　德
嚴　广　　釅　　業
凡　範　　梵　　乏

上陽聲，入聲第五類。末四韻與吕同以王注無文，因悉列目；陽、唐、藥、鐸有别，養、蕩、漾、宕别否爲疑，見養韻下注云"夏侯在平聲陽、唐，入聲藥、鐸並别，上聲養、蕩爲疑"；漾下注云"夏侯在平聲陽、唐，入聲□□並别，去聲漾、宕爲疑"；藥下注云"吕、杜與鐸同，夏侯别"。按：吕無陽有唐，夏侯别陽、唐之平入，而上去尚未顯明分析；以前一類閉口韻例之，蓋本只有唐一部，後始分爲二，乃在夏侯時開其端也。合此諸例，蒸、登、嚴、凡初亦當爲登、凡二部，述吕静目時已言之。此類音讀説詳吕目下。兹並前二類表其分部列次變遷情形：

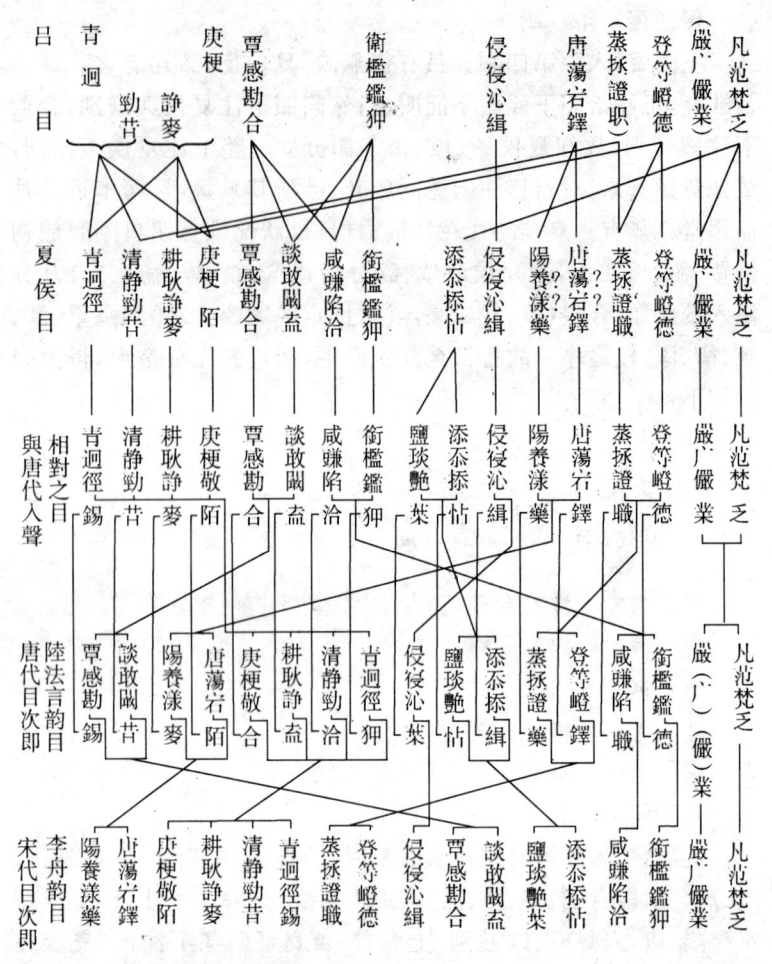

表中斜綫示更變狀況。

　　支　　紙　　寘[①]

---

① 呂目余以法言韻次分列，呂書是否陽入相貫，而次第又是否如法言目，固皆不可知。晉時"四聲"説猶未興，所考呂目雖得其概，皆以唐人規矩爲之繩墨，如古音家定周、秦韻部用唐韻目也，識者諒之。茲於夏侯目分陽陰二聲述之（入隨陽下），爲欲明聲類情形，而壹以法言次第爲準也。

脂　旨？
之　止？　志
微　尾　未

上陰聲第一類。王注脂下云"呂、夏侯與微韻大亂雜"；旨下云"夏侯與止疑"；至下云"夏侯與志同"。古音家於支、脂、之之分，自段茂堂辨之；隋、唐以來本已亂雜，故呂、夏侯皆然也。且夏侯旨與止疑，至與志同，脂又與微亂雜，是夏侯與呂或本又不同：呂脂、微分而相亂雜，夏侯乃竟無脂歟？

魚　語　御
虞　麌　遇
模　姥　暮

上陰聲第二類。語注呂與虞同，夏侯、陽、李、杜別，故知夏侯魚、虞、模當分爲三也。呂目惟虞、模二部。

齊　薺　霽
　　　　祭
　　　　泰
佳　蟹　卦
皆　駭
　　　　夬
灰？　賄？　隊？
咍？　海？　代？

上陰聲第三類第四類。齊、祭、泰、夬無注，推其與後世同。蟹注夏侯與駭別，故知其佳、皆爲二。怪注夏侯與泰同。按：佳、皆於目目無考，夏侯以怪合泰，是佳、皆始分爲二，而去猶未分，且泰近佳、皆之去，與法言近齊之去位霽前不同。賄、海注夏侯爲疑，隊、代亦注爲疑，是灰、咍之分當爲疑也，呂目有別。廢注夏侯與隊同，知或有灰、賄、隊而無咍、海、代。泰、廢本與祭、夬同無平上聲而夏侯混同於有平上聲之怪、隊，蓋古與入爲一類之去聲至是一變其性質矣。陰陽入之分錯亂於平上去入者，其始於呂、夏侯之際乎？

宵　小　笑

肴　巧　效

豪　晧　號

上陰聲第五類。篠注陽、李、夏侯與小同，嘯注陽、李、夏侯與笑同，與效同，知無蕭、篠、嘯。巧注呂與晧同，陽與篠、小同，夏侯並別，效注陽與嘯、笑同，夏侯、杜別，知宵、肴、豪分爲三（蕭、篠、嘯已知併於宵、小、笑）。

歌　哿　箇

麻　馬　禡

上陰聲第六類。箇注呂與禡同，夏侯別，故知歌、麻爲二。呂目下余說王仁昫合佳於歌、麻間，爲未分戈於歌以前事實；且呂只有麻，法言有歌、麻，則夏侯氏目實始之。

尤？　有？　宥？

侯？　厚？　候？

幽　黝　幼

上陰聲第七類。有注殘缺不明。宥注呂、李與候同，夏侯爲疑。幼注杜與宥、侯同，呂、夏侯別。自幼注知有幽；而尤、侯當並有，宥注云疑，言其分合也。此類呂目尤、侯不分，以魚、虞、模之呂有虞、模而夏侯增魚，及呂只有麻而夏侯增歌例之，夏侯固可尤、侯、幽分而爲三也。

*　　*　　*　　*

陽休之《韻略》考目

李季節《音韻》考目

杜臺卿《韻略》考目

上三家韻目，王仁昫注有缺略，茲於所缺加（）列之；陽、李、杜三格並行。

陽　　　　　　　　李　　　　　　　　杜

（東董送屋）　　（東董送屋）　　（東董送屋）

（一）　　　　　（冬　宋沃）　　　（冬　宋沃）

鍾腫用燭	（鍾腫用燭）	（鍾腫用燭）
江講絳覺	（江講絳覺）	（江講絳覺）
支紙寘	支紙寘	支紙寘
脂旨至	脂旨至	脂旨至
之止志	之止志	之止志
微尾未	微尾未	微尾未
魚語御	魚語御	魚語御
虞麌遇	虞麌遇	虞麌遇
模姥暮	模姥暮	模姥暮
齊薺霽	齊薺霽	齊薺霽
祭	祭	祭
泰	泰	泰
（佳蟹卦）		（佳蟹卦）
（皆駭怪）	皆駭怪（二）	皆駭怪
夬	夬	夬
（灰賄隊）		（灰賄隊）
（咍海代）	咍海代（三）	（咍海代）
（廢）	（廢）	（廢）
真軫震質（五）	（真軫震質）	真軫震質（五）
文吻問物	（文吻問物）	文吻問物
	（臻　櫛）（四）	
殷隱焮	（殷隱焮迄）	殷隱焮
	（元阮願月）	
魂混慁沒	（魂混慁沒）	魂混慁沒
痕很恨	（痕很恨）	痕很恨
（寒旱翰末）	（寒旱翰末）	（寒旱翰末）
（删潸諫黠）		（删潸諫黠）
	山産襉鎋	（山産襉鎋）
仙獮線薛（六）	仙獮線薛（六）	仙獮線薛（六）

		蕭篠嘯
宵小笑 （七）	宵小笑 （七）	宵小笑 （七）
	（肴巧効）	肴巧効
豪晧號	（豪晧號）	豪晧號
（歌哿箇）	（歌哿箇）	（歌哿箇）
（麻馬禡）	（麻馬禡）	（麻馬禡）
（青迥徑錫）	青迥徑 （八）	青迥徑 （八）
（清静勁昔）	昔	昔
（耕耿諍麥）		
	庚梗敬陌	庚梗敬陌
（庚梗敬陌）		
（尤有宥）		
（侯厚候）	侯厚候 （九）	侯厚候 （九）
（幽黝幼）	（幽黝幼）	
覃感勘 合	覃感勘合	覃感勘合
（談敢闞盍）	（談敢闞盍）	（談敢闞盍）
（咸豏陷洽）		（咸豏陷洽）
（銜檻鑑狎）	銜檻鑑狎 （十）	（銜檻鑑狎）
（鹽琰艷葉）	（鹽琰艷葉）	（鹽琰艷葉）
（添忝㮇怗）	（添忝㮇怗）	（添忝㮇怗）
侵寢沁 緝	侵寢沁 緝	侵寢沁 緝
（陽養漾藥）	（陽養漾藥）	
（唐蕩宕鐸）	（唐蕩宕鐸）	唐蕩宕鐸 （十一）
蒸拯證職	蒸拯證職	蒸拯證職
登等嶝德	登等嶝德	登等嶝德
嚴广儼業	嚴广儼業	嚴广儼業
凡范梵乏	凡范梵乏	凡范梵乏

（一）冬注陽與鍾、江同，宋注陽與用、絳同，沃注陽與燭同，故知陽無冬、宋、沃，合之呂無東、董、送、屋，適相映照。陽有無東、董、送、屋不可知，然或有之，即如呂之有冬、宋、沃也；若無，與余於夏侯目下所論者正合。

（二）蟹注李與駭同，以上推平去，故知李無佳、蟹、卦。

（三）賄注李與海同，隊注李與代同，以上去推平，故知李無灰、賄、隊。

（四）臻注呂、楊（陽譌）、杜與真同韻，夏侯別，櫛注呂、夏侯與質同，是惟夏侯於平聲分出臻韻，入聲仍無櫛韻也，陽、杜既不分真、臻爲二，質、櫛當亦相合。諸家悉無臻、櫛，或有之亦僅始劃其陽聲耳，然則李氏雖未見注其有無，謂之不立臻、櫛，抑何不可？

（五）自真至痕，悉依夏侯目推定陽、杜二家與之相同。真注呂與文同，夏侯、陽、杜別。隱注呂與吻同，夏侯別。阮注夏侯、陽、杜與混、佷同。願注夏侯與恩別與恨同。迄注夏侯與質同。月注夏侯與沒同。真、阮皆以夏侯、陽、杜並舉，故隱、願、迄、月得以夏侯目假定推之也。

（六）產注陽與銑、獮同。銑注夏侯、陽、杜與獮同。諫注李與襇同。霰注陽、李、夏侯與線同，夏侯與□同，呂、杜並別。屑注李、夏侯與薛同。故知陽、李皆無先、銑、霰、屑，李有山無刪，陽又無山，而杜雖有霰、線之別，當從銑注推其亦無先、銑、霰、屑也。

（七）篠注陽、李、夏侯與小同，呂、杜別。巧注呂與晧同，陽與篠、小同，夏侯並別。嘯注陽、李、夏侯與笑同，夏侯與効同，呂、杜並別。効注陽與嘯、笑同，夏侯、杜別。故知陽、李皆無蕭、篠、嘯，陽又無肴、巧、効。蕭、宵、肴、豪分而爲四，備於杜氏。陽氏僅有宵、豪。李有缺疑，置不論。

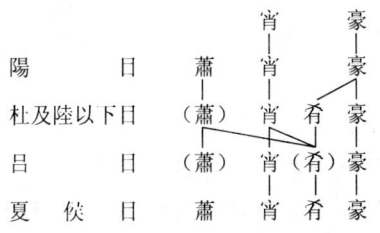

		宵	豪
陽 曰	蕭	宵	豪
杜及陸以下曰	（蕭）	宵 肴	豪
呂 曰	（蕭）	宵（肴）	豪
夏 侯 曰	蕭	宵 肴	豪

以陽、杜合呂、夏侯而觀之，知此四部，初或本爲宵、豪二部，

陽氏目即其遺痕；迨後或別出蕭（呂目），或別出肴（呂、夏侯、李目）；杜氏以下並分蕭、肴，乃爲四部。蕭蓋自宵出，而肴以諸家分合知有自豪及宵兩出者。

（八）自青至庚，據注耿李、杜與梗、迥同，推平去入無耕、諍、麥；又錫注李與昔同，推其與呂目同，當是以昔爲青之入也；杜同於李，故並不列清、靜、勁、耕、耿、諍、麥。按：呂目青、庚二部平上配清、耕二部去入，此二氏青部平上去配清部入，與庚部並列爲二，皆足窺見此類初分爲二韻也。夏侯目下有此四部分部列次變遞表，此目情形蓋介乎呂、夏侯兩種分合之間者也。

（九）有注李與厚同否適殘缺。按：宥注呂、李與候同，故知尤、有皆爲與侯、厚同，李乃無尤、有、宥。幼注杜與宥、候同，故知杜無幽、黝、幼。呂目無尤、有、宥，李氏相同，是法言以前習見者。杜無幽、黝、幼，是尤、侯已分而幽反混入尤、侯之徵，往來變化有如蕭、宵、肴、豪也。

（十）陷注李與鑑同，洽注缺不可知，自陷注推知李無咸、賺、陷、洽，有銜、檻、鑑、狎。

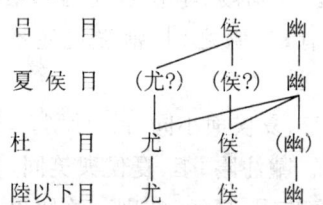

```
呂  目            侯    幽
夏侯目   (尤?)  (侯?)
杜  目    尤     侯    (幽)
陸以下目   尤    侯     幽
```

（十一）藥注呂、杜與鐸同，而養、漾注中不及杜，有呂養與蕩同及漾與宕同語。自藥注合養、漾注推之，定杜無陽、養、漾、藥。

寫五家韻目竟，冥然若得二三事，觸於意想，恍然若此二三事貫於形識。二三事者：

一，疑前人治古音以《廣韻》部次斤斤辨析爲非真；

二，惑近人治《切韻》時代音，以《廣韻》部次斤斤辨析爲非真；

三，稔吾人治古今音系，可以《切韻》爲升降變遞之階，而篤信之者爲非真。

至於韻目標字，其始聲類平上去入當成一貫；如："東、董、送、屋"，"送"、"屋"初必與"東"、"董"聲同，考稽聲紐者所宜撢疏也。考中依《切韻》目定其分合，間有不相屬者，無由易正矣（如：呂目中之文對質等是）。若五家時地，專文詳之。

　　余既獲讀劉半農先生敦煌本王仁昫韻抄本，足成五代刻本韻書跋，更因其韻目小注爲此考云。

1931年冬十月，獨後來堂。
原載《國學季刊》1932年第2期

論《切韻》系的韻書

——《十韻彙編·序》

現在流傳的韻書編制的根本是以"四聲"分字。"四聲"之説一直到六朝時候的宋、齊以後才通行,可是説到韻書的開始却又都要稱道三國時魏左校令李登的《聲類》和晋時安復令吕静的《韻集》。李登、吕静的書,我們只看見後來注疏家引用他們關於文字訓解的文句,可惜没有一個地方可以看出原書部類編制果與現在韻書相同。就是有的記載,也不過説是"以五聲命字"(封演《聞見記》、《魏書·江式傳》),究竟與四聲相合不相合還不能詳細知道(顏之推《家訓·音辭篇》曾具體説出:《韻集》"成"、"仍"、"宏"、"登"合成兩韻,"爲"、"奇"、"益"、"石"分作四章。《聲類》以"系"音"羿",加以批評,也還不足以表示出他們的關係)。劉善經獨用李槩(原作李節,槩本字季節,陸法言《切韻·序》即用其字,今改稱槩名。)《音韻決疑·序》(原作《音譜決疑·序》,按:《隋書·經籍志》有槩《脩續音韻決疑》十四卷,又《音譜》四卷,此蓋《音韻決疑》之筆誤,依《隋志》改之。)的主張,以爲《周禮》商不合律,證明五聲即是四聲(文見日本空海《文鏡秘府論》引録劉氏《四聲論》)。《音韻決疑·序》裏説:

> 案:《周禮》凡樂圜鐘爲宫,黄鐘爲角,太族爲徵,姑洗爲羽,商不合律,蓋與宫同聲也。五行則火土同位,五音則宫商同律,闇與理合,不甚然乎?吕静之撰《韻集》,分取无方。王(微)之製《鴻寶》,詠歌少驗。平上去入,出行閭里,沈約取以和聲,律吕相合。竊謂宫商徵羽角即四聲也;羽讀如括羽之羽,(以)之和同,以(推)群音,無所不盡。豈其藏理萬古,而未改於先悟者乎?(原文多訛,從儲皖峰君説,"徵"改"微","亦"改"以","拉"改"推","律"上删衍文"之"字。)

這所謂吕静"分取无方",王微"詠歌少驗",大約是那時用的五聲分别字類,與聲調無關;雖聲調早已"出行閭里",却不用來貫穿文字的部居，文士製作對於聲調也是"得者闇與理合，失者莫識所由，但知未安而已"。永明時候的幾位文學家在文藝技術上有了深切巧妙的體會，把四聲的名目給定出了，把"平"、"上"、"去"、"入"的次序給排好了，在文學上才開了一個聲律的新世界。我們拿後來的事情與這個現象打比喻，就顯然可以明白。現在通行的戲曲文學本起自民間，民間的文藝只有當時當地的自然表現，不會因襲造作。這種戲曲中的語言絕對不與唐、宋間文字相同了，語法固然變遷了，語音更有極大的差別。元時周德清歸納出一些系統，做成一部《中原音韻》，平分"陰"、"陽"，"入"派三聲。這種平上去入的名目，固然是齊、梁以來的舊稱，可是其中的分配關係已經是另一回事了；直至現在的國音還在這一個系統裏。我們覺得平上去入四聲之與宮商角徵羽五聲不同，猶如《中原音韻》的陰陽上去四聲之與平上去入四聲不同一樣。向來各家說沈約撰韻，有一部《四聲譜》，後來人就將現行的韻書當做他的遺制，這個誤解陳澧《切韻考·通論》裏辨的很明白了。我看日本沙門空海做的《文鏡秘府論》，闡明齊、梁聲律，傳存中土舊文，書中首有"調四聲譜"，才該是沈約的。這"四聲譜"在日本另一沙門安然著的《悉曇藏》裏也引了。空海所引書又有《四聲論》，即是劉善經的《四聲指歸》，文中云：

宋末以來，始有四聲之目，沈氏乃著其譜，論云起自周顒。

空海自序《文鏡秘府論》云：

貧道幼就表舅，頗學藻麗，長入西秦，粗聽餘論；雖然志篤禪默，不屑此事，爰有一多後生，扣閑寂於文圃，撞詞華乎詩圃，音響難默，披卷函杖，即閱諸家格式等，勘彼同異，卷軸雖多，要樞則少，名異義同，繁穢尤甚。余癖難療，即事刀筆，削其重複，存其單號，總有一十五種類：謂《聲譜》、《調聲》、《八種韻》、《四聲論》、《十七勢》、《十四例》、《六義》、《十體》、《八階》、《六志》、《二十九種對文》、《三十種病》、《十種疾論》、《文意論》、《對屬》等是也……

《聲譜》當然是空海筆削諸家重複所存留的"單號";而且這個"單號"必當是削存的沈約之作。撰集文字的韻書自然另外有的,沈氏要表揚四聲就不必做撰集文字的韻書。"調四聲譜"的內容只是幾個例字,爲了教人記憶,配定了四方。"調四聲譜"曰:

東方平聲　平伻病別

南方上聲　常上尚朽（《悉曇藏》朽作勺。）

西方去聲　祛麩去刻（《悉曇藏》刻作丞。）

北方入聲　壬袵任入（《悉曇藏》壬作任,袵作茬,任作袵。）

凡四字一紐,或六字總歸一紐。（《悉曇藏》作"凡四聲字爲紐,或六字總歸一入。"）

皇晃璜　鑊　禾禍和（《悉曇藏》璜作講。）

傍旁徬　薄　婆潑紴（《悉曇藏》徬作紡,潑作菝,紴作破。）

光廣侊　郭　戈果過

荒恍侊　霍　和火貨（《悉曇藏》侊作怳,和作吷。）

上三字,下三字,紐屬中央一字,是故名爲總歸一入。四聲紐字配爲雙聲疊韻如後:（《悉曇藏》無下一句）

郎朗浪落（《悉曇藏》落作洛。）　黎禮麗捩

剛啊鋼各　笄伒計結

羊養恙藥（《悉曇藏》恙作漾。）　夷以異逸（《悉曇藏》夷、以、異作頤、貤、易。）

鄉響向謔　奚箖唼纈（《悉曇藏》唼作㷄,纈作黠。）

良兩亮略　離邐荔栗（《悉曇藏》邐、荔作邐、儷。）

張長悵著（《悉曇藏》悵作服。）　知伽智窒

凡四聲竪讀爲紐,橫讀爲韻,亦當行下四字配上四字即爲雙聲。若解此法,即解反音法。反音法有二種:一紐聲反音,二雙聲反音;一切反音有此法也。

綺琴　良首　書林

欽伎　柳觿　深廬

釋曰：豎讀二字互相返也；傍讀轉氣爲雙聲；結角讀之爲叠韻。曰綺琴，云欽伎，互相反也；綺欽琴伎兩雙聲；欽琴綺伎二叠韻：上諧則氣類均調，下正則宮商韻切，持綱舉目，庶類同然。

用平上去入相貫編製韻書，看來還不過是這"調四聲譜"裏的一種"四字一紐"之法，當時又有"六字總歸一入"和"陽聲四字陰聲四字相配"的辦法。向來研究近代音的人將入聲配在陽聲下，研究古音的人將入聲合在陰聲裏，好像都只是一部分的辦法，却沒有包括整個的現象了。論音的書很多，對於這個問題弄得"治絲益棼"，教人涽惑的不能清楚。《文鏡秘府論》中"調聲"一節下引元氏（按：元兢）的話：

聲有五聲，角徵宮商羽也，分於文字四聲，平上去入也。宮商爲平聲，徵爲上聲，羽爲去聲，角爲入聲。……

元氏所謂"'分'於文字四聲"，就得有個"分"的人，平上去入才會與宮商徵羽角有了固定的配合；宮商角徵羽原本是樂律上音程高低簡單標準的名稱，與平上去入性質不同（請參看劉復博士的《四聲實驗錄》第20節講四聲的基本條件語，和第51、52、53、54等節）。李棨也說是"出行閭里，沈約取以和聲，律呂相合"。四聲如果就是五聲，這裏便不當這樣講法。"五聲命字"未必是律呂的應用，猶之四聲分配五方不必是某聲定是某方一樣。沈約答甄思伯書云：

昔神農重八卦，卦無不純；立八象，象無不象；但能作詩無四聲之患，則同諸四象。四象既立，萬象生焉；四聲既用，群聲類焉。經典史籍唯有五聲，而無四聲，然則四聲之用何傷五聲也？五聲者，宮商角徵羽，上下相應，則樂聲和矣。君臣民事物，五者相得，則國家治矣。作五言詩者，善用四聲，則諷詠而流靡；能達八體，則陸離而華潔，明各有所施，不相妨廢。昔周、孔所以不論四聲者，正以春爲陽中，德澤不偏，即平聲之象；夏草木茂盛，炎熾如火，即上聲之象；秋霜凝木落，去根離本，即去聲之象；冬天地閉藏，萬物盡收，即入聲之象：以其四時之中合有其義，故不櫺出之耳。是以《中庸》云，

"聖人有所以不知,匹夫匹婦猶有所知焉";斯之謂也。(《文鏡秘府論·四聲論》中引錄。)

沈氏所謂"上下相應,則樂聲和",自然是音律的解釋;而所謂"經典史籍唯有五聲",就顯然表示五聲並不與四聲是一回事了。如果四聲就是五聲,到了周顒、沈約之流何必要別出名目呢?《隋書·潘徽傳》説:

李登《聲類》始判清濁,纔分宮商。

唐封演《聞見記》云:

魏時有李登者,撰《聲類》十卷,以五聲命字,不立諸部。

我覺得"不立諸部",便是没有以四聲爲韻類分別;而"纔分宮商"之意,乃是始有以音分別字類的辦法,但不一定是以韻分,更不一定是以四聲分。韻書之興在有反切之後。"切韻"的名目又在梵文入東土之後。初有反切没有"字母"的名目,也該還没有"韻部"、"四聲"的名目。用"聲類"或"韻集"名書,就是"始判清濁,纔分宮商"的意思。劉善經舉了鍾嶸、甄思伯、蕭衍不識四聲的例子。我們可以相信也是"四聲"與"韻部"標準不相關的緣故。如果説他們不懂得周、沈所新排定的四聲,四聲的實質原是知道的;那我們就得説原有五聲便是四聲,不過換了名目罷了。五聲若與四聲相當,即使改換了新名目,却不應該不解了。我疑惑五聲之説那時也許本不很尋常。我們知道漢語漢字的聲調是絕對重要的最後因素,當然現在也還是"出行閭里",可是真懂得的人並不多。"陰"、"陽"、"上"、"去"的四聲與"平"、"上"、"去"、"入"的四聲能分別其中關係的人就很少,又何足怪初起四聲之説的時候要拿去附會五聲呢?附會的人是將"宮"、"商"、"徵"、"羽"、"角"五字與"平"、"上"、"去"、"入"四字對照分配的。其實五聲的次序本是"宮"、"商"、"角"、"徵"、"羽"。李槩《音韻決疑·序》乃竟特別將"羽"注讀括羽之羽,而商又以不合律除外,才能配成了平上去入。五音律呂的高低標準是:

羽 徵 角 商 宮

《淮南子·天文訓》以上的書裏配五方的情形是:

東　南　西　北　中
角　徵　商　羽　宮

而《四聲譜》的分配四聲四方是：

東　南　西　北
平　上　去　入

照元兢、李槩説，宮商是平，徵是上，羽是去，角是入，與上面參合來看，如以《四聲譜》爲準，就應當是：

東　南　西　北
宮商　徵　羽　角

如以《淮南子·天文訓》説爲主，便是：

東　南　西　北　中
入　上　平　去　平

如以音律高低爲主，就是：

羽　徵　角　商　宮
去　上　入　平　平　　元兢、李槩説
西　南　北　東　東　　《四聲譜》
北　南　東　西　中　　《淮南子·天文訓》

這顯然是兩個標準。我們如果將五音高低標準的次序做中心去看字的音素，很明白的是：

陰聲　入聲　陽聲
羽、徵　角　商、宮

再看他與聲調對照的排列，就成了——

陰聲　入聲　陽聲
羽、徵　角　商、宮
上、上　入　平、平

我是以李槩特別説明羽讀括羽的緣故，反過來還取其上聲。這不過是一種偶然的現象，五聲的例字恰巧分配成"陰"、"陽"、"入"三聲，而陰聲只包括了上聲，陽聲包括了平聲。按着元、明以來聲調演變的現象，也可以明白這應該是更早一點的聲調變化的痕跡。我們要提出一個假設給主張五聲就是四聲的學者做參考：

周、沈以來的四聲與李、呂的五聲縱然不是音素上的差異，在聲調上也決然不能那樣直接相等。所以，《四聲論》叙陽休之著韻云：

> 齊僕射陽休之，當世文匠也，乃以音有楚、夏，韻有訛切，辭人代用，今古不同；遂辨其尤相涉者五十六韻，科以四聲，名曰《韻略》，制作之士，咸取則焉。後世晚學，所賴多矣。

陽休之辨方俗古今之訛而"科以四聲"，可見以四聲著韻之與以五聲分字是不相同的了。李槩竟至譏呂靜"分取無方"，又安知不是呂靜的五聲分字與後來四聲分韻的出入呢？李槩所謂"分取無方"的地方，又豈非聲調先後變遷的痕跡呢？四聲之説起了以後，五聲之義變了，而中國文字音類古今標準就隔絶了！李登、呂靜的書雖不可得見了，這樣來解説，我想不全中却也差不遠了。這樣，李槩才可以拿來與四聲相提並論，去譏評"分取無方"；陸法言才可以和夏侯詠、陽休之諸家韻書一齊言其得失（《四聲論》與《切韻·序》）。而且，《四聲譜》又有"六字歸一紐"的例子，如用音素標準來説，分配情形是：

皇晃璜　鑊　　禾禍和
宮商　　角　　徵羽
陽聲　　入聲　陰聲
平上去　入　　平上去

現行《廣韻》的東、真、侵諸韻，正是上三字的一類；支、蕭、尤諸韻，正是下三字一類；屋、質、緝諸韻，正是中一字的一類。我們了解了清代考定的古音陰陽入三聲，和宋、齊以來新立的今音平上去入四聲，與魏、晉作者分字之宮商角徵羽五聲，各有意義，可並不相衝突；那末，現在傳流的韻書大家都説是起始於李登《聲類》、呂靜《韻集》，而編制的根本又是以"四聲"分字，這個問題就可以得到比較滿意的解釋了。

第二步，我們對韻書起始於李登、呂靜時代的道理該討論一下。中國的文化是許多複雜的來源積纍融合起來的。現在最古的文字没有再比商代早的。究竟商人自己造的呢？還是他們有所承襲的呢？文獻不足，姑且存疑。至於商、周之際，文物制度不全同而有所因,文字的應用上更加看得出來,上下相沿像索練的連結着;從商到漢,中間經周和秦,雖然形體的結構上變化很大,可是寫字的法則大略相同。我們知道:語言在文字之先,文字便於寫形,形狀是能象的,聲音却難寫出;因爲創字發動於繪畫,作用只在乎記載印象,手眼照應,用不着聲音。事物的形象沒有兩樣,畫出可以大家了解;各方的語言萬千不同,文字難得表出語言;當時商人所通用,周、秦人可以承襲下來,由手不由口。最早的時候,許還有看着字形而念字義的呢。商與周之間,離開初有文字已經遠了,假借一個字來標音的例子實在不少(所謂同音假借);這樣,文字還是以手眼相傳下去,又各隨了當時當地的音變讀下去,是可以想象的。春秋戰國以後,文物在大變動中,到秦代幾於中斷,賴有漢世儒生傳而保存下來,真是不絕如縷。這時大抵通行了隸、草,形體漸漸有了省改,諧聲系統一天一天的孳乳,語言成了"單音"的形式,讀音趨入劃一的軌道,於是一個字一個音,一個音一個語,實際文字語言分了家!班固《漢書·藝文志》著録"小學"的書算是最早,才有十家,都是文字語言分歧以後的纂輯,"六藝羣書所載略備"而已。這類記録文字的書又叫"蒼學",而《爾雅》不在"小學"之列,歸入"經學"。等到許慎著《説文解字》,才把文字訓詁合而爲一,兼有"蒼"、"雅"兩方的體制,成立了"形"、"音"、"義"同條共貫的文字學。這著作的成功,實因爲許氏整理的是當時比較固定而幾於衰歇的古文字;那一方面演變寖盛的隸書却活躍的很,可以繫維得住這些文字的中心就只在形聲之制了。文字未變化到隸書的時候,"亥"、"豕"、"魯"、"魚"已有了形似的譌誤;經過草書的發達,書法漸漸成了漢字的藝術,"使轉"、"鉤連"更沒有辨別類從的標準,通俗習慣又各自任意增損,教人越發迷亂:本來較古的時候簡篇累重,文字不易遍傳;及至紙筆進化了,家家可以藏書,"寫副"的風氣大行;訓纂文字的書既被書勢縈亂了形類,分部的方法自然除去"依音爲綱"沒有別路可走了。中國文字注音方式,同音假借在形聲系統以前,漢人就重用"音訓",並行"讀若",開"直音"之端。音聲一天繁似一天,原有文字讀音不够摹擬,漸漸走向了用兩字"反切"一字的道路。吾師錢玄同先生論兩漢音曰:"周秦以聲母爲標準之法,至此期已完全不適用。而字音任情變易,則妨碍甚多,故韻書興焉。作韻書者,逐字定音,記以反切,此與今之希望國音統一者命意相似。……"謹按,先生只説了韻書之所以起,而未言反切之所以起。反切的起始,向來説是由於孫炎《爾雅音義》,章太炎先生考證出應劭注《漢書》已用反切。今按唐慧琳《一切經音義》景審《序》云:

　　古來音反多以傍紐,而爲雙聲,始自服虔,元無定旨。
又日本安然《悉曇藏》引武元之《韻詮・反音例》云:

　　服虔始作反音,亦不諳(?)定;臣謹以口聲爲證。

服虔更在應劭之前,總之是應該在東漢末年。東漢末年,梵文早入了中土,中國儒者用反切注音分析音素的知識該是受這種外來的影響。《高僧傳》:

　　攝摩騰本中天竺人。……逮漢永平中,明皇帝夜夢金人飛空而至;乃大集群臣以占所夢。通人傅毅奉答:"臣聞西域有神,其名曰佛,陛下所夢將必是乎?"帝以爲然,即遣郎中蔡愔,博士弟子秦景等,使往天竺尋訪佛法。愔等於彼遇見摩騰,乃要還漢地。騰誓志弘通,不憚疲苦,冒涉流沙,至乎雒邑。明帝甚加賞接,於城西門外立精舍以處之。漢地有沙門之始也。……後少時卒雒陽。有記云,騰譯《四十二章經》一卷,初緘在蘭臺石室第十四間中。……

攝摩騰譯經之説姑不取信,至於天竺人入中土之始却是可據。漢明帝永平年間當公曆58年至75年,蔡愔西行求佛法是65年,摩騰東來之年是67年。摩騰同來還有竺法蘭,《高僧傳》説他能漢言,譯了許多經:

　　少時便善漢言,愔於西域獲經,即爲翻譯,所謂《十地斷結》、《佛本生》、《法海藏》、《佛本行》、《四十二章》等五部。移都寇亂,四部失本,不傳江左;唯《四十二章經》今見在,可二千餘言。漢地見存諸經,唯此爲始也。……

其後安清(世高)"以漢桓之初,始到中夏,才悟機敏,一聞能達,至止未久,即通習華言;於是宣譯眾經,改梵爲漢,出《安般守意》、《陰持入經》、大、小《十二門》,及《百六十品》。"(《高僧傳·安清傳》。按:世高譯經在桓帝建和二年,公曆148年,距攝摩騰、竺法蘭之來已有了七十七年。)安公以外,這七十七年之間及其後,還有許多傳譯梵漢的人,《高僧傳·支讖傳》云:

　　支婁迦讖,亦直云支讖,本月支人。……漢靈帝時於雒陽,以光和中平之間傳譯梵文,出《般若道行》、《般舟》、《首楞嚴》等三經,又有《阿闍王》、《寶積》等十餘部經,歲久無錄。安公校定古今,精尋文體,云:"似讖所出,凡此諸經,皆審得本旨,了不加飾,可謂善宣法要,弘道之士也。"……

　　天竺沙門竺佛朔,亦漢靈之時齎《道行經》,來適雒陽,即轉梵爲漢;譯人時滯,雖有失旨,然棄文存質,深得經意。朔又以光和二年於雒陽出《般舟三昧》,讖爲傳言,河南雒陽孟福、張蓮筆受。

　　優婆塞安玄,安息國人。……亦以漢靈之末遊賞雒陽,以功號曰騎都尉。……漸解漢言,志宣經典,常與沙門講論道義,世所謂都尉者也。玄與沙門嚴佛調共出《法鏡經》。玄口譯梵文,佛調筆受,理得音正,盡經微旨,郢匠之美,見述後代。調本臨淮人,綺年穎悟,敏而好學。世稱安侯、都尉、佛調三人傳譯,號爲難繼。……安公稱佛調出經,省而不煩,全本巧妙。

　　沙門支曜、康巨、康孟詳等,並以漢靈、獻之間,有慧學之譽,馳於京、雒。曜譯《成具定意經》及《小本起》等;巨譯《問地獄事經》,並言直理旨,不加潤飾。孟詳譯《中本起》及《修行本起》。先是,沙門曇果於迦維羅衞國得梵本,孟詳共竺大力譯爲漢文。安公云,孟詳所出,奕奕流便,足騰玄趣也。

漢靈帝、獻帝的時候,當公曆168年至220年間,安世高、支讖、竺佛朔、安玄、嚴佛調、支曜、康巨、康孟詳輩就在這期間於雒陽譯經,服虔、應劭正是靈、獻兩帝時人;梵語之分"摩多"、"體文",譯事上不能沒有影響,反切的辦法是不是由這裏變化出來的，頗可注意。服、應之用反音至少可說是梵語譯漢以後的事。無論反切之法有沒有受梵文影響而發生，可是漢桓、靈以後譯經之事繼起，中國文字之書又已無法以形爲綱了，兩種事實的趨勢，揆情度時，到魏、晉之間自然可以有李登、呂靜出來編《聲類》、《韻集》一類的韻書了。

韻書的產生，在編錄文字的作用上說，僅是普通的字書；從分部別紐的編錄方法上說，就是中國聲韻學的史料。這種聲韻學史料很真實的存留了中古以來的漢字聲韻狀況。其製作的方式當然出不了客觀與主觀的兩種辦法。這兩種辦法表現的是兩個方面：一種是以漢字古今相沿的正則讀音爲主；一種是以當時當地漢字的讀音爲主。從魏、晉向後，韻書的著述本來很多，大半是"各有土風，遞相非笑"（顏之推《家訓·音辭篇》語）。正是因爲便俗檢字，所以各隨土風。他方面"酌古沿今"，"折衷南北"，在"是非"、"通塞"之間，加以"捃選"、"除削"，就有些"讀音統一"的意味。因此，向下傳流，一派是正統的韻書，一派是通俗的韻書。這是從編制性質上說韻書的分類。史籍所記和今日所見的韻書，若從這個觀點來分，實在困難。困難之故約有兩點：

① 記載疏亂不足考據；

② 實證零星無由判別。

所謂"記載疏亂不足考據"，就像隋、唐、宋史志所記小學書類，何者爲韻書，何者非韻書，往往難得分辨；孰先孰後，也很凌雜；既見著錄多半散佚，旁考他書稱引而未見著錄的卻又不少。我們姑且綜合記錄在下面：（略用書名有"音"、"聲"、"韻"字樣的爲標準。）

（一）書名中有"音"字的：（"音韻"、"五音"字樣合入。）

（a）著者無考的：

《音書考源》一卷（《隋志》、宋鄭樵《通志·藝文略》載。）

《音書》（唐慧琳《一切經音義》引。）

《異字同音》一卷（《隋志》、《通志·藝文略》載。）

《字書音同異》一卷（《隋志》載。）

《叙同音義》三卷（《隋志》載。《通志·藝文略》作《叙同音》。）

《雜字音》一卷（《隋志》載。）

《借音字》一卷（《隋志》載。）

《音譜》（慧琳《音義》引。遼希麟《續一切經音義》引。）

《文章音韻》（《七錄》載。）

《七音韻鑑》（宋鄭樵《通志·七音略》所依據，《序》云是胡僧之作。）

(b) 著者可考的：

《文字音》七卷 晉蕩昌令王延撰（《隋志》載。《通志·藝文略》作《雜文字音》。）

《文章音韻》二卷 梁王該撰（《隋志·注》、《通志·藝文略》載。謝啓昆《小學考》引《七錄》爲無名氏作。）

《五音韻》五卷 梁王該撰（《隋志·注》）

《脩續音韻決疑》十四卷 李槩撰（《隋志》、《通志·藝文略》載。）

《音韻決疑》李節撰（日本僧空海《文鏡秘府論·四聲論》引，當即爲前一書。）

《音譜》四卷 李槩撰（《隋志》、《通志·藝文略》載。陸法言《切韻·序》作李季節。）

《辨嫌音》二卷 陽休之撰（《新唐志》、《通志·藝文略》載。《通志》作一卷。）

《證俗音》三卷 張推撰（《通志·藝文略》載。）

《證俗音略》一卷 顏愍楚撰（《通志·藝文略》載。）

《音韻》二十卷 蕭鈞撰（《新唐志》、《通志·藝文略》載。《唐志》作《韻音》。《唐書·蕭瑀傳》作《韻旨》。）

《音韻》周思言撰（陸法言《切韻·序》載，敦煌寫本陸《序》不載。謝啓昆以爲即周研。）

《五音圖式》遼僧行均撰（智光《龍龕手鏡·序》載。）

《五音切韻樞》柳曜撰（《通志·藝文略》載。）

《五音廣韻》五卷 吳鉉撰（《通志·藝文略》載。不知與《重定切韻》爲一書否。）

《五音集韻》十五卷 金韓道昭撰

《五音韻鏡》一卷 釋元冲撰（《宋志》載）

《五音聲論》沙門神珙撰（《玉篇》卷末載。）

《七音略》鄭樵撰（《通志》載）

（二）書名中有"聲"字的：（"四聲"字樣合入。）

(a) 著者無考的：

《考聲》(慧琳《音義》引,或即爲張戩書。希麟《續音義》引。)

《聲類》(慧琳《音義》引,或即爲李登書。希麟《續音義》引。)

《聲韻圖》一卷 (《宋志》、《通志·藝文略》,《玉海》引《國史志》載。《玉海》又引《崇文總目》有作夏竦撰一種。)

《字母圖》(《玉海》云"舒知雄獻《字母圖》"。)

(b) 著者可考的：

《聲韻》四十一卷 周研撰 (《隋志》、《通志·藝文略》載。《隋志》在李登前,待考。)

《聲類》十卷 魏左校令李登撰 (《隋志》、《舊、新唐志》、《通志·藝文略》載。)

《四聲韻林》二十八卷 張諒撰 (《隋志》、《通志·藝文略》載。)

《四聲部》三十卷 張諒撰 (《舊、新唐志》載,並列於夏侯詠後。按：即是前一書。)

《四聲指歸》一卷 劉善經撰 (《隋志》、《通志·藝文略》載。《文鏡秘府論》引作《四聲論》。)

《四聲切韻》周彥倫撰 (《南史》本傳載。)

《四聲》一卷 梁太子少傅沈約撰 (《隋志》、《通志·藝文略》載。《文鏡秘府論》引作《調四聲譜》。)

《四聲論》王斌撰 (《南史·陸厥傳》載。)

《四聲韻略》十三卷 夏侯詠撰 (《隋志》、《舊、新唐志》、《通志·藝文略》載。陸法言《切韻·序》作《韻略》,又宋《廣韻》本《序》詠字作詇,敦煌韻本《序》作詠。)

《四聲類韻》二卷 郯升卿撰 (《宋志》、《玉海》載。《玉海》說明下一書附,《宋志》注又郯升卿著。)

《聲韻類例》一卷

《四聲五音九弄反紐圖》一卷 沙門神珙撰 (《玉篇》卷末載。)

《四聲等第圖》一卷 僧宗彥撰 (《玉海》載。)

《三十六字母圖》一卷 僧守温撰 (《玉海》、《通志·藝文略》載。)

《聲韻圖》一卷 夏竦撰 (《玉海》引《崇文總目》載。)

《聲韻補遺》張貴謨撰 (《玉海》載。)

(三) 書名中有"韻"字的：

(a) 著者無考的：

《韻集》十卷（《隋志》、《通志·藝文略》載。）

　　《韻集》（慧琳《音義》引。希麟《續音義》引。按：與前一書及吕静、段弘二書，三者不知誰近。）

《羣玉典韻》五卷（《隋志》、《通志·藝文略》載。謝啓昆作《羣玉韻典》。）

《纂韻鈔》十卷（《隋志》、《通志·藝文略》載。）

　　《纂韻》（慧琳《音義》引。按：與前一書或有關係。）

《切韻》（唐窺基《法華經玄贊》引。慧琳《音義》引。希麟《續音義》引。遼僧行均《龍龕手鏡》引。日本僧昌住《新撰字鏡》引。南唐徐鍇《說文篆韻譜》分韻根據。日本源爲憲《口遊》録韻目。五種不知爲何書，或相同否。又德國普魯士學士院藏殘刻本一種。）

《刊謬補缺切韻》五卷（敦煌出刻本一種，在《伯希和目録》二〇一四號中。宋《秘書省續編到四庫闕書目》載。或即爲王仁昫書。）

《廣切韻》五卷（《通志·藝文略》載。）

《新切韻》（日本仲算《法華經釋文》引。日人武内義雄以爲或即孫愐書。）

《唐切韻》（夏竦《古文四聲韻》分韻根據。）

《唐韻》（慧琳《音義》、日本源順《倭名類聚鈔》、《古文四聲韻》引。）或即爲孫愐書。（宋歐陽修《歸田録》說葉子格，張邦基《墨莊漫録》說旋風葉，均舉吳彩鸞書《唐韻》。）

《唐韻正義》五卷（日本藤原佐世《日本見在書目》載。）

《韻英》（慧琳《音義》引。希麟《續音義》引。不知與静洪、唐玄宗、元廷堅三書何者相同。）

《韻詮》（慧琳《音義》引。希麟《續音義》引。）

　　《韻詮》十四卷（《宋志》載。按：與前一書不知同否。又《新唐志》載十五卷武元之書，似不相同。）

《韻略》（慧琳《音義》引。希麟《續音義》引。不知與誰書相同。）

《韻林》（慧琳《音義》引。不知與張諒書同否。）

《韻圃》（慧琳《音義》引。）

《韻譜》（慧琳《音義》引。希麟《續音義》引。）

《廣韻》（唐段公路《北户録》引。希麟《續音義》引。）

《禮部疑韻》二十卷（《通志·藝文略》載。）

《切韻指玄論》三卷（《通志·藝文略》載。《玉海》有王宗道著，亦爲三卷，不知是一書否。)

《切韻圖》一卷 (《日本見在書目》載。宋張麟之《韻鏡·序》云,有沙門神珙號知音韻,嘗著《切韻圖》載《玉篇》卷末,不知即此書否。珙書見上。)

《切韻內外轉鈐》一卷 (《通志·藝文略》載。)

《內外轉歸字》一卷 (《通志·藝文略》載。)

天寶元年集《切韻》五卷 (《宋志》載。《玉海》附智猷書下注。)

《韻選》五卷 (《宋志》載。)

《韻源》一卷 (《宋志》載。)

《纂注禮部韻略》五卷 (《宋志》、《玉海》載。)

《互注禮部韻略》五卷 (《玉海》載。)

《洪韻海源》二卷 (《宋志》載。)

《洪韻》 (張麟之《韻鏡·序》云"往昔相傳類曰《洪韻》,釋子之所撰也"。)

《切韻心鑑》 (張麟之《韻鏡·序》引楊倓《韻譜·序》云"即所謂《洪韻》,特小有不同"。)

《籀韻》 (《古文四聲韻》引。)

《釋氏切韻》 (《倭名類聚鈔》引。不知與清徹、弘演、智猷三書何者相同,又日本菅原是善卿集《東宮切韻》引,見《净土三部經音義》及日本仲算《法華經釋文》引。)

(b) 著者可考的:

《韻集》六卷 晉安復令呂靜撰 (《隋志》、《舊、新唐志》、《通志·藝文略》載。兩《唐志》作五卷。陸法言《切韻·序》無卷數。)

《韻集》八卷 段弘撰 (《隋志》、《通志·藝文略》載。)

《韻略》一卷 陽休之撰 (《隋志》、《舊、新唐志》、《通志·藝文略》載。陸法言《切韻·序》無卷數。《文鏡秘府論·四聲論》引。陽亦作楊。)

《韻略》 杜臺卿撰 (陸法言《切韻·序》。)

《韻纂》三十卷 潘徽撰 (《隋書·文學傳》載。)

《韻英》三卷 釋靜洪撰 (《隋志》、《通志·藝文略》載。)

《韻英》五卷 唐玄宗撰 (《舊、新唐志》、《通志·藝文略》、《玉海》載。《玉海》引《志》作《韻音》,引《會要》作《韻英》,皆云天寶十四年撰。)

《韻英》十卷 陳友元廷堅撰 (《南部新書》載,《玉海》引《南部新書》作陳庭堅,唐景審《慧琳一切經音義·序》作元廷堅。)

《韻篇》十二卷 趙氏撰 (《舊、新唐志》、《通志·藝文略》載。)

《切韻》五卷陸慈撰（《舊、新唐志》、《通志·藝文略》、《崇文總目》載。《唐韻》及王國維摹寫敦煌寫本《切韻殘卷》第二種有陸法言《切韻·序》云"定之爲《切韻》五卷"，卷數相同。《玉海》云"隋仁壽元年辛酉陸法言爲《切韻》五卷"。《廣韻》序目作"陸法言撰本"。《日本見在書目》載"陸法言撰"。慧琳《音義》引作"陸法言"法國國家圖書館藏敦煌唐寫本二一二九號作"陸詞字法言撰"。《倭名類聚鈔》，日本僧瑞信《净土三部經音義》引作陸詞。《類聚鈔》狩谷望之掖齋《箋》注云"詞即法言"。詞慈音同，是法言《切韻》即陸慈、陸詞《切韻》。唐李涪《刊誤切韻》條，指陸韻。）

《廣韻》五卷陸法言撰（《宋志》載。按：宋修《廣韻》，本以法言《切韻》校定，書成改名，《志》當因此逕稱法言《廣韻》。希麟《續音義》引《廣韻》下曰陸氏本作云云。）

《陸氏切韻》（郭忠恕《佩觿》引，即法言書。希麟《續音義》引。）

《切韻》十卷李舟撰（《新唐志》、《通志·藝文略》、《玉海》引《崇文總目》載。《宋志》載，作五卷。徐鉉改定《説文篆韻譜》依據。）

《辨體補修加字切韻》五卷僧智猷撰（《新唐志》、《宋志》載。《通志·藝文略》載，《玉海》引《崇文總目》作猷智。）

《切韻》五卷王仁煦撰（《日本見在書目》載。《净土三部經音義》引。《廣韻》序目在薛峋後云增加字。又日本《東宫切韻》引，見《五行大義背記》及《法華經釋文》引。）

《刊謬補缺切韻》五卷朝議郎行衢州信安縣尉王仁昫字德温撰（故宫博物院藏唐人寫本。法國國家圖書館藏伯希和所得敦煌唐寫本，劉復《敦煌掇瑣》收刻。又伯希和所得敦煌刻本，殘葉。又《日本見在書目》載。）

《切韻》十卷釋弘演撰（《日本見在書目》載。）

《切韻》五卷麻果撰（《日本見在書目》載。《倭名類聚鈔》引。又日本《東宫切韻》引，見《五行大義背記》及《法華經釋文》引。日人武内義雄録作麻杲。）

《切韻》五卷孫愐撰（《日本見在書目》載。《倭名類聚鈔》引。《廣韻》序目在祝尚丘後云增加字。希麟《續音義》引孫緬。又日本《東宫切韻》引，見《五行大義背記》引。）

《切韻》五卷孫伷撰（《日本見在書目》載。王國維摹寫敦煌寫本《切韻殘卷》第二種有"伯加千一字"題記一行，疑即此書，伷伯形近。）

《切韻》五卷長孫訥言撰（《日本見在書目》載。《廣韻》序目有"長孫訥言箋注"字樣。故宫本王仁昫《切韻》有"前德州司户參軍長孫訥言注"題記。《廣韻》及故宫《王韻》均載長孫序文。）

《切韻》五卷祝尚丘撰（《日本見在書目》載。《倭名類聚鈔》、《净土三部經音義》、《古文四聲韻》引。《廣韻》序目在王仁煦、孫愐之間云"增加字"。又日本《東宮切韻》引,見《五行大義背記》及《法華經·釋文》引。)

《切韻》五卷王存乂藝撰(《日本見在書目》載。郭忠恕《佩觿》引作"王南賓存乂《切韻》",又《汗簡》引作"王存乂《切韻》"。夏竦《古文四聲韻》引作"王存義《切韻》"。)

《切韻》五卷裴務齊撰(《日本見在書目》載。《佩觿》、《倭名類聚鈔》引。《廣韻》序目在嚴寶文後云"增加字"。故宮本王仁煦《切韻》有"承奉郎行江夏縣主簿裴務齊正字"題記一行。)

《切韻》五卷陳道固撰(《日本見在書目》載。《廣韻》序目在裴務齊後云"增加字"。)

《切韻》五卷沙門清徹撰(《日本見在書目》載。)

《切韻》五卷盧自始撰(《日本見在書目》載。)

《切韻》五卷蔣魴撰(《日本見在書目》載。《倭名類聚鈔》引。)

《切韻》五卷郭知玄撰(《日本見在書目》載。《倭名類聚鈔》、《凈土三部經音義》引。《廣韻》序目在關亮前云"拾遺緒正更以朱箋三百字"。《古文四聲韻》引郭知玄《采箋》。又日本《東宮切韻》引,見《五行大義背記》、《凈土三部經音義》及《法華經釋文》引。)

《字略》郭知玄撰(《汗簡》引,注曰"一云朱箋字"。《廣韻》、《古文四聲韻》所載朱箋三百字及采箋,疑即是《字略》,而《切韻》五卷當爲加朱箋字之《切韻》而已。)

《切韻》五卷韓知十撰(《日本見在書目》載。)

《切韻》薛峋撰(《倭名類聚鈔》、《凈土三部經音義》引。《廣韻》序目在王仁昫前云"增加字"。又日本《東宮切韻》引,見《五行大義背記》及《法華經釋文》引。)

《考聲切韻》張戩撰(《倭名類聚鈔》引。景審《慧琳一切經音義·序》載。)

《切韻》李審言撰(《佩觿》引。)

《義雲切韻》(《汗簡》、《古文四聲韻》引。)

《義雲章》(《汗簡》、《古文四聲韻》引,與《義雲切韻》不知爲一書否。《汗簡》有作《義雲章切韻》者,疑是《義雲章》與《切韻》兩書連舉;故但列《義雲章》,不舉《義雲章切韻》。)

《切韻》關亮撰(《廣韻》序目在郭知玄後云"增加字",疑當有專書,擬目爲《切韻》。)

《切韻》嚴寶文撰(《廣韻》序目在孫愐、裴務齊之間云"增加字",與關亮同例擬目。)

《重定切韻》吳鉉撰（《玉海》載"鉉以吳音作俗字數千增之，興國八年獻，後詔焚之"。）

《切韻義》一卷謝暉撰（宋陳振孫《直齋書錄解題》載。）

《切韻搜隱》五卷丘世隆撰（《宋志》載。）

《切韻十玉》五卷劉希古撰（《宋志》載。）

《切韻拾玉》二篇劉熙古撰（《玉海》載。）

《切韻類例》二篇楊中修撰（孫覿《鴻慶居士集·內簡尺牘》有序。）

《切韻指掌圖》一卷司馬光撰（《宋志》載。謝啓昆作三卷。）

《元和韻譜》陽甯公南陽釋處忠撰（神珙《四聲五音九弄反紐圖·序》載。）

《韻譜》楊倓撰（張麟之《韻鏡·序》引。戴震《答段若膺論韻書》云於《永樂大典》中得楊書。）

《韻鏡》張麟之撰

《切韻指玄論》三卷王宗道撰（《玉海》載。）

《切韻指玄疏》五卷僧鑑言撰（《通志·藝文略》載。）

《唐韻》五卷孫愐撰（《新唐志》、《宋志》、《通志·藝文略》，《玉海》引《崇文總目》載。慧琳《音義》引。《廣韻》載愐《唐韻·序》。《玉海》注云"愐增陸法言之書"。《式古堂書畫彙考》錄。蔣斧藏殘唐寫本。宋魏了翁《唐韻·後序》所記爲四卷本。希麟《續音義》引孫愐。）

《唐韻要略》一卷李邕撰（《通志·藝文略》載。）

《重修唐韻》彭蟾撰（謝啓昆引《江西通志》。）

《韻銓》十五卷武元之撰（《新唐志》、《通志·藝文略》載。日本僧安然《悉曇藏》載。）

《韻銓》十二卷武玄之撰（《日本見在書目》載。又《東宮切韻》引，見《法華經·釋文》引。）

《韻海鏡源》三百六十卷顏真卿撰（《新唐志》、《宋志》、《通志·藝文略》，《玉海》引《崇文總目》載。《崇文總目》作十六卷。《宋志》、《玉海》鏡作鑑。）

《唐廣韻》五卷張參撰（《通志·藝文略》，《玉海》引《崇文總目》載。）

《廣韻》孫緬撰（希麟《續音義》引。麟書愐均作緬。）

《雍熙廣韻》一百卷《序例》一卷句中正等詳定（《宋志》載。《通志·藝文略》載。《玉海》引《崇文總目》載。）

《大宋重修廣韻》五卷陳彭年等撰（《宋志》載。《通志·藝文略》載。《玉海》引《崇文總目》載。）

《景祐韻》五卷王洙等修（《通志·藝文略》載。《玉海》云"景祐元年四月丁巳詔宋祁、鄭戩、王洙刊修《廣韻》、《韻略》，命丁度、李淑詳定"。）

《篇韻筌蹄》三卷邱雍撰（《玉海》載。）

《韻略》五卷邱雍校定（《宋志》，《玉海》引《崇文總目》載。《玉海》引《崇文總目》云"略取《切韻》要字備禮部科試"。）

《景德韻略》一卷戚綸等詳定（《宋志》載。卷數疑有誤。《玉海》引《中興書目》作五卷，云"綸等取邱雍所定《切韻》同用獨用例及新定條例參定"。）

《景祐禮部韻略》五卷丁度等撰（《宋志》載。《玉海》引《中興書目》。《玉海》云"景祐四年六月丙申以丁度所修《韻略》五卷頒行"。）

《禮部韻略》五卷王洙等修（《通志·藝文略》載。《玉海》云"景祐元年四月丁巳詔宋祁、鄭戩、王洙刊修《廣韻》、《韻略》"。按：與前一書當爲一種。）

《淳熙監本禮部韻略》五卷（《宋志》載。《玉海》引《中興書目》載。《玉海》云"淳熙元年國子監言前後有增改刪削及多差舛，詔校正刊行"。）

《補禮部韻略》黃啓宗撰（《玉海》云"紹興十一年進士黃啓宗隨韻補輯，尚多闕遺"。）

《禮部韻括遺》楊朴撰（《玉海》云"紹興十四年十二月己丑知榮州楊朴上《禮部韻括遺》"。）

《增修互注禮部韻略》五卷毛晃撰（《玉海》云"紹興三十二年毛晃上《增修互注韻略》"。）

《韻略分毫補注字譜》一卷秦昌朝撰（《直齋書錄解題》載。）

《淳祐壬子新刊禮部韻略》五卷劉淵增修（清邵長蘅《韻略·叙例》載。）

《平水新刊韻略》五卷金王文郁修定（清錢大昕跋黃丕烈藏本。）

《平水韻》毛麾撰（謝啓昆引《山西通志》。）

《集韻》十卷丁度等撰（《玉海》載，云"《景祐集韻》十卷，《崇文目》有之，《通志·藝文略》載"。）

《切韻》十卷丁度撰（《宋志》載。疑是前一書訛爲《切韻》。）

《互注集韻》二十五卷僧妙華撰（《宋志》、《玉海》載。）

《隸韻略》七卷劉球撰（《宋志》載。）

《草書韻會》五卷金張天錫集（王國維《觀堂集林》有《書後》，謂前有趙秉文序署正大八年二月。余藏日本刻本，有枵軒老人題跋，署時與王異，爲正大辛卯季夏望日，首頁抄配，不知有無脫失。）

《韻關》一卷僧師悅撰（《宋志》載。）

《押韻釋疑》五卷歐陽德隆撰（《直齋書錄解題》載。）

　　《紫雲韻》五卷郭守正撰（清《四庫全書提要》增修前一書。）

《押韻》十卷張孟撰（《宋志》載。）

《押韻》二十四卷李賓老撰（孫覿《鴻慶居士集》有序。）

《韻海》五十卷許冠撰（《宋志》載。）

《韻類》十七卷周弁撰（謝啓昆引《浙江通志》。）

《纂韻譜》六卷黃邦俊撰（謝啓昆引《福建通志》。）

《正字韻類》謝季澤撰（《通考》載。）

《大和正韻》白樸撰（謝啓昆引《江南通志》。）

《監韻》五篇崔敦詩撰（謝啓昆引《江南通志》。）

《清濁韻鈐》一卷守温撰（《宋志》載。）

《定清濁韻鈐》一卷僧行慶撰（《通志·藝文略》載。）

《韻總》五篇僧鑒聿撰（《通考》載。）

（四）其他：

《歸字圖》一卷劉守錫撰（《通志·藝文略》載。）

《纂要圖例》一卷謝暉撰（《直齋書錄解題》載。）

這裏一共羅列了不下一百六七十種名目，而實在完整存在的不過十來種。這十來種裏面可以認爲中古聲韻學史料的竟只有一部經過積纍增改的《大宋重修廣韻》！自從最近三十多年的西北探險而古寫本和最早刻本書卷發現流傳以來，我們才着實新添了許多重要的史料（故宮的開放也有關係）。關於韻書呢，還多半是殘破零落的。所以，我說"實證零星無由判別"。這樣，從編制性質上講韻書分類真成了"文獻不足徵"的情勢，可是，假若"抱殘守缺"的從材料本身上看，雖有兩點困難，却並不是沒有不可陳述的地方，而且我們也已得了些相當的收穫。例如：王國維氏因爲目覩手摹過一些材料，而對於隋、唐以來韻書的考據就有了許多新發現（羅常培先生《叙例》中説了）。我有些一得之愚，請先舉目，再容分説：

第一，從這些殘缺史料裏，可以窺覘着韻書體制的演變。

第二，從這些殘缺史料裏，可以鈎稽出韻書源流的脈絡。

第三，從這些殘缺史料裏，可以判斷得韻書系統的劃分。

我們要説明這三點就得先再將那些殘缺材料的情形叙述出來。這些材料除了在我國内地保存傳留的，其餘有兩個出處——甘肅省敦煌縣鳴沙山的莫高窟千佛洞等石室裏和新疆省天山北路吐魯番左近的沙磧中——而都是外國人探險發見的。因此，原來面目如何，探險影響損失如何，存在實數幾何，都無從切實知道。我們展轉見到的材料是否是殘存的全部還是問題，甚至於連究竟現藏何處有時也不能確斷——這裏容我表示一下羞憤！——下面就算是一個"見知現存殘缺中古韻書提要"：

(甲) 國内傳存的：

(一) 唐寫本《唐韻》一種　　吴縣蔣斧藏　　國粹學報館影印本

清光緒三十四年二月晦(1980年三月三十一日)，蔣斧由羅振玉的介紹從北京琉璃廠書鋪裏得着了這書。後來國粹學報館影印發行。全書四十四葉，每葉二十三行，每行都有烏絲闌爲界，字數不一(大字約十六七，小字約二十六七)。只存去聲(有缺)入聲兩卷。入聲題稱"唐韻"。這是唐時白麻紙的"册子"本，紙的大小據蔣氏跋云："高一尺一寸七分，寬一尺七寸五分。"每卷之首列韻目(入聲之首可證)。韻中目字以朱筆書寫，韻次數字記在闌外上眉，與韻目字同行；韻與韻間或提行頂格寫，或不提行，但空格寫。韻中每紐字數在每紐第一字訓解反切之下注明；有時作"幾"加"幾"，是前數爲原有的，後數爲增加的。紐與紐間無標識。册中印記都是宋、明人，没有清代的。蔣斧云："此册爲都門故家舊藏；册中有'宣和'、'御府'二印，'鮮于'一印，'晉府'及'項子京'諸印，柯丹邱觀欵一行，杜檉居詩一首，無本朝人一跋一印，蓋自入晉府以後即未嘗寓賞鑒家之目矣。"王國維有《書後》，以爲是孫愐書，否認蔣斧陸法言《切韻》原本及長孫訥言初箋注本之説，凡舉八證。書中所存韻目如次(闕的加方括弧)：

去聲　　　　　　　　**入聲**

[一送]　　　　　　　一屋

[二宋]　　　　　　　二沃

[三腫]　　　　　　　三燭

[四絳]　　　　　　　四覺

[五寘]

[六至]

[七志]

八未(存半)

九御

十遇

十一暮

十二泰

十三霽

十四祭

十五卦

十六怪

十七夬

十八隊

十九代(存大半)

[二十廢]

[二十一震]　　　　　五質

[二十二稕]　　　　　六術

[二十三問]　　　　　七物

　　　　　　　　　　八櫛

[二十四焮]　　　　　九迄

二十五願(存小半)　　十月

二十六慁　　　　　　十一沒

二十七恨

二十八翰　　　　　　十二曷

二十九換	十三末
三十諫	十四點
三十一襇	十五鎋
三十二霰	十六屑
三十三線	十七薛
三十四嘯	
三十五笑	
三十六効	
三十七号	
三十八箇	
三十九過	
四十禡	
四十一勘	
四十二闞	
四十三漾	
四十四宕	
四十五敬	
四十六諍	
四十七勁	
四十八徑	十八錫
	十九昔
	二十麥
	二十一陌
	二十二合
	二十三盍
四十九宥	
五十候	
五十一幼	
五十二沁	
	二十四洽

	二十五狎
五十三豔	二十六葉
五十四㮇	二十七怗
	二十八緝
	二十九藥
	三十鐸
五十五證	三十一職
五十六嶝	三十二德
五十七陷	
五十八鑑	
	三十三業
五十九梵	三十四乏

(二)唐寫本《刊謬補缺切韻》一種　國立北平故宮博物院藏北平延光室攝影本　上虞羅氏印秀水唐蘭寫本

這部書因爲歸入書畫範圍而得保存，直到十四五年前羅振玉、王國維等在清室整理書籍才發現，後來有延光室攝影傳流，唐蘭仿照原欵式手寫一通由羅氏印行。紙質大小尺寸要等故宮博物院影印原狀之議實現時才能明白。原件現在裝潢成册頁，計三十八葉，每葉二十九行；每行有界闌疑是朱絲，字數不一，大約大字在二十六至三十之間，平上去入分五卷，而平上各有殘缺，計：

平聲上存前九韻，七葉；

平聲下存後二十一韻，七葉；

上聲存前十八韻，五葉；後九韻帶零，一葉十行（十行與去聲相連接）。

去聲全部完整，七葉四十行（首十九行與上聲相連接爲一葉，尾二十一行與入聲相連接爲一葉）。

入聲全部完整，九葉八行（八行與去聲相連接爲一葉）。

最初是"卷子"本還是"册子"本，無從知道。若是卷子，依現存情形可以看出每卷的分量大抵是二百九十行，長度就是連接今本同樣大小的十葉的總長。殘缺部分應該是平聲上下各缺與今本同樣大小的三葉,上聲缺與今本同樣大小的三葉(去聲缺少,卷中當有餘地約四十七行;入聲正十葉)。書首題名"刊謬補缺切韻",下注"朝議郎行衢州信安縣尉王仁昫撰"。次行題"前德州司户參軍長孫訥言注",又"承奉郎行江夏縣主簿裴務齊正字"。今通稱故宫本王仁昫《切韻》。載王仁昫序,次長孫訥言序,次列《字樣》,次爲本韻正書;王序之前詳記全書"卷"、"韻"、"紐"、"字"四事:

① 四聲五卷;

② 大韻總有一百九十五;

③ 小韻三千六百七十一(二千一百廿韻清,一千五百五十一韻濁);

以上都加二百六十五韻;

④ 凡六萬四千四百廿三言(舊二萬三千七百廿三言,新加二萬八千九百言)。

所謂"四聲五卷",是平聲分上下卷,而韻目數次並不另自起訖(下平所存自三十四豪起)。所謂"大韻",即是韻部,所謂"小韻",即是韻中各紐。所計"言"數,即是書中字數。每卷首列韻目,韻中目字以朱筆書寫,韻次數字墨筆記在上眉,與韻目字同行;韻與韻間,平聲上下和上聲上半都是提行頂格寫,而上聲下半及去入二聲就不一定,也有不提行,但空格寫的。韻中每紐字數在每紐第一字訓解反切之下注明;只有平聲上的部分有時作"幾"加"幾",前即舊有,後是新加。紐與紐間,加朱點分別。如果從這些例上來說,本書很像不是王仁昫的著述。書名下本有注道:

刊謬者謂刊正訛謬;

補缺者加字及訓。

平聲上韻目二冬、八脂、十八真、十九臻下都注有取舍呂靜、夏侯詠、陽休之、李季節、杜臺卿分合標準之處,上去入就沒有了。至少這合於"刊"、"補"條件的才是王仁昫的。王國維有《書後》以爲:王仁昫書以"刊謬補缺"爲名,對於陸法言次序大約沒有什麽改動,這個本子"蓋爲寫書者所亂,非其朔也"。王仁昫序裏自述做書的緣起,因江東南道巡察黜陟大使侍御史平侯□嗣先(姓待考)到信安縣,見了仁昫所著《字樣》、《音注律等》(?)(原有律等二字,文理似應屬上而不識爲一書名否。)很加讚賞,又勸他把陸法言《切韻》加以刊正增加,所以,他就"沐承高旨,課率下愚,謹依《切韻》增加,亦各隨韻注訓,仍於韻目具數。"(《序》中語)敦煌出另一本,還能見到刊正陸書的地方,拿來與本書比勘,詳略同異又有出入。如,那本上歌韻"韡"字下說,"陸無反語,何□誣於今古",這本上有"希波反";那本上止韻"汜"字下云,"陸訓不當故不錄",這本上的訓注與那本相近而較略;那本上范韻"范"下注"符凵反,人姓,又草,陸無反語,取凡之上聲,失",字數三,這本上正作"無反語,取凡之上聲",而又云"亦得符凵反,《說文》作從水,又姓也",字數六;那本上广韻"广"下注,"虞俺反,陸無此韻目,失",這本上有广韻目,並作"魚儉反";那本上遇韻"足"字下說,"案緅字,陸以子句反之,此足字又以即具反之,音既無別,故併足",這本上正是緅字,子句反,足字,即具反,兩字分紐;那本上屑韻"凸"字下注,"陸云高起,字書無此字,陸入《切韻》,何考研之不當",這本上正無凸字;那本上洽韻"凹"字下注,"下,或作冚,正作㘭,案凹無所從,傷俗尤甚,名之《切韻》,誠曰典音,陸采編之,故詳其失",這本上也收了凹字,注"下也,亦冚"。這樣看來,這本當是參合陸、王兩書的混合本了。這部書韻中紐與紐之間都用點子隔開。唐寫本《唐韻》線韻"飆"字注,"陸無訓義",證韻"瞪"字注,"陸本作胎",麥韻"鰪"字注,"陸入格韻",這本裏,飆有訓義,瞪正作胎,有"格"韻而無"鰪"字。宋《廣韻》鍾韻恭紐注,"陸以恭蚣縱等入冬韻,非也",這本裏正在冬韻。這都足以證明這本書是陸、王混合,而於韻目次第的特別尤可注意。由上面說的幾點不過顯出既非陸亦非王,但是四聲韻目次序大體相貫自成系統就有它的自身價值,雖然內容是混合的。其目如次:

平聲上	上聲	去聲	入聲
一東	一董	一凍	一屋
二冬		二宋	二沃
三鍾	二腫	三種	三燭
四江	三講	四絳	四覺

五陽	四養	五樣	五藥
六唐	五蕩	六宕	六鐸
七支	六紙	七寘	
八脂	七旨	八至	
九之	八止	九志	
[十微]（目存而書亡的）	九尾	十未	
[十一魚]	十語	十一御	
[十二虞]	十一麌	十二遇	
[十三模]	十二姥	十三暮	
[十四齊]	十三薺	十四霽	
		十五祭	
		十六泰	
[十五皆]	十四駭	十七界	
		十八夬	
		十九廢	
[十六灰]	十五賄	二十誨	
[十七臺]	十六待	二十一代	
[十八真]	十七軫	二十二震	七質
[十九臻]			八櫛
[二十文]	十八吻	二十三問	九物
[二十一斤]	十九謹	二十四靳	十訖
[二十二登]	二十等	二十五磴	十一德
[二十三寒]	二十一旱	二十六翰	十二褐
			十三點
[二十四魂]	二十二混	二十七慁	十四紇
[二十五痕]	二十三佷	二十八恨	
平聲下			
二十六□	二十四銑	二十九霰	十五屑
二十七□	二十五獮	三十線	十六薛

二十八□	二十六潛	三十一訕	
二十九□	二十七產	三十二襉	十七鎋
三十□	二十八阮	三十三願	十八月
三十一□	二十九篠	三十四嘯	
三十二□	三十小	三十五笑	
三十三□	三十一絞	三十六教	
三十四豪	三十二皓	三十七號	
三十五庚	三十三梗	三十八更	十九隔
三十六耕	三十四耿	三十九諍	
三十七清	三十五請	四十清	
三十八冥	三十六茗	四十一瞑	二十覓
三十九歌	三十七哿	四十二箇	
四十佳	三十八解	四十三懈	
四十一麻	三十九馬	四十四禡	
四十二侵	四十寑	四十五沁	二十一緝
四十三蒸	四十一拯	四十六證	二十二職
四十四尤	四十二有	四十七宥	
四十五侯	四十三厚	四十八候	
四十六幽	四十四黝	四十九幼	
四十七鹽	四十五琰	五十艷	二十三葉
四十八添	四十六忝	五十一㮇	二十四怗
四十九覃	四十七禫	五十二醰	二十五沓
五十談	四十八淡	五十三闞	二十六蹋
五十一咸	四十九減	五十四陷	二十七洽
五十二銜	五十檻	五十五鑒	二十八狎
			二十九格
			三十昔
五十三嚴	五十一广	五十六釅	三十一業
五十四凡	五十二范	五十七梵	三十二乏

(乙)國外流散的：

(三)五代刻本《切韻》若干種　法國巴黎國家圖書館藏攝影本

葉德輝《書林清話》一，"刻板盛於五代"條末了說：

> 光緒庚子（一九〇〇年）甘肅敦煌縣鳴沙山石室出《唐韻》、《切韻》二種，爲五代細書小版刊本，惜爲法人伯希和所收，今已入巴黎圖書館。吾國失此瓌寶，豈非守土者之過歟？

此段文字中有原注："載羅振玉《鳴沙山石室秘錄》。"王國維跋手寫《切韻》殘卷的末段說：

> 光緒戊申（一九〇八年）余晤法國伯希和教授於京師，始知伯君所得敦煌古書中有五代刻本《切韻》。嗣聞英國斯坦因博士所得者更爲完善，尚未知有唐寫本也。

羅氏《秘錄》是記述與伯希和問答之詞，想與王氏見伯希和同時，他們只是聽伯希和說，並未得見原物。伯希和自編《敦煌將來目錄》，羅福萇譯本裏有《切韻》、《唐韻》而無寫本或刻本情狀的注，共四號：

二零一四　《切韻》殘九紙　　二零一五　《切韻》殘三紙
二零一九　《唐韻》　　　　　二六三八　背《唐韻》

我國在倫敦藝術展覽(1935年11月開幕)，法國參加，由伯希和選定敦煌古籍十七種，天津《大公報》(民國二十四年十月六日)第11603號《巴黎通訊》載其詳目，內有2014、2015兩號：

二六六六(藝展陳列號碼)　　　二零一四(伯希和號碼)

《大唐刊謬補闕切韻》刻本，僅選兩葉與會。

第一葉：上半面高24cm，寬19⅔cm；

下半面高24⅔cm，寬18⅔cm。

上半面韻目數字爲印字朱色；

下半面則印字黑色。

末標"《大唐刊謬補闕切韻》一部"一行。

第二葉：僅半面印字，高24cm，寬27cm，韻目數爲用朱筆手寫。

二六六七(藝展陳列號碼)　　　二零一五(伯希和號碼)

《切韻》刻本,亦僅選兩葉與會。

第一葉:高 24⅔ cm,寬 44½ cm,韻目數字朱印。

第二葉:高 24cm,寬 43¾ cm,韻目數字朱書。

記者在二〇一四號下云,"是書爲唐王仁昫撰,書名上標'大唐'兩字,則爲刻於唐代可知也。"伯氏珍拱這刻本韻書,不輕示人的情形,於此可見。民國十九年(1930年)北平市中忽發見攝影韻書十六葉,展轉爲我們所得,檢視印記有"國家圖書館"(Bibliothéque Nationale)"鈔本書"(Manuscrits)"Don 4502"相紐的圓章,我們知道這該是國人想望了三十年的五代刻本韻書了!攝影是十六葉,原件未必是十六葉,而且又沒有半個字可以找出是什麼人的什麼韻書。我們在伯希和目錄中可無法找出一種刻本韻書的記載,我們只有憑智慧去分析這十六葉攝影。我在北京大學《國學季刊》三卷一號上發表過一篇冥中摸索的考證《唐宋兩系韻書體制之演變》。現在由這段通訊裏指示出我們從刻板形式上獲得了暗合事實的結果。我把十六葉分別成甲乙丙丁戊五組:

大字的六葉:乙、丙、戊。

小字的十葉:甲、丁。

照這通訊上的話,大字的就是二零一五號的《切韻》,小字的就是二零一四號的《刊謬補闕切韻》。我之分析五組由於韻目的討論,近來再細看影片,小字本上隱約找出了 2014 號碼的痕跡,大字本上隱約找出了 2015 號碼的痕跡,可是並不想再有什麼具體結論的表示。照伯希和目錄,2014 是九紙,我們得到十張影片;我細看原件應是七紙,所以我們還少得二紙,而"刊謬補闕切韻"的名目就未能憑空結撰出來了。照伯氏目錄 2015 是三紙,他寫《切韻》是否也有一個刻着《切韻》的原件,自是問題;並且依我看六張影片的原件却又該是四紙,這更是問題。關於這些刻本原狀不明瞭,我想不加懸揣。十六葉的體制已詳《國學季刊》中。現在就通訊記者所寫,略記疑點:

2014"大唐刊謬補闕切韻"題字是一張末葉,我們不能必斷是王仁昫無疑。故宮本王仁昫韻只寫"切韻",《敦煌掇瑣》本王仁昫韻都寫"刊謬補闕切韻"，體制原不一定。後人復刻前代的書並不改字，澤存堂刻《廣韻》依然題"大宋重修廣韻"，有"大唐"字樣還可以有五代刻的可能。隋、唐韻書作者蠭起，名稱相襲相重的屢見不一，我們不能因爲知道王仁昫有"刊謬補闕"之作，遇有"刊謬補闕"的就給王仁昫遇缺即補。故宮本王韻與《敦煌掇瑣》本王韻不相同，這刻本也不與那兩本相同。第一宣韻不是兩個王韻裏有的；第二鹽韻五十一的次第不是王韻的系統；第三宣韻三十一和鹽韻五十一排不連攏；第四三十五豪韻影片注 2014(8)與注 2014(5)的肴韻殘葉影片確係同板的兩張印本，然則 2014 總號下的各紙必是從書的形式上的觀察集合起許多殘葉來的了。從這四點上看，我們反不敢說什麽肯定的話了（通訊未載韻目名稱，也很覺可惜）。

這樣，我們姑且說刻本韻書是兩種，還期待材料更充分的得到，好細加討研。兩種所存韻目韻次如次：

<u>二零一四</u>

一東（殘損鈔配刻印相連）

二冬（鈔配接一東下缺尾）

　　兩韻原件一紙，2014(3)，影片二紙。

九魚（殘損存八行下段）

十虞（存十一行接魚韻）

　　原件一紙，2014(4)，與(3)殘損邊廓相同，影片一紙。

三十仙（殘損存十行上段二全行）

三十一宣（損二三字）

三十二蕭（存二字）

三十三(宵)（缺僅存三個半邊字）

三十四肴（首數字缺）

三十五豪（存七行）

　　原件二紙，2014(5)及(8)，影片四紙。

五十侵（存一行又三字）

五十一鹽（存十二行）

原件一紙,2014(7),影片一紙。

四紙(存十行許)

原件一紙,2014(9),影片一紙。

二十三旱(存一行又四字)

二十四緩

二十五潸

二十六産

二十七銑(存二行未損)

原件一紙,2014(2),影片一紙。

二零一五

一東(殘損存十數字)

二冬

三鍾(末有三板字樣)

原件一紙,2015(3),影片一紙。

十二齊(十九行又五字)

十三佳(六行)

十四皆(六行)

十五灰(三行末有十一板字樣)

原件一紙,三十四行,最完整,2015(2),影片二紙。

二十五盍(三行)

二十六洽(九行)

二十七狎(五行半)

二十八葉(十五行半)

二十九怗(一行)

原件一紙,2015(1)又記2011(5),影片二紙。

三十三職(損存六行又半及二字)

三十四德(存九行二行有缺下損)

原件一紙,2015(1)重,影片二紙。

(四)唐寫本《切韻》殘卷三種　法國巴黎國家圖書館藏

王國維手寫石印本

伯希和《敦煌書目》明載爲韻書的，2014、2015 以外有 2019、2638，都記着是"唐韻"，並沒有這寫本《切韻》；倫敦博物館藏《敦煌書目》裏也查不出——當然，我們所知的目錄本是羅福萇氏苦心孤詣寫成的，難得全備。王國維光緒戊申時，晤見伯希和，只知道伯氏得到五代刻本《切韻》，終他之身沒有能寓目；後來又聽説斯坦因得着的還要完善，那就迄至今日國人都沒有見着了。唐寫本呢，王氏起初並不知道，在民國初年伯希和寄了許多古書攝影給羅振玉、王國維，韻書不在內；等民國七年、八年之間，羅、王先後寫信向伯希和指明了要求這寫本的攝影，到民國十年秋季才寄到了天津。當時王氏在上海費了二十三天工夫鈔寫成了（1921 年 10 月 1 日至 23 日），並且加以考跋（同年十二月八日脱稿），石印行世（見王跋）。這是我們近年學者藉資論據而通稱的"王寫《切》殘一、二、三"三本。原本情形無從説起，但由王本略叙一二。

第一種　存上聲十一韻，四十五行，下段間有損缺，損缺形式行欵數目對稱，疑是"葉子"本，兩面書寫的（參看《西域考古圖》唐寫本《唐韻》條）；計：

海韻，三行半截；

軫韻，三行半截遞爲增長；

　又，四行整行；

　又，一行末尾，作整行計；

吻韻，二行半截；

隱韻，二行半截；

阮韻，六行半截；

混韻，一行半截長；

　又，四行整行；

　又，一行末尾，作整行計；

很韻，一行半截；

旱韻，四行半截；

　又，二行整行（次行下略缺）；

又，一行末尾，作整行計；

渻韻，二行整行；

又，一行末尾，作整行計；

產韻，三行整行；

又，一行末尾，作整行計；

銑韻，三行半截。

我很覺得：從軫韻五行向前是一面，從軫韻六行向後到阮韻一行是一面，從阮韻二行向後到混韻三行是一面，混韻四行向後到旱韻四行是一面；從旱韻五行向後到產韻二行是一面，從產韻三行向後是一面：那就是三葉。這種韻目字多半提行高一格寫，不注數次，每紐有點標記，訓注簡單，往往單注反切和字數。王國維考訂以爲是陸氏原本，並論字跡定作初唐寫本。

第二種　存平聲九韻，一百六十九行，每行約大字二十一二字。首行題"切韻序，陸法言撰"。次行題"伯加千一字"。次陸序，序尾緊接長孫訥言序，下又接"切韻第一，平聲上廿六韻"韻目。韻中連錄各韻，但記數次，無點識及提行諸式。每紐先注反切、字數，後注訓解，及先注訓解後注反切、字數，兩法並用，而前者爲多。通常字多不訓，但注反切，又字數有作"幾"加"幾"的。王國維考訂以爲長孫訥言箋注本，舉長孫序語"又加六百字用補闕遺，其雜□並爲訓解，凡稱'案'者俱非舊說"，與韻中新加字及案語爲證；論字跡定作開元天寶間寫本。

第三種　存平上入三聲四卷。平聲上首殘缺：東冬二韻全無，鍾存三行殘，江存四行殘，支存十六行殘四行全，脂以下不缺。入聲後五韻缺。其餘間有損缺，或者有些是鈔寫時因爲漫漶缺錄的，計十八臻、十五清、二十侵、二十一鹽、四十一有、四十二厚、一屋、二十一盍、二十二洽諸韻。每卷首題"切韻"，韻目及韻中情形和第二種大略相同而有些不全同：

注解在反切前；

字數不注明增加；

有增加字同於第二種而不注新加，但尚有十五個字注明；

第二種的案語刪而未盡，未刪案語全與第二種同。

王國維考訂以爲節鈔長孫箋注本，字跡時代與第二種同。三種原寄攝影五十三紙，見王氏寫畢題記。所存韻目，王氏據以考知陸法言韻與《唐韻》、《廣韻》有別。茲爲列目（阿拉伯碼分注所據三本）：

平聲上	上聲	入聲
一東^2	一董^3	一屋^3
二冬^2		二沃^3
三鍾^2	二腫^3	三燭^3
四江^2	三講^3	四覺^3
五支$^2_3$	四紙^3	
六脂$^2_3$	五旨^3	
七之$^2_3$	六止^3	
八微$^2_3$	七尾^3	
九魚$^2_3$	八語^3	
十虞$^2_3$	九麌^3	
十一模$^2_3$	十姥^3	
十二齊$^2_3$	十一薺^3	
十三佳$^2_3$	十二蟹^3	
十四皆$^2_3$	十三駭^3	
十五灰$^2_3$	十四賄^3	
十六咍$^2_3$	十五海$^1_3$	
十七真$^2_3$	十六軫$^1_3$	五質^3
		六物^3
十八臻$^2_3$		七櫛^3
十九文$^2_3$	十七吻$^1_3$	
二十殷$^2_3$	十八隱$^1_3$	八迄^3
二十一元$^2_3$	十九阮$^1_3$	九月^3
二十二魂$^2_3$	二十混$^1_3$	十没^3

論《切韻》系的韻書　　263

二十三痕[2,3]　　二十一佷[1,3]
二十四寒[2,3]　　二十二旱[1,3]　　十一末[3]
二十五刪[2,3]　　二十三澘[1,3]　　十二黠[3]
二十六山[2,3]　　二十四產[1,3]　　十三鎋[3]
平聲下
一先[3]　　　　二十五銑[1,3]　　十四屑[3]
二仙[3]　　　　二十六獮[5]　　　十五薛[3]
三蕭[3]　　　　二十七篠[3]
四宵[3]　　　　二十八小[3]
五肴[3]　　　　二十九巧[3]
六豪[3]　　　　三十皓[3]
七歌[3]　　　　三十一哿[3]
八麻[3]　　　　三十二馬[3]
九覃[3]　　　　三十三感[3]
十談[3]　　　　三十四敢[3]
十一陽[3]　　　三十五養[3]
十二唐[3]　　　三十六蕩[3]
十三庚[3]　　　三十七梗[3]
十四耕[3]　　　三十八耿[3]
十五清[3]　　　三十九静[3]
十六青[3]　　　四十迥[3]　　　　十六錫[3]
　　　　　　　　　　　　　　　　十七昔[3]
　　　　　　　　　　　　　　　　十八麥[3]
　　　　　　　　　　　　　　　　十九陌[3]
　　　　　　　　　　　　　　　　二十合[3]
　　　　　　　　　　　　　　　　二十一盍[3]
　　　　　　　　　　　　　　　　二十二洽[3]
　　　　　　　　　　　　　　　　二十三狎[3]
十七尤[3]　　　四十一有[3]
十八侯[3]　　　四十二厚[3]

十九幽₃	四十三勁₃	
二十侵₃	四十四寢₃	
二十一鹽₃	四十五琰₃	二十四葉₃
二十二添₃	四十六忝₃	二十五怗₃
		二十六緝₃
		二十七藥₃
		二十八鐸₃
二十三蒸₃	四十七拯₃	二十九職₃
二十四登₃	四十八等₃	三十德₃
二十五咸₃	四十九賺₃	
二十六銜₃	五十檻₃	
二十七嚴₃		三十一業₃
二十八凡₃	五十一范₃	三十二乏₃

（原件好像是在倫敦，記得二十二年歲鈔伯希和來中國的時候曾經對我說是斯坦因的照片，他轉送給王氏的。附記待考。）

（五）唐寫本王仁昫《刊謬補缺切韻》一種　法國巴黎國家圖書館藏　劉復《敦煌掇瑣》刻本

《敦煌掇瑣》下輯一○一，收刻伯希和《敦煌書目》2011號唐寫本韻書一種。羅福萇所輯譯目裏2011是寫的殘地志，注"損甚"。劉復博士留法的時候，親自鈔錄回來，注明原號，當憑他作準。大約這些古寫本到了國外，經過許多次整理，難免沒有變動原狀的情形，所以同是2011號，既有此書，又有前列刻本韻書零頁。據《敦煌掇瑣》目錄說，原書殘存四十二斷片，但沒有詳記情狀。記得我借觀劉先生的鈔本，那裏是記着"某頁正面"和"某頁反面"的，大約有二十來頁；這四十二斷片該是二十一張"葉子"吧？我照《敦煌掇瑣》注的頁數起訖查過行數，最多是三十六行。每行字數不定。書存五卷，而都有損殘，首尾最壞。每卷首加韻目，末計韻數，詳注增音添字情形，題"朝議郎行衢州信安縣尉王仁昫字德溫新撰定"。書與故宮本不同。韻目與王國維寫三殘卷同；目下注呂靜、夏侯詠、陽休之、李季節、杜臺卿五家分合情形及依違之處,故宮本但平聲上有得。王國維跋故宮本時,以爲是陸法言《切韻》原本中所有的;這本裏還有說陸法言的,所以知道是王仁昫的話。我曾經根據這些注語做過《五家韻目考》,載《國學季刊》。韻中每韻都提行起頭,不注韻次,每紐有點標識(是否朱筆待問)。這部韻書的序已不存,想來故宮本那部韻序該是據這派書鈔錄的。在前故宮本下已錄這書中刊正陸法言的注文八處;還有兩處,因故宮本缺佚未曾寫出,在這裏補錄:

隱韻"䰲"字下云:瓢,酒器,婚禮所用。陸訓㔲敬字爲䰲瓢字,俗行大失!

阮韻"言"字下云:語偃反。言言脣急。陸生載此言言二字列於《切韻》,事不稽古,便涉字袄!留不削除,庶覽者之鑒詳其謬。

王寫《切一》、《切三》隱韻"㔲"字下注正云:"瓢,酒器,婚禮用。"《廣韻》就將"㔲"、"䰲"合爲一字了。王寫《切三》阮韻正收"言"、"言"二字,"言,語偃反;言,言言脣急,去偃反。"《廣韻》承襲下來。有一點很有趣,《唐韻》(蔣本)殘本裏記的陸韻三處,在王寫《切殘》、故宮本,以及這本裏互有異同,我們一看就明白究竟陸本原來面目與哪種比較相近了。

唐韻	切殘	故宮本	敦煌本
䬃(線韻)"陸無訓義。"	缺	"風氣再颰㲉。"	缺
瞪(證韻)"陸本作眙。"	缺	眙,"又作瞪。"	眙
䱅(麥韻)"陸入格韻。"	陌韻格紐下《切三》	正有格韻,相當陌韻;又有隔韻,相當麥韻;䱅在格韻。	缺

我們不能不注意陸韻韻目和唐人韻目有無同異,那麽這本韻目下面的注字既和故宮本平聲相應,而故宮本入聲之有格韻又與《唐韻》講的陸韻相合,王、陸混合之跡更加顯明;然則唐人韻目是否已有變化,不問可知。現在,在王仁昫的韻目下面看到取捨分合的注,我們說王仁昫韻目同於陸氏,又安知不是改自王氏呢?五代刻本中間有"大唐刊謬補缺切韻"一頁,便是那小字本有"宣"

韻的一種；現在和這本對看，第十七頁上的二十八個韻首裏"先"、"仙"之後並無"宣"韻目，第八九兩頁上"仙"韻特別完全也沒有把"宣"字獨立起來。那本的宣韻第三十一，該是連了平聲上數的，依照這本上去韻目看，宣韻排不到三十一；"宣"排到三十一的次第，要有"諄"、"桓"韻才對，上聲便要有"準"、"緩"、"選"，去聲也要有"稕"、"換"，這本裏是都沒有的。那小字本還有一頁"鹽"韻排在五十一，看來應是和三十一宣的韻目相關，由"宣"向後到"歌"後加"戈"，再數到"鹽"正得五十一；不然，像我曾經解釋過的在"齊"韻後出"栘"韻，再加"諄"、"桓"、"戈"，數到"鹽"也正得五十一。前一說法"宣"韻是李舟韻徵，後一說法"栘"韻是孫愐韻徵。最近巴黎通訊（《大公報》載），記者惜乎沒有告訴我們是些什麼韻目，尤其是與"大唐刊謬補缺切韻"題字同頁的韻字和他所屬的韻目。如果這題字無王仁昫名，而竟是與"宣"、"鹽"兩韻的相關，我們也許可以添出幾種假設：

《刊謬補缺切韻》不止王仁昫一種；

孫愐或李舟書也許也有"刊謬補缺"之名；

或許別有像故宮本混合意味的韻書叫"刊謬補缺"。

所最可疑的就是有題字的一頁恐怕原來不與這些小字本相合。那麼，這王仁昫韻才或許有與那頁題字的是一種的可能。這本韻目和所注各家分合以及新舊字數，還很有可研究的地方，錄之如次（以韻目和正文相參寫定，凡根本殘缺的但列韻目，外加括弧）：

平聲	上聲	去聲	入聲
一〔東〕	一董（多動反）	一送（蘇弄反）	一屋（烏谷反）
二〔冬〕		二宋（蘇統反）	二沃（烏酷反）
三〔鍾〕	二腫（之隴反）	三用（余共反）	三燭（之欲反）
四〔江〕	三講（古項反）	四絳（古巷反）	四覺（古嶽反）
五〔支〕（存字）	四紙（諸氏反）	五寘（支義反）	
六〔脂〕	五旨（職雉反）	六至（脂利反）	
七〔之〕（存字）	六止（諸市反）	七志（之吏反）	
八〔微〕（存字）	七尾（無匪反）	八未（無沸反）	
九魚（語疋反）	八語（魚舉反）	九御（魚據反）	

十[虞](存字)	九麌(魚矩反)	十遇(虞樹反)	
十一模(莫胡反)	十姥(莫補反)	十一暮(莫故反)	
		十二泰(他蓋反)	
十二齊(徂稽反)	十一薺(徂禮反)	十三霽(子計反)	
		十四祭(子例反)	
十三[佳]	十二蟹(鞵買反)	十五卦(古賣反)	
十四[皆](存字)	十三駭(諧揩反)	十六怪(古懷反)	
		十七[夬]	
十五灰(呼恢反)	十四賄(呼猥反)	十八隊(徒對反)	
十六咍(呼來反)	十五海(呼改反)	十九代(徒戴反)	
		二十廢(方肺反)	
十七[真]	十六軫(之忍反)	二十一[震]	五質(之日反)
十八[臻]			
十九[文]	十七吻(武粉反)	廿二問(無運反)	六物(無弗反)
			七櫛(阻瑟反)
二十[殷]	十八隱(於謹反)	廿三焮(許靳反)	八迄(許訖反)
二十一[元]	十九阮(虞遠反)	廿四願(魚怨反)	九月(魚厥反)
二十二[魂]	二十混(胡本反)	廿五慁(胡困反)	十沒(莫勃反)
二十三[痕]	廿一佷(痕懇反)	廿六恨(胡艮反)	
廿四[寒](存字)	廿二旱(胡滿反)	廿七翰(胡旦反)	十一末(莫割反)
二十五[删](存字)	二十三潸(數板反)	二十八諫(古晏反)	十二黠(胡八反)
二十六[山]	二十四產(所簡反)	二十九[襇](存字)	十三鎋(胡瞎反)

平聲下

二十七先(蘇前反)	二十五銑(蘇典反)	三十霰(蘇見反)	十四屑(先結反)
二十八仙(相然反)	二十六獮(息淺反)	三十一線(私箭反)	十五薛(私列反)
二十九蕭(蘇彫反)	二十七篠(蘇鳥反)	三十二嘯(私弔反)	
三十宵(相焦反)	二十八小(私兆反)	三十三笑(私妙反)	
三十一[肴](存字)	二十九巧(苦絞切)	三十四効(胡教反)	
三十二豪(胡刀反)	三十皓(胡老切)	三十五号(胡到反)	
三十三歌(古俄反)	三十一哿(古我反)	三十六箇(古賀反)	
三十四麻(莫霞反)	三十二馬(莫下反)	三十七禡(莫駕反)	
三十五覃(徒含反)	三十三感(古禫反)	三十八勘(苦紺反)	
三十六談(徒甘反)	三十四敢(古覽反)	三十九闞(苦濫反)	
三十七陽(與章反)	三十五養(餘兩反)	四十漾(餘亮反)	

三十八唐(徒郎反)	三十六蕩(堂朗反)	四十一宕(杜浪反)	
三十九庚(古行反)	三十七[梗]	四十二敬(居命反)	
四十耕(古莖反)	卅八[耿](古幸反目存)	四十三静(側迸反)	
四十一清(七清反)	三十九静(疾郢反)	四十四勁(居盛反)	
四十二青(倉經反)	四十迥(户鼎反)	四十五徑(古定反)	十六錫(先擊反)
			十七昔(私積反)
			十八麥(莫獲反)
			十九陌(莫白反)
			二十合(胡閤反)
			廿一[盍](存字)
			廿二洽(侯夾反)
			廿三狎(胡甲反)
四十三尤(雨求反)	四十一[有](存字)	四十六宥(尤救反)	
四十四侯(胡溝反)	四十二厚(胡口反)	四十七候(胡遘反)	
四十五幽(於虬反)	四十三黝(於糾反)	四十八幼(伊謬反)	
四十六侵(七林反)	四十四寑(七稔反)	四十九沁(七鴆反)	
四十七鹽(余廉反)	四十五琰(以冉反)	五十豔(以贍反)	廿四葉(與涉反)
四十八添(他兼反)	四十六忝(他點反)	五十一㮇(他念反)	廿五[怗]
			廿六[緝]
四十九蒸(諸膺反)	四十七拯(蒸上聲)	五十二證(諸膺反)	
五十登(都騰反)	四十八等(多肯反)	五十三嶝(都鄧反)	
			廿七[藥](以灼反目存)
			廿八[鐸](徒落反目存)
			二十九[職]
			三十[德]
五十一咸(胡讒反)	四十九豏(下斬反)	五十四陷(户䲰反)	
五十二銜(户監反)	五十檻(胡黤反)	五十五鑑(格懺反)	
五十三嚴(語驗反)	五十一广(虞俺反)	五十六釅(魚俺反)	三十一[業]
五十四凡(符芝反)	五十二范(符凵反)	五十七梵(扶泛反)	三十二[乏]

以上韻目。

　　冬　無上聲。陽與鍾江同。吕、夏侯别。今依吕、夏侯。
　　脂　吕、夏與微韻大亂雜。陽、李、杜别。今依陽、李、(杜)。

真　呂與文同。夏侯、陽、杜別。今依夏、陽、杜。
臻　無上聲。呂、陽、杜與真同韻。夏別。今依夏。
　　以上故宮本韻目下注。
董　呂與腫同。夏侯別。今依夏侯。
旨　夏侯與止爲疑。呂、陽、李、杜別。今依呂、陽、李、杜。
語　呂與麌同。夏侯、陽、李、杜別。今依夏、陽、李、杜。
蟹　李與駭同。夏侯別。今依夏侯。
賄　李與海同。夏侯爲疑。呂別。今依呂。
隱　呂與吻同。夏侯別。今依夏侯。
阮　夏侯、陽、杜與混很同。呂別。今依呂。
潸　呂與旱同。夏侯別。今依夏侯。
產　陽與銑獮同。夏侯別。今依夏侯。
銑　夏侯、陽、杜與獮同。呂別。今依呂。
篠　陽、李、夏侯與小同。呂、杜別。今依呂、杜。
巧　呂與皓同。陽與篠小同。夏侯並別。今依夏侯。
敢　呂與檻同。夏侯別。今依夏侯。
養　夏侯在平聲陽唐，入聲藥鐸並別，上聲養蕩爲疑。呂與蕩同。今別。
(梗)　夏侯與靖同。呂別。今依呂。
耿　李、杜與梗迥同。呂與靜迥同，與梗別。夏侯與梗靖迥並別。今依夏侯。
靜　呂與迥同。夏侯別。今依夏侯。
(有)　李與厚同。夏侯與□同。呂別。今依呂。
(琰)　□□□范豏同。夏侯□□□同。今並別(中缺)。
广　陸無此韻目，失。
范　陸無反，取凡之上聲，失。
宋　陽與用絳同。夏侯別。今依夏侯。
至　夏侯與志同。陽、李、杜別。今依陽、李、杜。
泰　無平上聲。

(霽) ☐ 與祭 ☐ （缺）

祭　無平上聲。

怪　夏侯與泰同。杜別。今依杜。

隊　李與代同。夏侯爲疑。呂別。今依呂。

廢　無平上聲。夏侯與隊同。呂別。今依呂。

願　夏侯與恩別，與恨同。今並別。

諫　李與襉同。夏侯別。今依夏侯。

霰　陽、李、夏侯與線同。夏侯與同（按："與"字下當有脫字，若以銑韻例之，疑"夏侯與同"四字爲衍文）。呂、杜並另。今依呂、杜。

嘯　陽、李、夏侯與笑同。夏侯與効同。呂、杜並別。今依呂、杜。

効　陽與嘯笑同。夏、杜別。今依夏侯、杜。

箇　呂與禡同。夏侯別。今依夏侯。

漾　夏侯在平聲陽唐，入聲☐並別，去聲漾宕爲疑。呂與宕同。今☐。

敬　呂與靜同，勁徑並同。夏侯與勁同，與靜徑別。今並別。

宥　呂、李與候同。夏侯爲疑。今別。

幼　杜與宥候同。呂、夏侯別。今依呂、夏侯。

豔　呂與梵同。夏侯與㮇同。今別。

陷　李與鑑同。夏侯別。今依夏侯。

嚴　陸無此韻目，失。

沃　陽與燭同。呂、夏侯別。今依呂、夏侯。

櫛　呂、夏侯與質同。今別。

迄　夏侯與質同。呂別。今依呂。

月　夏侯與沒同。呂別。今依呂。

屑　李、夏侯與薛同。呂別。今依呂。

錫　李與昔同。夏侯與陌同。呂與昔同，與麥同。今並別。

洽　呂與☐夏侯別。今依呂（此條借鈔劉君底本如此作。今刻本作:"李與狎同。夏侯別。今依夏侯。"並存之)。

葉　呂與怗洽同。今別。

藥　呂、杜與鐸同。夏侯別。今依夏侯。

以上這本韻目下注。

卷三首行下記:

右卷一萬二千一十六字。

二千七十七舊韻。四千一百二十一訓。三十三或亦。五文古。二文俗。一千三百三十補舊缺訓。一千一百一十五新加韻。二千八百一十二訓。三百六十七亦或。一十九正。三十一通俗。四文本。

卷四首行下記:

右卷一萬二千一十四字:

二千三百三十二舊韻。四千九十七訓。(或)三十五或亦。二文古。一文俗。一千七十六補舊缺訓。一千二百四十六新加韻。二千七百六十訓。三百九十二亦或。三十五正。二十三通俗。六文本。

卷五首行下記:

右卷一萬二千七十七字:

二千一百五十六舊韻。四千四百六十五訓。三十一或亦。九文古。一文俗。八百四十八補舊缺訓。千三百三十三新加韻。二千七百七十四訓。四百一十六亦或。一十九正。一十九通俗。二文古。四文□。

以上各卷記字數。

(六) 唐寫本韻書斷片一種　日本大谷家藏

《西域考古圖譜》影印本　王國維摹入《韻學餘說》後有《觀堂別集·後編》排印本

日本大谷光瑞繼斯坦因、伯希和之後,探險西北,在新疆和闐、庫車、吐魯番等處得了些古物,會最印成《西域考古圖譜》上下二卷,大正四年(1915年)出版。原圖卷下(8)之(2)是這斷片的正面,並且題稱"唐鈔《唐韻》斷片(吐峪溝)";(8)之(3)是這斷片的反面,並且題稱"同上之裏面"。每面都是九行,殘字是支脂兩韻,我寫錄的字數與王國維錄印字數略有出入：

		支　韻	脂　韻
全字	王	十九	二十一
	魏	二十一	二十二
半字	王	二	一
	魏	三	三

王國維有考證,以爲是陸法言《切韻》之長孫訥言箋注。王氏之說曰：

> 孫愐《唐韻》無字無注,蔣氏所藏殘本二卷足以證之。支韻之厏枝二字,脂韻之諮維雖三字,皆無注；又支韻之皮,脂韻之比茨遲伊四字,但注反切,反切者陸韻所本有,非長孫氏所加也。是斷片四十字中無注者多至十字,則全書可推而知,此當是長孫氏注本。

如果"但注反切"的就當做"無注"論,王氏說蔣氏藏孫愐《唐韻》無字無注便是問題！蔣氏藏《唐韻》,御韻語字、去字、署字、詎字、絮字、助字、粙字、處字凡八字都是但注反切,占全韻八分之一有餘；遇韻輸字、雨字、聚字、付字、娶字,暮韻吐字、護字、訴字、袴字、惡字,也是但注反切的,其他舉不勝舉。我們以爲王說長孫注本雖無從斷定其然否,孫愐《唐韻》無字無注却可敢用他自己的觀點來否定了。王氏跋三殘卷的時候,認定的《切二》是長孫本；現在檢看這斷片正和那本相似,可以補充王說。

《切二》　　　　　　　　　　斷片

厏(有注)　　　　　　　　　　厏(無注)

枝(無注)　　　　　　　　　　枝(無注)

皮(符羈反三)　　　　　　　　皮(符羈反五)

疲(無注)　　　　　　　　　　疲(?)

比(又必履婢四扶必三反)　　　比(又必履婢四扶必反)

諮(有注)　　　　　　　　　　諮(無注)

茨(疾脂反七)　　　　　　　　　茨(疾脂反六)

遲(又直利反又按《說文》從辛又作迡)　　遲(又直利反)

伊(於指反三)　　　　　　　　　伊(於脂反?)

維(有注)　　　　　　　　　　　維(無注)

雖(按:《說文》從虫唯聲)　　　　　雖(無注)

若與《切三》比較,除了支韻缺了,脂韻茨下"七"字,遲"又直吏反",雖注"辝"以外,更覺相近。王氏弟子劉盼遂跋這斷片(原誤稱二殘箋)以爲是陸法言原本,已正王說。照此說來,《切韻》三殘卷的王氏考訂若成立,這斷片反與他所謂長孫箋注節鈔本相近,而所謂長孫箋注本反有不同,豈不是一個疑問了(劉氏舉了《切二》𦬊、茨二字之間有新加"趆"字斷片没有,今查《切三》也没有)?至於劉氏說這是陸法言原本,乃是從否定長孫箋注本而承認王說孫愐韻無字無注立論。我們已經反證了《唐韻》之非無字無注,未嘗不可是孫愐諸人的書,但没有確實本子做對照,只有讓這問題存疑了。原件欵式等無可說。

(七)唐寫本韻書斷片二種　　德國柏林普魯士學士院藏攝影本　　日本東北帝大《文化雜誌》武内義雄氏論文附錄印本天津《益世報·讀書週刊》二十六期譯載

德國列考克(Albert August Von Le Coq)和格倫威德(Albért Grunwedel)在斯坦因、伯希和之後,相繼去新疆探險,所得古物藏在柏林普魯士學士院。我在民國二十一年(1932年)從友人趙萬里先生處得見唐寫韻書兩張影片,當時借鈔,並且看出是一個斷片的兩面,計存上聲止韻以下的幾韻。趙君僅僅告訴我是德國來的,藏之何處,發自何處,全不能詳。原件大約兩面各存十三四行,是下半截,有界闌,韻紐上無點識。我將鈔錄的送給劉復博士收進了《十韻彙編》,但是没有去決定這是那一種韻書。等到《十韻彙編》已經印好,快要作序的時候,日本武内教授正發表了論文,叙述他在德國普魯士學士院看列考克、格倫威德的吐魯番文件檢出兩張唐寫本韻書斷片,知道其中一張就是我們已經得着的。我就以小川環樹先生的介紹,得着武内教授的好意,送給了我另一張没有見到的斷片的影本。(我這裏致謝他們兩位!)這一斷片是去聲韻震韻到願韻，行間有界闌，紐上有點識（當是朱筆），韻目注數次，每韻提行；所存是上半截，兩面各五整行又兩半行。武內論文有王俊瑜譯文載天津《益世報・讀書週刊》二十六期，他考訂結果將兩片都認爲是陸法言《切韻》。我覺得兩個斷片從大體上看是一個系統，而原件很像是兩處的東西。上聲的一片，我過錄得全字一百零二，半字七；去聲的一片，得全字四十九，半字十三。上聲有的紐下注新加字數，武內氏以爲刪了新加字就髣髴是陸氏原本。這正與《西域考古圖》的斷片問題一樣，就是：《切三》比《切二》似乎早些了，《切二》就不能是長孫箋注；而孫愐《唐韻》又並非無字無注，這種斷片與《切三》、《切一》以至《切二》又何嘗不能與長孫以外，如孫愐之類的各家相關呢？去聲的韻目是二十一震、二十二問、二十三㚍、二十四願；震韻前面的半行可以看出是二十廢的吠、苃、喙三字；武內從震、稕不分和韻目數次爲二十一到二十四的特徵上，斷定這是陸法言原本。他用夏竦《古文四聲韻》韻目當做孫愐《唐韻》的標準（竦進書序稱爲《唐切韻》）；據王國維考證孫愐共有兩本韻書，開元本和天寶本，開元本韻目與王仁昫（敦煌本）韻同出陸韻而上聲均多一韻，然則這斷片的韻目安知不是孫韻？蔣氏藏《唐韻》，王國維說是孫氏天寶本，韻目增加，才另名《唐韻》，原有第一次韻當是所謂"孫愐《切韻》"；如果這話成立了，再加天寶本與這種斷片一樣注訓簡略的印證，我們可否說是孫氏《切韻》？這都成爲無從查考的懸案，我們放着吧。我現在將《十韻彙編》未收的一頁補錄在下面。

（八）刻本《切韻》殘葉一種　　　德國普魯士學士院藏

列考克等探險的吐魯番文書裏，前一項寫本韻書以外，還有刻本韻書六殘葉。六殘葉裏頭有一葉中縫刻着"切韻"的書名，所以我們稱他爲《切韻》殘葉而不能指實是誰的著作。日本武內教授記述在日本的東北大學《文化雜誌》上，我們才知道五代刻本韻書以外又有這一種《切韻》的刻本。我又承武內教授的好意，得他送了一張刻了書名的殘韻書影。從這一張書影大體上可以想像是宋槧本。全部六張書影，我們還沒有得見着，據武內教授的敘述：

第一葉　去聲恩韻的末尾，存十五字；及二十七恨的全部與二十八翰的頭上十數字。

第二葉　二十八翰半頁，中縫有"切韻"書名(已見)。

第三葉　三十三線的一部分。

第四葉　三十五笑跟三十六效的一部分，其中三十六效的字，明晰能讀。

第五葉　三十六效的一部分。

第六葉　三十七號的一部分。

我曾經寫了一封信寄給武內教授說：

"刻本一影，觀其刀法欹制，頗疑宋槧。按宋人雖無《切韻》著作，然唐代舊本尚多傳流。今大中祥符(1011)本《廣韻》原是諸家《切韻》之總纂集也。夏竦《古文四聲韻》慶曆四年(1044)始進上，後於《廣韻》已三十餘年，徵引書目中猶有祝尚丘韻、義雲《切韻》、王存乂《切韻》、郭知玄朱箋。則此刻"切韻"二字所指究爲何氏書，頗有研究之地。王靜安先生主張《廣韻》規模依據李舟《切韻》而來。今按見賜刻本，縱不與今本《廣韻》全同，然大致不遠，豈王氏說得一左證歟？世無北宋《廣韻》(指原刊)；《廣韻》傳本竊以爲頗有厠雜唐韻面目者，當分別之，明内府本，符山堂本是也。澤存堂本、《古佚叢書》本，則宋韻系統也。惟《四部叢刊》本，版式並不與二系合，然與此刻似不無同者，儻得見全豹，一爲勘讀，能證定鄙說宋槧可信，連類而更訂定《四部叢刊》本，豈不大快！蓋《叢刊》本內容與澤存堂本相合，澤存本版式與《古佚》本同而不與《叢刊》本同，雖同自宋本傳播，其間時期先後或有線索可尋。且書自吐魯番出土，若竟爲宋槧不謬，是中亞華番文化往來之跡，迄宋猶有餘烈，抑亦史實之珍聞矣！

武內教授的論文對這一種材料的意見大致是：

1) 這材料雖少，有刻着"切韻"的書名，是最快意的。
2) 這材料雖不容易判斷時代，但相信是已有相當的古的東西。
3) 他不知道和五代刻本《切韻》是同種不是。
4) 這種韻目次序和注解很與孫愐的韻相近，但和蔣氏印的唐寫本《唐韻》不相同。

5）他比較兩種《廣韻》和這種韻書的異同，以爲與明内府本相近。他據《四庫提要》説，有"也許是嚴寶文、裴務齊、陳道固三家《切韻》之一的同類"的設想，也就是説是"唐末《切韻》"的一種。

我們再約略提出這部韻書殘存的面目的幾點：

1）版式像巾箱本。

2）每半頁九行。

3）每行字數約有大字十四五個。

4）版心刻"切韻"書名，頁數，刻工名（可惜看不清楚）。

5）每小韻一紐刻一小圈。

6）每紐首字下先注解，次反切及字數。

7）注解中有用本字爲訓的，本字用一直線代替，與近代韻書例同，如"光鑭"作"光｜"，"彩彰文章皃"作"彩｜文章皃"是。

8）注解與每紐字數比兩《廣韻》或同或異，而反切則全同，惟用"反"字。

9）每紐字序，各本韻書本不全同，這本與《四部叢刊》本較近。

10）兩韻之間，聯貫或另行，我暫時不能知道，存疑。

我們如果從《四部叢刊》本《廣韻》的翰韻行欵看，似乎都是行十五字，不過《廣韻》半葉十行，此書九行，不同。翰韻的一張殘葉起首是：

布袋 矸 石淨 ○ 岸 涯｜又水際 五旰反十一 ……

《四部叢刊》本《廣韻》翰韻第十五行也是：

布袋 矸 石淨 ○ 岸 水涯高者 五旰切九 ……

殘葉第六行首是：

爛 飾相著

第七行首是：

繩 緼也 患也又奴丹反

《四部叢刊》本翰韻第二十行首是"爛"字的注，二十一行首是"繩"字的注，正是行中字注等的差變而到這裏相差一個字的注釋，行數是相等的；二十二行首又正差一個字：

難患也又
　奴丹切

這只要用兩本對照來看，便可見到。我不想更有什麼具體的結論，因爲我們第一沒有見到書影的全部，第二版心刻工的姓名儘有尋求的機會，第三原件的尺寸沒有實在記載，第四發現的環境和旁證足以斷定年代的起迄範圍沒有查明。我給武內教授的信上說的話也不過是個假設罷了。我現在在這裏報告讀者一個大概，並且爲報謝武內教授的好意，將他送我的一葉書影附印出來。我更希望得到全部的材料以後，再有切實的意見陳述。

（九）唐寫本韻書序二殘卷　　　　法國巴黎國家圖書館藏

劉復《敦煌掇瑣》刻本

《敦煌掇瑣》下輯九九，收刻伯希和《敦煌書目》2129 及 2638 兩號卷子。按：羅譯目 2129 是《大乘密嚴經》，注云："背爲《詩經·鴻雁之什訓詁傳》第十六"，未注韻序；2638 是清泰三年寫文書，注云，"記敦煌事，有河西都僧統印，背《唐韻》"，正合。《敦煌掇瑣》注云："此序有甲乙兩寫本。"甲本 2129 號，自開首起至"仁壽元年也"止。乙本 2638 號，開首殘缺，"選精"以下完整。這都是沒有寫成的殘篇。

（十）寫本守溫韻學殘卷一種　　　　法國巴黎國家圖書館藏

劉復《敦煌掇瑣》刻本　　《國學季刊》一卷三號排印本

羅譯伯希和《敦煌書目》不載此書。按：《敦煌掇瑣》下輯一〇〇收刻，注明 2011 號，再查羅目，但稱"漢文書類"而已。《掇瑣》記原件分爲三截，首行存"南梁漢比丘守溫述"題字一行，劉半農先生故擬名"守溫撰論字音之書"，吾友羅常培曾經研究過一番，做了一篇跋文，稱之爲"敦煌寫本守溫韻學殘卷"。我們對於這一個卷子可以說是最早的等韻書。羅君的文章裏說了四件事（原文見中央研究院歷史語言研究所《集刊》第三本第二分）：

① 守溫的時代問題。

② 守溫字母的數目問題。

③ 守溫字母對照梵藏字母與正齒二三等音及重輕脣音的分化問題。

④ 等韻創始及繁分門法問題。

原件第一截首行題"南梁漢比丘守溫述"。次列字母三十，與相傳三十六字母不同(詳見羅文)。次爲"定四等重輕兼辨聲韻不和無字可切門"，舉"高"、"交"兩字爲例。這是等韻書稱"門"的最早的記載。次"四等重輕例"，分平上去入四聲。按：所有例字的等列，現存的《韻鏡》與之相同。這兩項的"重輕"一詞似乎指的分等的標準，我覺得是在後來等韻書同一轉圖中同一聲母分四等重輕的辦法。這與日本源爲憲《口遊·反音頌》所謂"輕重清濁依上，平上去入依下"，可以互相發明。空海《文鏡秘府·論調聲》云：

> 律調其言，言無相妨，以字輕重清濁間之須穩。至如有"輕"、"重"者，有"輕中重"、"重中輕"，當韻之即見。且莊字(側羊反)全輕，霜字(色庄反)輕中重，瘡字(初良反)重中輕，床字(士庄反)全重，如清字全輕，青字全濁。

《論文意》云：

> 夫用字有數般，有輕，有重，重中輕，輕中重；有雖重濁可用者，有輕清不可用者。事須細律之，若用重字，即以輕字拂之便快也。

> 夫文章第一字與第五字須輕清聲，即穩也。其中三字縱重濁，亦無妨。如"高臺多悲風，朝日照北林"。

> 若五字並輕，則脫略無所止泊處。若五字並重，則文章暗濁。事須輕重相間，仍須以聲律之。如"明月照積雪"，則"月"、"雪"相撥；及"羅衣何飄颻"，則"羅"、"何"相撥；亦不可不覺也。

"重輕"一詞像是指聲母清濁而言。空海的時代比守溫早，我們可以看出等韻名詞函義的變遷來。《七音略》所用的"重輕"，就單指韻母開合了。這一段例字中間有一點與韻書有關，就是平聲有"勤"字注"宣"韻，上聲有"免"字注"選"韻，可以藉此考見這卷子所據的韻書而決定其時代(羅文已詳言之)。我在前面五代刻本韻書三十一宣韻的問題下，說了巴黎通訊記者稱爲王仁昫《刊謬補缺切韻》的可疑。現在這裏就連帶的將我們決定守溫卷子時代的一個證據存疑起來了;雖然我是和羅君的主張相同,也只好等待王仁昫韻有無"宣"韻和有宣韻的"《刊謬補缺切韻》"是不是王仁昫的書兩個問題證實了再説。

原件第二截上缺,不能定名,内容是講齒音只有兩等輕重的。這是齒音反切相當於類隔而不得切音的例子,我們所以找不出在後來門法裏的歸宿。後來門法是屬於反切的積極的、正面的解釋,這種最初消極的、反面的規定就絕對消滅了。這表現反切早先是活動的拼音,因上下字的聯讀而顧及兩字聲類的輕重;語音字音起了古今的變化,反切字没有更動,就興起門法來做注脚,固定了拼音法式。

原件第三截是:

"兩字同一韻憑切定端的例";

"聲韻不和切字不得例";

"辨宫商徵羽角例";

"辨聲韻相似歸處不同"(下缺)。

這裏使我們注意到"反切"的名稱和韻書名"切韻"的意味。我們對於"反切"一詞總以爲:初始稱"反"或言"翻",唐末諱言"反"而改云"切"。從這卷子所載,我們可以得些解釋:

(1)"切"是聲母。

"定四等輕重兼辨聲韻不和無字可切門","高"字下云:……若將審穿禪照中字爲"切",將高字爲"韻",定無字可"切"。

"交"字下云:……若精清從心邪中字爲"切",將交字爲"韻"定無字可"切"。

卷子第二截云:

若將歸精清從心邪中(字)爲"切",將歸審穿禪照中第一字爲"韻",定無字可"切"。

若將(歸)審穿禪照中字爲"切",將歸精清從心邪中第一字爲"韻",定無字可"切"。

這四條前一"切"字都是指聲母。又"兩字同一韻憑切定端的例":

| 諸 | 章魚反 | 菹 | 側魚反 |
| 辰 | 常隣反 | 神 | 食隣反 |

禪　市連反	溽　士連反
朱　章俱反	偢　庄俱反
承　署陵反	繩　食陵反
賞　書兩反	爽　疎兩反

所謂"同一韻"是反切下字相同，以反切上字定音之輕重叫做"憑切定端的"。後來門法裏"憑切門"的名目與此相承。這也是"切"字指聲而言的。

（2）"切"是拼切。

上舉前四例的後一"切"字和"聲韻不和切字不得例"的"切"字都是"拼切"之意。

（3）"反"是兩字相切之音的名稱。

我以爲"切"有名動兩義：名詞是指"聲"，動詞是指"拼音"，而和動詞"切"的意義相當的名詞是"反"。我們看卷子裏凡舉反切的地方都用"反"而同時用"切"，細加比勘，文法上顯然有的分別：

　　高　……若將審穿禪照中字爲切，將高字爲韻，定無字可"切"，但是四等喉音第一字惣如高字例也。

　　交　……若將精清從心邪中字爲切，將交字爲韻，定無字可"切"，但是四等第二字惣如交字例也。審高"反"，精交"反"，是例諸字也。

　　……若將歸精清從心邪中（字）爲切，將歸審穿禪照中第一字爲韻，定無字可"切"。尊生"反"，舉一例諸也。

　　……若將（歸）審穿禪照中字爲切，將歸精清從心邪中第一字爲韻，定無字可"切"。生尊"反"，舉一例諸也。

這是說："怎樣怎樣就拼切不出字來，像某某反的例子就是。""兩字同一韻憑切定端的例"中列舉某某"反"，更明白的分出了：

反	切	章	側	常	食	市	士	章	庄	署	食	書	疎
	韻	魚		隣		連		俱		陵		兩	
	切（字音）	諸	菹	辰	神	禪	溽	朱	偢	承	繩	賞	爽

"聲韻不和切字不得例"中云"夫類隔切字有數般,須細辨輕重,方乃明之,引例於後"。所舉之例:

都教"切"罩,不云都教"反"罩;

他孟"切"掌,不云他孟"反"掌;

徒幸"切"瑒,不云徒幸"反"瑒;

方美"切"鄙,不云方美"反"鄙;

芳逼"切"堛,不云芳逼"反"堛;

符巾"切"貧,不云符巾"反"貧;

武悲"切"眉,不云武悲"反"眉;

疋問"切"忿,不云疋問"反"忿;

鋤里"切"士,不云鋤里"反"士。

又釋"詩云,在家疑是客,別國却為親"。皆以"切"作"拼"義,而不用"反"字。"四聲重輕例","辨聲韻相似歸處不同"中列反切,稱"反"而不用"切"字。

(4)"韻"是韻母。

(5)"切韻"做書名與"聲韻"做書名一樣(不過"聲"字又牽涉到"四聲"的問題)。這個定義,後來等韻書裏承襲未變;也許是等韻家興起的詞類,做韻書的許多人取以名書,那末我們對於"韻書"和"等韻"的發生時代先後上,將要有更新的討論了。

(6)"反"、"切"初有名、動之別,後改動作名而廢棄了原有之名。所以,中古韻書裏注音現在見到幾種字樣:

甲)"某某反";

乙)"某某切";

丙)"某某反"、"某某切"互用。

從"反"改稱"切","反切"二字成一詞。

(十一)唐寫本《歸三十字母例》一種　　英國倫敦博物館藏

　　日本《東洋學報》第八卷第一第四兩號載

　　日本濱田耕作《東亞考古學研究斯坦因氏發掘品過眼錄》載

　　羅常培《敦煌寫本守溫韻學殘卷跋》錄

這件原物據濱田氏記,厚褐色紙書,文字頗精美。我們在羅譯倫敦的《敦煌書目》裏沒有見到著錄。這件寫本也該是等韻的書。三十字母的問題,羅常培君跋守溫卷子一文中言之甚詳。我看守溫卷子三十字母和這一例也許是一書的兩段,不過兩者次第却不相同。

本件是:　　守溫卷子是:
端透定泥　　脣音　　不芳並明
審穿禪日　　舌音　　端透定泥是舌頭音
心邪照　　　　　　　知徹澄日是舌上音
精清從喻　　牙音　　見(君)溪群來疑等字是也
見磎羣疑　　齒音　　精清從是齒頭音
曉匣影　　　　　　　審穿禪照是正齒音
知徹澄來　　喉音　　心邪曉是喉中音清
不芳並明　　　　　　匣喻影亦是喉中音濁

守溫卷子第二截"精清從心邪"五母在一組,字母裏"心邪"分入喉音,前後分歧,未知其故。本件三十母次序,似有意義,似無意義,一時也不能説出具體的意見。現在依羅君錄本附載下面,以備學人考研。

端	丁當顛故	見	今京犍居
透	汀湯天添	蹊	欽卿褰祛
定	亭唐田甜	羣	琴擎騫渠
泥	寧囊年拈	疑	吟迎言魚
審	昇傷申深	曉	馨呼歡袄
穿	稱昌嗔覰	匣	形胡桓賢
禪	乘常神諶	影	纓烏剜煙
日	仍穰忈任	知	張衷貞珍
心	修相星宣	徹	倀忡椫縝
邪	囚祥錫旋	澄	長蟲呈陳
照	周章征專	來	良隆冷隣
精	煎將尖津	不	邊逋賓夫

清	千槍僉親	芳	偏鋪繽敷
從	前牆晉秦	並	便蒲頻苻
喻	延羊鹽寅	明	綿模民無

又按《韻鏡》前字母圖中有"歸納助紐字"，與此例所列字相仿；圖後有"歸字例"，説明切字時尋求字音歸宿聲類的方法，與此例標題之意相同。我們雖沒有見到和《韻鏡》相同的等韻圖在敦煌寫本裏，但如前一卷子和此件都可以算得等韻圖的影子，已經包孕在裏面了。

以上十一項材料的情狀大致如此。我們居然能够纂輯在一起，實在不是一件簡易的事。劉復博士，他很辛勤的蒐羅設計，拿宋大中祥符本《廣韻》做了樞紐，對照排列着另外九種古殘韻書，定名《十韻彙編》。這中間究竟是多少種韻書還是問題，不過約舉材料的大體類數而言；像五代刻本恐怕就得分爲兩本，而德國藏的刻本還沒有收進。材料的種數之確定要在材料的内容經過學人緻密研究以後才辦得到。那末，這一部韻書的結集，第一個意義倒是"聽候編遣"了——待人考訂其詳細系統。

關於考訂韻書系統的事，我們當然不厭其詳，可要務去其鑿！我們往往過度的要明白不能明白的東西，容易下不必下的結論，喜歡考訂出正面肯斷的事實。那就走進了"鑿"字的圈子了！例如，這些韻書有的無從知道作者，我們假使遇見舊書目裏面載了些韻書，就給它比附上；或是遇見前人記載了某韻書的狀況，就根據來判别這些材料的是非；或是遇見古書裏引用的語句，就拿來做斷案的確證。這粗看來都沒有什麽不對，細想着却很有問題。我們只應該論證韻書系統的大端，未便苛細求全。《日本見在書目》沒有發見之時，我們如果見了這些材料，不過在史籍志目裏找主名，祥符本《廣韻》列了許多增加字的家名，我們並不能想到各家都有《切韻》，所以，我們應該注意見了著録和著録了而不爲今日所知的還不知凡幾呢。前人記載的内容值得我們參攷，而他們所舉書名未必確不可疑；王仁昫《切韻》敦煌本未見以前，誰不是説《廣韻》二百零六韻就是法言舊目呢？輯佚校書固然有很重要的發現,究竟引書存真的可能實在很小;李登《聲類》、呂靜《韻集》的佚文儘管很多,關係原書編制而可以做聲韻學史料的記錄就少了。我們現在以聲韻學史的立場來看這些材料,和前人當做字書類書性質看這些材料,注意之點不同,而可以給我們論證的地方也就很不是重要的聲韻史實了。一般書籍版本目錄研究的學者和我們的注意點不同,我們所謂系統詳細的分析在表現聲韻學史的方面。這是我的愚見:

1)我們不必定要找著者的主名;
2)我們不可湊合前人的記錄;
3)我們不應斷論這些書中間的關係;
4)我們只要從材料代表聲韻史的幾點上做討論,儘可無主名無著錄而定為一個音系的獨立標準,就是一書而分為幾部分都沒有什麼不可以。

因此我們利用這些材料做聲韻史的研究似乎應該務其大端。研究的大端約舉有四:

1)由音類的分合情形論證聲韻的演變和音值。這可分兩種:a,兩部韻書的比較;b.一部韻書中的分析。
2)由韻中收字反切之穿錯,考定韻類分合的變遷並擬構音值。
3)由諧聲系統的分布狀況,窺測文字音讀的變遷。
4)由先後時代確定而系統不同的韻書裏分別統計增刪文字和音讀的狀況而為語音或語言變遷的考證。

這幾項固然是聲韻史的研究,也就是韻書系統分別的標準。我們定韻書的系統着重兩件事:

1)韻目次第的同異變遷。
2)韻中收字及其音注的比較。

因為韻書體制中所包涵的音類標準本有四個:

1)聲調標準——分成平上去入四類,為韻書分卷的依據。
2)音尾標準——分附聲不附聲的韻為陰陽入三類,成韻書分韻的條理,古音家以此為論韻的依據。

3) 韻呼標準——分開合兩類,韻書間用爲分韻的標準,而是斷定韻書系統的依據。

4) 音符標準——這是未有韻書以前的諧聲字系統,消納在韻書裏而與聲韻的演變相關,也是探究古音的依據。

這些標準以外還有唯一的標準,爲韻書音類分部別紐的總標準,就是反切。先有反切,後出韻書。分別韻書系統的兩件事,除了音符標準,這些標準都與之有關,而反切尤重。我們只有研析實際音類,這是研究韻書材料的正當態度。

前賢的考證,時彥的論研,足以發明我所陳述的例很多,本書羅常培先生序裏已經言簡意賅的提挈出來了。我對於本書所收的材料,再用淺薄的眼光撮叙幾點:

1) 由體制看系統。　　拙著《唐宋兩系韻書體制之演變》(《國學季刊》三卷一號)曾經說了些瑣細的事,我們從新開列出來:

a. 平聲分上下卷與不分上下卷;

b. 韻部相連而下與不相連而下;

c. 韻目冠數次與不冠數次;

d. 韻中紐首先注反切及字數後注釋與先注釋後注反切及字數;

e. 紐首所注反切用"反"字與用"切"字;

f. 紐首所注字數分別新加數目與不分;

g. 注釋每字皆注與不每字皆注;

h. 卷首韻目表下注"同用"、"獨用"及各家異同與不注;

i. 每韻韻目用別色書寫與不別色書寫;

j. 每韻每紐加圈點標識與不加標識;

k. 每韻韻目題刻上眉與不題刻上眉。

這些不劃一的現象,中間透露出先後系統的演變。

2) 由分韻看系統。　　按照韻呼標準,韻書裏有單是一種韻呼爲一韻的,有兩種韻呼爲一韻的,有兩種韻呼相對爲兩韻的,有一種韻呼再分爲兩韻的。我們在這部書的材料裏可以找到:

a. 真諄,寒桓,歌戈,軫準,旱緩,哿果,儼范,震稕,翰換,箇過,釅梵,質術,曷末的不分。

　　b. 仙宣的分。

　前者是陸法言的系統,後者是李舟的系統。

　3) 由韻次看系統。　按照音尾標準聲調標準,韻書的平上去的陽聲韻陰聲韻相貫,而入聲韻與陽聲韻相對配。這部書的材料裏韻次上有很大變動的一點,就是《切三》、《王一》與《唐韻》入聲除分韻多寡外次第完全相同,而皆與《廣韻》入聲次第不同：

　　a.《廣韻》櫛物倒爲物櫛。

　　b.《廣韻》藥鐸陌麥昔錫職德緝合盍葉怗洽狎業乏倒爲錫昔麥陌合盍洽狎葉怗緝藥鐸職德業乏（舉《唐韻》爲例）。

　而陽聲韻次第：

　　a. 臻文並不是文臻。

　　b. 陽唐庚耕清青蒸登侵覃談鹽添咸銜嚴凡並不是青清耕庚覃談咸銜鹽添侵陽唐蒸登嚴凡,乃是

　覃談陽唐庚耕清青侵鹽添蒸登咸銜嚴凡（上去二聲準此）。

　五代刊本殘存的入聲韻末尾又是：

　　c. 盍洽狎葉怗□□□職德。

　日本昌住《字鏡》所引《切韻》是陽聲蒸登在末了,和這有點相似。

　　d.《王二》的入聲韻與陽聲韻相對（惟一處亂例）,陰聲韻和陽聲韻次第有特別的變動,詳目見前提要。

　這裏可以看出幾個系統：

1.《切三》、《王一》等入聲韻陽聲韻韻次相合之系統（假設更早應有陽與入對或入與陽對兩種）；

2.《切三》、《王一》等現存之韻次（陽入分歧,唐代通行的）；

3.《唐韻》之系統；

4. 五代刊大字本與昌住《字鏡》所引之系統（陽入全歧否未可知,蒸登職德居末可知）；

5.《王二》韻次之系統（内容另有問題）；

6. 五代刊小字本之系統（分宣韻的）；

7.《廣韻》所本之系統。

從許多系統的零星材料中間，我們可以知道韻書的演變，六朝到唐，唐到宋，平上去入排列成四聲一貫，陰陽入音類相從不紊，這才產生出《廣韻》的標準，前前後後經過若干次數的移動。這種移動也許毫無音值改估的意義，不過我們相信却是值得注意的史跡。我們由這上頭可以了解：

1) 唐代韻書當與陸法言《切韻》原本的音系有差異；
2) 陸法言《切韻》與其前的韻書也當有差異；
3) 這些差異最著的是陽入二聲的韻次移動，陰聲韻簡直沒有什麼變化。

我依《切一》、《切二》、《切三》的一類（a）韻次，排成（b、c）兩個陽入對照的次第；如果《切一》、《切二》、《切三》的韻次是法言原本，這次第就是法言以前某韻書的舊第；不然，也得舊第是法言原本，而《切一》、《切二》、《切三》的次第是唐代的移動（如入聲爲舊第，與入相對的陽聲才是舊第；如陽聲爲舊第，與陽相對的入聲才是舊第）。五代刻韻書大字本入聲殘存末了幾韻的對照列成（d）陽聲次第，是唐、宋之間一種移動的痕跡。《王二》陽入的（e）次第是唐時的移動最大的一種。我就將這些由材料排比出的例撥獻給審音考史的學者們，至於怎樣解釋和斷論，那就是本書纂集聽候編遺的進一步的意義了。

a	c	d	e	《廣韻》
東—屋	屋—東		東—屋	東—屋
冬—沃	沃—冬		冬—沃	冬—沃
鍾—燭	燭—鍾		鍾—燭	鍾—燭
江—覺	覺—江		江—覺	江—覺
真—質	質—真		陽—藥	真—質
臻—櫛	物—文		唐—鐸	諄—術
文—物	櫛—臻		真—質	臻—櫛
殷—迄	迄—殷		臻—櫛	文—物

元—月	月—元		文—物	欣—迄
魂—没	没—魂		斤—訖	元—月
痕	痕		登—德	魂—没
寒—(末)	末—(寒)		寒—褐	痕
删—黠	黠—删		黠	寒—曷
山—鎋	鎋—山		魂—紇	桓—末
先—屑	屑—先		痕	删—黠
仙—薛	薛—仙		□—屑	山—鎋
覃—合	錫—青		□—薛	先—屑
談—盍	昔—清		□	仙—薛
陽—藥	麥—耕		□—鎋	陽—藥
唐—鐸	陌—庚		□—月	唐—鐸
庚—陌	合—覃		庚—隔	庚—陌
耕—麥	盍—談		耕	耕—麥
清—昔	洽—咸		清	清—昔
青—錫	狎—銜		冥—覓	青—錫
侵—緝	葉—鹽	□—(覃)	侵—緝	蒸—職
鹽—葉	怗—添	盍—談	蒸—職	登—德
添—怗	緝—侵	洽—咸	鹽—葉	侵—緝
蒸—職	藥—陽	狎—銜	添—怗	覃—合
登—德	鐸—唐	葉—鹽	覃—沓	談—盍
咸—洽	職—蒸	怗—添	談—蹋	鹽—葉
銜—狎	德—登	□—(侵)	咸—洽	添—怗
(嚴)—業	業—(嚴)	□—(嚴)	銜—狎	咸—洽
凡—乏	乏—凡	□—(凡)	格	銜—狎
		職—蒸	昔	嚴—業
		德—登	嚴—業	凡—乏
			凡—乏	

我很榮幸,在這麽一個大工作的結集前面得有機會對讀者們陳述了一些臆説!因爲我奔喪而羈遲了作序的光陰,耽誤了出版的時日,謹此對各方面表示歉意!

1936 年 5 月 10 日

原載《國學季刊》1936 年 5 卷第 3 期

《切韻》韻目次第考源

——敦煌唐寫本《歸三十字母例》[①]的史料價值

一

我們做舊體詩,大家都用詩韻。一東、二冬、三江、四支……是平聲,一董、二腫、三講、四紙……是上聲,一送、二宋、三絳、四寘……是去聲,一屋、二沃、三覺……是入聲。平、上、去、入一共一百〇六韻,這叫做"平水詩韻"。平水詩韻指公元1252年(宋理宗淳祐壬子)江北平水劉淵增修的《禮部韻略》。所謂《禮部韻略》本是宋朝頒行的一種"官書",因爲把更早的韻書加以簡略,所以稱爲《韻略》。被簡略的韻書就是《廣韻》,所簡略的地方是韻中收的字。張萱《疑耀》:"《禮部韻略》初僅九千五百九十字,續降六十有五字,分爲五聲[②]二百六韻,其間'通用'、'獨用'各別。"正是科舉考試做詩要有個押韻的標準,像《廣韻》那樣包羅很大範圍必須精簡。分韻二百〇六,起初還没有改動,不過一向就没有人呆板地用這個系統來押韻。韻目分得那樣多,并不是具體一個地方的人口頭上絕對都分辨得出來,相傳打唐朝許敬宗起就訂定韻與韻的通押,叫做"同用"(一作"通用"),不通用的叫"獨用"。平水韻按着同用的情況徑直合併,二百〇六才變成一百〇六[③]。研究漢語語音系統,大家都用二百〇六韻的韻目而不談一百〇六的。一百〇六韻在文化生活里實際跟我們關係密切,一部分韻目是電報代日的碼子,中國革命史上的"馬日事變"就是這麼叫起來的[④];又

---

① 原件現藏英國倫敦博物館,中國科學院圖書館有攝影。
② 按平聲分兩卷,張萱誤以爲兩種聲,因而說"五聲",實在是"四聲"。
③ 據實際資料知道,《平水韻略》併合韻數是一百〇七,後來元朝人改併了一處,因此是一百〇六,通常習慣這麼說是"平水韻"。
④ 指1927年5月21日(韻目21"馬")許克祥在長沙發動反革命的事變。

有許多文化遺產的資料工具書用一百〇六韻韻目做分類編排的,像《經籍纂詁》、《史姓韻編》等等。一百〇六韻的韻目次第倒不難理解,是書誌學範圍的問題,只須把二百〇六韻的同用、獨用情況擺出來就一目了然,演變過程上的幾點併合說得清楚。

如果有人問:"爲什麼這一百〇六韻是'一東二冬三江……'的次序?"我們當然可以回答是根據二百〇六韻《廣韻》一類的次序來的,就是上面說明的。但是再要有人問上一句,我們誰也不能回答。問題是:"《廣韻》又爲什麼用'东冬鍾江支脂之……'做次序的?"我們也許可以敷衍搪塞一下:"《廣韻》本來是宋朝陳彭年、邱雍等就着隋陸法言《切韻》重修的,它的次序就是《切韻》的舊底子。"問題依然沒有解決,還可以再問:"《切韻》爲什麼拿'東冬鍾江支脂之……'做次序?"或是:"爲什麼用'東冬鍾江……'做韻目?"問題就是:韻目用的字是偶然隨便檢用的還是有一定的條件選用的?

這樣的問題也許沒有人提過,也許有人想過而沒有提出過。是不是沒有可提的價值而不用想了呢? 我曾經一度想過這問題,因爲毫無綫索可尋就放下了。從歷史語音學的方面來看,漢語語音學史料的一些術語都有它一定的發展過程,往往先綜合後分析,由粗到精。我們有時候局限在某種程度的孤陋裏不能理解。我們先輩的學者儘管沒有近代或現代的科學體系的明確理論,但是在託名標識的工夫上總十分謹密[1]。這韻目既是源出於《切韻》,《切韻》本身的命名就有意義:"切"指聲類,"韻"指韻類[2]。陸法言拿來做書名,顯然表明本書體制的系統性,超過了在他以前的李登、呂靜、夏侯詠、陽休之、李季節、杜臺卿[3]。雖然我想不出什麼綫索來解釋,可是認爲這個問題還有研究探索的價值。

---

[1] 例如叫"平上去入"四聲就是標名示例的。

[2] 參看《十韻彙編》魏序頁 63 至 65。它的起源應當以《南史·周顒傳》所記的周著《四聲切韻》爲準。

[3] 唐代王仁昫《刊謬補缺切韻》韻目下注有後五家分韻情況,參看魏建功《十韻彙編資料補並釋》頁 62(《北大五十週年紀念論文集》文學院第十五種)和《故宮完整本王仁昫刊謬補缺切韻續論之甲》第 IV 節(北京大學《國學季刊》七卷二期頁 335)。

首先李登的書名《聲類》,不一定跟陸法言的《切韻》相當。如果向來傳説"《聲類》以五聲命字"跟《切韻》的體制有些關連,我以爲也只是分韻的一方面。《聲類》究竟是指哪一方面,還是問題,至少有幾個可能:(1)現在一般所謂的聲,如"牙、喉、舌、齒、脣"之類;(2)向來所謂的"四聲",如"平、上、去、入"之類;(3)現在所謂韻的主要元音和韻尾,如"陰、陽、入"三聲。這問題有待於更深入的研討,我在《十韻彙編·序》裏曾經提出來,并且説明覺得不是指"四聲"的,本文暫不討論[1]。但是也得指出:現在存留的唐宋間音義書引李登《聲類》的資料并不少,是原書當時還有傳本,而《刊謬補缺切韻》的韻目注字反不提及,甚至於陸法言《切韻·序》裏也没有説到他,我們有理由理解《聲類》的體制可能不是《切韻》的樣子。因此,我們對《切韻》的系統性的體制就有可能更加清楚,它是聲和韻兩方面兼顧的,用"切"字表示聲的系統,用"韻"字表示韻的系統[2]。

從韻書的體制來説,我覺得陸法言跟劉臻、顔之推、盧思道、魏彦淵、李若、蕭該、辛德源、薛道衡所討論的具體資料應該就是《切韻》這樣類型的諸家著作,所謂諸家就是吕静、夏侯詠、陽休之、李季節、杜臺卿。這五家的書名只有李季節叫《音譜》,其他都用"韻"字叫《韻集》或《韻略》,比起陸法言稱《切韻》也有偏而不全的意味。

李登開始以音讀分排文字的歷史發展條件,我在《十韻彙編·序》裏説過,可没有討論他從哪裏取得這個五聲命字的辦法,

---

[1] 向來把"五聲命字"理解爲"四聲分韻"。如果是的確的,齊梁的人爲什麽對四聲那樣特别希奇?我的意見見北大《國學季刊》第五卷第三號《論切韻系的韻書》和《十韻彙編序》頁 13 至 18。羅常培先生《漢語音韻學導論》第四講第二節也舉《文鏡秘府論》引劉善經《四聲論》,原注説到我跟他所見不同,語見 1956 年上海中華書局版頁 75。張清常先生《李登〈聲類〉和〈五音之家〉的關係》,討論了李登所以用五音命字的根源,文見《南開大學學報》(人文科學)1956 年第一期。

[2] 參看《十韻彙編》魏序頁 63 至 65。它的起源應當以《南史·周顒傳》所記的周著《四聲切韻》爲準。

并且還没承認這就是：四聲分韻①。這也是我們相信陸法言《切韻》的體制系統性相當高的意義。因爲具體分析聲韻和辨別四聲，必須有所區別，例如周顒在五世紀（南齊）的時候就叫他的著作做《四聲切韻》，顯然指示我們現在"聲、韻、調"三方面分析的概念在齊梁以後才發展得很清楚而明朗起來的②。陸法言的著作在七世紀初寫成，《切韻》所表現的聲和韻的系統，我相信是有探索的可能和必要③。

現在我們回到《切韻》韻目用字和它的次序問題上來。我認爲陸法言《切韻》是他們九個人按照聲韻體系上的"南北是非、古今通塞"進行論難，把疑點決定以後，法言依記錄編撰的，它的韻類有來歷，而這韻目用字也該有來歷。我曾經從等韻圖的字母排列考慮過，結果上面説過是無綫索可尋。等韻的字母主要是三十六字母系統，我們現在最普遍知道的是"見溪羣疑……"當頭，拿來跟"東冬鍾江……"比對，當然沒有關係；三十六字母早期在等韻圖裏排列爲二十三行（如《韻鏡》、《七音略》）的是"邦滂並明"當頭，也跟"東冬鍾江……"沒有相合之處。然而《切韻·序》裏説：

支（章移切）脂（旨夷切）魚（語居切）虞（遇俱切），共爲一韻；

先（蘇前切）仙（相然切）尤（于求切）侯（胡溝切），俱論是切。

---

① 向來把"五聲命字"理解爲"四聲分韻"。如果是的確的，齊梁的人爲什麽對四聲那樣特別希奇？我的意見見北大《國學季刊》第五卷第三號《論切韻系的韻書》和《十韻彙編序》頁13至18。羅常培先生《漢語音韻學導論》第四講第二節也舉《文鏡秘府論》引劉善經《四聲論》，原注説到我跟他所見不同，語見1956年上海中華書局版頁75。張清常先生《李登〈聲類〉和〈五音之家〉的關係》，討論了李登所以用五音命字的根源，文見《南開大學學報》（人文科學）1956年第一期。

② 陸法言《切韻·序》雖没有提到周顒，可是他叙述他們討論音韻的話説過"以聲調，既自有別"，又從切（指《聲類》）和韻的同而有異，異而又同説明，跟周著《四聲切韻》的命意當是一類。劉盼遂考訂："仙，相然切"應爲"胡然切"，見《廣韻叙錄校箋》（《文字音韻學論叢》頁256）。

③ 本文就是解決"可能"的問題，"必要"的問題另詳。

它既然是韻類相聯,又跟聲類有關,像先仙的一、四等和尤、侯的喻、匣母[①],都使人隱隱約約看出這中間該有一個系統。

二

二十年前(1936年)我爲《十韻彙編》的資料做系統的整理,寫過一篇《論〈切韻〉系的韻書》,發表在北京大學《國學季刊》五卷三號(也是《十韻彙編》的序)。文中説及《唐寫本歸三十字母例》。當時對這一件資料没有認真研究,只是説了:

> 本件三十母次序,似有意義,似無意義,一時也不能説出具體的意見。

同時三十字母的資料還有一種《寫本守温韻學殘卷》,羅常培先生曾經寫過一篇跋,登載《歷史語言研究所集刊》第三本第二分。《十韻彙編序》裏,我照羅先生所寫跋文裏面發表的《歸三十字母例》鈔録附入,備人考研。羅先生跋文也没有討論它。

守温卷子是以"脣音、舌音、牙音、齒音、喉音"爲序,已經和《韻鏡》一類系統接近了。《歸三十字母例》不分五音,以"端、透、定、泥"當頭,全部次序是:

端透定泥審穿禪日心邪照精清從喻

見蹊羣疑曉匣影知徹澄來不芳並明

我們用三十六字母的標準體系來分析這個資料,就會覺得:(1)"端透定泥"、"精清從"、"見蹊羣疑"、"曉匣影"、"知徹澄"、"不芳並明"是有意義的排列;(2)"審穿禪日心邪照"和"喻"、"來"就是無意義的排列了。連守温卷子也還有出入,羅常培先生跋文裏指出:

> 較宋代韻圖少"邦、滂、奉、微、牀、娘"六母,而"不、芳"標目及以"心、邪"屬喉,以"日"屬舌上,以"來"屬牙,以"影"爲濁之類,亦與後此配列頗相參差。

[①] 陸法言《切韻·序》雖没有提到周顒,可是他叙述他們討論音韻的話説過"以今聲調,既自有別",又從切(指《聲類》)和韻的同而有異,異而又同説明,跟周著《四聲切韻》的命意當是一類。劉盼遂考訂:"仙,相然切"應爲"胡然切",見《廣韻叙録校箋》(《文字音韻學論叢》頁256)。

爲了對照比較,把它寫在這裏:

脣音	不芳並明
舌音	端透定泥是舌頭音
	知徹澄日是舌上音
牙音	見(君)溪羣來疑等字是也
齒音	精清從是齒頭音
	審穿禪照是正齒音
喉音	心邪曉是喉中音清
	匣喻影亦是喉中音濁

最近我有機會檢用三十字母的資料,無意之中念到"端透定泥"開頭的次序,跟《廣韻》韻目的"東、冬、鍾、江……"開頭的次序比對,發見都一樣是舌頭音。這引起了我的注意。我把《歸三十字母例》分成下列幾組,拿韻目排進去,結果像"東冬鍾江"、"支脂之微"、"魚虞模",都清清楚楚顯現出順序的系統。例如:

端透定泥	東[1] 冬[2]		
審穿禪日			
心邪			
照	鍾[3]	支[5] 脂[6] 之[7]	
精清從			
喻			
見溪羣疑	江[4]		魚[9] 虞[10]
曉匣影			
知徹澄			
來			
不芳並明		微[8]	模[11]

這樣就初步了解到《廣韻》韻目次序是按照一定的聲母系統排列的。這一個系統是以舌音當頭的。

進一步,我從全部平聲韻來考察,并且去聲韻裏四個獨立無平上的韻也連帶檢查了。我們順着《歸三十字母例》的順序,客觀排列出如下的結果:

端	透	定	審	心	照	精	清	從	喻	見	疑	曉	匣	影	並	明	
東[1] 冬[2]					鍾[3]					江[4]							一
										支[5] 脂[6] 之[7]						微[8]	二
										魚[9] 虞[10]						模[11]	三
								齊[12]	佳[13] 皆[14]			灰[15] 咍[16]					四
	泰[14]					祭[13]				夬[17]				廢[20]			
			真[17] 諄[18] 臻[19]							欣[21]	(殷)			文[20]			五
			刪[27] 山[28]	先[1] 仙[2]						元[22]	魂[23] 痕[24] 寒[25] 桓[26]						六
			蕭[3] 宵[4]							肴[5] 豪[6]							七
										歌[7] 戈[8]						麻[9]	八
	唐[11]									陽[10]							九
登[17]				蒸[16]	清[14] 青[15]					庚[12] 耕[13]							十
					尤[18]					侯[19]	幽[20]						十一
				侵[21]													
	添[25]	覃[22] 談[23]				鹽[24]				咸[26] 銜[27]							十二
										嚴[28]				凡[29]			
端	透	定	審	心	照	精	清	從	喻	見	疑	曉	匣	影	並	明	

以上有几處加了着重點符號的,表明韻目次序和音韻系統上有問題。我們需要先解釋明白沒有問題的地方,再來討論這些有問題的地方。首先我們依着前人所提的韻書體制的標準之一"音類相從"的條件來分析。我們發見:凡是在音類系統相同的許多韻,自成一類排列次序,基本上依照字母系統排,例如一、二、三、四、七、八、十一的七部分,這些音類就是等韻的"攝"的輪廓。例如一是通、江,二是止,三是遇,四是蟹,五是臻,六是山,七是效,八是果、假,九是宕,十是梗、曾,十一是流,十二是深、咸;字母系統的次序主要以"舌、齒、牙、喉、脣"爲序。我們可以說:韻目次序依着音類順舌齒牙喉脣的系統排列的。

在一個音類裏,以第一個韻韻目字母做起點順序排其他各韻,所以"東冬鍾江"從"端"起,一類完了,依次"支脂之微"從"照"起,"魚虞模"從"疑"起,而"齊佳皆灰咍"從"從"起。按照這一條原則,我們發現《廣韻》已經變動《切韻》舊次序的地方,如果用唐代傳留的韻目就不成問題了。這有以下三點:

(一)去聲"祭、泰、夬、廢"爲序,依《廣韻》如此,按字母順序是不合原則的。《廣韻》蟹攝去聲次序:

霽 祭 泰 卦 怪 夬 隊 代 廢
12 13 14 15 16 17 18 19 20

這樣成了"齒、舌、牙、脣"的次序。我們一檢現存的唐寫本韻書,去聲這裏正有一段歷史發展的事實。原來唐寫本的王仁昫《刊謬補缺切韻》(所謂《王一》或《法四》、《王三》或《國三》)和有陸法言序的《切韻》(所謂《法二》)以及《唐韻》(所謂《唐》或《國一》)都是"泰"在"祭"前的次序:

泰 霽 祭 卦 怪 夬 隊 代 廢
12 13 14 15 16 17 18 19 20

只有故宮博物院收藏的題有"裴務齊正字"的王仁昫《刊謬補缺切韻》(所謂《王二》或《國二》)才開始移動,變動得很大:

霽 祭 泰 界 夬 廢 誨 代 …… 懈[①]
14 15 16 17 18 19 20 21   43

[①] 參看《十韻彙編》魏序頁36,又魏建功《十韻彙編資料補並釋》頁9和註十。

"界"是改變普通韻目用字"怪"的,"誨"是改變普通韻目用字"隊"的,"懈"是改變普通韻目用字"卦"的。"懈"跟平聲的"佳"移到"歌"和"麻"之間相應,移在後面"箇"和"禡"之間,所以排在第四十三。"界"還排在原位次,"泰"移在它前面,顯然"泰"跟"界"成爲原來"卦、怪"的關係。"廢"移到"誨、代"的前面,可能爲的跟"夬"更接近。這一變動中只是"泰"的次第下傳到宋,《廣韻》未修訂以前就改定了,成爲"祭、泰",其他并沒有改成。從四個獨立去聲韻系統説,單是這一點就足夠説明唐宋兩個時代的體系明顯地透露着韻目次第和韻目用字跟字母系統的關係由親切清楚到模糊磨滅。"泰、祭"爲序可能是一等在前的條件,顛倒過來是沒有意義的①。原來"泰霽祭卦怪夬隊代廢"的排列,我們還得貫串平、上聲來探討一下:

	端	透	定	審	心	照	精	清	從	喻	見	磎	疑	曉	匣	影	並	明
平											齊[12]			佳[13]	灰[15]			
														皆[14]	咍[16]			
上											薺[11]			賄[14]	蟹[12]			
														海[15]	駭[13]			
去	泰[12]	隊[18]					霽[13]				卦[15]					廢[20]		
	代[19]						祭[14]				怪[16]							
											夬[17]							

平聲韻完全合於我們説的依照《歸三十字母例》的順序;上聲"蟹、駭"照原則應該用"見"母,實際因爲當初沒有"見"母字或是有而又有又音不方便②;去聲"霽"是"精",跟平上所取的"齊、薺"是"從"不一致,"霽"韻裏有"從"母"嚌"不用,跟處理"泰、祭"韻有關(另文分析);"隊、代"依平上取"曉"母原則應該是"誨、儗","儗"

---

① 這些牽連到音的問題,本文暫不論。
② 這是初步的觀察,對於了解韻書的發展史和我們祖先們怎樣辯證地處理問題有很深刻的意義。同時也對於我們用概括的條例叙述語音史的方法上具有啓發性的補充和幫助。"蟹"韻"見"母"解"有又音,"駭"韻"見"母"鍇"《切三》(或《英三》)、《廣韻》都沒有,《王二》(或《國二》)有。

當初沒有"曉"母音所以沒有用①,可能"誨"因而孤單不一致也不用,"匣"母又被"蟹、駭"用了,因此用了開頭舌音"定"母的"隊、代","舌、齒、牙、喉、脣"的總次序是周而復始地排的;由於這樣,去聲蟹攝從"泰"到"廢",唐代的排列還是《切韻》的真傳。我們可以理解韻目用字在一個聲類裏面還結合着韻中間所收的字和前後各韻的情況決定的,平上去入四聲之間基本原則是要取同聲母的字做韻目,有特別原因可以用別的母,大致順序跟《歸三十字母例》相應。

（二）平聲"真、諄、臻、文、殷（或'欣'）"為序②,"文"依次序應該在末了,《廣韻》和唐代各本《切韻》都在"殷"（或"欣"）之前,是唐代開始就改變了陸法言《切韻》原次序的地方。唐代傳下來的韻目,入聲和相應的陽聲平上去有不符合的地方,這裏的問題就是其中之一。試用《切三》（或稱《英三》）為例：

平	真17		臻18	文19	殷20
上	軫16			吻17	隱18
去	(缺)				
入	質5	物6	櫛7		迄8

這裏入聲次序是"物、櫛、迄",平聲并不是"文、臻、殷",如果依平聲排入聲應該是"櫛、物、迄",現在《廣韻》改成這樣了。但是從聲類次序分析,可以理解作為早期韻書體制,正應該是"真、文、臻、殷"的排列。因為臻攝的"魂、痕"才有舌頭音,韻目一貫排到山攝"元"韻後面去了,可能有特殊意義,剩下的各韻就沒有舌頭音,所以要從齒音"照"母起。早期韻書"諄"包含在"真"裏面,"文"實際

---

① "儗",《廣韻》才有"曉"母讀音。"誨",《王二》（或《國二》）用做韻目,沒有和"代"一致起來。
② "欣"是宋朝人改的,唐代韻目是"殷"。

跟"諄"相補而相當,作爲一組,次序很順。"臻、殷"另爲一組,次序也很順。入聲方面的"迄"是"曉"母,沒有和"殷"相應的"影"母音,如果配的話就是"質"裏的"乙"。這固然是研究韻書體制的標準之一"音類相從"的條件所引導我們認識到的,同時也是另一個條件的輔助形成的。那就是"四聲一貫"——平上去入的位次相應。以相應的原則考慮不相應的事實,就會得出這類解釋。

（三）平聲"庚、耕、清、青"爲序,和三十字母次序完全相反。跟前兩點原則相同。我們知道唐代韻目入聲中間"錫、昔、麥、陌"的排列跟"庚、耕、清、青"的次序正相顛倒,兩者中間一定有一個是《切韻》原樣：

| 平 | 庚[13] | 耕[14] | 清[15] | 青[16] |
| 入 | | 錫[16] | 昔[17] | 麥[18] | 陌[19] |

《廣韻》把入聲改了將就平聲的順序：

| 平 | 庚[12] | 耕[13] | 清[14] | 青[15] |
| 入 | 陌[20] | 麥[21] | 昔[22] | 錫[23] |

拿三十字母"齒音"在"牙音"前的次序看平聲,顯然應該是：

平　　　青清耕庚
入　　　錫昔麥陌

拿三十字母"脣音"排在最後的次序看入聲,也很明白地肯定應該承認"錫昔麥陌"是接近《切韻》原樣的。梗攝平聲沒有一等的舌頭音,跟蟹攝取齒頭音意義一樣,用"青"打頭跟用"齊"打頭相同。這四韻四聲韻目取字有些參差：

平　　　庚耕清青
上　　　梗耿靜[9] 迥[1]
去　　　敬諍[2] 勁[3] 徑[4]
入　　　陌[5] 麥[6] 昔[7] 錫[8]

1. "迥"韻沒有"清"母,所以取"匣"母。
2. "静"韻沒有"見"母,所以取"照"母。
3. "勁"韻"清"母"倩"有又音。
4. "徑"韻"清"母"靘",未用。
5. "陌"韻"見"母"格",未用。
6. "麥"韻"見"母"隔",未用。
7. "昔"韻"清"母"敞",未用。
8. "錫"韻"清"母"戚",未用。
9. "静"韻"清"母"請"有又音。

這一音類的韻,在陸法言《切韻》以前發展情況本來很複雜,詳見拙著《陸法言切韻以前的幾種韻書》(北京大學《國學季刊》三卷二號)。可能有許多積累的變化,尤其在陸以後,例如《王二》(或《國二》)韻目:

平	庚 35	耕 36	清 37	冥 38	(庚)	(耕)	(清)	(冥)	
上	梗 33	耿 34	請 35	茗 36	入	隔 19		覓…… 20	格 昔 29 30
去	更 38	諍 39	清 40	暝 41	(格)	(昔)			

總之它最初標目排次序跟三十字母(《歸三十字母例》的系統)的關係是很密切的。

除了上面叙述的三點,還有幾處值得討論。

(四)平聲"元、魂、痕、寒、桓、删、山、先、仙"爲序,臻攝的"魂、痕"插在山攝中間,而山攝的"删、山、先、仙"的順序和"元、魂、痕、寒、桓"的順序顯得是兩個自成體系的排列。上面說過"魂、痕"排在"元"後頭也許有特別意義,這要從審音的方面去解決,本文只談韻目次序的依據問題,暫不討論。但是同樣也可以認識"元"的特殊。以我們談韻目次序而論,"真"、"諄"、"文"爲一組,"臻"、"殷"爲一組,"元"、"魂"、"痕"、"寒"("桓")爲一組,"删"、"山"、"先"、"仙"爲一組,都符合於《歸三十字母例》的排列。

（五）平聲"陽、唐、鹽、添"，上聲"養、蕩、琰、忝"，去聲"漾、宕、豔、㮇"，入聲"藥、鐸、葉、怗"，按照三十字母次第原則上應該舌頭音"透"、"定"母排在喉音"喻"母前面，但是都顛倒了。我們覺得這好像是透露"喻"母一部分歷史的痕跡。

（六）跟上一點相同，平聲"蒸、登"，上聲"拯、等"，去聲"證、嶝"，入聲"職、德"，都是舌音"端"母在齒音"照"母後面。這也像是透露"照"母三等更古的階段和"端"母的關係。

（七）陽聲入聲咸攝和宕攝、曾攝各韻需要綜合起來說明。現在《廣韻》次序是：

平　陽 唐 庚 耕 清 青 蒸 登　………　侵 覃 談 鹽 添 咸 銜 嚴 凡
　　10 11 12 13 14 15 16 17　　　　　21 22 23 24 25 26 27 28 29

上　養 蕩 梗 耿 靜 迥 拯 等　………　寑 感 敢 琰 忝 豏 檻 儼 范①
　　36 37 38 39 40 41 42 43　　　　　47 48 49 50 51 53 54 52 55

去　漾 宕 映 諍 勁 徑 證 嶝　………　沁 勘 闞 豔 㮇 陷 鑑 釅 梵
　　41 42 43 44 45 46 47 48　　　　　52 53 54 55 56 58 59 57 60

入　藥 鐸 陌 麥 昔 錫 職 德　………　緝 合 盍 葉 怗 洽 狎 業 乏
　　18 19 20 21 22 23 24 25　　　　　26 27 28 29 30 31 32 33 34

（甲）

"嚴、凡"排在末了，跟"東、冬"排在頭上一樣，我們無庸多解釋，完全表明了《歸三十字母例》的聲類排次"舌音爲首、脣音居末"。結合"支、脂、之、微"，"魚、虞、模"，"泰、祭、夬、廢"，"真（諄）、文"，"歌（戈）、麻"，幾乎沒有例外。現在研究韻書，"音類相從"的標準把這兩組已經作爲固定的"陽唐八韻"和"侵覃九韻"來看待。陽唐八韻是"穿鼻韻"，侵覃九韻是"閉口韻"。如果從唐代韻書存留下來的韻目次第來對比，這兩組的問題很複雜。我們在前面談"庚、耕、清、青"次序問題提到唐代韻目陽聲類和入聲類不相應的事實，并且指出這一部分入聲次序有可能是《切韻》原樣。它的次序是：

錫昔麥陌合盍洽狎葉怗緝藥鐸職德業乏　………（乙）

按三十字母排次，關係如下：

---

① 上去兩部分"儼、釅"韻，宋朝人移動過，所以數序顛倒。

		入			平		
舌齒牙喉脣	錫昔　　麥陌	合盍洽狎	怗緝葉	鐸德職業藥乏	青清耕庚	覃談　　咸銜	添侵鹽	唐登蒸嚴陽凡

　　我不逐一用字母對照，爲的是表明大類。從大類次序上看相應的陽聲類平聲韻，是可以理解它的條理的①。第一，"錫、昔、麥、陌"對"青、清、耕、庚"，上面已討論過。無論入聲"麥、陌"或平聲"耕、庚"都在"錫、昔"或"青、清"之後。其次，"合、盍、洽、狎"對"覃、談、咸、銜"，前者同是喉音，後者是舌音喉音爲序，該是一組。再次，"葉、怗、緝"對"鹽、添、侵"，"葉、怗"問題上面談過，跟"鹽、添"一樣，都可以當作舌音考慮，"緝""侵"齒音，排在舌音後面，正合條例，該是一組。最後，"藥、鐸、職、德"對"陽、唐、蒸、登"，上面都已談過，我們把它當做舌音一類；"業、乏"對"嚴、凡"次序無問題。從大類說來，唐代韻書入聲次序是合於三十字母排列原則的，我們認爲足以表示是《切韻》系統。如果把唐代通行的陽聲類韻目次序當作《切韻》原樣，我們就不可能看出它的體系來。目次如下：

　　覃談陽唐庚耕清青⋯⋯⋯⋯⋯侵鹽添蒸登咸銜嚴凡——（丙）
這些韻在《廣韻》裏形成兩大音類，也就是宋代等韻的宕、梗、曾攝深、咸攝等等體系。好像毫無問題似的，因爲我們根本用等攝來分它，并沒有注意跟它相應的韻的次序變動出入所反映的事實。我在這裏要特別指出：《廣韻》次序（用"甲"表示）是從唐代一些題名《切韻》的陽（用"丙"表示）入（用"乙"表示）分歧的次序調整成功的。我們試用攝名逐一對照劃分，請看看是什麽情況：

---

　　① 上去聲方面《王二》（或《國二》）曾用"橝、醰、淡"對"覃、談"；陸法言《切韻》沒有"儼、釅"韻。其他四聲韻目不一貫的解釋別詳專文。

	韻次	陽唐	庚耕清青	蒸登	……	侵	覃談鹽添咸銜嚴凡
甲	攝類	宕	梗	曾		深	咸
乙	韻次	錫昔麥陌	……	合盍洽狎葉怗	緝	藥鐸	職德	業乏
	攝類	梗		咸	深	宕	曾	咸
丙	韻次	覃談	陽唐	庚耕清青	……	侵	鹽添	蒸登	咸銜嚴凡
	攝類	咸	宕	梗		深	咸	曾	咸

值得注意的是乙系統：

（1）錫昔麥陌：青清耕庚——梗
（2）合盍洽狎葉怗：覃談咸銜鹽添——咸一
（3）（葉怗）緝：（鹽添）侵——（咸二）深
（4）藥鐸職德業乏：陽唐蒸登嚴凡——宕曾咸三

依據《歸三十字母例》的排列，這裏的鹽添要劃成（咸二），跟深應該是一組，宕、曾、咸三應該可能是一組，都有待於深入研究①。

三

《歸三十字母例》對於《切韻》韻目的取字和序次的關係俱如上述。我們可以這麼說：

陸法言《切韻》的韻類系統跟聲類系統相表裏。

《切韻》韻目次序順着聲目排定。

《切韻》韻目大部分傳流成爲《廣韻》宋代的次序，小部分曾經被變動成爲唐代的次序再傳入《廣韻》。

《切韻》所用聲目是舌、齒、牙、喉、脣爲次的三十字母系統。

三十字母系統已知的資料表現了兩個階段，主要反映等韻字

---

① 關於這一系統，我開始注意它是在1932年寫《陸法言切韻以前的幾種韻書》的時候，現在又從本題接觸到它。關於宕、曾、咸三的音讀問題在那篇論文討論呂靜《韻集》的地方說到了。

母次序由舌音開頭演變爲脣音開頭，再變爲牙音開頭就成了三十六字母的系統[①]。

公元七世紀的漢語語音學者已經把那時候"古今"、"南北"的讀音概括成聲、韻、調交互組合的基本系統，內容是：四聲調、九十韻、三十聲母[②]。

"東冬鍾江……"一些韻目是由三十聲母一定的次序在九十韻中間拼讀（并且按照聲調分多到一百九十三）出來的[③]。

我們回答本文第一段末了兩個問題也就顯豁了：

(1)《切韻》爲什麼拿"東冬鍾江……"做次序，由於在一個音類——相當於等韻裏所謂"同攝"——裏，依舌、齒、牙、喉、脣的次序排列韻目的。

(2)爲什麼用"東冬鍾江……"做韻目，就是舌、齒、牙、喉、脣大次序之中還用三十字母的系統做決定的，這種決定聯繫到韻裏每一個聲紐的時間（"古今通塞"）地點（"南北是非"）具體情況，還有韻字意義和用法（也是詞的組成和應用）所關的條件（例如不用連綿詞的成分或不用有又音的）。

從《歸三十字母例》的文獻研究，我們初步認識《切韻》韻目的根源。從認識了《切韻》韻目的根源，我們也初步理解《歸三十六字母例》的史料價值。如何地解釋三十字母的排列和研究這排列如何經過歷史發展成三十六字母體系，將是我們的一個有意義的新課題了。本文只是提出這個初步認識的假定跟學者們商榷，希望得到指正。最後按照我們這個假定把《切韻》韻目寫定如次：

[①] 對《歸三十字母例》的大次序不需要依三十六母系統改定。
[②] 這裏說九十韻，是以陽聲韻33、陰聲韻25和入聲韻32計算的。
[③] 可能有相當韻攝的大類，但是不一定跟後來十六攝一樣，所以且不用"攝"來說。

		三十字母系統裏用做韻目的聲母及其次序				
		舌	齒	牙	喉	唇	擬訂音類分組
		端 透 定	審 禪 心 照 精 清 從	喻 見 磎 疑	曉 匣 影	並 明	
韻目音類劃分和目次先後與聲母關係	平	東[1] 冬[2]	鍾[3]	江[4]			東董送屋 冬 宋沃 鍾腫用燭 江講絳覺 ＊ (一)或(二)
	上	董[1]	腫[2]	講[3]			
	去	(1) (2)	送[1](3) 宋[2]	用[3] 絳[4]			
	入	(1) (2)	燭[3]	覺[4]		屋[1] 沃[2]	
	平		支[5] 脂[6] 之[7]			微[8]	支紙寘至 脂旨至 之止志 微尾未 (二)或(三)
	上		紙[4] 旨[5] 止[6]			尾[7]	
	去		寘[5] 至[6] 志[7]			未[8]	
	平			魚[9] 虞[10]		模[11]	魚語御 虞麌遇 模姥暮 (三)或(四)
	上			語[8] 麌[9]		姥[10]	
	去			御[9] 遇[10]		暮[11]	
	平		齊[12]	佳[13] 皆[14]	灰[15] 咍[16]		泰 齊薺霽(四) 祭 佳蟹卦或 皆駭怪 夬(五) 灰賄隊 咍海代 廢
	上		薺[11]	(12) (13)	蟹[12] 駭[13] 賄[14] 海[15]		
	去	泰[12] 隊[8] 代[9]	霽[13](13) 祭[14]	卦[15] 怪[16] 夬[17]	(18) (19)	廢[20]	

《切韻》韻目次第考源　　307

(續表)

		三十字母系統裏用做韻目的聲母及其次序					擬訂音類分組
		舌	齒	牙	喉	脣	
		端透定	審禪心照精清從	喻見磎疑	曉匣影	並明	
韻目音類劃分和目次先後與聲母關係	平		真17*一 臻19		殷20	文18	真軫震質 文吻問物 臻　櫛 殷隱焮迄 (五)或(六) (六)之一
	上		軫16*二		隱18	吻17	
	去		震21*三		焮23(23)	問22	
	入	*四	質5(*四) 櫛7		迄8(8)	物6	
	平			元21	魂22 痕23 寒24 0一		元阮願月 魂混慁没 痕很恨 寒旱翰末 (六)之二 (七)或(七)之一
	上			阮19	混20 很21 旱22 0二		
	去			願24	慁25 恨26 翰27 0三		
	入			月9	(10) (11) 0四	没10 末11	
	平		刪25　先27 山26　仙28				刪潸諫黠 山產襉鎋 先銑霰屑 仙獮線薛 (八)或(七)之二
	上		潸23　銑25 產24　獮26				
	去		(28)　霰30 (29)　線31	諫28 襉29			
	入		(12) (13) 屑14 薛15		黠12 鎋13		

(續表)

		三十字母系統裏用做韻目的聲母及其次序					擬訂音類分組
		舌	齒	牙	喉	唇	
		端透定	審禪心照精清從	喻見磎疑	曉匣影	並明	
韻目音類劃分和目次先後與聲母關係	平		蕭[29]宵[30]		肴[31]豪[32]		蕭篠嘯宵小笑肴巧效豪皓号(九)或(八)
	上		篠[27]小[28]	巧[29]	(29)皓[30]		
	去		嘯[32]笑[33]		效[34]号[35]		
	平			歌[33]×一		麻[34]	歌哿箇麻馬禡(十)或(九)
	上			哿[31]×二		馬[32]	
	去			箇[36]×三		禡[37]	
	平		青[35]清[36]	耕[37]庚[38]			青迥徑錫清靜勁昔耕耿諍麥庚梗敬陌(十一)或(十)
	上		(33)靜[34]	耿[35]梗[36]	迥[33]		
	去		諍[40](38)(39)	徑[38]勁[39](40)敬[41]			
	入		錫[16]昔[17]	(18)(19)		麥[18]陌[19]	
	平			尤[39]	侯[40]幽[41]		尤有宥侯厚候幽黝幼(十二)或(十一)
	上			有[37]	厚[38]黝[39]		
	去			宥[42]	候[43]幼[44]		

(續表)

		三十字母系統裏用做韻目的聲母及其次序					擬訂音類分組
		舌	齒	牙	喉	脣	
		端透定	審禪心照精清從	喻見磎疑	曉匣影	並明	
韻目音類劃分和目次先後與聲母關係	平	覃[42] 談[43]			咸[44] 銜[45]		覃感勘合 談敢闞盍 咸豏陷洽 銜檻鑑狎 (十三)或 (十三) 之一
	上	(40) (41)		感[40] 敢[41]	豏[42] 檻[43]		
	去	(45) (46)		鑑[18]勘[45] 闞[46]	陷[47] (48)		
	入	(20) (21)			合[20] 盍[21] 洽[22] 狎[23]		
	平	添[47]	侵[48]	鹽[46]			鹽琰艷葉 添忝㮇怗 侵寢沁緝 (十四)或 (十三) 之二 (十四)
	上	忝[45]	寢[46]	琰[44]			
	去	㮇[50]	沁[51]	艷[49]			
	入	怗[25]	緝[26]	葉[24]			
	平	登[52]唐[50]	蒸[51]	陽[49]嚴[53]		凡[54]	陽養漾藥 唐蕩宕鐸 蒸拯證職 登等嶝德 嚴　業 凡范梵乏 (十五)或 (十五) (十六) (十三)之三
	上	等[50]蕩[48]	拯[49]	養[47]		范[51]	
	去	嶝[55]宕[53]	證[54]	漾[52]		梵[56]	
	入	德[30]鐸[28]	職[29]	藥[27]業[31]		乏[32]	

(注：＊一諄，＊二準，＊三稕，＊四術；0一桓，0二緩，0三換，0四曷；＊分組的或數是按照十六攝的系統訂的。十五組是按照三十字母舌音開始脣音終了的原則劃訂的；×一戈，×二果，×三過。)

1957年2月
原載1957年4期《北京大學學報》(人文科學)

"國語運動在臺灣的意義"申解

我來到臺灣的第二個星期日晚上,曾經在廣播電臺廣播了一篇廣播辭。那是一篇為了牽就時間限制和聽衆了解的演説,内容有些晦澀。現在從頭細説,作爲一種通俗學術講話。

請讓我錄原辭,隨時補充説明。

"國語是什麽?"(原辭)我們都知道臺灣光復了以後第一件要緊的事情,是推行國語。在一般人的想象,國語就是我們中國人所説的話,不管它是上海、重慶、南京、温州、汕頭、廣州、厦門、福州或是西安、蘭州、開封、太原、濟南、天津、保定,以至於遼寧、寧夏、昆明、瓊州,只要不是用 abcd……和アイウエオ拼念的話,都可以當做國語。這樣,我們在臺灣就可以用臺灣話當做國話,無庸另外再有一套什麽用北平話做標準的國語了。

(申解)我們的國語是用北平話做標準的。北平話的標準也是有條件的。這條件是北平社會受過中等教育的人日常應用的話,並不是北平話一概算做國語。提到"國語"這一個名詞,它的沿革就包涵了很多的民族興衰的回憶了。偉大的中華民族器度是没有種族和血統的歧視。純粹從文化上融合起來,歷代往往容納進許多的宗族。宗族和宗族之間的交際,互相採取足以達到完全了解的工具,所以用聲音表示的語言工具有所謂"雅言"。記錄語言用圖形或符號表示的文字,在我們國家就成了一種共同表意的標識。我們的文字可以被宗族以外的民族借用的道理在這裏。一般人誤解了這個道理,把成爲表意標識的一點兒作用當做天經地義,而埋没了表意的標識與所記錄的語言中間的聯合一致。當初的"雅言",實在就是現代所謂的"標準語","雅"字的古訓是"正","正"即是"標準"。"雅"和"俗",兩者之間只是指明内容應用的範圍的分別:"雅"的普遍,"俗"的偏僻。我們距離古代遠了,這種分別已經不能確切明瞭,不過從文學古典的詩經所分"風"、"雅"來推想,大致也還能窺探出一點痕跡。因為古時候的國的觀念和後代不同,所以只有"雅言"一個語詞,而"國語"一個語詞倒成了狹義的"列國的人的言論(語)"集的專名(《國語》、《國策》書名的國語)。這樣一直向後代傳下來,宗族不斷的增加新的分子,文字也不斷的增加了新的表意作用和形式,語言更不斷的增加了新的聲音和組織。從有歷史記載以來,我們的雅言自然在生長,最初統一的力量多半依靠政治,造成一種用"帝王都邑"流行的系統做標準的事實。我國的歷代都邑自周朝起,都在黃河流域,如咸陽、洛陽、長安、開封,而北平是最後最久的一個。中間因為外族侵入,發生民族遷移,語言也分出許多支來:有五胡的侵入,向南分出了金陵一支;有契丹、女真、蒙古民族的侵入,再分出了臨安一支;有滿洲民族的侵入,又分出了桂林和昆明兩支;北平的系統却是從臨安一支分出時起慢慢的養成了現在唯一的標準資格。五胡以至於滿洲,人民已加入中華民族,生活習慣完全融合了,語言文字也完全混合了。他們有些在統治中原的時候,曾經把自己一族的語言稱做"國語"過。這個"國語"的意味帶點血腥氣,是征服者的自驕自傲的名目!我們知道最明白的是金人稱女真文做"國書",女真語當然是"國語";元人稱蒙古文,清(後金)人稱滿洲文,都叫"國書",而"國語"成了少數統治我們的外族語言的特別名稱。這是"國語"一個語詞演變到第二個階段的意義:統治中國的外來民族自稱他們的語言的名目。民國成立了以後,才演變成第三階段現在的意義,"中華民國人民共同採用的一種標準的語言是國語;國語是國家法定的對內對外,公用的語言系統。"這個系統由許多語言不同系統的人薈萃在一處,互相融合,盡力推心置腹,不知不覺,去泰去甚,選擇出最方便容易的聲音鍛煉成最簡單明瞭的組織。國語包括:(1)代表意思的聲音叫"國音";(2)記錄聲音的形體叫"國字";(3)聲音形體排列組合表達出全部的思想叫"國文",排列組合的規矩就是"文法"。我略舉的各地,除了遼寧是賅括一省的,其餘都是國內各省方言做中心的地方。從聲音説,有很相近的,有絕不相同的,而應用文字和文法就没有什麽不相通的。我們在没有分歧的文字和文法之中,共同拿最方便容易的聲音來表示,便是國語要標準化的惟一理由。北平話合於這一個理由上的條件,所以一般人的想象只是知道文字與文法無問題而不明白聲音障礙要排除,誤會了凡是中華民國的人説中華民國國土内任何一種聲音系統的語言就算得是國語。文化進步而組織健全的國家,没有不是確用一個標準聲音系統做國語的。我們有經過一千多年培養,二三百年應用,幾十年政府提倡的聲音系統,當然應該切實推行。所以,北平話做標準國語是有它的來歷的。

"標準國語是純粹雅言的演變"(原辭)按着"客隨主便"的慣例,在國際間的交際上,從"主權"以及"地位"的關係,倒是應該互相尊重,兩方面的語言要有同樣行使的權利和機會;若是大家共同選擇一種語言來做雙方表達意思的工具,就顯得更加"開誠布公"些。所以,理想的大同世界一定會有用共同了解的一種聲音系統做語言的一天。根據這樣的意義,人類的若干界限要逐漸消除,文化就這樣交流起來。我們中華民族歷史之長,散布之廣,無須多説,其中互相表達意思的工具,在聲音的系統上,實實在在都有脉絡相通的關係;粗疏的説,任何一個地方的話都有做標準國語的資格。然而,我知道,這樣長的歷史和這樣廣的散布,中間發生了若干交流的變化,逐漸消除了許多隔閡,在語言方面是共同選擇了一種大家應用最方便的聲音系統,順着大家共同方便的組織習慣,來表達意思,就是"國語"的正確性質。我們可以説這種標準的國語條件是:聲音系統和組織習慣是全國人民最方便使用的。不用談學理,我們只要把現在的標準國語北平話,跟任何的土語方言對照一下,就很明白。

(申解)標準國語的來歷,從北平建設做都市説,就有一千多年的培養,拙著《北平音系十三轍序》説的很詳細;從通行於清代全國官吏社會説,就有二三百年的應用,所以有官話之稱,西洋人叫它"Mandarin";從開國以來,開會審定讀音,頒布注音符號,編行《國音常用字彙》和《中華新韻》，小學科目改訂國語，就有幾十年是由政府提倡的。有如此的經過，還不能得人了解嗎？所以臺灣光復以後的國語運動，使得我們直覺的知道國語的重要，而更顯明的教訓了我們理智的認識國語的實質。我這一段講辭裏不能太囉嗦的說明北平話聲音系統和組織習慣兩方面如何取得標準資格的實況，所以只談了一些理論。上面申解裏已經指出國語包括國音和文法兩大方面。這裏我們但求大家明白標準國語是純粹雅言的演變，它的聲音系統和文法組織都是最簡易最明瞭的。至於詳細內容，另文叙述。臺灣本省人在這個基本問題上，我想一定是同意的；我們希望對於這問題未求甚解的臺灣省以外的人藉此想一想！臺灣省人的發音，據我短時間的觀察，很有些受了日本假名影響的，跟國語相差不少：例如"ㄨ"、"ㄩ"、"ㄈ"、"ㄓ"、"ㄔ"、"ㄕ"、"ㄖ"、"ㄦ"這些個聲音要費力學習。如果拿臺灣話的聲韻和調類跟國語比較，國音不用濁音，聲調連帶跟着只有四聲，就此一點簡省許多問題。還有，臺灣口語另有一套帶鼻音的韻，說話時候先後音綴相聯又要有很多變讀，國語除了"ㄦ"化韻以及輕聲詞有變化，更無複雜之處。

"標準國語跟臺灣方言中間的脈絡"（原辭）上面我說的意思，是說明國語是跟各地方言土語中間血脈相通的一種簡捷明瞭當得起全國人民開誠布公用的語言系統。這更不用說，日本東京話的聲音和組織的兩項系統，都跟我們不同，只配做他們自己國家的國語。

（申解）因爲國語包括聲音形體和組織，方言和它之間的差異只是聲音。例如，國語裏把所有的鼻聲僅僅留存了雙脣的"ㄇ"和舌尖的"ㄋ"兩個，其餘的按着(1)改併到"ㄋ"裏來，(2)全行遺失念成韻的兩條路變化。我們有聲韻史料的反切系統可以探出線索；國語依照這系統，方言也是依照這系統。所以，當我知道了臺語有"ㄫ"和"ㄍ"的時候，我便可以按着我們的音韻系統能够很快的懂得臺語"我"和它的多數所寫的"阮"字應該是什麼讀音了。這哪裏是不同系統的日本語所能辦到的呢？或者有人要把日本語裏從我國語言裏借去的漢字音讀認做是日本話和臺灣話相同的證據,就是大錯! 國語和臺語是兄弟姊妹的關係,國語的字音和日語漢字音讀是外祖外孫或舅甥的關係,臺語與國語地位相當,你想臺語跟日語漢字音讀是什麼關係吧? 我們從老家裏來到多年沒見面的兄弟姊妹家裏來,縱然生疏了,還是自然聯得起宗來的。外甥外孫家,隔了幾代,沒有姑娘姑母乃至於姑奶奶的聯繫,那門親戚就要斷絕往來的,何況"認乾親"的"假外甥"、"假外孫"呢? 所以,平情說,日本人能斷行推用東京話做標準語是他們的聰明,並且也得到了進步和健全的成果;在他們處心積慮之下侵略我國,強奪本省去統治了五十一年,硬要本省父老昆弟諸姑姊妹用他們的東京話做國語,是絕對要不得的!這倒跟我說的我們"國語"一個語詞的第二階段相同了。現在好了,我臺灣省的國民有享受採用我們第三階段意義的"國語"自由了! 因此(原辭)說:

臺灣光復了以後,推行國語的唯一的意義是"恢復臺灣同胞應用祖國語言聲音和組織的自由"!

明明是"ㄊㄞㄅㄟ"(臺北)或是"ㄉㄞㄅㄚㄍ"(上國音,下臺音),偏偏要我們說"タイホク";明明是"我有書"(ㄨㄛㄧㄡㄕㄨ或ㄨㄚㄨㄗ或ㄍㄨㄚㄨㄑㄧㄝ)(上國音,中臺北,下臺南),偏偏要我們依他們的習慣說成了"我書有"的次序,把我們的語言的聲音和組織攪亂得顛三倒四!我們說ㄨㄛㄧㄡㄕㄨ也好,說ㄍㄨㄚㄨㄗ或ㄍㄨㄚㄨㄑㄧㄝ也好,表達意思的方式是同樣的組織法,這就是相通的血脈。

(申解)日本語音不能獨立發一個聲,所以我們字音的收聲尾的讀法,他們非用一個假名全音表示不可,臺北的北字所以就只有聯着"ウ"、"ク"來注他的-K尾了。臺語有我們的方音注音符號可以表示得很正確。關於我有書一句日本話,依着我的使命和誓願,恕不用假名寫出! 這一點,我呼籲本國同胞之間似乎不應該用外國語言做交際語! 是國家"主權"和"地位"的表現! 是政府語文教育成績的表現! 是所謂"精誠團結"的表現! 說老實點,是"體統"! 是"面子"! 臺灣省的同胞熱烈要國語,我們要人人用標

"國語運動在臺灣的意義"申解　315

準國語和他們交談。我們不能只責望本省人說標準國語,而我們從國語流行的鄉土來的反而不能說標準國語！新的中國一切應該真正標準化！度、量、衡、衣、食、住、行,再加上寫和說！當我允許傳習幾位我們住所的女工學國語的時候,我們很自然的找出了國語臺語話句組織的相同點。我敘述一個例子,請熱心的君子們採納:自己儘量說標準語就是幫助我們推行國語了！這是陰曆元宵晚上的事;我們的女工周來富介紹她的兩個同伴周美玉、廖寶玉來學國語,我請王子和(炬)先生代我教她們。起初讀的教育處印行的民眾國語讀本,我們費了許多力量矯正她們受日本語音影響的"ㄨ"、"ㄏㄨ"、"ㄩ"的發音;後來用直接教學法教會話,王君手裏拿着香蕉問周美玉:"這是什麼？"她回答了臺灣話的名字:"ㄍㄧㆬㄐㄧㆧ"。接着問:"你愛吃這個嗎？"同時寫出國字來,另外寫了"你喜歡不喜歡吃？"她們看見漢字就在念"歡喜"兩個字,因此知道臺灣話的詞彙是"歡喜"。她們答話是:"不歡喜。"引起我們的驚異,以為沒有懂得問話的用意,便問:"為什麼？"因為我們覺得她們是誤會要勸她們吃而推辭,所以想盡方法使她們明白是教會話的。她們能用破碎的詞句說明了不歡喜的理由。王君就用她們的意思寫成一句國語:"香蕉好吃是好吃,可是我們不歡喜吃。"我們要她們說成這句臺灣話。好！自然的我們學習得一句臺灣方言,而她們改成為道地的臺灣話在組織上和國語完全相同:

　　芎　　蕉　　真　　好　　吃,　　不　　　　我　　們　　不　　愛

　ㄍㄧㆬ　ㄐㄧㆧ　ㄐㄧㄣ　ㄏㆦ　ㄐㄧㄚ　ㄇㄚ　　ㄍㆦ　ㄍㄨㄣ　ㆬ　　ㄞ

吃。(以國語記意。)(暫不注聲調。)
ㄐㄧㄚ

　　王君又寫了一句:"北方天氣冷,不長香蕉。"我們應用音韻的系統,試讀成臺灣音,居然"北方"兩個字全對了;"天"字臺灣話要讀成鼻韻,以下"冷"字她們根本沒有這個觀念,原來用"寒"字。她們又改說了一句臺灣話:

　　北部　　真　　寒,　　所以　　無　　芎蕉。(以國語記意,注音略。)

這表現了我所說的"血脈相通"的情形。我們兩方面的聲音系統有的是辦法可以找出對照關係,組織習慣又如此合一,所需要溝通的是表現意思的個別單詞的對照。我們知道語彙詞典的編纂成了迫切的工作了!臺灣省重歸我國的版圖,臺灣人恢復用自己的語音語法的自由,國語推行的偉大的意義,我們人人都要竭誠幫助完成起來。若是擺在幾個推行國語工作人員的肩上,把造成標準語的環境和斷行標準語的決心放鬆,我恐怕要成爲孟子所說的比喻"一齊人傅之,衆楚人咻之"的結果!尤其是利用日本話的辦法不加限制,我覺得最成問題。那麼,臺灣人儘可用他們自己鄉音說他們的中國話,我們也無須乎枉費工夫了。我們也發現一個現象:凡是用標準國語對臺灣人說話可以得到了解;倘是自由的用各地語言說各人的中國話,結果一定不能了解。有心的君子應該對這"語文第一"的問題有所明見了!所以,我原辭有這樣的話:

　　我相信,敵人奪得去臺灣的河山,已經重歸了祖國版圖;臺胞表達意志的方式,根本敵人是不能改變的,恢復起來一定很快!我們要穩穩實實的清清楚楚的先把國語聲音系統的標準散佈到全臺灣。這是在臺灣同胞與祖國隔絕的期間,國語運動的目標,傳習國音——"統一國語"的基礎。

　　恕我坦白的報告島省內外的人士,我們國家的國語運動還停留在這一個推行國音的階段上呢!我們不必諱言,全國的國民革命才從狠心毒手的敵人無條件投降開始成功,島省內外被壓迫的方式和方面不同,並沒有此優彼劣的差異。從今以後,我們由臺灣喪失而積極開始的國語運動將要在臺灣收復以後又巧巧的從臺灣積極開始完成大功!島省人士,我希望他們踴躍的說國語,大膽的說,語言要先從敢說不管錯不錯練習起。島省以外的人士,我希望咱們也踴躍的用國音說正確的國語!理想的世界要大家實地的造成。這美麗的四季皆春的島不是我們向來文學上所贊美的仙境嗎?仙人島上的語言一定可以達到一個理想的標準化吧!

（原辭）我們還有一個目標，也可說是期望統一的效果，"言文一致"。言文一致的問題是國語在時間上先後有了演變發生出來的。

（申解）我們語言文字的聲音系統隨着應用實際情形有分別。最普通的是"文言"、"口語"的不同，例如一個"車"字讀"ㄐㄩ"是"文言"裏用的音，讀"ㄔㄜ"是"口音"裏用的音。這是全國各地一致的分別，聲音的內容儘可以參差錯綜的不同。上海人叫南京路做"大英大馬路"，上一個"大"字讀"ㄉㄚ"，下一個"大"字讀"ㄉㄛ"；正是"大英"屬於文言的詞，"大馬路"是方言的口語。假使"車轔轔，馬蕭蕭"的"車"讀成"ㄔㄜ"，而"火車站"說做"火ㄐㄩ站"，聽的人一定感覺奇怪，但是象棋的"車馬砲"儘管"ㄐㄩ"、"ㄔㄜ"兩便的讀。這都是標準裏所包括的問題。這些在言文一致的問題上，原則都是有語文科學的根據可以說明的。我們有一些忽略了語文科學基礎的認識的人，誤解了"雅"、"俗"與"文"、"語"的事實和價值的分別，往往拘墟於文言白話的外貌，而實際抹殺了日常生活上應用的狀況，所以演變成了近年國內青年作文不能明白表現的毛病。如果從語文工具的觀念上出發，實事求是做到言文一致的工夫，哪是文言，哪是口語，哪是文言口語都沒有的，能分辨清楚，說得出，寫得下，人家一念就聽得懂，便是國語運動的成功，便是真的國文的建設。我們試看現在國內學校的課本，有幾部達到這步程度的？編輯先生們的嘴裏說自己的話，而寫下了"出言爲經"的"國語"。敵人統治過的臺省，反由他們交還來了一個值得我們慎重將事的言文一致的教育環境。我們很就心，很高興，將如何順勢利導的建設這言文一致的教育就是整個臺灣教育界的責任了！

（原辭）祖國與臺灣隔絕的期間，一般關心國事的志士，不斷努力文化運動，現在已經有相當進步。我們要仔仔細細的坦坦白白的再把敵人攪亂過的語言組織方式，一一在全臺灣返本還原起來！

（申解）我們國家的文化運動是劃時代的大事，尤其對於日本的外交關係上。日本人一向取冷眼旁觀的態度,並且專在小處表示許多輕視的,因爲這件事對於他們侵略野心互相衝突。我們的國語運動也正是這文化運動中間的一大部門。我們的國語標準却在他們侵略目的裏被利用而重視,譬如"注音符號",國內各大書坊並不肯賠血本真心真意的用它,但所有日本人寫中國話的書都一定要用的。我們只有趁今天提醒國人,大家注意工具的利用,頭腦科學化起來,才能接着敵人的後面建設一切,別再延長"八股"精神,凡事都像在做"翻天妙手"的文章了!因此,我們覺得臺灣的國語運動是要把"言文一致"的實效表現出來,而使得"新文化運動"的理想也得到最後勝利。國語中間有與臺語相同的文法,所有編輯教科書的先生是應該注意發揮的。但我們還沒有見到一部從音的教學而語法的教學到文章組織法的教學的國語或國文課本,除了一些編輯先生在編輯室裏創作的"國語"以外,就只有教學生模仿學古人的舌的選文範本——選文本是應有的,但我們的青年從沒有得到一部真正可以教他們寫出巧妙的文章的選本。例如標準語裏代名詞第一人稱多數有兩種方式,這是很巧妙的辦法,臺灣語恰巧也有:

我們(發言人與他人而除去對話人)等於臺語"阮"(排除式)。
咱們(發言人與對話人包括在內)等於臺語"咱"(包括式)。

這種方式訓練好,在話劇裏應用一定有很大的作用,因爲這些聲音上的區別可以表現出言文一致的作用。我們的作家以及青年却不很喜歡求這個實際語言的表現,而往往偏重在文字表意標識的創造,譬如近年第二人稱代名詞流行一個"妳"字,完全反映出我們只是從看去想,而忽略由讀去聽,理解雖然可以更高深,總不免成了"無聲音的寂寞國度"!上面所舉我們咱們,臺語聲音與國語完全可以比對解釋:

(1)阮的音等於我字古讀的聲加鼻音尾,鼻音尾就是們字的痕跡;
(2)咱的臺音聲母與國音不同而韻母相同,鼻音尾還就是們字的痕跡。

從這一點看來，國語和臺語直接對照研究是可以有辦法的。但是日本文（即是語）給臺省人的影響不小，就我來到此地半個月讀了許多報紙上的文字説，好像文言白話的分別還沒有清楚，然而我們却十分同情若干作者，他們正努力拋棄日本文的形式而來寫國文，不過這種國文正像若干編輯先生閉門造車的寫國語一樣。請看：

  公説公有理，婆説婆有理，大家都有理，大家都無理，究竟責任要誰歸？

  那末現時所發生不快的社會現象，許是不清廉，不認真，不察民意爲厲之階。

這兩段並沒有絕對不合文法的地方，但每段整個兒有些不合適，如加點的部分既非由日本文翻出來的，也不是純粹記錄標準語的，或許更不是寫的臺灣方言文。因此我提出"文章復原"的一個辦法來。我想只要把寫的文字，一句一句念一遍，文言白話自然會覺察出來的。所以原辭最後説：

我們祖國國語運動被一個附帶作用拖累到現在——掃除文盲。因爲不認識文字而無智識，我們叫"文盲"。文盲對於文字是俗語所謂"睜眼睛的瞎子"。臺灣同胞足以快慰的，這裏文盲問題可算沒有。但是對面語音不通，大家成了"有耳朵的聾子"，固然令人焦急；那語言組織方式被攪亂，説出寫出像可以懂而實在不可以通，便成了"能説話的啞巴"，實在教人憂慮；所以我們在臺灣的國語推行工作不僅是"傳習國語"和"認識國字"兩件事，而最主要的就在"言文一致的標準語説寫"。

最後，我用兩句賅括的話指出國語運動在臺灣的意義：

文章復原由言文一致做起；

解脱"文啞"從文章復原下手！

——原辭二月十日載《人民導報》，申解脱稿於二月十七日，民國三十五年在臺北龍口町。

國語運動綱領

民國三十三年三月,在重慶,教育部發動舉行過一次國語運動週,並令行各省市縣遵照舉辦。當時印發了"國語運動綱領"五條。這五條綱領包括現在全國國語運動的目標和途徑,至今也還適用。原文是:
1. 實行國字讀音標準化,統一全國讀音。
2. 推行國語,使能通行全國,並做外人學習我國語言的標準。
3. 推行"注音國字",以普及識字教育。
4. 推行注音符號,以溝通邊疆語文。
5. 研究國語教學法,以增進教育效率。

我們臺省新光復,原來看見日本人所用的"國語"並沒有什麼問題;現在回到祖國應用國語當然更無問題。但是日本人侵略主義之下的推行日本"國語"的方式和態度,我們應該明白。現在本省語文實際情形與應用祖國語文的實在需要,就得仔細觀察一番。第一,綱領裏主要的辦法,是用"國字"為中心來"統一讀音""普及教育"的。本省國字的讀音已經失去了原有的廣大應用範圍,在教育方面就沒有重要工具的作用,因此一三兩條發生相當困難。其次,綱領裏把注音符號當做溝通邊疆語文的工具,那是純粹非漢語系統的邊胞語文教育的辦法,那些地方只有日常生活用語,沒有學術以及文字的,本省高砂族是這種需要。此外,二五兩條,很坦白的說明了我們國語的實在情形,至少可以了解國語運動還是一件社會運動。本省今日的國語工作僅有這兩條存在。

這五條綱領除了第四條獨立的,其餘都互相有聯帶關係。我們缺去一三兩條實質,二五兩條成了游魂。國語所表現的聲音系統依附在國字上,教育內容所依靠的也在這國字身上;若是國字的作用失了,國語就成了"死國語"一樣的了。我們對於本省國語運動,要特別注意使得各條綱領都有與民國三十三年外省情形相同的客觀發展。

我們簡單明瞭的重排次序,另換語句,提出臺灣省國語運動綱領如下:

1. 實行臺語復原,從方音比較學習國語。
2. 注重國字讀音,由"孔子曰"引渡到"國音"。
3. 刷清日語句法,以國音直接讀文達成文章還原。
4. 研究詞類對照,充實語文內容建設新生國語。
5. 利用注音符號,溝通各族意志融貫中華文化。
6. 鼓勵學習心理,增進教學效能。

原載 1946 年 5 月 21 日臺灣《新生報·國語副刊》第 1 期

國語通訊書端

　　這是臺灣省國語界同志公共的一個園地。我們要藉它傳播國語界的一切消息，發表國語界的一切意見，建設國語界的一切研究，完成國語界的一切貢獻，因此就又不僅是"臺灣"國語界公共的園地。

　　我們說過"國語"的涵義不限於說標準語，國語包括了本國語文的全部分。這個觀念明白指示出來的人要算是國語運動的元老吳稚暉先生。當民國三十三年春天，我們在重慶舉行國語運動週的時候，他曾經把"國音"、"國字"、"國文"三者包括起來，算做"國語"的內容。這是極精闢的見解，可以糾正一些誤謬觀念的說法：（一）國語就是"注音"符號；（二）國語就是北京話；（三）國語就是白話！我們要記清楚下面的幾行記錄：

　　一、聲音表現意思——形成語言；
　　二、圖形表現意思——形成文字；
　　三、動作表現意思——形成語言或文字；
　　四、語言與文字表現意思——形成文學；
　　五、民族共同所有的表現意思的聲音是國音；
　　六、民族共同所有的表現意思的圖形是國字；
　　七、民族共同所有的表現意思的編錄是國文；
　　八、用國音讀出來國字寫出來的國文就是國語，最精采的成爲文學；
　　九、國語有時間空間的不同，因爲如此標準也有些變遷，就成爲國音沿革、國字源流、古今文體以及文學史。

　　現在的國音標準是北平音，注寫國音用注音符號，學習國語要利用注音符號作第一步"正音"的工夫，不是國語就是"注音符號"，因爲國語並非沒有歷史的，上代文學史料所顯示的正多着呢，並不限於北平話，一切的國語文學都包括在內。因爲文學史料所顯示的聲音變遷和文體組織變遷，沒有從語言觀點上注意，就誤分了"文"、"白"的界限，説國語是白話。現代國語是白話，上代國語有些成了"文言"，所謂"文言"只應該説是某時某地的語言文學，臺灣地方把説話和讀書的聲音絕對分開了，正顯示一個是古一點的一個是現代的。

從整個中華民族看，文學史是一貫的，有語言標準的時和地的差異，增長了研究和應用的煩難，而不是切斷兩截的。這是我們建設新生國語以及國語文學的人應該澈底覺悟的一件事。從這臺灣國語推行工作上要求我們由國音到國文的具體切實回答民衆的教訓上，我覺察了新文學運動最後而是最基礎的工作是這四個字的目標：

由"語"而"文"。

這四字訣包括"由語句而文章"、"由語音而文字"、"由語言而文學"三條道路，或是三個方面。我們臺灣國語界同志所互相努力的要路路皆通，面面俱到。我們整個文學界，是否路路通面面到了呢？最近北京大學校長、新文學運動的倡導者胡適之先生對於大學生工具學術基本訓練不夠發生感想，我想這個根本問題是值得做我們的參考和討論的。

我很鄭重的提出這點意思，願意這個刊物做到爲國語運動在臺灣展開的使命，而達成全國語文教育以至中國語文學和中國國語文學建設的理想；因此這不僅是臺灣省國語界同志公共的一個園地，而臺灣省國語界同志也許更應該明白我們的責任不但限於眼前的説話吧？至於省外人士是否要一樣的要説標準話，創造標準的文學，我們也希望從這《通訊》的實際上得到答復！

原載《國語通訊》創刊號

何以要提倡從臺灣話學習國語

　　新教育的態度是不以"民可使由之不可使知之"的方法爲然的。語文訓練的基本方法却需要但使由之不必使知之。

　　我對於臺灣人學習國語的問題，認爲不是一個單純語文訓練，却已牽聯到文化和思想的光復問題，因此很懇摯而坦白的提倡臺灣人要自己發揮出自己方言的應用力量。這樣，我們主張"必使知之，乃可使由之"。看來像是"知難行易"，實際倒是"知易行難"。

　　日本的"國語政策"行了五十年，達到他"使由之不使知之"的成功。説起來很合理，我們只要有標準語，何必再説方言：我們現在臺灣話可以不必管它。如果臺灣不是與祖國語脉相通，如果我們語言不足表現文化，如果臺胞表現思想的方法不需要與全國同胞互相交流，我們推行國語，就不必提倡從臺灣話學習國語了。這一個要求普通人把它當做"社會交際商業貿易所需要的會話"，那只是知道了一半，看見了浮面。受日本語五十年的侵染，教育文化上如何使得精神復原，這才是今日臺灣國語推行的主要問題，這才是整個的、核心的、百年大計的。所以我們不感覺普通運用國語普及不普及成問題，而日夜焦心的是如何使得教育文化上促進精神復原的工具完善而敏捷的使大家能自由運用起來。於是對社會學習國語的冷淡抱失望的心思，我們倒不十分同意。或者主張硬生生教人死板的呆學會話的辦法，我們雖不一定反對，但也覺得非屬根本。我們替從事教育的和關心文化的人士着急：爲了語言文字的一件工具的不靈通，有些優秀的師生、有些作家讀者都不能得到互相交感的益處。我們不應有什麼"國語政策"，但也不可茫而無知的毫没有一個"語文教育方針"。因此，大家似乎都犯了"知難"的毛病，其實何嘗"行易"！我們並不是拉一大群道地北平人或生長北平的人以至於能說一口好"京話"的人來擔任"訓練"工作，就可以成功，"訓練"這一個詞的內容實在談何容易！你不能了解透徹，你不能"訓"人；你沒有分析明白，你哪能"練"人？例如標準的問題還不知道，聲音的內容並不清楚，在臺灣有了日本假名辨音素養的學習環境裏，你就不容易做"訓練人的人"。我們既要網羅標準"人"，同時還得講求用什麼方法完成合於現實需要的辦法。否則，有了標準，死摳標準，對於實際自由運用上反生出障礙。死要標準，結果還是難合標準，就是"知易行難"的教訓。

我們主張從臺灣話裏學習國語，並不是一種特殊辦法，在現在的情形裏却是一種顯得特殊的主張。本刊第一期吳守禮先生的臺灣人語言意識的側面觀裏，告訴了我們臺灣現行語言的情形。我們單在臺北住了三個月就逐漸確定了下面幾件現象的認識，與吳先生所說的情形是表裏相對的：

一是　臺灣人寫文章，多少有一點受日本語法的影響。

二是　臺灣人認國字（漢字），幾乎全是日本文裏所用的漢字觀念。

三是　臺灣人學國語，很有日本人語音的影響，也大半用日本人學中國話的方法。

四是　臺灣人說臺灣話沒有說日本話方便了！

五是　臺灣人在交際場所往往不知不覺要用日本話，即是日本人所謂"挨拶"的時候都要說日本話。

六是　臺灣人因爲臺灣話與日本話沒有關係，因而對於祖國國語的感覺也大有毫無關係似的。

七是　臺灣人因爲日本話的標準訓練，養成很自然的信守標準的習慣，對祖國國語沒有絕對標準頗感困難。

八是　臺灣人自己嘴裏的臺灣話用詞與國語相同，却不知道國語用詞是什麼，往往感覺國語詞彙難得知道。

九是　臺灣人不知道尋求一條捷徑，去學國語，即是沒有外省各地自然從復原對照現象學國語的觀念。

如此一點一點，我們觀察推測，把我們各省學習國語的自然經驗具體找出來了，就提出這樣一個主張。這主張很平常，是把其他各省學習經驗介紹過來而已。我們對同胞貢獻的是自家學話的方法，不是教外國人學我們的國語的方法。

　　有好幾位本省朋友對我講，臺灣的國語還是一張白紙，我們很可能從頭就教它標準化。他們很着重這"標準"，我却非常替他們擔心！因爲只是語音的問題倒沒有什麼不可逕直做"標準化"。如今有上列九個現象，爲了臺灣同胞自己鄉土的文化發揚，爲了真正光復失地精神復原，我們不能把這一點"知易行難"大關鍵的奧妙指出來！我的意思在於給臺灣人警覺，保存母語、推行國語成了光復以後的雙重責任，這不過是一種原則，意義在：恢復民族意識，建設學習心理。

　　推行國語而提倡方言決非敢冒昧鹵莽，還望有心人士幫我們想想！至於具體辦法另文論之。

原載 1946 年 5 月 28 日臺灣《新生報·國語副刊》第 2 期

怎樣從臺灣話學習國語[①]

我們不談空論，且説實例，來解釋這個題目。

先拿題目做例。這句話裏，一共有"怎樣"、"從"、"臺灣話"、"學習"、"國語"五個詞。如果我是臺灣人，我就先把這五個詞想一想：臺灣話裏有沒有？這就是説用臺灣話的觀念來跟國語做一個對照。我們可以對照出下面的結果來：

"怎樣"，臺灣話有，並且因爲閩南話的支派有三個説法："按怎"、"按怎樣"和"怎樣"。前兩個説法是用兩個觀念表示，末一個與國語同。

"從"，臺灣話有，可以有兩個説法："對"和"從"。

"學習"，臺灣話純粹口語没有，要用兩個觀念在這裏表示："學"、"講"。如果依照國字的讀音來説"學習"，也可以明白，不過是個文言詞。

"臺灣話"，臺灣話同。

"國語"，臺灣話同。

如果完全依照原來字面來用臺灣音説，我想與國語只是聲音上的不同，那麽臺灣人只要注意改用國音，不就一下便説成了國語嗎？反過來，知道國語的人如果注意改用臺灣音説，臺灣人自然也能明白。這就是推行國語的"統一語言"的意思。要從聲音對照上互相謀統一的途徑是第一件要緊的辦法。

這五個詞恰巧可以完全對照，進一步就該觀察臺灣音與國音有無異同。這裏一共十個字，我們從聲韻調三方面來做一番比較。

十個字分列四聲：

---

① 據作者手稿排印。

陰平　　　灣
陽平　　　從臺學習國
上　　　　怎語
去　　　　樣話

在臺灣音裏就有：

上平　　　灣
上　　　　怎語
上去　　　――
上入　　　國
下平　　　從臺
下去　　　樣話
下入　　　學習

再看聲，國語和臺灣語異同如下：

ㄊ　　　　臺　　　　臺語作ㄉ。
ㄍ　　　　國　　　　臺語同。
ㄏ　　　　話　　　　臺語無ㄏ。
ㄒ　　　　學習　　　臺語學讀ㄏ，習同。
ㄗ　　　　怎　　　　臺語同。
ㄘ　　　　從　　　　臺語作ㄗ。

韻要分幾件事來看：

1. 韻呼

國臺相同的	開口	臺	ㄊㄞˊ	ㄉㄞˊ
	合口	灣	ㄨㄢ	ㄨㄢ
	合口	話	ㄏㄨㄚˋ	ㄨㄧ˳ㄚ(ㄨㄝ˳)
	齊齒	樣	ㄧㄤ	ㄧㄤ˳(ㄧㄨˇ～)
國臺同呼而音值不同的	齊齒	習	ㄒㄧˊ	ㄒㄧㄣ
	合口	國	ㄍㄨㄛˊ	ㄍ·ㄛㄍ
國臺不同的	國開臺合	怎	ㄗㄣˇ	(ㄗㄨㄚˇ～)
	國合臺開	從	ㄘㄨㄥˊ	ㄗㄧㄥ

國撮臺開	學	ㄒㄩㄝˊ ㄏㄚㄍ
國撮臺合	語	ㄩˇ ㄍ。ㄨᵣ
國撮臺齊	語	ㄩˇ (ㄍ。ㄧ)
國開臺齊	怎	ㄗㄣˇ ㄗㄧㄇˇ

2. 韻值除了入聲方言另成系統,有的完全相同,但因為四聲的調值不全同也就不能知道他了。如果我們拿兩方面的讀法對照一下,也很容易辦到。例如"灣"字,國臺兩音差不多,那麼國音陰平臺灣上平可以對照了念了。國音的陽平,臺灣沒有相當的;臺灣讀的陽平一類字調倒可以跟國音上聲對照,那麼臺灣人所念的"臺"字就可以拿來做國音"ㄞ"字的榜樣了。國音上聲的字,臺灣人念的調值可以跟國音去聲對照,所以臺灣人要說國音的ㄍㄨˋ就可以拿臺灣音念"韭"、"舉"一類上聲字來作準。這就是比較的方法所得到的結果。我們粗略定出一條道路來,臺灣人把自己八音的讀法裏抽出三個來,再特別練習一下國音的陽平讀法,標準語的四聲立刻可以由自己母語中間體會記憶,用不着每個字去調四聲,找一二三四聲。調着四聲,找着一二三四聲,是日本人的笨方法!國音教學法裏是忌用這不良的方式的。

| 國調 | 陰平 | 陽平 | 上聲 | 去聲 |
| 臺調 | 上平 | —— | 下平 | 上聲 |

由國語學臺語調子不夠,就得現學,可是可以對照的部分還是應該利用的。

| 臺調 | 上平 | 上聲 | 上去 | 上入 | 下平 | 下去 | 下入 |
| 例字 | 灣 | 理 | 四 | 國 | 臺 | 話 | 學 |

| 國調 | 陰平 | 去聲 | —— | —— | 上聲 | —— | —— |
| 例字 | 灣 | 吏 | —— | —— | ㄞ | —— | —— |

聲母的對照大抵簡單,姑且用漳州一系的臺語和國語比較:

國語	臺語
ㄅ博伯彼	ㄅ
ㄆ婆迫披	ㄆ

──	ㄅ̇
ㄇ墨摩迷	變ㄅ̇
ㄈ佛服	變ㄅ̇（語音）ㄏ（書音）
ㄉ德都抵	ㄉ
ㄊ特途惕	ㄊ
ㄋ訥努 疑女	ㄋ（與ㄌ混）
ㄌ肋魯禮履	ㄌ
ㄍ格割古	ㄍ（國音ㄐ聲一部分字在內）
ㄎ客克苦	ㄎ（國音ㄑ聲一部分字在內）
	ㄍ（語音）
	ㄫ̇（語音）
ㄏ赫呵護	ㄏ（讀法不同變爲聲門摩擦音）（又ㄏㄨ讀爲兩唇摩擦的ㄈ）
ㄐ基己具	ㄐ（ㄗ及ㄓ聲一部分字與國音字不同）
ㄑ欺豈取	ㄑ（ㄘ及ㄔ聲一部分字與國音字不同）
	ㄐ（ㄖ變來以及語音）
	ㄏ̇（ㄖ變來）
ㄒ希稀虛	變ㄙ又一部分變ㄏ
ㄓ知主	變ㄐㄐ及ㄗ又一部分讀ㄉ
ㄔ癡恥出	變ㄑㄐ及ㄘ又一部分讀ㄊ
ㄕ詩樹	變ㄒ及ㄙ
ㄖ日如	變ㄏ̇ㄐㄗ
ㄗ資孜族	ㄗ（ㄗ及ㄓ聲一部分字）
ㄘ雌辭粗	ㄘ（ㄘ及ㄔ聲一部分字）
	ㄗ̇（ㄖ變來）
ㄙ思斯蘇	ㄙ（ㄙ及ㄕ聲一部分字又ㄒ聲一部分字）

國語注音符號下面的例字，如果不與臺語相同，我們可以找出他的綫索：例如ㄇ下臺語應該讀成ㄅ̇，墨摩迷都是ㄅ̇聲；ㄈ下佛服都說成ㄅ̇聲；ㄖ下的日就做ㄐ聲。其餘就是方音讀法的系統有出入的例外，詳細情形另文論之。只是韻母來得複雜！臺語語音

怎樣從臺灣話學習國語　331

比書音多出許多，我們且不管他，姑且把注音符號所有的韻做個比較：

國語	臺語
ㄚ麻啊丨ㄚ　ㄨㄚ	同。
ㄛ波屋丨ㄛ　ㄨㄛ	有ㄛ、丨ㄛ，無ㄨㄛ，變爲ㄜ。
ㄜ歌遏	變ㄛ及ㄚ。
ㄝ皆誒丨ㄝ　ㄩㄝ	有街字讀ㄍㄝ，無丨ㄝ、ㄩㄝ，變爲ㄚ及ㄞ。
ㄓ支	ㄓㄔ後的變丨，ㄗㄘ後的變丨及ㄨ。
ㄦ儿	變丨。
丨齊義	有，又變ㄝ。
ㄟ微唉ㄨㄟ	ㄟ變丨及ㄝ，ㄨㄟ變ㄨ丨。
ㄞ開愛丨ㄞ　ㄨㄞ	有ㄞ、ㄨㄞ，無丨ㄞ，變ㄞ。
ㄨ模務	有，又變ㄜ。
ㄩ魚愚	無，變丨，變ㄨ，或變ɷ（ɷ表示ㄨ之不圓唇）。
ㄡ侯歐丨ㄡ	無ㄡ，變ㄠ及ㄜ，有丨ㄡ。
ㄠ豪傲丨ㄠ	有，ㄠ又變ㄛ。
ㄢ寒岸嚴丨ㄢ　ㄨㄢ　ㄩㄢ	有ㄢ、丨ㄢ、ㄨㄢ，無ㄩㄢ、入ㄨㄢ；一部分字分出讀ᵯ丨ᵯ。
ㄣ痕恩丨ㄣ　ㄨㄣ　ㄩㄣ	有丨ㄣ、ㄨㄣ，無ㄣ、入ㄨㄣ及丨ㄣ，無ㄩㄣ、入ㄨㄣ；一部分字分出讀丨ᵯ。
ㄤ唐昂丨ㄤ　ㄨㄤ	有ㄤ丨ㄤ，語音有ㄨㄤ，書音ㄨㄤ變ㄥ。
ㄥ庚丨ㄥ　翁ㄨㄥ	有丨ㄥ，無ㄥ變丨ㄥ，無ㄨㄥ變ㄥ。（國音翁字是ㄨㄥ。）
ㄨㄥ東翁ㄩㄥ	ㄥ，與國音相同，ㄩㄥ一部分變丨ㄥ（取翁字拼音，讀ㄥ）。

根據這個對照比較，去看前面韻呼下面的國語臺語字例，除了入

聲以及語音,是完全符合的。我們全中國的語言文字都是這樣對照得起來的,但是臺灣人已經被日本語五十年的攪擾,失去了運用這種自然語言的系統的習慣,也就是中國文字的聲音系統他們起了生疏隔膜之感。臺灣人自己說的話已經不知道用那一個漢字寫出來,自然他們也就不知道和國語去找對照關係了。爲了這個緣故,我們必得恢復起臺灣人讀漢字的觀念,所以從臺灣話裏學習國語不僅是"統一語音"的要緊辦法,實在是光復臺灣固有祖國文化的唯一道路。臺灣人不能自如的說臺灣話,不能把臺灣話改寫成國語文章,神明華冑的靈魂就喪失了!

我們不要上日本人的當,丟開自己方言,死呆學國語,不是辦法!上面講的對照和比較,是單字聲音的範圍。我們對於語詞更應該注意這樣作法。我們粗略的說,名詞和形容詞多半可以對照成功,副詞以及動詞就比較困難,連詞和介詞本要特別注意的,助詞與嘆詞也完全是聲音的運用容易對照。代詞是基本的,國語的人稱代名詞單複數變化,臺灣人從臺灣話就可以明白。

臺語單數加舌頭鼻音變複數:

我	ㄍㄨㄚ˚	ㄍㄨㄚ	+ㄋ→ㄍㄨㄢˋ(阮)
汝	ㄌㄧ	ㄌㄧ	+ㄋ→ㄌㄧㄣˋ(恁)
伊	ㄧ	ㄧ	+ㄋ→ㄧㄣ(偲)

國語單數也是加鼻聲變複數,不過是兩唇的,並且寫成另一字:

我	ㄨㄛˇ	ㄨㄛˇ·ㄇㄣ(我們)
你	ㄋㄧˇ	ㄋㄧˇ·ㄇㄣ(你們)
他	ㄊㄚ	ㄊㄚ·ㄇㄣ(他們)

最有意味的是國語排除式的第一身複數有"咱們",臺語也有"咱",所用聲母同是不與"我們"相同:

| 國語 | | 臺語 |
| 咱們 ㄗㄚˇ·ㄇㄣ(昝) | | 咱 ㄌㄢˋ |

如此,對於語詞,臺灣人也是可以從臺灣話對照國語去找。這種方法是"舉一反三"的類推法。例如國語裏有些詞附加"子"、

"兒",相當於臺灣附加"仔",閩語系讀"ㄚ",客語系讀"せ",那麼臺灣人不必一個一個國語詞彙去學也可以從臺灣音中間對照類推說成功。類推碰到例外是不能通的,那就自然知道改正。桃仔、帽仔、椅仔、簿仔、刀仔、錐仔、痱仔、刷仔、鼓仔、陂仔、葱仔、蒜仔、芋仔、笠仔、簪仔、鍋仔、碟仔、媳婦仔、窗仔、柑仔、毯仔、賊仔……這一大串的臺灣"仔",上面名詞的字音當然依對照改讀成國音,所有的仔字都給他改說國音的輕音"子"這就是類推法。於是,我們發現若干例外,但大部分國語已經從臺語裏改說成功了。

桃仔　桃子國語桃兒,桃子方言裏有。

鼓仔　鼓子國語只有"鼓子詞"裏用,普通說鼓兒。

陂仔　陂子國語坡子。

葱仔　葱子國語用的少。

蒜仔　蒜子國語不用。

芋仔　芋子國語說芋頭,方言有芋兒。

笠仔　笠子作斗笠,方言有笠子。

媳婦仔　國語兒婦稱媳婦,妻媳婦兒。

賊仔　方言有賊子,國語只說賊。

國語說的"下",臺語是"落",我們從臺語裏類推改說成國語是無問題的:

落雨──下雨　　　落山──下山　　　落海──下海

放落來──放下來　　放落去──放下去

起落──上下(動詞)

對照、比較、類推,是臺灣人學習國語方法應有的觀念。語音系統沒有書音系統明顯,所以我們更具體的主張臺灣人應該把臺灣讀漢字的書音正正經經運用起來學習國音。歸總一句話,回到五十年前讀書的老聲音,接上祖國的新思想。下面節錄一段國府種武日本語教授の實際的叙述:

外國語教授の方法として對譯法は甚だ拙劣な方法でしかなひのであろが,何故に創設期の國語教授に於て此の如き方法が采用され,其後長く臺灣の公學校國語教授に大きな影響を及ぼさしあたのであろか。思ふに領臺當時内地人で臺灣語を解するものは一人もるなかつた。北京官話は話せたが臺灣話は分ろなかつた。雖てで内地人本島人間の意志の疏通は次の如き過程を經て行はれたものであろ。即ち内地人甲が本島人てに何がを話す場合には, 先づ北京官話に通じてゐる吉島俊明氏の如き人に通譯を賴む。すゐと吉島氏は官話で此方の考を述べろ。本島人の側には官話の分ゐ朱俊英の如き人がゐて吉島氏の官話を聞ひて, こを臺灣語に直して本島人てに話す;吉島氏が曾れを又國語に直して内地人甲てあれは"かうかう言ふのですよ"と言ふといふ工合なのであつた。だから芝山岩學堂の最初の頃は生徒に教へる教材を豫め漢文で書直しておいて曾れを漢文の分ゐ生徒に見せて臺灣語の文章を旁書して貰つておき, 翌日になつて對譯で教へたとひふのであゐが, とは全く國語、官話、臺語の過程と一致すゐものであゐ。かくて内地人教員で臺灣語を學習すゐ者が出來て初めて國語、官話、臺語が國語, 臺語となつたのでとが對譯法の由來であゐと見て差支なひ。(原書六十五頁至六十六頁)

我們看了他們日本人當初來傳習他們的"國語"的困難情形, 再反省反省臺灣人今日學祖國國語應否跟着他們用學外國語的辦法呢?他們認爲對譯法不合他們的理想, 可是五十年後的今日, 我們竟不會應用對譯法了!現在反把日本語、國語、臺語排列爲國語、日本語、臺語;不, 簡直是國語、日本語了!日本人沒有想到他要失敗, 居然在昭和十四年上發表了他們在本省所做的文化侵略政策的經過, 公然表示要進一步毀滅我國全部文化的野心;國府種武最後說:

思へば新支那の建設は大事業であゐ。其中で日本語教授の分擔すゐ役割も亦大きいのであゐ。見ろと日本語の進出とひつてもどう教へてうかといふ點になゐとまゐで見當がつかなひでゐる樣子であろ。臺灣が四十五年の間苦心して來た日本語教授の方法を本にして,新方法を樹立すろ他據り所はない有樣であろ。臺灣語教授の變遷の迹を顧み,先人の發明になろい方法はとを攝取し,誤つて踏込んで歧路は豫めとを警戒して,とからの日本語教授に能率的な方法を打立てろことが刻下の興亞の大業に馳せ參ずる教育者の急務であることを記して此書の結語とすゐ。

我們要深深發奮,不要還用着敵人的語言,忘了自家的鄉土語!臺灣人要建設新臺灣,還要擔負起建設新中國的大責任,請從此恢復母語,對照學習國語!

國語常用"輕聲"字

一

中國語言文字中間的關係極其活動,極其微妙,我們年月深遠了就顯得隔膜生疏。這是因爲文字只表意而不表音,語言的聲音却非常容易變化;文字上也有表音的,或是所表的音跟不上語言變化,就更加顯得紛歧複雜。我們的語文教育因此不知不覺注意字義,字形實在並没有什麼大作用。不過一部分的文字完全没有單獨意義,要跟另一些字連用才有作用,於是這一類字也只是記錄語音的;這一類字有專造的,也有別的常用字兼用的。我們可以想象:我們的語言與文字是兩條發展的線索,從其發生先後説,先有語言,後有文字,所以往往有些語言上有的話,却没有寫得出的字;既有文字埋没語言,語言的成分文字不一定能完全描寫出來;原有語言影響文字,文字有變遷的時候,一定要爲語言對照孳乳出新字來。一個中國學生學習語文就在這些迷離惝怳的現象裏兜圈子,然而國家能上了軌道,讓一批研究語文的人整理清算以後,是不難明白的。

没有整理清算的中國語文,最教人難學的是:文字既不是完全記錄語言,而又不完全是表示意思;依着字形讀它的音,同時要照着語音表它的義。現在的語文教學就得負有雙重任務:(一)依照單字學習基本讀音;(二)按着口語學習變化讀音。向來的教育只管前一項,而後一項任其自然。例如"父"字在文字線索上,演變讀成了ㄈㄨ,語言系統裏却分化爲ㄈㄨ與ㄅㄚ兩讀,另出了"爸"的新字;再由語詞的組織,"爸爸"連用,等於ㄅㄚ・ㄅㄚ。我們教學情形上,至多教到ㄅㄚㄅㄚ的讀音,而不明顯的在口頭解説做ㄅㄚ・ㄅㄚ。在言文一致的條件下,這是需要認真修正的。這一種語言上自然的變音,國語標準裏已經特別講到,叫做"輕聲"。教育部民國二十一年五月七日公布國音常用字彙說明第五條：

北平音系的聲調，爲陰平、陽平、上、去之四聲，而沒有入聲。（此外尚有"半上"與"輕聲"，是因詞類與語調的關係而變成的聲調，不是獨立的聲調。）

第九條：輕聲字除"的、麼、呢、了……"這一類字以外，有許多詞類，其中音或末音，因語調的關係而變爲輕聲者甚多，這是應該另編詞彙來說明的。本書但舉一二，如"琵琶"的"琶"，"哈喇呢"的"喇"，"晌午"的"午"等，聊以示例而已。

與詞類相關涉産生出輕聲，其中的條件不一。上面講過的"爸"字是一種重疊字（音），變音的結果在文法上起各種作用：

（一）名詞：爸爸、哥哥、媽媽、姐姐、羊羊、狗狗……小兒語與一個單字同義；但奶奶是祖母，奶是乳；枝枝葉葉、花花絮絮、點點滴滴、鬼鬼祟祟、形形色色、朝朝暮暮……名詞變成形容詞或副詞；人人、家家、年年、時時、樣樣、句句、字字、牀牀……與兩個字連疊的相同，但這一類又可以說成"每一"。

（二）動詞：說說、看看、寫寫……這一類與不變音的意思兩樣，不變때的重疊是兩個動詞連用，中間必得用逗號或頓號分開，並非每一動詞都可以，而且多半是命令句。這是副詞化的陳述語；副詞化的陳述往往說成"○着○着"，"着"字輕聲。

看看天色已晚。	國語，聽聽就會說了。
看着看着天色已晚。	國語，聽着聽着就會說了。
看一看，天色已晚。	國語，聽一聽就會說了。
看！看！天色已晚。	——
看看看，天色已晚。	

用"○着"又可以說做"○一○"，後面兩個字輕聲；"看看"可說做"看一看"，也是最後面兩個字輕聲。

說說笑笑、哭哭啼啼、拉拉扯扯、包包扎扎、打打鬧鬧……這一類與副詞化的一字重疊的相同，但有些先後相次，或同時並進的關係。所以又可以說成"有○有○"或"且○且○"和"邊○邊

○"。

说说笑笑、有说有笑、且说且笑、邊説邊笑也可以説成"既○又○"或"還○還○"和"○着○着":既説又笑、還説還笑、説着笑着。這樣,輕聲的變化又不相同:説説笑笑、説着笑着、有説有笑、且説且笑、邊説邊笑、還説還笑、既説又笑。再换個説法就是:説笑説笑。但不一定每一種都可以這樣説了,而且意思也不完全相同,例如"拉拉扯扯"與"拉扯拉扯"是不同的。這一種後三字全變輕聲。

(三)形容詞:好好、歹歹、老老、少少、高高、低低,好好歹歹、老老少少、高高低低……這兩類用法不同。一個字重叠的是變副詞或變名詞,不變輕聲仍是形容詞。兩個字重叠的仍是形容詞或變副詞及名詞。一個字重叠的多半可以"兒化"。

好好兒　好好歹歹　尖尖兒　尖尖酸酸
甜甜兒　酸酸甜甜　高高兒　高高低低

這些形式由相關的兩個字組成,可以改换説法與否,没有一定的標準,要看組成有意思没有。例如"尖酸尖酸"是可以,而"好歹好歹"就不可以。可以改换説法的與動詞方面的同樣,所表示的不是相對的兩種而是可以兼有的兩種並行情形的形容,所以下例全通:尖尖酸酸、既尖又酸、有尖有酸、且尖且酸、還尖還酸(輕聲情形同前)。但因爲是形容詞,不能説成"邊尖邊酸""尖着酸着"。

(四)副詞:快快、慢慢……與動詞形容詞的相同。"兒化"成爲名詞。

我們説的"兒化",也是國語變音的一種表意方法。有些字在兒化的時候變輕聲,如"一點點兒""小尾巴兒"。這裏,"尾巴"的"巴",原是一種詞型的後接語,我們叫它"詞尾"。許多詞尾在文字上没有記録,現在語言裏却非常顯著而重要,像一切附"子"、"兒"、"頭"、"巴"、"的"、"個"、"來"、"去"、"上"、"下"、"起"、"着"、"了"、"些"無一不是輕聲。向來文法學者還都没有從它的音讀上講文法的變化,實在這些字在語言上的作用,與文字基本讀音一定有什麼關係的很少。這類字,絕對要從輕聲上表現出意思,與其原有字義毫無關係。在文字上也往往造成有些用不同的形體分別的現象,可是聲音上的分別決不是會寫字和識字的人所能造設,一定是這種語言自然產生的辨義方法;也就是語法的形態(何容先生論方位詞已指出)。

ㄇㄚˇㄊㄡ˙馬頭(馬的頭);埠頭或步口,和水邊船舶上下處所,說做ㄇㄚˇㄊㄡ˙,另寫成"碼頭"。

ㄔㄊㄡˊ不是吃魚時候"吃頭吃尾"的吃頭"ㄔㄊㄡˊ",是名詞"可吃的意味",與"癡頭癡腦"的癡頭(ㄔㄊㄡ)也不同。例如:香蕉老吃就沒有吃頭了。

了(ㄌㄧㄠˇ)與了(ㄌㄜ˙),在"辦了了這件事"句子裏,很明白表現出來是兩個音,兩個文法成分,我們却被文字蒙蔽着了!"辦ㄌㄧㄠˇㄌㄜ˙這件事"與"辦ㄌㄧㄠˇ這件事"以及"辦ㄌㄜ˙這件事"三個意思不同。

1. 你辦了這件事沒有? ——我辦ㄌㄜ˙,不是没有辦。
2. 你辦完了這件事嗎? ——我辦ㄌㄧㄠˇㄌㄜ˙,不是没有完。
3. 你不辦這件事嗎? ——我辦ㄌㄧㄠˇㄌㄜ˙,不是不辦。
4. 你不辦這件事嗎? ——我辦不ㄌㄧㄠˇ,不是不辦。
5. 你不辦這件事了嗎? ——我不辦ㄌㄜ˙,已經辦ㄌㄧㄠˇㄌㄜ˙。
6. 你不辦這件事了嗎? ——我辦ㄌㄧㄠˇ這件事,不再辦ㄌㄜ˙。

詞尾應該逐類分開,姑且不論。另有一種,原在一個文字裏包含着,經過時代的變遷或地方的轉移,發音習慣和方法的差異把相同性質的成分變成不同的形式。這就是"麼"、"們"的國語詞尾的來源。我們還有文字痕跡可查考:

怎寫成怎麼,原ㄗㄜㄇ變成ㄗㄣˇㄇㄜ˙,因爲怎變成ㄗㄣˇ不能符合。

甚寫成什麼,原ㄕㄜㄇ變成ㄕㄜˊㄇㄜ˙,因爲甚變成ㄕㄣˊ不能符合。

俺寫成我們,原ㄛㄚㄇ變成ㄨㄛˇㄇㄣ˙,因爲俺變成ㄢˇ不能符合。

恁寫成那麽，原ㄋㄚㄇ變成ㄋㄚㄇㄜ，因爲恁變成ㄖㄣ不能符合。

這些ㄇㄜ、ㄇㄣ與"麽"、"們"毫無關係，原只是一個音的尾部，現在不管原是什麽聲調一概讀成輕聲。我們應該相信原附在音尾部分，可能就是一種輕聲，文字的表現就用有這種音尾的字。我們可以反過來看一種例：

舅母變妗，妗等於舅字加母字，國音母字的上聲消失，舅字由上變去。

叔母變嬸，嬸等於叔字加母字，國音母字的上聲消失，叔字入聲變陽平。

這母字跟在後面，另成輕聲，因爲原是附在舅叔後面的時候如此。

而它原有聲調却把前面的字音影響成同類：

嬸上　母上　叔入
妗去　母上　舅去（現代上變去）

向來教學上只教文字的基本讀音，不管在語言上與意義相關的自然讀音，所以戲劇裏的"生旦"、"道白"沒有"丑"來得引人入勝就是這個道理。丑用當時流行的語言，生旦要照傳統的讀音咬字。這裏擺在我們面前的是國語國文的讀法問題。

上面説了兩大來源的輕聲字，引到語文讀法的問題。從讀法問題又知道有些輕聲字就依着讀書和説話來決定。例如"兒子"讀書不用輕聲，説話"子"字必須變輕。因此有一大些詞，不關文法作用的條件，而要説成輕聲。

琵琶、葡萄、蘿蔔、玫瑰、琥珀、玻璃、琉璃、茴香、學生、先生、警察、學校，許多兩字組成的詞後一字輕聲。

臺灣省、太平洋、共產黨、原子彈、北門街、專賣局、孔夫子、西洋人、琉球島，許多三字組成的詞中間一字輕聲。三個字專名（人名地名）各地習慣不同，國語都是中間一字輕聲。

總之，這種是語言上自然規律的輕聲，只有一些特殊以輕聲別義的要注意分清（應管字音不管字形），簡直是文法學上沒有結算的大賬。

長官(上級官)	長官(特有官職名)
大人(偉大人物)	大人(成年者對小孩而言)
	大人(舊日社會稱呼官吏)
開關(開與關或開啓關門)	開關(電燈扭機)
道里(路程)	道理(理由，理論)
風聲(颱風的聲音)	風聲(消息)
大學(書名)	大學(學校)
裁員	財源
士子	柿子
君子	君子(形容詞如至誠君子人)
雨水(節令名)	雨水(雨量之意)
方丈(度名)	方丈(佛寺住持僧職名)
造化	造化(幸福之意)
夫子(老師)	伕子
朱子	珠子
擠兌	擠對
小子	小子(男孩)

因爲聲調變值，輕聲字的韻母往往變質，就是發音的自然結果，求標準的不必拘泥。輕聲韻變的大略限於幾個音：

ㄚ⟶ㄜ　　ㄧㄚ⟶ㄧㄝ　　ㄨㄚ⟶ㄨㄛ

ㄞ⟶ㄝ　　ㄧㄤ⟶ㄧㄥ　　ㄅㄨ⟶ㄅㄜ

ㄟ⟶ㄝ　　　　　　　　　ㄨㄞ⟶ㄨㄝ

ㄠ⟶ㄡ

ㄡ⟶ㄛ

ㄥ⟶ㄤ

國音常用字彙裏只收了二十個輕聲的例，如果照原則上的理論講，四百一十一個基本音都可以變成輕聲。本文但爲發凡，給大家一個提示，知道"輕聲"是我們語言成分上的表意的一種重要現象。

全中國的語言都有輕聲,但各地習慣不同,有些差別;也許國語是輕聲,方言不是輕聲;而國語非輕聲,方言反是輕聲。例如臺灣話"快快"也是和國語一樣,第二個字是輕聲。又如大家都知道"馬馬虎虎"一個詞,臺灣話也和國語一樣,輕聲的情形正同。這點我們看遍了日本人記錄語言的書還少有提到的,有的把它叫做"特殊轉調",令人越加糊塗!日本人講語言,硬派這輕聲歸到了Accent範圍裏,並且連四聲也一齊拉在裏面;四聲是音的高低,而高低作用除開,只把音變強爲弱的是輕聲。四聲屬於Pitch,輕音是Stress。Accent與Stress相對,却不包括,更不能含有Pitch。我們要明白:

1. 一個字(語)音有他的Pitch上的四聲,但沒有輕重的Accent或者Stress。

2. 一個語詞由幾個音的部分組成,每一音有四聲,幾個音相連的關係上有Stress關係的變輕,但沒有變重的Accent。

3. 一句話由幾個語詞組成,每一音有四聲,幾個音相連的詞有變輕的,在整句裏有些音或詞有加重的Emphasis,但不是Accent。

日本人常常太呆板的注意我們的輕聲,反過去加重前面的音,當做西洋Accent的念法,結果非常可笑,變成句句話裏有許多Emphasis的地方。我們乍聽,好像日本人說中國話就是那樣一頓一頓的或者一跳一跳的,一般"支那通"自命爲會說"標準北京話"的最常見的怪象!所以,我們要注意真正的Stress性質的輕聲才對。混輕聲於Accent,是日本語言學者通病,臺灣通行一本寺川喜四男的《臺灣に於ける國語音韻論(音質・音量篇)》可以代表。爲了解除一些糾纏,不得不在這裏提明。

輕聲的詳細條例還待整理,詞彙也應依常用字彙的說明另編。本文略就常用字彙二十個音以外再加補充,聊備參考。

二

國語常用"輕聲"字例表

（常用字彙已舉之音加※符，字例次序依中華新韻分韻排列，變輕聲之字下加・，不變之例爲求比較時用括弧注在后面。）

一麻

※ㄅㄚ　尾巴　籬笆　啞吧　吧(助詞)　底疤兒(瘡疤)
　　　　喇叭　枇杷(枇杷)　琵琶(琵琶)　爸爸
※ㄆㄚ　枇杷　琵琶
※ㄇㄚ　媽媽　喇嘛　蝦蟆　蓖麻子　嗎(助詞)　芝麻
　ㄈㄚ　頭髮
※ㄉㄚ　勾搭　疙疸　哈達(蒙藏同胞餽敬之方絹)　溜達(散步)
　ㄊㄚ　邋遢(不潔)
※ㄋㄚ　哪(助詞)
※ㄌㄚ　耷拉(下垂)　苤藍　哈喇呢　啦(助詞)　錫鑞　潑剌
　ㄓㄚ　山查
　ㄔㄚ　警察(警察)
　ㄗㄚ　腌臢
　ㄙㄚ　菩薩
　ㄐㄧㄚ　別人家　鎮天價
　ㄒㄧㄚ　閒暇　管轄　手下　底下
　ㄍㄨㄚ　老倭瓜

二波

※ㄅㄛ　餑餑　肐膊　蘿蔔
　ㄆㄛ　活潑　老婆(俗稱妻，又罵婦人之詞)　琥珀
※ㄇㄛ　捉摸　饃饃
※ㄌㄛ　咯(助詞)
　ㄊㄨㄛ　駱駝
　ㄌㄨㄛ　張羅　倮儸
　ㄏㄨㄛ　暖和　晌午　傢伙

ㄙㄨㄛ 摸索 哆嗦

三 歌

ㄉㄜ 褦襶(不整潔) 的(助詞) 得(助詞)

※ㄋㄜ 呢(助詞)

※ㄌㄜ 了(助詞) 嘞(助詞) 貝勒(滿清官爵名)

ㄍㄜ 哥哥 個(助詞)

ㄏㄜ 說合 薄荷 隨和 捭闔 百合

ㄓㄜ 着(助詞) 甘蔗

ㄙㄜ 起色

四 皆

ㄐㄧㄝ 不咖(助詞,否定之答語) 巴結 姐姐 警戒

ㄒㄧㄝ 好些 螃蟹

ㄧㄝ 爺爺 老爺

ㄒㄩㄝ 大學(學校,非書名)

五 支

ㄓ 膈肢(搔人使癢)

ㄔ 倒飭(修飾)

ㄕ 冒失 鑰匙 本事 把式(武藝) 俏式(美貌)

※ㄗ 小子 桌子 橘子 緞子

ㄙ 意思 毛厠

六 兒

ㄦ 木耳

七 齊

ㄅㄧ 影壁

ㄆㄧ 俏皮話

ㄇㄧ 玉米麵

ㄉㄧ 兄弟

ㄊㄧ 挑剔

ㄋㄧ 拘泥

※ㄌㄧ 哩(助詞) 笊籬 玻璃 狐狸 行李

齊理(收拾整理)　蛤蜊
　ㄐㄧ　沒根基　月季花
　ㄑㄧ　力氣　神氣
　ㄒㄧ　東西　歡喜
　ㄧ　大意(未經心)
八　微
　ㄅㄟ　胳臂　避一避　長輩
　ㄇㄟ　妹妹
　ㄉㄨㄟ　擠對
　ㄍㄨㄟ　玫瑰
　ㄎㄨㄟ　慚愧
　ㄏㄨㄟ　回回
　ㄕㄨㄟ　走水(帳簷流蘇)　下水(猪之五臟)　分水(魚鰭)
　ㄗㄨㄟ
　ㄨㄟ　刺蝟　地位
九　開
　ㄅㄞ　禮拜日
十　模
　ㄅㄨ　找補　腳步兒
　ㄈㄨ　包袱　衣服　篇幅　對付　應付　吩咐
　ㄉㄨ　糊塗
　ㄌㄨ　轆轤
　ㄍㄨ　照顧
　ㄏㄨ　模糊
十一　魚
　ㄒㄩ　允許
　ㄩ　言語
十二　侯
　ㄉㄡ　抖擻
　ㄊㄡ　饅頭　舌頭

※ ㄌㄡ　嘍(助詞)
　 ㄏㄡ　時候
※ ㄌㄧㄡ　石榴

十三豪

　 ㄉㄠ　蔴刀　嘮叨　鼓搗(玩弄)
※ ㄊㄠ　葡萄　核桃
　 ㄋㄠ　熱鬧
　 ㄌㄠ　數嘮　姥姥(外祖母)
　 ㄔㄠ　錢鈔　寬綽
　 ㄕㄠ　火燒(麵食名)
　 ㄗㄠ　虼蚤
　 ㄒㄧㄠ　學校

十四寒

　 ㄅㄢ　打扮(名詞)　伙伴兒
　 ㄆㄢ　算盤　托盤
　 ㄈㄢ　活翻(靈通)
　 ㄉㄢ　牡丹　扁擔
　 ㄊㄢ　動彈
　 ㄌㄢ　玉蘭
　 ㄍㄢ　糕乾
　 ㄏㄢ　顢頇　稀罕
　 ㄔㄢ　蔫孱(苟延)
　 ㄕㄢ　格扇　顧贍
　 ㄅㄧㄢ　利便　東邊兒
　 ㄐㄧㄢ　檢點
　 ㄉㄧㄢ　褡褳
　 ㄐㄧㄢ　作踐
　 ㄒㄧㄢ　黏涎(煩絮)
　 ㄌㄨㄢ　霍亂
　 ㄏㄨㄢ　丫鬟

ㄖㄨㄢ　活軟

十五痕

※ㄇㄣ　我們

　ㄈㄣ　嚏噴

　ㄎㄣ　勒掯

　ㄕㄣ　人參　精神

　ㄐㄧㄣ　麵筋　勤謹　親近　大盡小盡(月大月小)

　ㄒㄧㄣ　點心

　ㄊㄨㄣ　餛飩

　ㄉㄨㄣ　囫圇個兒

　ㄍㄨㄣ　光棍兒

　ㄏㄨㄣ　後婚

　ㄔㄨㄣ　香椿　鵪鶉

　ㄙㄨㄣ　子孫

十六唐

　ㄈㄤ　街坊(鄰舍)　陪房(隨嫁女僕)　比仿

　ㄉㄤ　硬郎(健壯)

　ㄎㄤ　踉蹡(身體長大不便)

　ㄓㄤ　巴掌

※ㄕㄤ　衣裳

　ㄋㄧㄤ　姑娘(稱呼少女,翁姑稱媳)

　ㄌㄧㄤ　分兩(重量)

　ㄐㄧㄤ　麻雀牌

　ㄒㄧㄤ　丁香

　ㄧㄤ　太陽

十七庚

　ㄆㄥ　蓮蓬

　ㄊㄥ　折騰(亂倒)

　ㄓㄥ　風箏

　ㄔㄥ　奉承(迎合)

ㄕㄥ　輕升(不重)　外甥
ㄅㄧㄥ　燒餅　毛病　把柄兒
ㄉㄧㄥ　伶仃
ㄊㄧㄥ　消停(安靜)
ㄌㄧㄥ　機伶　水冷　鮮冷(皆鮮豔)　茯苓餅
ㄐㄧㄥ　眼睛　水晶
ㄑㄧㄥ　交情　性情
ㄒㄧㄥ　情形　品行
ㄧㄥ　蒼蠅

十八東

ㄉㄨㄥ　燈籠
ㄍㄨㄥ　公公(夫之父)
ㄓㄨㄥ　空中(玩具)
ㄒㄩㄥ　心胸(有心胸即有志向)

原載《現代週刊》2卷第9、10期

國語辭典裏所增收的音

我們現在遵守的國音標準是民國二十一年五月一日教育部公布的《國音常用字彙》。從有這部字彙以後，我們標準音確定數四百一十一。這部字彙裏，最後有三個附錄。附錄一是化學元素之名稱，把"學名"和"縮寫符號"對照國定學術名詞的字，逐一加注國音。附錄二是度量衡之略字，照國定度量衡法規定其讀法。附錄三是特別音與特別字舉例，原説明"特別音"是：

（1）國音中作感嘆詞三個鼻聲：ㄇㄋㄫ。這些鼻聲可以不與韻相拼，並且可以與聲相拼，而成爲一個音節的"音主"，就相當於韻了。特別把這三個符號加一小直來表示：ㄇ̩ㄋ̩ㄫ̩

（2）感嘆詞單讀清聲的如"噓"讀"ㄕ"。

（3）北平叱驢馬走聲所用的入聲"𠴰"讀"ㄉㄚ"。

（4）方言中習見習聞的詞類，拼音爲國音所不用的，或讀音與國音不同的：前者如"咁"廣東語"ㄍㄚㄇ"（上），後者如"介"吴語讀"ㄍㄚ"。

（5）譯音慣用字與國音不同的，如"姆"讀"ㄇ"。

現在這些音已經由教育部國語推行委員會中國大辭典編纂處正式收進了《國語辭典》。這在常用字彙説明裏，本有一句話："今後國語文學中，必有許多方言的詞類或成語輸入，此等詞類與成語雖有可以改讀國音者，但其原音必當並存"。

於此可知，我們國語的意義決不是死説北平話。凡是誤解國語標準的人，忘了中華民國的人民共同建設的國家是文化凝結性最大的國體，不是由壓力來强制脅迫成的；又忘了他們的語言也是如此這般的在演化。國音常用字彙叫特別音"舉例"，就留了餘地讓各地方言輸入國語的。抗戰期間陪都（重慶）方言的副詞"硬"加在"是"上表示程度，幾乎已經成爲通行的新語，例如："你説的國語硬是要得個！"可能這要正式收進國語，這個"硬"字就要注"兀ㄣˋ"，"個"字要注"ㄍㄜ"。因此，臺灣方言裏如"芎蕉"的"芎"，"茳萊"的"茳"，照理也應該收入"ㄍㄣ"、"ㄨㄥ"國音裏去。最顯著各地方的地名，總得給它一個國音的讀法，也自然增加若干特別字或特別音來了。那例如本省的地名用的"厝"、"垇"、"廍"，我們便根據方言與國音共同發源的音韻系統分別給它定爲"ㄘㄨˋ"、"ㄑㄧㄢˇ"、"ㄅㄨˋ"。國語辭典增收的特別音凡十二個，合四百一十一，共四百二十三，這一部分符號印刷還不方便，讀者可參看"國音常用字彙"，或"國音標準彙編"以及"國語辭典"（辭典上海商務印書館出版，全部八冊）。我們只好在這裏寫出來了。

國音常用字彙以四百一十一基本音分列聲調，共得有字可表的音一千二百九十四個，其中"輕聲"字只約略舉了幾個例子。現在國語辭典裏隨詞注音，輕聲字就很不少，可並沒有單獨列舉出來，因爲那是些活動的現象；但是却也增加了幾個例，多半是固定必然的。我們列舉在下面：

一、不ㄅㄨ　否定詞，語音又讀，在"來不及"一類詞之中。

二、頭ㄊㄡ　助詞，如舌頭、木頭。
　　　　　　人之代詞，如老實頭、屠頭。
　　　　　　方位詞，如前頭、後頭，又案上言案頭、手邊言手頭、心中言心頭。再如講頭、看頭謂一講之必要、一看之價值。

三、唎ㄋㄡ　助詞，哪之音轉，如"實在令小弟佩服得很唎。"

四、嚷ㄋㄤ　嘟嚷，自言自語。

五、價ㄍㄚ　舊小説常見，用在述語前之副詞語尾，恰如現用之"地"，本吳語，如"震天價響"。

六、箇ㄍㄜ　即個，如這個、那個、一個。

七、過ㄍㄨㄛ　副詞，表事之已過者，如紅樓夢："我也曾使過眼色，也曾遞暗號。"

八、慌ㄏㄨㄤ　語助詞，含難以忍受之義，如言煩的慌，悶的慌，累的慌。

九、抄ㄙㄚ　摩抄。
十、哇ㄨㄚ　語尾驚嘆助詞。

一千二百九十四個有字對照的音,只有ㄇㄛ、ㄌㄛ兩個音以輕聲計算,其他輕聲概未算入。現在國語辭典增收的音,以聲調分算,把特別音再加十六個,成了一千三百一十音,除此以外,還有"常用字"以及非"常用字"補充了許多,凡三十五音,我們應該說國語音凡一千三百四十五的數目。

ㄉㄜ˙　嘚,兒女英雄傳:"難道你也要合我嘚啵嘚啵不成",言語絮叨曰嘚啵。

ㄉㄠˊ　捯,放風箏收綫曰捯綫,理也。尋出綫索亦曰捯,如"這件案子已捯出點頭緒來了";人好修飾曰"捯飭";捯氣,紅樓夢:"今日早起,就閉了眼住了口,世事不知,只有捯氣的分兒了",呼吸費力也。又言人說話快而多叫"捯氣"。

ㄉㄣˇ　捴,曳繩。

ㄉㄧㄤ　噹,噹噹兒,無知識未見世面之人。又北平俗稱電車為噹噹兒車,模仿電車鈴聲而言。

ㄉㄨㄟˊ　橔,磊橔,木實聚而垂貌,重聚,累贅。

ㄋㄠˊ　撓,搔意又讀;把捉,離去逃走之義。

ㄋㄡˇ　譨,譨譨,見楚辭。

ㄋㄧㄚˊ　娘,娘們兒,娘兒們,國語稱:(1)已嫁女子;(2)母與子女之合稱;(3)尊長婦女與卑幼之合稱;(4)又作娘兒倆。

ㄋㄨㄛˊ　娜,娜娜,長而柔弱貌。

ㄋㄨㄣˊ　䭪,香。

ㄋㄨㄣˋ　嫩,又讀。

ㄌㄤ　啷,噹啷,金屬器墜地聲,鈴聲。

ㄌㄥˋ　愣,愣兒,譏人初經某事,細節不明而致現癡呆之狀者。

ㄌㄧㄢˊ　連,語音:(1)接,合;(2)相續不絕。如"他們兩家兒早沒連屬了"。連兒繩,麻繩之一種,頗堅韌。

ㄏㄥˋ 哼,哼哆。以惡聲申斥。
ㄏㄤ 吭,大水。
　　　行行,論語"子路行行如也",剛健貌。
　　　桁,衣架。
ㄐㄩㄝ 倔,言語粗直貌;言語粗直之人稱"倔巴棍子"。
ㄑㄩㄥˊ □,又讀。
　　　蒜,草名,似苧,可績爲布。
ㄔㄚ 訍,訍訍,心亂貌,見《爾雅》。
ㄔㄚˇ 叉,分張,如叉腿,褲叉兒。
　　　叉劈,兩岐之意。
　　　叉門,中門而立,分張兩臂,阻人進出。
　　　叉灰泥,建築用石灰與土混合之泥。
　　　蹅:(1)以足涉泥水;(2)插足其間。
　　　蹅蹅,踐踏之意,元曲選"將你魏國蹅蹅的粉碎"。
　　　蹅雨,行於雨水泥濘中。
　　　鑔,樂器,鈸之俗稱。
ㄔㄨㄚ 抓,抓子兒,小兒游戲之一種。
ㄔㄨㄚˋ 頙:(1)強貌,見《廣韻》;(2)逸出,如"我並沒有什麼頙外的事"。
ㄕㄨㄚˋ 刷,揀擇。元曲選"齊領昭書一通,遍行天下刷選",即挑選之意。又言人面色青白曰"刷白"。
ㄕㄨㄤ 雙,雙生兒亦稱雙棒兒,讀去聲;又姓。
ㄕㄨㄥ 舂,又讀,(1)搗粟;(2)古罪行之一,服舂米之役,多科於婦人犯罪者。
ㄖㄤ 嚷,喧嘩或大聲呼喊謂之嚷。
ㄅㄥˊ 嘣,決裂之意,如"他們倆說嘣了"。
ㄙㄨㄛ 些,語末助詞,見楚辭,後世哀挽文字多仿用之。
ㄙㄨㄢ 匴,竹器。
ㄝ ㄝ,注音符號。
ㄟ ㄟ,注音符號。

ㄟ　呃,否定感嘆詞,兒女英雄傳:"呃!你這麼個人難道連個重賞之下必有勇夫也不知道嗎?"

ㄡ　吽,犬爭聲。
　　齵,又讀。

ㄢ　唵,語不分明之謂。唐書有"唵默",猶"緘默"。列子有"唵嘊",即寱語。

ㄦ　ㄦ,注音符號。

以上三十五個音的增加例字,我們可以補進自己現用的常用字彙或其它音表裏去備考。

關於這輕聲字和一切變音問題,我們只限與意義有關的才要管它。這一點也是留意標準的人應該知道的。因為我們國語文雖說有文言和白話的差別,其中的絕對差別却不是如何顯著的。例如一個"之"字,從音上說,如果一位江西饒州贛州一帶的人讀起來就與國語"的"字讀音相同了。從應用上說:"非常之"的"之",和一些方言說的"今日之下",完全是口語,我們非得知道我們的"文字音韻訓詁"的關係,才能分別它的分別。便述於末。

原載 1946 年 7 月 30 日臺灣《新生報·國語副刊》第 11 期

漢字局部改造的問題

——簡體字表、簡體字典和標準行書述評

一　漢字局部改造之我見

漢字的改革可以有好幾方面：一種是根本廢除，一種是局部改造，一種是附加幫助。第一種的主張純是以語言爲主體的，二三兩種却是以文字爲根本的。民族的意識當然寄記在聲上，保種圖強者必須懂得"存語"！我們的文字可以做我們的寇讐的工具，並且以子之矛攻子之盾，有所謂"存文"了。這種說法如果不經過細緻的思考，很容易誤會。所以，我們也隨從一般的籠統的說法，把"存文"和"存語"姑混爲一談。我可要交待明白，我們因爲大家分不清楚文字和語言的界限，才這樣的來講。

"存語"與"存文"的不同，我可以用一個比喻說明。我們全國的語言有許多方言區，同一方言區的人感情往往容易融洽，各省的同鄉會以及各商的分幫幾於是語言的聯絡。但是對外呢，雖然是許多不同方言的中國人，也還自然的團結成一氣，就因爲語言的系統本屬相同。寫在紙上的文字似乎表面上能夠統一了全中國，其實它也給非中國人在用着，語言兩方絕不相同，那簡直是一套表意的工具。如果字形內含有民族的意識，你看我們漢字究竟代表的是什麼民族？我怕極了"同文"兩個字連在一處用。

我不怕人説廢漢字，很怕人去廢漢語！我很贊成人改革漢字，却反對人改革漢語！我從着眾人把保存漢語的事併在改革漢字的中間，但不隨着人把改革漢字的事混變了改革漢語的意味。曾經有人要教我們的語言寫在紙上時有一定的表示文法的形式，那就是誤解了改革文字的問題當做改革語言的問題，改定語言記錄的形式而偏重到文法的表現，殊不知文法並不是文字的形式所表示的東西。這種現象由於沒有純粹客觀的中國語法的觀念發

生出來的。

說到改革漢字,問題很簡單,範圍也很狹小。那就是記錄漢語的工具削繁就簡,避難趨易的事情。上來說了第一種不爲一般人所了悟的意思,我們就談二三兩種:第二種是"局部改造",第三種是"附加幫助"。第三種指的注音漢字,非本文的論點。我現在專談"局部改造"問題。

我們的民衆自己本來有一種辦法在用漢字,仔細看去是有經有權的。順着這種事實去改造未嘗不是一條道路。語言的傳延只是不知不覺的在繼承和變更,文字也是一樣。那麼,我們應該明白一種"改進"離不得"亦且因之亦且革之"的原則了;若無所因,便無所革。這是改革漢字的基本認識,尤其是"局部改造"的先決理論。我所以看出民衆用漢字的"有經有權",其經是所以因的,其權是所以革的。他們的辦法從實用上經驗出來的,也是實用上公認的要求造成的。學者們歡喜引用的孫卿的話"約定俗成謂之宜",就是這種意思了。

何者是民衆用漢字的"經"? 我們只有舉事實做解釋。自從雕版印刷的書籍發達了,經過刻版流傳的字體可算是民衆心目中所認定的標準,依着這種標準書寫的是民衆用漢字的經。唐以前的漢字標準可算依了習慣如何方便就如何寫,而沒有一定。宗奉《說文解字》寫的人只是些講究文字訓詁的學人,所以"隸古定"一派的字就興起來了。一般的社會上寫字的情形,我們可以引顏元孫的《干祿字書序》看一看。他說:

> 字書源流起於上古,自改篆行隸,漸失本真,若總據《說文》,便下筆多礙;當去泰去甚,使輕重合宜。不揆庸虛,久思編輯。頃因閑暇,方契宿心。遂參校是非,較量同異;其義理全解,罔弗畢該;點畫小虧,亦無所隱。勒成一卷,名曰《干祿字書》。

書裏分"俗"、"通"、"正"三體:

> 所謂俗者,例皆淺近,唯籍帳文案卷契藥方,非法雅言,用如無爽,倘能改革,善不可加。

所謂通者,相承久遠,可以施表奏牋尺牘判狀,固免詆訶。
　　所謂正者,並有憑據,可以施著述文章對策碑碣,將爲允當。

物之不齊,物之情也。語言尚且因思想生活而有不同,文字自然更加會發生差異,從顏氏所說的俗、通、正三種情形,我想除了廢除漢字,是不能不任人自由應用的。就是雕版書發達了以後,"印刷體"和"書寫體"中間不能無相當的差異。例如"𩰫"、"𦥯"、"爲"、"為"、"为",頭兩個字是按隸古定的辦法寫的《說文》體,第三個在現在是印刷體,唐前後還是書寫體的通常形式,第四個書寫體現在漸漸要變成印刷體了,第五個是書寫的別體應用範圍最廣的。張參《五經文字》裏就記載了"爲"字,他說是"訛"的。從前的"俗"、"訛"可以成爲現在的"正"、"雅",現在的"俗"、"訛"可以成爲將來的"正"、"雅"。因革的痕跡我們可以明明白白的看到,但不能絕對以人工限制它。於是乎,我們可以說民衆用漢字的經並不是固守的,而時時刻刻在通達權宜呢。

　　他們"權宜"的辦法是怎麼方便怎麼寫。方便之中却有一種條件,必定是日用不離手的字才給它變通。我們知道有些奇異的事,民衆應用漢字固然削繁就簡避難趨易,可是也不十分如此。例如照《干祿字書》有些例,正是把簡易的棄置了用起了繁難的來了:

俗	正	俗	正	俗	正
雄	雄	皷	鼓	麵	麪
私	私	瀟	滿	佞	佞
俞	兪				舊
叜	叟	掛	挂	栢	柏
儛	舞	隘	陋		

現在通俗的"否"、"行"、"伱"、"仕"之類也是一種添加筆畫分別意義的民衆應用的辦法。這樣看來,局部改造漢字的意義或許就在於儘量吸收來自民衆通達定簡的條例,把像顏氏所說的俗、通、正三類全給它一個地位。我覺得這還得有經有權。經者立之以爲

共信共守的標準,譬如"仔"、"佀"、"伈"、"伱"、"儒"等。但"需"不必作"于"、"曰"、"入"、"而"而且也不能改呀！就是"孺"、"穤"、"濡"、"嚅"似乎並不可以一概作"孖"、"秆"、"汙"、"吁"、"扭"、"和"、"汩"、"咀"、"孤"、"秋"、"汃"、"叺"、"孤"、"秭"、"洏"、"呩"！所以我覺得吸收民眾權宜的方法,條例只可以由既成的事實歸納,在相當的範圍裏推用,而不可一概的演繹。

二 讀教育部簡體字表

前兩年上海鬧了一陣"手頭字"運動,意義我們倒很贊同。可是辦法失於"翔",我們就不能十分滿意。例如當時有一個"訨"字,雖然和"仔"、"伈"、"佀"一樣的條例,是方音簡體字,總有些不通;"仔"、"伈"、"佀"是許多方言區的方音簡體字,似乎在它本區中有些約定俗成了,可也不能普遍。教育部頒布的簡體字表第一批裏采定"仔",依我看並不如"伱"字少毛病。

説到教育部頒布簡體字,本不過國家正式承認了俗用的字和一些"正體"一同看待,並且爲便利計也有些想推行簡易的而自然淘汰去繁難的。固然教育部不頒布,老百姓就早已用開了；後來又給擱置下來了,其實老百姓還一直在那裏用着呢！當時教育部注意這件事,我們很替"義教"抱樂觀,甚至於大點説對文化前途也覺有很大的推進。國語統一籌備委員會,現在的國語推行委員會,規定了三項原則：

（一）依"述而不作"之原則；
（二）擇社會上比較通行之簡體字,最先采用；
（三）原字筆畫甚簡者,不再求簡。

這些和我上面説明的民眾應用漢字的經權辦法是相映照的。這一批簡體字一共有三百二十四個,附了五條説明。雖然現在教育部已經在一種不方便的情形下面不能實行這主張了,我們從三原則和五説明的前四條作學理的討論還是有必要的。我們希望教育部總有一天能達到這一件盛舉的目的,故此提出討論。教育部的簡體字表在民國二十四年八月公布。原來是國語統一籌備委員會初步選了二千四百多字；那年六月二十到二十二三天的工夫在部裏開會審查所有增删得二千三百四十多字。並且認定一千二百多字是最適當又便於鑄銅模的；然後由部長次長和部中其他有關係的各司處"詳爲覆核，將可采者逐字圈出，發交社會教育司詳細研究，經司詳細審查，並函徵前國語統一籌備委員會意見後，又召集部内有關各司科長及國立編譯館人員重行整理，呈請簽定"，這才產生出國定三百二十四簡體字。他們不能不算鄭重，却不敢認爲周密！但是已經值得我們歡喜贊歎，官廳而能注意實行這件高雅人菲鄙聰明人訕笑的事情！"說明"第一條說明古字和草書也采用，但草書不適於刊刻的不多采。其理由是：

> 草書因多用使轉以代楷書中繁複之點畫，且筆勢圓轉而多鈎聯，適於書寫而不甚適於刊刻，故所采不多；必如"发""东"、"乐""匕"等，筆勢方折，近於楷體者，方采用之。

我們認爲這是教育部誤解的一點，他們"印刷體"和"書寫體"要混合爲一，在教育家或者認爲減輕識字人的擔負的一種辦法。其實漢字理頭終是個不科學的東西，多少有些藝術品化了。我們贊成正式倡用簡體字，簡體字不必一定楷體化，也就是不必一定印刷體化。簡體字應該是在書寫應用方面的，印刷體自有"注音漢字"負責了。因爲這樣教育部只要陸續蒐集簡體字的材料公布給人民應用，抱定三原則不變，通令民衆教育和小學教育裏在習字課程裏練習注音符號和教學簡體字就够了。我們回想我們用的一些簡體字都是教習寫筆記和通俗文件無形中亂捉摸得來的，如今正式公布可以得到共同的齊一。我們如果只以通俗行用爲標準不存其來源是古是草的觀念，那或許可以沒有這個問題了。文字的結體，筆畫的方圓完全是技術上的問題。甲骨文比金文方些，秦篆文比金文方些，隸楷漸次變方，草書一支筆畫圓轉却也可以變方折。這也與書寫的工具有關。"說明"第二條：

> 本表對於用同音假借簡體字，别擇極嚴，必通用已久，又甚普遍，决不至於疑誤者，方采用之，如"异"、"机"、"旧"、"丰"等。其有偶用於一地者，如北平以"代"爲"帶"，閩廣以

"什"爲"雜"，蘇浙以"叶"爲"葉"等，又如藥方中以"姜"爲"薑"，賬簿中以"旦"爲"蛋"等，皆不采用。

也本我們主張客觀蒐集材料公布的辦法，這些字只要是某一地方信而有錄的已經約定俗成了就得羅列，而注明是某地方管簡體字。這一個大規模的全國實用的"簡體字義輯"只有教育部可以用統制的力量剋期調查成功。我們覺得坐在會議桌子旁邊圈定簡體字不惟不科學，且不免滑稽！這爲便俗利用而作的事情，述而不作的範圍應該上下今古無間雅俗。試就三百二十四字中翻看，還有些儘該再簡的。不知爲什麼沒有核出來呢？

雜	杂	杂	惡	恶	恶
閤	阁	合	麼	広	么
擬	拟	扒	藝	藝	芄
圖	图	厹	龜	龟	龟
濱	滨	浜	處	处	処
場	场	坊	殯	殡	殊
傷	伤	伤	腸	肠	肠

"說明"第三條說明有三種簡體字皆不采用：

（一）賬簿藥方中專作符號用者；

（二）一體作數字用者；

（三）偏見之簡體字尚未通行者。

我們因爲對於簡體字提倡的意義和教育部的方針不同，所以關於這一點可以諒解他們意思。如果客觀點兒說，這三項倒是真正民衆有經有權的高明地方，無奈教育部要把標準的印刷體和權宜的書寫體混合爲一，却不得不反而廢棄這種漢字使用法中的自然滋長的適應事實的條例了，例如第一項的例：

"初"作"刀"，"月"作"丿"，民衆是有一定條件去用它的；民衆教育乃至國民教育的識字功課似乎應該在教"初"、"月"時並教應用在賬簿信札時可以省作"刀"、"丿"，另外"日"字也有點一點兒代替了的辦法呢。同樣"斤"作"丨"也該是如此。至於"兩"作"刄"、"分"作"卜"疑心是由草書變省改圓爲方的，正如"錢"之作"为"。

一體數用是簡體字的特長。三百二十四部定中如"又"、"刂"、"去"、"夕"、"米"、"八"、"㶸"、云"都是代替許多形體的：

又　奚　鸡
　　虘　戏
　　舄　凤
　　堃　对
　　品　区　枢　驱　欧　殴　讴　呕
　　肖　赵
　　莫　难　摊　滩　瘫　艰
　　臤　叕
　　蓳　观　欢　权　劝
刂　自　师　狮　帅
　　皇　归
　　尙　乔　骄　矫　侨　桥
　　臣　览　坚　临
　　弓　祛　㳠
去　長　去　祛　㳠　祛　䀼
　　能　罢（此字部誤定爲去，其實由能字的匕省去。）
夕　维　罗　阡　锣　逻　箩
　　威　岁
米　㡭　继　断
　　冉　娄　数　屡　缕　楼
　　䒑　肃　箫　萧
八　劦　协
　　鯀　苏
　　丝　蛮　变　弯　鸾　恋
　　辡　办
㶸　𭃅　学　觉　搅
　　卬　誉　举
　　傕　应

回　㕚
云　虫　凤
　　旨　尝
　　罝　坛　坛
　　罵　会　绘　桧　烩　狯　佮

我們如果寫"簡體漢字條例"，其價值與講古文字的"六書條例"相等。這些用符號隨時簡單的辦法，與"一體作數字用"並沒有什麼大的不同。不知道爲什麼教育部不采用！他們的舉例是：

广　廣　慶

阝　爺　部

我們還可以補充：

艮　銀　根

這不過幾個字而且是常用的，用起來不會分不清楚的。所以第二項與第一項在我們的主張上是可以采的，因爲根本方針要一貫就自然無問題了。

第三項更是應該一體蒐集，反正簡體字根本是客觀的記錄，"偶見"、"尚未通行"不經實地調查是不可以斷定的。就是"偶見"、"尚未通行"，但已見而有行的就該考量其可否采用了。他們的例是：

漢　汉

僅　仅

雖然有"溪"、"灌"、"消"、"僾"、"侃"、"俏"等字可都不如"漢"、"僅"通常，當然我們應該承認其可以專用。這猶如"劝"字不代"勤"字而代"勸"，"鸡"字不代"鶬"、"鷂"而代"雞"一樣。

説明第四條：

> 偏旁如"言，鳥，馬，糸，辶，走"等，本可采用簡體，但如此一改，則牽動太多，刊刻費時。今求簡而易行，故此等偏旁暫不改易。

這許是教育部"鄭重"的地方，可惜有些"捨本求末"了！

從以上的叙述，我們覺得教育部第一批公布的簡體字有些輕重倒置，根本由於捨本求末的緣故。何以是輕重倒置呢？我們選編經過裏説的圈核辦法是把學術的編録變做了公牘的鉤决，如何不捨本從末呢？例如那三百二十四個字內就有些不急需的，像日用姓氏字却大部不見。誰都能用，誰都要用，誰都在用，反不見施行：此之謂"輕重倒置"。吾友容庚先生著"簡體字典"序曰：

> 二十四年八月教育部頒行簡體字表三百二十四字，昧於偏旁合併之理，不先改革部首，如難驢作鷄驢，於從鳥從馬之偏旁皆未減。將一再減之而不已邪？抑將因陋就簡即此已足邪？心竊惑之。今年（按：是民國二十五年）春，晤錢玄同先生，談及此事，深惜教育部支節之非計。錢先生謂彼等所編二千四百餘字，頒行者乃經部昌若干人之討論圈出者。所謂"與知者謀之而與不知者敗之"者非邪。

他説的就是"捨本從末"的一點了。

三　讀容庚簡體字典

從事這種漢字局部改造的人，我們知道的有三家：陳光垚，卓君庸，容庚。陳氏從前有許多文字提出在語絲等刊物上發表過，大抵是重在"力求簡省而多獨創之處"。卓氏提倡章草改簡書體的入手，有"用筆九法"的發明，於"力求簡省"之中能着重文字相因的依據。草書楷化當然是一種有意義的辦法，就是草法古今有變遷，通俗認識上不免困難。兩家的具體的輯著我們尚未見。容氏在教育部頒布簡體字表後一年編著簡體字典一册，由哈佛燕京社出版。

民國二十五年的夏天，容君簡體字典要付印的時候，曾約我做一篇序文。因爲没有看他的稿子，也就蹉跎躲懶過去了。現在他已經印出，我細看了一遍，才來述説點管見。

容君書首有卓君庸先生序。卓氏對容君書的觀察有下列的叙述：

> 其書以平民字典四千四百餘字爲準，蓋幾經講授實驗之後始成此編，與閉門造車出不合轍者異矣。所取簡字如令令

見见重重器关之類，皆本草書，决無可議，即其他創省之字，亦多輪廓顯然，觸目可識。……又此編改良康熙字典部首筆畫，尤爲適用。部首爲漢字構成之要素，而龍龜齒鼻等部字畫之繁，使人望而生畏。兹編則省筆而不失舊據，其必能進行無疑也。

容君自序他是看了教育部的字表不滿意，才編著出版的。他是一位文字學家。從文字學歷史觀點提倡簡體字，眼光是很精確的，他序文開端幾句話實在可以祛一般昧於漢字史的保存國粹論者之疑，而表見教育部頒行簡體字的事業應該再接再厲的推進。他說：

吾國字體變遷亦數矣；由古文而小篆，而隸，而楷，而行草。象形指事之文，已經變爲符號，龜與魚同頭，鳥與馬同足，自邑之偏旁同作阝，肉舟之偏旁同作月。吾人認字豈復有推求其如何象形如何指事者哉。以科舉之故，六朝以來字體猶未大變。而作文之稿，與人之牘，每以行草書之。今者學科彌繁，苟趨簡易，莫可遏止。然如龍龜龠諸部首多至十七畫，實有可減之理，非盡好異也。

他編著經過是：

二十二年春，以簡字體試寫頌齋吉金圖録及金文續編二書，未能畫一。復纂簡體字典，以平民字典四千四百四十五字爲準，有不自慊，藏之篋衍者兩年矣。（中述二十四年教育部頒行簡體字表之不滿人意。）

余乃商之燕京大學於國文系增設簡筆字一科，從學者二十人，先改革康熙字典部首，次取余所編逐字討論之，如讞大獄，辨難紛起，或述或作。從最多三十二畫之字減至最多十七畫，總筆畫之數約減三分之一而弱。有因仍未改者，有用連筆而實際上未盡減者，猶未能符增一筆則太繁，減一筆則太簡之鵠。其於飛作飞，馬作马，魚作鱼，鳥作鸟，鼻作昇，齒作齿，龍作龙，龜作龟，龠作侖諸部首或庶幾焉。

照我開端說的對於簡體字的主張，容君的辦法也有很不相同的地方。他主要的目的是要把簡體字承繫在漢字變遷的末一階段上。其關係成爲：

  古文——小篆——隸——楷——行草——簡體字

我的意思文字本有兩幹：

  古文——小篆 可以用"六書"或相當於"六書"的條例分析的。

  隸——楷 是通常所謂"漢字"的範圍，不能用六書條例分析，也沒有人整理過它的條例。

這兩個階段中間相連，各階段裏都有繁簡體字。前一段不必論它。後一階段的繁簡性質，依我看：

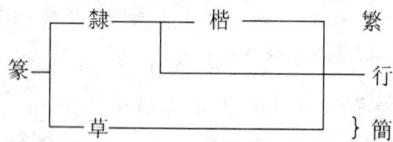

```
          ┌─隸────楷─┐     繁
   篆────┤            ├───行
          └─────草────┘ } 簡
```

漢字演變到了這個情形應該改進到第三個階段了。第一階段的文字用形體示意，第二個階段失去了這種作用，所以不能講它形體所示的意義了。第一階段中間的繁簡字不算是形體上的大差異，第二階段的繁簡字就成了兩個絕不相關的系統了，第二階段的繁簡字間倒可以找出些條例。這些條例所演化出來的就是現在的"簡體字"了。現在的簡體字就是上面説的第二階段中間簡易方法的通俗便用的昇華。我們覺得簡體字不過是：隸楷行草混合起來抽繹所得的一種最省而能識簡而可用的形式。它雖有所革而必有所因。簡與不簡是在因革之中視需要而定的。這基本的觀點決定了，就可以明白簡體字不是爭一點一畫的多寡的。容君説"有因仍未改者，有用連筆而實際上未盡減者，猶未能符增一筆則太繁，減一筆則太簡之鵠"；我們看來這是自然的結果，不必強作一律。所以第二點與容君不同的意見就是筆畫纖細的損減在文字應用實際上算不了什麼推進。一般的人對於漢字不是一點一畫的看，而是分成許多基本組合的；吾友于君樹樟分析得非常精密，有專文載中央日報文史週刊七八兩期。容君的先從改良部首執其綱領，是極澈底的辦法；只有"或述或作"争損益於鉤勒運斷之間,竊以爲大可不必耳。

大概民衆用字的分辨點有時極寬,有時極嚴。寬時一形可以代替許多,嚴時一形僅作一用。所以簡體例中尚有可商,例如:

一、"毛"作"乇",習慣上"屯"字可作"乇",字典中"鈍"字還作"屯";"毯"又不作"毯"。

二、"戈"作"戈","弋"却可也作"弋"。

三、"用"作"用","月"作"月","朋"作"用",雖中間一畫兩畫有別,但不易辨識。

四、"网"作"冂","目"作"冚","叩"也作"冚",實例無混可用。"册"作"冊"與"丹","豆"作"亘"與"亘","旱"作"旱"與"旱","辛"作"辛"與"辛","宰"作"宰"與"宰",易相訛混。

五、"勿"作"勺",而"刀"、"勺"兩其用;"忽"作"忽"與"忍"大相似。

六、"色"作"色",而"包"、"色"異其字;"包"更作"包","色"、"包"形混。

七、"栗"、"票"從"乙",而"粟"不作"乗"。

八、"呈"作"呈","里"作"里","杉"作"朾","衫"作"衫",……如此之類都難爲常人所辨。

九、旁斗可作"斗",底心可作"心",之邊廴邊可作"乚",亞頭可作"西"。

十、夏可作"夏",泰可作"太",圍可作"囗",國可作"田",筆可作"笔",等可作"寺","薩"可作"萨"。

其中最不可從者,如"縱"作"仪","磬"作"唐","糞"作"糞","聲"作"唐",因爲簡體的全體都簡省有時反不易行是一,簡體與繁體之間的聯絡有時因爲都簡省而引起他的錯覺以致斷絕了是二。不知道下面的辦法果能適用,還請有興趣的人討論:

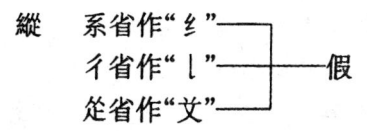

```
縱   系省作"纟"┐
     彳省作"丨"├──假
     从省作"丈"┘
```

磬、聲 聲已省作"声",磬可省作"殸",聲就簡省言字部分作

"聲"。聲是常用字,磬次常用,罄不常用字。

糞　漢字習慣分析組合成分必儘量的分,如此字作"米田共"觀念的人比作"米異"的要多。寫"糞"似不若作"糞"爲近普通心理。

這就是寬嚴標準的所在:越常用的字越可寬用一形代替數體;越不常用的字越是嚴用一形專表一字。所以字典裏樊、鬱、爨的簡體也得修改才能合於一般的心理:

奊　樊?　樊?

㭉?　鬱?

㸑　爨　㸑

當然簡體字典是比簡體字表科學的多了,但我們更覺得要先有"簡體字條例"才好! 要訂簡體字條例似乎先該決定漢字的"常"、"備"、"僻"、"廢"種類。這些種類的決定宜於從由教育部向全國各縣切實搜羅實際簡體字例入手。那樣,簡體字的真正性質就自然顯出來了。我們看待簡體字的態度和施行方針才能無偏失的確斷了。老百姓約定俗成的客觀記錄或許比我們書生坐在書案邊的懸想亂圈要有價值。那才是國民公決的民族寫語的工具,"存文"家夢想也知不道的呀!

四　讀黃仲明標準行書之研究

我既說了隸書以來的漢字只是一個階段而全在繁簡上起變化,動凡現在討論漢字局部改造的可算都是這一個階段的大整理。我又說了現在討論漢字的局部改造的趨向用簡體字乃是隸楷行草混合抽繹出來的方法。不過還沒有比較切實而科學的條例記錄整理出來。前面說的兩種書都是以楷爲主而求其簡:簡體字表說明了要便於刊刻可知是將書寫併入印刷爲一談的,簡體字表卻沒有說到書寫與印刷的分合問題。現在我們討論一種將印刷體書寫化的。這是黃仲明先生的"標準行書"。

民國二十五年春天,他從商務印書館印發《標準行書之研究》一書給國內學人討論。我承他惠寄一本,遭家不造,束閣近一年,最近才有工夫讀了。按黃氏主張可算是兩句話："推用行書而改進漢字；畫一標準以固定行書。"書中分三部分：一緣起；二凡例；三標準表。

標準表的編制與我們所希望於教育部編定的簡體字條例相差不遠了,内計四類共有標準三百九十四項：

以一(橫)起的一一八又附三合一二一標準。

以丨(豎)起的九五又附七合一〇二標準。

以、(點)起的四九又附六合五五標準。

以丿(撇)起的一〇九又附七合一一六標準。

他自己除了附項算做三百七十一標準,"通常應用之字,悉以標準組成,但單筆可外加",如：

王(標準)　　　　口(標準)
　　玉(字)　　　　　中(字)
、(單筆)　　　　丨(單筆)

這和于君樹樟所研究的《漢字母筆之科學的順序及其檢字法》中《漢字結構法之科學的整理》結果不謀而合。我對於于君的方法有《爲漢字安排計議》一文紹介在《文史週刊》六、七兩期上。黃君所定的標準,想來已有過幾番歸納了,大體上我們是無什麼意見可貢獻了。他有兩條原則,由兩條原則訂出十二條凡例,依凡例組成八千多字,經過長時期的實驗和研究,才寫成了這一小册子。他的實驗方法是：

> 逐字使七八齡之幼童識之,遇有曾經識讀之字而不識者更改之,至能識爲止。其未經識讀之字,再使十六七歲之學生識之,遇有曾經識讀之字而不識者,再改之,亦至能識爲止。如遇有標準不可通者,並標準而改之。經此長時期之研究與實驗,似尚無甚窒礙。

卓君庸氏序容著簡體字典說到此書：

> 近黃仲明氏有《標準行書》之作,其易識與此編同,簡省遜之。

這就可以表現黃倡的研究與我上面說的"民衆應用漢字的實際並不一定有字必簡,無體不省"的觀念,有些契合,黃君不盡簡省或是黃君之所獨得了。不過黃君要以行書爲普遍的應用,似乎將楷書(指今日通行的書體)全盤換了竊有疑焉!

關於文字之印刷體和書寫體是否必要分別的一點,或許有待於教育家的討論。愚見有一事却敢提出,關於漢字的教學,無論兒童或民衆,倒是繁而有別的容易認識,簡易相近以毫釐辨差的比較難於記憶。我們聽見說現在審查教科書的標準往往以漢字筆畫多寡爲出現的次序,貌似科學,不切實在! 這是根本不曾把語言看做主體,而把寫語的字形看做了主體了。我開端就說了:漢字的改革和漢語的改革不是一件事;漢語非一二人所可左右,漢字(廣義指代表漢語的工具)只要有廣大的力量便可改造。我們對於教漢字的出現先後主張依教材的需要而定,而對於采用那一體的漢字則主張標準課文用印刷體,應用上用書寫體。二者不可相差太遠,但也不必完全一樣,要一樣也不反對。行書之爲物似乎可以應用,而一般人不一定全合宜用。我們寫字的工具向後必定演進爲不合於寫行書挑鈎圓轉的材料,縱然可以也不能與黃氏所擬的輕重提抑的筆致相同。行書的系統本因於楷,改簡楷書才有標準,黃氏實驗時必是先識楷辨行。黃氏劃一行書標準之功在使楷行之間得一確定聯絡。故其原則曰:

一、簡而易識:各字形體,儘量與楷書相近,使已識字者一見即識,無重行識字之苦,而直接識讀標準行書者,對於現有一切書籍仍可閱讀。

二、行書標準化:我國文字係由各部位組織而成。各字部位之間同者一律通用,頗具科學精神。此爲我國優美之文化,自應儘量保存。標準行書之部位,均依規定標準,使各字完全可通。兼采草書之易識者,期其簡便。蓋合楷書、行書、草書三者之長而爲一也。

他自己說:"取行書之八分,可簡者更簡之;參草書之二分,以易識爲範圍。先規定各字部位之標準,再逐字研究,悉依標準組成之。"我們看他的因革兩方面與簡體字主張者完全不同:所因者有時是並通常楷書也變了的,所革者似根本棄置楷書而反爲楷加一層障護。例如"規"字普通楷書多作"夫"旁,標準行書却很合六書的作"矢"旁,這是因之至的了。又如簡體字中"又"代許多複體,"对鸡戏凤区赵难貢观仅"行用甚便,標準行書爲一貫其系統而不采用,這是爲革而反因的。如此,我們不能不承認卓氏所謂"簡省遯"的評語了。

黃氏對於改革文字主張行書有五點感想,是他的根本理由。謹撮總論之如次。

(一)文字之分"草"、"楷",似爲實際必要之條件。西洋羅馬字母、印度古梵字、日本假名、蒙古字,比較有勢力的文字(模仿的文字如契丹、女真、西夏之繁重除外)幾無不有兩種:楷經草權。原第三條感想謂:"現在人事如此之繁,學科如此之多,書籍用正楷,平時書寫用行書,應恭敬者又必楷書,同時須習兩種以上形體之字不便孰甚。"我覺得是近於理論的話。

(二)漢字的美術演化,使得行草字體變化百出,是有些書寫者的個人自由的方便。行書得一標準系統固佳,而采用的美術技巧不能爲常人用的爽捷。原第一、第二兩條感想以爲楷太繁,草太簡,行折中,但無標準故不能代替楷書。其實漢字之有簡體的,只是日用上太頻數的字,寫的人又各有習慣的寫法,教它標準化未必是極經濟的事。並且行書以外何故又有些簡體字,也值得考慮一下。

(三)原感想第四條:"一國文字爲立國之精神,所關至鉅。其改革也,必須有整個之計畫,一貫之方針。如籀之變篆,篆之變隸,隸之變楷,均係全體改革,決非局部蛻變。今日改革文字似宜先定整個計畫,然後逐字研究,逐字實驗,庶幾變不離宗,簡而易識。"我們看籀篆隸楷的蛻變似乎都是局部的改易漸漸下來的。黃君的行書和楷書不能說是全體改革。黃君所指改革不過是用筆和結構的體勢。如果是全體改革了,"變不離宗"就似乎不能相聯了,"簡而易識"又何從得來呢?我是說行書與楷書是同階段的文字,並無改革的絕對意義在內。

(四)根本前一點,我們知道漢字音義相同而有數種形體的就是各人自由的創作,各地公衆的使用,各代風尚的變化,並存似無不可。原感想第五條,以主張行書標準化的人當然是要整齊審酌去取的了。

我們不是絕對反對采用行書,而是懷疑絕對采用行書。黃君的標準表是極有價值的簡體字條例參考材料,初不因我們這一點兒不同的意見有什麼損減。黃君研究字體的結果與于君分析字體母筆的研究是漢字的解剖實驗,有兩家的印證,漢字改革問題的基本條理就不難找了。

五 後語

我讀了這三種二年來的改革漢字的刊物,在不廢漢字的條件下認識了漢字局部改造的途徑是:

順先民之常軌,立繁簡之兩綱;

視日用之切要,辨省變之多方。

最後,對於教育部及容黃兩君表示敬意和歉意,並祝這個改革事業更有進展!

一九三七年二月七日寫完。

原載《益世報·讀書週刊》第 93、94 期

漢字發展史上簡體字的地位

一 漢字繁、簡體的歷史事實

漢字從最早的甲骨文字就存在着繁、簡體的現象。由於起初文字是象形的，描畫形象可以仔細也可以粗略，繁、簡體因此會發生。例如寫一個"羊"字，畫得仔細些的要把眼睛和角一齊畫出來：①

同時也有用簡單的筆畫代替了眼睛的：

這樣，在鐘鼎文字裏也同樣有繁、簡體的不同：

作爲一定的形體直傳到現在的"羊"，顯然是由簡體演變下來的。

上面說的字體屬於向來叫"篆文"的一類，我們現在平常說做"篆字"。把篆字寫成現在的楷體字，中間經過了很長的時期。在這長的時期裏，人們寫字隨着簡化的方向走，首先把有圖畫意味的象形字改變做了有符號作用的表意字。像上面舉的"羊"字，從寫成"羊"形再變做"羊"形，"羊"多多少少還是象形，"羊"就只能算是表意的了。所有一大堆的象形字，像"人、木、水"寫成了"人、木、水"，都是由繁到簡的發展。這又表明漢字從古到今是在繁、簡的形式裏向前進步的。無疑的，每一個簡體形式比它的繁體形式更合於應用，所以漢字發展中就產生了簡化的要求。

這種要求，從篆字本身由繁到簡的事實中間就產生了，以後

---

① 本文甲骨文字和鐘鼎文字都是根據各家纂輯古文字的書籍，不細注。讀者願意自己翻檢，可查：孫海波《甲骨文編》、容庚《金文編》、《金文續編》。

的發展就形成了古今字體的演變。作爲篆字與現在楷體字中間的過渡形式的"隸書"(也叫"隸字")開始表現這種精神。這種精神不僅僅是使寫出來的形體簡單,並且還把形體組織隨宜變化。例如一個"ᄁ"字寫成"人",形體簡單上並沒有多大表現,可是隨宜變化上就有很多發展。篆字不問在字體整個結構的任何部位原來不變,一到隸字以至於楷體字就隨着部位的不同適應書寫的方便改變形式。這種形式上的改變有時候不是筆畫的簡單化,而是爲了書寫方法上的方便化。我們看下面的這些個字都是包含了"ᄁ"字的,寫篆字是一樣的,楷體字就不一樣了,不一樣的原因正是上面所說的"隨宜變化"的精神:

亻:在字左或中間的寫法,如保、偉、伍、衆……。

ᄁ:在字上的寫法,如㲋、㺇……。

𠂉:在字上偏右的寫法,如監、臨……。

儿:在字下的寫法,如微……。

有的變得已經看不出"人"字的痕跡:

弔:如果照篆字寫,該是𠄏。

㐱:如果照篆字寫,該是㐱,現在鉛字是㐱。

身:如果照篆字寫,該是身。

現在有許多字是這樣的情況,如水、氵、氺;火、灬、小、⺌;衣、衤;心、忄、⺖;……。

以上是就漢字形體簡便化的情況說的。漢字還有繁複化的情況。漢字的繁複化是它爲語言服務的表現。

篆字裏有個"丰"(甲骨)"丰"(鐘鼎)字,文字學家認它做"封"字,作爲"交界"的意義,在交界的地方豎立的界椿(可能是樹木)就是這個字體所代表的形象。可是我們現在已經不用這個形體,另外寫成"封"了,在鐘鼎文字裏可以看到它繁複化的資料:丰、封,在丰形以外加上一隻手(又)或兩隻手(𠂇又),就把豎界椿的事表示出來了。作爲動作的"封"這個語詞到現在還存在(內容的變化另說),我們說成"ㄈㄥ"。從下面用兩隻手托捧起來的動作,我們說做"ㄆㄥ",寫做"捧",實在就是這裏寫出來的"丰"的動作。這個

"ㄆㄥ"字所用的"捧",形體是逐步繁複化寫出來的。因爲"🌱"是"丰"的繁體,要唸"ㄈㄥ",跟唸"ㄆㄥ"的"捧"不能一致,必得另求密切表音的解決。"🌱"並且也跟"丰"一樣歸於廢止,劃一成爲"封"了。另一方面,"🌱"的形體再繁複化,表示了奉承的意思,下面再加了一隻手:"🌱"(《説文》)唸做"ㄈㄥ"。我們把這一個形體有關的資料再檢查一下,還有🌱(甲骨),🌱、🌱(鐘鼎),🌱(鐘鼎),🌱(甲骨)。"🌱"、"🌱"就是"夆"、"逢",從字形説是"脚碰在椿上"(夆)和"脚碰在路邊的椿上"(逢)。這兩個字我們都唸"ㄈㄥ",語言上説做"ㄆㄥ"。因此,我們可以了解語言裏説遇見叫"碰見"是"ㄆㄥ",在文字上就是"ㄈㄥ"(逢),"碰傷"覺得無字可寫,其實該是"夆"。"🌱"、"🌱"、"🌱"是"邦"字,作爲邦國的意思,唸做"ㄅㄤ",把"丰"形加上"🌱"(邑)繁複化起來,跟"封"分別。這裏表現了漢語和漢字中間的關係:有的是漢字隨着漢語繁複化,有的是漢字脱離漢語僵死。凡是漢字脱離了漢語僵死的,我們現在就不需要它。所以本段所談到的字應該承認有三個聲音的詞彙:一個唸"ㄈㄥ",一個唸"ㄆㄥ",一個唸"ㄅㄤ"。唸ㄈㄥ的詞彙有"封"、"奉"、"逢"三個字,唸ㄆㄥ的詞彙有"捧"、"碰"兩個字,唸ㄅㄤ的詞彙有"邦"一個字。"封"跟"奉","奉"跟"捧",以及"丰"跟"邦"都是語言上必須分別的,文字就隨着變化了,我們用現代語言的情況説明如下:

  封、奉 聲調不同。
  奉、捧 聲母和聲調不同。
  丰、邦 聲母和韻母不同。

其中語言上有相聯的關係,文字上看不出相聯的關係的,一部分僵死了,如"夆";一部分同時並存各不相謀,如"逢"和"碰"。漢字繁複化的這一種事實,有漢語做它的中心,它表現了要密切表音的精神,同時又迴旋在由形表意的圈子裏。像"奉"、"捧"把"手"加到三隻、四隻之多,就是把"弄"、"奉"當做一個整個標音的符號,另外再重疊加上一個表示動作的"手"。許多的漢字是由這種原則產生出來的。要把漢字繁、簡跟漢語結合着,我們才可以看出它所起的作用。

二　繁、簡體在漢字發展上所起的作用

漢字繁、簡體的變化在漢字發展上是起了一定的作用的。從上面極其簡單的叙述裏，我們大致得到如下的認識：

1. 漢字的簡化是它形體本身發展的主觀要求，包括結構的簡單和書寫的簡便。

2. 漢字的繁化是它服務於語言的客觀要求，爲了密切表音，轉入由形表意的圈子裏。

3. 漢字在發展中，一面在結構和書寫上要求簡便，一面爲切合漢語要求精密，對於表意的形式就有必須突破的要求。

4. 把漢字簡、繁兩體所起的作用，作爲現階段中國文字改革運動中漢字整理工作的參考是必要的。

現在我們來談一談它所起的作用。簡化的作用已經把篆字逐步改革成了現在的楷體字，從字體形式上説，可算變無可變。由於漢代以後草字的書寫方法跟形體結構相結合，篆字就經過一段隸字的變化到楷體字，繁簡漸漸一致；向後草法又跟楷體結合就有了近代的行書字。行書字可以包括在楷體字裏，應該説是現行的字的絕大部分。嚴格地説，在楷、草、行的綜合裏才是現在漢字的具體形式。這種形式已經有了它的主要特點：既不複雜，也不古怪，平易近人。篆、隸是不免複雜的，草書是有些古怪的。所以篆、隸已經成爲歷史上的陳跡，草書只是給一部分的人當玩意兒。包括了行書的這絕大部分楷體字，寫法上是草、隸的中和，結構上就是這裏説的楷、草、行的綜合，給它一個名稱應該是"簡體字"。①

---

① "簡體字"這名目包括了很多方面。它不是篆、隸、楷、行、草那樣單純，並且主要地繼承唐、宋以來的"俗字"。俗字的結構是吸收隸、草、楷、行的寫法成功的。簡體字不是俗字的全部，俗字可能不簡。俗字的不簡就是本文説的繁化作用，分化聯繫語言的。如《龍龕手鑑》金部裏收了這四個字：

鏒俗、鋒或作鋒正、鋒今。

俗字就比今體繁複。

"簡體字"的原則，我們仔細分析，一部分跟漢字繁化的作用也有關係。上面說過繁化事實主要是漢字和漢語互相聯繫。簡體字所吸收的繁化作用並不跟語言相關，是跟漢字史上特別人爲的賦有繁化性質的形式相關。這就是所謂"隸古定"。什麼叫"隸古定"呢？"隸古定"的意思是拿隸字體把"古文"（篆字的一種）寫定出來，就是用楷體寫法照着篆字結構寫。由於文化遺產裏的《尚書》有過這種"古文"的本子，爲了叫人認識曾經用過這一個辦法寫出隸字體古文，人們根據漢代學者孔安國給這種本子的《尚書》做的序文的話[1]叫出"隸古定"的名目來。有人說做"隸寫古文"是恰當的。打一個比方，這好比是字體的對翻，像文言翻白話的意味似的——不過文言、白話是語言（字意）部分的，這純粹是字形的罷了。例如《尚書》裏用的"厥"字，隸古定本就寫做"牙"，因爲"古文"是寫作"罕"的。所以唐代孔穎達說："存古爲可慕，以隸爲可識，故曰'隸古'，以雖隸而猶古也。"[2]這種辦法是跟隸字改變篆字的精神相反的，雖然不是在形體上加多，實際是不厭煩的繁複化。我們在前面提到"弔、咎、身，"三個字如果照篆字寫該是"弔、咎、身"，完全跟"隸古定"精神一樣，因爲是根據《說文解字》的篆字，就叫做"說文體"了。說文體是許多脫離群衆的文字學者所提倡的。[3] 他們代表了壟斷文字的心理，是違反漢字發展規律的，不合歷史唯物主義的。簡體字在形式上倒像這種"隸古定"或"說文體"的辦法，實際上是吸收了繁化的精神，而順着文字發展的規律起

---

[1] 孔安國《尚書》序："魯共王（漢景帝劉啟的兒子、劉餘）好治宮室，壞孔子舊宅以廣（擴充）其居（住宅），於壁中得先人所藏古文虞、夏、商、周之書及傳、論語、孝經，皆科斗文字。……科斗字廢已久，時人無能知者。（安國）以所聞伏生之書（漢代通行的尚書是用當時的文字寫的叫'今文'），考論文義（對照討論研究），定其可知者爲隸古定，更以竹簡寫之，增多伏生二十五篇。"（研究確定下能明白的部分成爲隸體寫定的古文，再用竹簡寫出來，比伏生傳的書多二十五篇。）括弧裏是作者加的解釋。

[2] 孔穎達《尚書正義》。

[3] 刻書用說文體，明朝已經開始。清朝後期漸漸成爲鑽牛角尖的風氣，就有人說某些字"濫俗"、"無以下筆"。最極端的像江標，寫藥方竟也用篆字！章炳麟的《章氏叢書》所用的字體要算提倡說文體的"殿軍"了。

了正確的作用。用我們的話説，這是"行、草楷化"。下面舉的幾個例子都可以説明簡體字是把漢字繁、簡體的作用結合起來運用的。

读←诶←凈←讀
为←为←爲(爲)
怅←张←張
乐←禾←樂
听←同←所
来←求←來
斋←亦←齋
尽←尖←怎←盡
友←官
マ←ハ←卿
报←抜←報
学←学←學
时←时←時
书←书←書
压←厉←虐
扌←丬←爿

這樣簡體字對於楷體字是簡化的，對於草體字是繁化的。因爲有簡化的作用，就減免了楷體的複雜，因爲有繁化的作用，就不會像草書那樣的古怪。

三　簡體字是文字改革的一個環節

毛主席指示我們："文字必須在一定條件下加以改革，言語必須接近民衆，須知民衆就是革命文化的無限豐富的源泉。"文字本是爲語言服務的，爲了爲人民服務，我們就必須把文字跟語言結合起來更加接近民衆一些。從漢字發展上所見到的一些全民性的事實，我們就更要深入地了解一下。

我們看出漢字的發展是在"形"、"音"、"義"三方面矛盾之中進行着的。它聯繫漢語表現了兩個要求：突破形式，密切表音。[①]密切表音的要求會更有新的發展，這裏不談。突破形式的要求，我們現在討論的簡體字至少是在它發展過程上的一個可注意的現象。作爲文字改革某一階段的一個環節來看，簡體字是備有了它的歷史條件了。上面已經把漢字簡化的作用說了，這裏要就繁化作用再加解說。繁化作用表現在字體結構上的也已說了，現在要談的是它在爲語言服務一點上的作用。說到這一點，我們已看出漢字漢語聯繫上的矛盾，在這矛盾中間有幾個現象：

（1）重點在聲音；

（2）因爲漢字表意的特點，又回到形體上去；

（3）常用的詞彙必須形音義三方面一致；

（4）不常用的或是沒有記錄下來的詞彙往往不受"形體意義一致"的條件拘束。

把簡體字來對付這些矛盾的現象是可以辦得到的。第一，簡體字的發展原來就在常用的詞語所需要的字裏頭，它可以作爲解決矛盾現象（3）的基礎。其次，簡體字已走了突破形式的方向，它能夠打開矛盾現象（2）（4）的糾纏。最後，剩下只是矛盾現象（1），那就有待於密切表音的最高發展了。在這一個最高發展還沒有成熟之前，目前爲了服務於勞動人民來做文字改革的工作，我們必得先做一番整理漢字的事情。這個整理工作裏對於簡體字的估計，我就有如上的了解。

必須批判我的一個錯誤說法，才能做好這一個工作。我過去以爲簡體字是跟原有的不簡的字對照着的，所以認爲是爲寫的方便才要它，結果把問題看成了一個靜止的枝節的，跟文字改革就無大關係了。我們看看我們的祖先何等有魄力！從繁複的篆、隸改革成了楷、草，那樣發揮智慧，因勢乘便，簡明扼要！我們對簡體字的工作，應該看做是文字改革的一個環節，不是單純技術的

[①] 魏建功《從漢字發展的情況看改革的條件》，修正本見新建設雜誌社《中國文字改革問題》（新學術小叢書 9）。

整理。改定的簡體字就應該當做另一個新字。

作爲文字改革的一個環節,簡體字工作可以深入一步跟詞彙聯繫起來大量的做。例如我們把"鬥爭"、"奮鬥"的"鬥"整理做"斗",由於"斗"只限於量名通用,同時代替着"鬥"是可以的。這就是上面說可以解決矛盾現象的意思。這個例子恰巧全部都可以解決:第一重點在聲音(斗、鬥同音),第二不會再陷以形表意的圈子,第三常用的詞彙由"爭"、"奮"結合在一起來解決了形音義一致的問題,第四問題没有。由此可見,漢字必須跟漢語聯在一起來運用,原來繁化作用的起因也就是爲了這個服務於語言的關係。繁化的作用是專爲一個意義分化出一個形體,如封、奉、捧、碰……之類,雖聯繫了語言,可强調了文字,也正是如我自己所批判的一種意識:實在過於重視形體,反跟語言分離而孤立開來了。須知漢字繁化和漢語的分化增多有關。簡體字要吸收它的優點,照顧語言,密切聯繫。

我們能把簡體字的基礎打好,就可以進行清理漢字的工作,精簡一下漢字的數量。從詞彙的聯繫也可以把字和詞的矛盾連帶解決一些。[①]

最後,進行這一工作在選擇字體的時候,我們必須掌握"平易近人"的原則:既不複雜,也不古怪。平易近人就得是從群衆中來的才做得到,所以我們相信"述而不作"是正確的。不過"述而不作"的"述"又容易誤入"摳書本"的葫蘆套裹去,也得隨時留意。"述而不作"不是死板的,試問被述者何嘗不是作呢? 我也曾經機械地想過:要絶對有所本。那是不正確的。例如把"喜"字改作"茾",這决不是個人杜撰能做到的,我們就只有述了。又如"聲"字,雖然《玉篇》、《龍龕手鑑》都有個"鋘",我們如果拿述的原則來採用它,反覺有些"摳書本",不如改作"声"的平易近人。[②] "茾"字原意現在無用,不成問題,並且實際是用"聲"作"声"、"喜"作"茾"

---

① 參看《中國語文》第 2 期頁 14 曹伯韓《字和詞的矛盾必須解決》。
② 茾,音 ㄓㄨㄛ,據漢許慎說是"叢生的草"。

的條例來述的罷了。這種述而不作的原則也是要配合着平易近人的原則的,理想地做到"作而有述"才算成功。

關於簡體字還有很多的問題,本文只就漢字發展史上簡體字的地位做了一點分析討論,錯誤一定難免,希望同志們指正。

原載 1952 年《中國語文》第 10 期

迎接新的文化高潮的前奏

——《漢語拼音方案(草案)》幫助漢字通讀正音的重大意義

　　文字改革運動有了三百多年的思想傾向和六十來年的實踐過程。《漢語拼音方案(草案)》的公布試行是這三百多年的思想傾向和六十來年的實踐行動的繼續發展。《漢語拼音方案(草案)》本身是漢語表音方法的歷史近代階段產生的許多方案的集中提高。當這公布試行《漢語拼音方案(草案)》的時候,我們必須認識到這一點。這就是説《漢語拼音方案(草案)》的主要作用我們必須認識清楚。

　　從這個方案的命名就表明了它的主要作用,它是爲漢語語音拼寫設計的一套符號系統。漢語語音的表示在我們祖先創造的文字裏,最初並沒有特別注重。衆所周知,漢語書面化的開始是用的一些圖畫意味的"象形"文字。誰也不能知道最早時期的一些字究竟怎麽發音,我們是依靠世世代代口耳相傳下來的讀法來念它的。例如一個"來"字,我們現在可以見到殷商時期就有了,它一直是"來往"、"來去"的意思,但是字形上從"來"演變到"来"都不表示它的聲音,雖然用再造的一大串字已經稱爲"形聲"而且大都讀成 lai。這説明所謂"象形"字有些在實際應用的例子裏也早已不是它本身所象形的原意了。我們依靠古代文獻知道這個"來"本是"麥"的象形,可是從來也沒有把"來"跟"麥"讀做一樣的音。如果注意語言的詞彙,漢語古代的"麥"一名"來麰"(所謂周人瑞麥的叫名兒),普通用做"來往"、"來去"的"來"可能是這個複音詞"來麰"裏抽出來借用的。那麽究竟"來"和"麥"或是"麥"和"來麰"(原本作"來牟")語音上關係怎樣,在這種文字中是無法知道的。一個象形的"來"可能就代表了"來牟"的複音詞,同時也可能就是"麥"的同義異形詞,讀音只好存疑。① 這種現象在古人那時候實際也是對照着語言來寫的。當他們寫下一個象形的字,事實上必定表示這個字所對照的詞,從而如實地記下他們的語言。後人只能從字意了解,最大的限度只得按照一形一音的原則逐詞對照地傳寫下來。漢語不斷發展,有極豐富的詞彙,但是記錄它的工具——漢字要這樣一形一音的逐詞對照寫出來,就漸漸形成了文字和語言之間的距離。不是語言方面起變化而文字不能很好地對照,就是文字方面起變化而語言失去表達的依據。它的中心問題,我們歸納出來,就是漢字表音方法上的局限性所產生的結果。不管文字是用哪一種方式構造成功的,在漢字裏表示讀音的方法總是一個整體的字形表示一個全部音節的讀音,例如一個有名的例子就足夠證明。何休注《公羊傳》莊公二十八年"《春秋》伐者爲客,伐者爲主"說:

"伐人者爲客,讀伐,長言之。齊人語也。"(《春秋伐者爲客下註)

"見伐者爲主,讀伐,短言之。齊人語也。"(伐者爲主下注)

這公羊氏的原文說《春秋》的體例把征伐別人的一方面作爲客,被人征伐的一方面作爲主,兩個不同的方面都用了一個"伐"字表示,如果沒有何休的註,我們就不可能知道這句話的意思;更重要的是齊人語讀音上原來有區別,顯然由於這種文字表示讀音方法上的局限性完全給埋没了。何休所以能夠做出這樣注來是依靠了他得到世世代代口耳相傳的讀法,我們不能不聯想到除此以外失傳了的還會有許多。古典傳留到後代,因此通讀正音成了極其重要的環節。歷代的文字傳播者爲了對付這種方式的漢字,使它讀音正確符合於漢語實際,不斷努力地做過許多輔助的工作。何休用的"長言之"、"短言之"解釋就是較早的表示讀音的方法之一。這種解釋說明了我們上面指出的漢字本身不管用哪一種方式構造成功的總是一個整體的字形表示一個全部音節的讀音,如果讀音有一點兒變化而不是完全不同的話就無法區分了。同是

---

① 因爲漢字的關係往往有異形的同義詞,所以這樣提法。

一個"伐"只是長短的分別，當時還没有具體分聲調的概念，可能就是聲調的長短不同，公羊氏本人以及通齊人語的人一看可以知道。這就是我們上面說的：最初寫下一個"象形"體式的字的人事實上必定表示這個字所對照的詞，從而如實地記下他們的語言。這樣一個"伐"不能分別表示出"長言"、"短言"來，就是我們上面說的"語言方面起變化而文字不能很好地對照"。至於"文字方面起變化而語言失去表達的依據"，比較容易了解，我們不再多說了。總之，從何休以前就開始發生了我們所說的現象，假設以《公羊傳》的時代作爲問題的話，這種文字跟語言發生距離要求輔助通讀正音的階段就應該是公元前後各一世紀的時候。簡單乾脆一句話，我們應用的這種隸—楷形式的漢字自來就有通讀正音的方法上的困難。現在"漢語拼音方案草案"就是二十世紀中間逐步解決通讀正音方法的成果。所以我們說它是爲漢語語音拼寫設計的一套符號系統，它是孕育了兩千多年了。

何休前後像鄭玄、高誘、許慎、劉熙都是在漢字通讀正音工作上做過工夫的，概括起來不外是：(1)譬况爲音，(2)讀若，(3)直音。這是漢語史的問題，包括語音史和漢語學方法史兩個性質。這些方法，我們不在這裏絮叨，但是當每一種方法創用的時候都比原有漢字本身表音的情形提高了一步，是必須指出的。上面我們說過不管文字是用哪一種方式構造成功的，在表示讀音的方法上都有些問題，在這些方法的例子裹最顯著的是一批"形聲"字還得加以輔助。例如高誘注《吕氏春秋》慎行篇"崔杼之子，相與私鬨"說："鬨，鬩也，讀近'鴻'，緩氣言之。"照說"鬨"字明明是從"巷"聲的形聲字，原來讀音並不同於"巷"，才注了"讀近'鴻'"，可是"鴻"的音又不完全相同而還得注出"緩氣言之"。這個"緩氣"是譬况爲音的辦法，我們後人就要費些揣測，到底還不正確。再如許慎《說文解字》裏許多形聲字下面都加了"讀若"的注解，無非是聲、韻、調方面的小差別，或是表音的部分讀音有分歧，至於因爲意義區分而有變讀的是少數。這些都是委曲設法描摹語音的，是用漢字一對一地替代表示的(直音比較更單純，不贅論)。跟這些方法先後參差不久,從中外(主要是印度)文化接觸交流,我們的先輩用兩個漢字按照拼音的方法創造了"反切"。估計時間大約是在公元二三世紀。反切的辦法是把漢字(就是漢語的語音單位)按照梵文的分析法表示聲、韻和調的成分的一種方案。衆所周知,因爲用字較多,反切的系統概括還不夠强。又由於這種文字的形式,一個整體不便分析表示聲和韻,這種反切法還不能很自如地發揮通讀正音的作用。從反切的創造到後來將近一千八百多年的期間,在語言研究方面逐漸發展,有了分析排比漢語語音系統的等韻和按照反切歸類編字的韻書。雖然學術上成就很不小,這一系列的著述直接對於應用文字或掌握語言的人民來說關係還不密切。人們讀書寫文和説話所謂通讀正音的問題,並非過甚其辭,是極端混亂的。坦率地說,我們許多做專門研究的人並不是每個漢字都能正確掌握,同時每個掌握漢語的人對漢字也多半不求甚解。千百年被壓迫的勞動人民不幸成爲"文盲",他們能健康生動地掌握漢語,而怎麼可以迅速精確地掌握漢字還是問題。從反切方法系統概括成的語音音素的體系,在我們說的文字改革三百多年的思想傾向的推動中,和六十來年實踐行動的磨煉中,它曾經接受了近代西洋幾種文字拼音方式的影響,產生出許多的拼音方案。最主要的辦法是把系統概括成的語音音素體系用符號系統來表現。所以我們說現在的"漢語拼音方案(草案)"是漢語表音方法的歷史上近代階段產生的許多方案的集中提高。這也已經是成了常識的事實,我們不多說。但是這一點基本認識,我們必須人人搞清楚:"漢語拼音方案(草案)"的主要作用是二十世紀長期孕育解決通讀正音的現代化的爲漢語語音拼寫設計的一套符號系統。

反切已經是拼音的工具,可是因爲用的整體漢字極不方便,現在"漢語拼音方案(草案)"和它的分別可以說是繁簡精粗的不同,並没有什麼絕不相同。我們看:

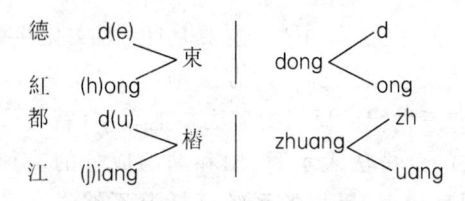

```
德    d(e)  ╲              ╱d
            ╲東       dong
紅    (h)ong╱              ╲ong
都    d(u)  ╲              ╱zh
            ╲樁      zhuang
江    (j)iang╱              ╲uang
```

兩邊完全一樣,好像用漢字和用符號差別不大似的,但是——漢字方面存在的一系列不必要的糾纏就顯得必須改革了。我們知道講反切時候的一套"門法"都是一系列不必要的糾纏,因爲漢字字形不變而讀音會變的,反切本來是漢字表音方法的進步辦法,時間一久字音變了,不加改革就越來越神秘,不能給人方便了。1913年曾經議定過"注音字母",它和現在"漢語拼音方案(草案)"性質相同,也是反切的一種改革。説來一樣、注音字母可以解除漢字反切的繁和粗的缺點,但是作爲漢語語音拼寫的工具有些受了漢字的牽掣,即如ㄞㄟㄠㄡㄢㄣㄤㄥ這一些音給制成一個音節的符號,就不能機動靈活了。在一個方案體系中間,以音素爲單位和以音節爲單位是不宜同時並存的。在教學上雖總要從音素綜合成音節來學習,但是兩種單位混合,反而會增加迷亂,因爲音節單位要先分析再綜合,音素單位只要綜合(就是拼音),學的人不方便。如今這個方案草案就完全劃一了。在試行中間,已經會了"注音字母"的人改變一下並不困難。這一段意思是簡要地説明"漢語拼音方案草案"是近代産生的許多方案的集中提高。集中提高也是改革的内容。擺脱漢字反切的繁和粗,劃一注音字母的音素音節雙軌體系,再採擇世界各國比較普遍應用的拉丁字母(即羅馬字),就是這個方案草案具體集中提高的精神。

國務院公布這方案草案,明確指示了我們:"應用漢語拼音方案爲漢字注音來幫助識字和統一讀音,對於改進學校語文教學,推廣普通話,掃除文盲,都將起推進作用,對於少數民族制定文字和學習漢語方面,也有重大意義。"我們特別説明了對這個方案草案的主要作用的認識,更進一步從這一段決議文的指示還認識到方案草案公布試行的偉大作用在於爲我國社會主義新的文化開闢道路。首先上面説的一大篇話真實意義就是爲了明確文字改革不是簡單的"廢除漢字"的問題，"漢語拼音方案（草案）"還是爲了輔助漢字通讀正音的。文字改革工作有一系列的事要做，正如決議文中所提出的。我們在反右派鬥爭中，曾經揭穿右派分子借反對文字改革來誇大缺點，故甚其辭地企圖進行反共反社會主義的陰謀。人民解放了，人民切身利益裏需要提高文化。因此我們在這一個文化工具——文字改革事業上必須更加努力，努力爲新的文化高潮開闢道路。

1957年是不平凡的一年。全人類的生活史上有蘇聯偉大十月社會主義革命四十周年紀念，同時又由蘇聯科學家們做出卓越驚人的成就，放射出兩顆人造地球衛星，開創了向星際發展征服自然的新紀元。我們國家裏，一方面和四十年前蘇聯偉大十月社會主義革命相連的中國人民革命由民族解放運動發展到人民民主改革運動取得勝利，一方面又開展了社會主義改造和建設的新的革命運動。我們人人過着天翻地覆史無前例的思想改造生活。全民的所有制起了根本性的變化，我們一切在新的經濟基礎上的上層建築都已經開始了根本性的變化。文化事業部門裏將會有一個新的高潮到來，而這新的高潮將會在新興的勞動人民中間湧現。勞動人民識字學文化，進行共同勞動生活、交際、鬥爭中必須要有一套很方便的拼寫語音的工具。一句話，爲了提高文化普及教育，漢語必須更科學地發揮它的效用，漢字必須更精密靈巧地爲漢語服務。因此，文字改革工作中初步實現"漢語拼音方案（草案）"的公布試行，值得令人興奮的是替廣大中國勞動人民面前行將來臨的新的文化高潮開闢了道路！

原載1957年《中國語文》第12期

《國語辭典》論評

本書第一册在民國二十六年已先出版,與現在所見全部八册的內容相同;惟原有黎錦熙序今缺,題封只是"錢玄同題字黎錦熙注音"還可以認識未改。今據汪怡序,知道它的變遷原委:"本書自着手增修並改定名稱以後,於民國二十五年一月,即將ㄅ與ㄊ之第一册(是時全書擬分訂四册)付印,因辭典排校既較他書爲繁難,所用注音符號更須認真,閱時逾歲,始於民國二十六年三月出版。是年七月事變忽起,翌年中國大辭典編纂處改稱今名,其間編纂工作仍積極進行,並未停頓,全書正文於民國二十八年秋完全增修竣事,並經先後陸續付排,隨製紙版。嗣以附錄之編製及其中部首、音序兩表之刻字太多,不免稽遲,而商務印書館方面已允於民國三十年冬全部付印,出版計日可待,奈屆時該館因受時局影響,力難再爲墊資,而本處預算則向未列入印刷費一項,至本年(按是民國三十二年)請到墊款,交於館方始得着手印行。……"所以本書版權頁上找不出出版年月和定價,也許正是"時局影響"與"墊款印刷"的關係。版權頁上可以看到"主編"、"編纂"、"發行兼印刷"三者以外還有"著作者教育總署直轄中國辭典編纂處"一項。汪序又説明了:"又黎劭西先生(按即黎錦熙)於本書編纂之初,以正董全處(按指原中國大辭典編纂處)之成,多承贊助。當前出第一册ㄅ至ㄊ各母時,並撰有序文,今全書出版,理宜仍以弁首,惟ㄋ母以次,既未參加審閱,故原序暫不刊入。"

我們從這序文看來,最重要是這八册壹部的國語辭典的確便是續有黎序的國語辭典第一册的全帙。當第一册出版的時候,真是"時局影響",我們沒有能讀它。後來在後方昆明、重慶雖見到了它,已是力難爲購。現在得窺全豹,覺得有些可以貢獻的意見和感想。我們首先得感謝"中國辭典編纂處"繼續不斷把"中國大辭典編纂處"的工作完成,使得我們學習國語有一部可靠的工具。自從新文學運動以來,我們的語言文字應用上發生了大進步;可是不可諱言的,關於實際教學上却沒有一點可以捉摸的方法和材料。教學語文的人,原來靠着康熙字典以至中華大字典一類的字書。這些只管一個個單字,等到辭源辭通辭海一方面的書出版才算有"辭"的記錄。中國語和文之間的界限不容易分割,因爲各地方聲音系統錯綜複雜而不能純粹由音入手,發生同一語言以時間不同可能相異,而從空間上又可能相合的現象。辭源到辭海不過是不分時地的些個中國語文資料,切實的音義以及用法變化絲毫沒有談到的。因此向來教學的人應用字典或辭書(指我們中國的),不過是查一查傳統的"切音",翻一翻初見的"出處"。什麼"小學"分析"字形"、"字音"、"字義"的工夫,變成"專門"研究。普通的工具書就很少有合於工具應用條件的了。本書似乎是一部康熙字典與辭源以外的工具書,既不著錄傳統的"反切",也非偏重"出處"的考據,所以我說它是可靠的工具。主編者序裏自己把旨趣及特點講得很清楚了,一共有"列序"、"注音"、"收詞"、"釋義"四方面。列序和注音兩項屬於我說的可靠的工具範圍。他說:

一、列序——吾國字典向用部首爲順序,以筆畫之多少爲檢查之標準,而某字應隸某部,往往猝不易辨,筆畫之計算,又時感困難,辭典仿其例,每詞更須逐字推計,尤覺費力。本書依據國音,其順序以注音符號之聲母爲綱,韻母爲目,始於ㄅㄚ,終於ㄩㄑ,單字及複詞等均準斯而編列,檢查時可就注音符號次第,開卷即得,實能節省時力不少。且一般人或僅記某字或某詞之音而一時不審其應用何字或如何寫法,若照部首檢查,苦難着手;今得本書,則循音求字,便利滋多,更可收書寫上用字正確之效。其欲就字形檢查音讀或未經諳習注音符號者,則本書附有部首檢字表,仍可依部首檢尋,亦無不便。

二、注音——從來字書注音多用反切之法,不解音韻學者,實難確辨,更以音有變遷,所切未必盡合於今,在應用上殊感扞格,且一般辭典之注音,多僅限於單字,而複詞,成語中各字,除間有特別說明應讀何音者外,率置不顧,閱者甚覺不便。本書於注音方面極爲注意,全部各詞均逐字用第一式暨第二式國音字母標注讀法及聲調(單字並附有漢字直音;舊入聲及尖團等之分亦爲標明)。得此則某字在某詞中之音讀,即可一目了然矣。其在口語中應有"兒化"、"輕聲"等類變化者,亦皆以國語爲標準明白注出。凡研究國語或欲以國音誦讀書籍者,隨時尋檢,不特可得逐字正確之音讀,並可知詞中各字音節之輕重及兒化之讀法,俾與今日口語相符合。外邦人士如欲學習我國語言文字,本書亦爲極良好之工具。又本書在第一第二兩式國音字母注音中,視各詞之構造而區別其寫法之應分應合,以備寫作、印刷採用"詞類連書"之法者作一參考。

關於這兩點,在方法上是抓住了語文工具的要領,名副其實的推行了國音。

中國字書的演變,應該是先有"以義爲類"的《爾雅》一派訓詁書,再有"據形繫聯"的《說文解字》形體書,再有"依音排列"的《切韻》韻書;由《說文》的據形繫聯與《切韻》的依音排列,經過唐代發展成宋人《類篇》、《廣韻》雙幹工具。外族人的需要,促成"數畫分部"與"依音排列"的擴展,遼時的《龍龕手鏡》與金代的《四聲篇海》,一個是用"聲調"逐步編排,一個是聲調聲母和畫數交錯編排。《爾雅》式的書被拆散了,也許是辭典產生不出來的主要原因。我們有自來用在複詞裏不是單用的字,從《說文》起就把它各個獨立分開,湮滅了許多的古代語詞。這一部書能注意這一點,像辭源一樣,分合兩存,多半依第一個字排列全詞,分列全詞中間的各字。這是個問題!既是"辭"典,不是"字"典,凡不足以獨立成詞的單字(指中國一個方塊字)似乎沒有佔一單位的資格。現在本書"收詞"問題,照序裏說"全書收詞逾十萬條",是否就是現在標準國語裏應用十萬多個"詞"?例如第五頁"芭"字,我們可以說一共有九條:(芭)、芭棚、芭芒、芭籬、芭蕉、芭蕉布、芭蕉扇、芭蕉葉(兒)、芭蕉延壽。仔細研究一下,芭字下有兩條注，一是"香草"，一是"見芭蕉條"，實在說來，依我的意見似乎應作兩條：(芭)，芭棚、芭芒、芭籬是原注一的例子。(芭蕉)，芭蕉布、芭蕉扇、芭蕉葉(兒)是原注二的例子；芭蕉延壽應收與否另成問題。

我的意思是說，這部書給我們的"辭"的觀念尚欠正確。我們且看序裏"收詞"下面如何說法：

三、收詞——全書收詞逾十萬條，雖猶未達理想的中國大辭典之程度，而繁富已過於現有之一般辭典。凡獨立成詞，自具一義，爲文籍及口語中習用恒見者，無論古今雅俗，概事收羅，對於近世以來常用之活語言尤爲注重，如宋元明清以迄今日之白話，儘量自語錄、說部、詞曲中搜求之。此爲本書特色之一。又單字除楷書正體之外，兼綴異體簡體，以供參稽。

上面我已指出計算詞頭的單位算法與對於辭的觀念有相聯關係，暫且不談。我們從這一段文字裏可以分析出他們收詞的標準來源和範圍。

1. 標準："凡獨立成詞，自具一義，爲……習用恒見者。"
2. 來源："文籍及口語，……近世以來常用之活語言。"
3. 範圍："文籍及口語無論古今雅俗，……語錄、說部、詞曲。"

這書能用音排列是一個特色，而不能把音的排列先於形，又是個損失！這損失不輕！所有"辭"的標準，說是"獨立成詞，自具一義"，我們不研究語文的人就很難明白"什麼"獨立成詞和"怎麼"自具一義。例如上面談過的"芭"字，依我的看法，照這序裏的說法，豈不正合？"自具一義"，應分爲二；"獨立成詞"，頗費周章。如果芭棚、芭芒、芭籬全從詞的構造上講是一個形式，辭典裏似乎應該繫在芭字下面。芭作芭蕉用，本與香草的芭無關，有些人還寫"巴"，似乎絕對應該分開。芭蕉"什麼"，無問題的是一個形式的詞。"芭蕉延壽"不合於"恒用習見"的標準。辭的觀念不顯明以外，我們又覺得"國語"的觀念也使人印象模糊。"芭蕉延壽"既不"恒用習見"，又何嘗是"國語"？

所謂"文籍"及"口語"這兩個來源，本無毛病，"恒用習見"之說最是關鍵。聯類所及，專門名詞應否列入，也是問題。一個"孫"字下面共有三十七個古今人名，這些都是十萬條裏的國語詞。依照世界各種普通辭典的例，我們不反對在附錄裏列成一個人名錄。許多外國人名又牽連譯名用字的問題。現在我們在"巴"字下面有"巴巴里金"、"巴倍"、"巴比塞"、"巴托盧斯"、"巴勒特"、"巴枯寧"、"巴哈"、"巴西多"、"巴士特"、"巴斯噶"、"巴爾札克"十一個洋姓巴的，請問"巴金"豈不也有收入的資格？他是現代文壇上知名之士呀！"恒用習見"的條件有分。專門名詞姑以恒用習見爲收入的標準，也有些令人不解的。如例"古"字下面收入"古蘭經"、"古論"、"古畫品錄"、"古今圖書集成"、"古今通韻"、"古今考"、"古今注"、"古今說海"、"古今醫鑑"、"古今僞書考"、"古今韻會"、"古經解鈎沈"、"古經解彙函"、"古詩選"、"古詩源"、"古史"、"古事記"、"古書疑義舉例"、"古逸叢書"、"古音表"、"古音騈字"、"古音略例"、"古音叢目"、"古文關鍵"、"古文尚書"、"古文尚書疏證"、"古文辭類纂"、"古文四聲韻"、"古文淵鑒"、"古文苑"、"古樂府"、"古樂經傳"、"古樂書"、"古樂苑"、"古韻標準"三十五個書名，而近二十年影響學術界的"古史辨"並沒有收。在這個原則下面，我們不再多說其他專門名詞的內容了。

恒用習見的活語言，本書收的不少。例如ㄉㄧㄤ音特別添出，收了"噹噹兒"注"謂無知識未見世面之人"；"噹噹兒車"注"電車之俗稱"。這是標準的特色！我們也曾經翻查了一些新流行的語言，也多著錄了，是有切實用的，足以給學習國語的人做活的參考。例如：

棒：1.棍 2.以棒擊之。3.强，如言"這人武藝真棒"。

第三義是新流行的。

蘑菇：1.【植】菌類……（略）2.俗語搗亂或麻煩之意。

第二義是新流行的。但是也有沒收羅到的，例如：

咕嘟：（一）水聲。

（二）1.煮 2.謂口部凸起緊閉，惱怒不語之貌，如"姑娘無法只得咕嘟着嘴"，見《兒女英雄傳》。

這裏(一)"水聲"與(二)1"煮"相連帶還有"冒出"的意思。另外又有：

"花苞"，與"骨朶"相關；

"科斗"俗名"蝦蟆ㄍㄨ·ㄉㄨ"，就是科斗二字的音變，"鮨鮋"與它相關；

"蹲"的意思。

字形未必都是"咕嘟"，以"語"與"辭"的觀念說，應該在一起。說到這裏，我們對於每條詞著錄的方式不免小有獻疑，也就是："應否以音的排列在先，文字在後？"例如這一個詞，我們曾經聽過焦德海說相聲，就是拿"ㄍㄨㄉㄨ"的音的變化解釋了一段算命先生說人家"兄弟三人ㄍㄨㄉㄨ一支"的笑話。他說只用這兩句話，可以解釋人家兄弟的數目從一個到四個。

兄弟一人——他說成"兄弟三人，ㄍㄨㄉㄨ一支"，便是"孤獨一支"。

兄弟二人——他說成"兄弟三人，ㄍㄨ·ㄉㄨ一支"，便是用"蹲下"的意思作爲三人少了一人。

兄弟三人——他也說成"兄弟三人，ㄍㄨ·ㄉㄨ一支"，便是用"煮水連沸"的聲音形容一支兩支三支。

兄弟四人——他還說成"兄弟三人，ㄍㄨ·ㄉㄨ一支"，便是用"冒出"的意思說，"一支，兩支，三支，又ㄍㄨ·ㄉㄨ出一支。"

一個有輕聲的詞三個用法，字從何寫起？我們如果是國"語""辭"典，何妨把寫不出的字打方框，留待專門研究，而用注音符號注出音來。本書尚未能得"義"忘"形"，所以"對於近世以來常用之活語言尤爲注重，如宋元明清以迄今日之白話，儘量自語錄、說部、詞曲中搜求之"的話也許是真的，而並沒有從活"着"的活語言下一番工夫也是真的。

一部國語辭典，注重活語言是當然的條件。我們在這個條件下，對於本書很自然的有下面基本的要求：

一、收的詞應該是國語裏活鮮活跳的用着的。二、詞的注釋應該是活的國語。國語的標準本是問題。新文字運動以來，胡適提倡"文學的國語"、"國語的文學",他們沒有給人一些具體的材料,以致到現在實際"國語"去"文學"距離還遠。我們對於這第一部"國語"辭典的希望便很迫切,它應該給我們一些標準語言的詞彙,所以這裏說的兩點基本要求不是隨便的苛求。收詞之不能饜望,已經見於上文;注釋方面,且看序文:

四、釋義——釋義用語,務求淺明適當,力矯舊日訓解含混不清之弊,並酌量注明出處或引舉例句,俾檢查時悉其來源,詳其用法。惟本書之功用主旨雖已不限於正音,然注音一項仍爲本書所特重,標注之地位自不能不多於一般辭典,若釋義方面,文字過繁,則本書篇幅,必更增多,售價日益加昂,購用者或感困難;故釋義文字只可稍從簡括,但對於意義之明瞭及應用之便利,仍爲顧及,夙所自期"簡而不漏,淺而不陋"之慎,於此尤不敢不勉焉。

這是很有趣的理由,爲了購用者擔負困難的緣故把釋義的文字從簡,却沒有爲了辭典本身體例的打算! 換言之,編者無異於說明這不是一部國語的解釋,國語的解釋就有"文字過繁"的缺點了! 我們相信篇幅之增多,如果必要的,購用的人典質借貸來擔負都值得的。現在八大册篇幅中間,倒的確不是釋義文字的關係使它多起來,却是那些非國語的辭和不是辭的國語伸張起來的。從這一點上,我們願意這部不是壞而是名不副實的國語辭典還回到它前身的地位去最妥當。序裏開端便說了:

本書之編纂,始於民國二十年,蓋中國大辭典之具體而微者也。中國大辭典編纂處於民國十七年成立,……另設四特股,其中一股所擬編者爲國音普通辭典,此即本書之前身。

如果這書叫《國音普通辭典》,我上面一切的意見都毋庸提出。序中引述最初國音普通辭典的編輯大旨,本書大致條件仍然相合:

此係中國語文中普通單詞、複詞,或習用的成語之總彙,即就蒐集部抽屜中已整理之卡片,合併其重複者,選定其"常用"、"閒用"之詞,及罕用而須備查考之詞,汰其絕對不用或不成詞亦非習用成語者,逐詞注音,作爲正音之標準;附以簡明必要之注釋,凡高級中學以下各科術語大都採入；務求簡而不漏，淺而不陋。此種普通辭典乃大辭典之椎輪，大辭典未成書之前，可供教育界檢查之用。惟其主旨，在於正音，故於義訓變遷，語源考證，則不詳叙，雖於學術界無多貢獻，要有勝於坊本之苟簡傳譌也。

編者自己說，"改名之故，厥有二端：

（1）統一國語，須有相當辭典，方可用資依據，且國語會當民國六年至民國八年間已先有編輯《國語辭典》之提議與決議，今改用此名，正與原案相合。

（2）本書内容擴充，原訂編輯大旨已行改定，前所編就者逐加增修，舉凡有關語文之單詞、複詞及成語，儘量加多，其性質與功能實不僅限於普通之正音；爲求名實之相符，亦以改用此名乃爲妥適。"

前一條理由不能成立，我們已經評論過了它不是《國語辭典》，那可以"充"得過去？後一條的理由，還是這個道理，不能頂充。孔子一定要正名，好說得通話，辦得成事；這不是一件小事！

我前年復員過上海，見到此書，去年回到北平，仔細翻看，滬平兩本版權頁上"著作者"題名不同，前七冊末了也不相同，平本有"新詞表"。這新詞表倒於我們有些幫助，像民國二十六年至民國三十年間北平情形多少可以體味一些。滬本或許是發行者弄了狡獪給取消了，其實不必的。這裏面像"配給"、"配給票兒"、"特務"、"户口單"、"居住證兒"、"針票兒"、"注射證兒"、"人事"、"三輪兒"都反映了北平的生活，而極顯著。至於許多地名官名機關名等，對於讀者不是没有用處。像"北京"一條注作"【地】今特别市名"，與原有"北京"條"見北平"的内容很自然的教人發生一種感想。北平條原文："明初設北平府於此，旋建爲首都，稱北京，清代及民國初年因之，今改爲北平市。"又如許多鐵路線名，我們也很需要知道，扯掉發賣的人真不知道是何居心！我願意借這機會轉錄出來，教大家知道敵人佔據的時候安了多少經濟侵略的脉絡：海南線、懷慶線、圖佳線、通州東站線、津浦線、海杭線、大合線、同蒲線、南寧線、錦古線、淮南線、東潞線、連京線、膠濟線、京包線、京濱線、京圖線、京古線、京山線、西郊線、新開線、石德線、石太線、北京近郊線、濱北線、濱洲線、濱綏線、平齊線、奉吉線、奉山線、蘇嘉線、安奉線。

現在我們要討論整個兒辭書問題。中國語文工具書籍，我在前面說過，也許是爾雅式的書被拆散而造成了缺乏的原因。這是過於重視單字的毛病，並且是過於重視字形的結果。我們沒有客觀描寫語言形態的工具，時常把聲音的成分，拆散或沈埋在字形裏。許多講文法的人已經能夠特別分辨"字"、"詞"的觀念，但是著作裏却容易還在"單字用法"上兜圈子。從中國文字形體上，很難一目瞭然的知道它所代表的語言的成分。我們該從新工具的產生解決這問題，所以注音的方法是不可忽略的。我相信好的辭典，應該着重以注音描寫語言的形態。因此，理想的新辭典，例如以標準國語爲主的，開始應該有極扼要的語音學音系的說明，內容裏要把聲音記錄在先，有字對照的隨後寫出，沒有字的用空框表示。這樣，有些字便不佔單位了，例如"荸"字並不是一個詞，它是與"薺"字連在一起的。我們可以在"ㄅㄧˊ·ㄑㄧ"或"ㄅㄛˊ·ㄑㄧ"兩個音下面著錄。本書凡例的總例甲："本書所收之辭，包括單字即單詞，複合詞及成語，以普通適用爲準。"這句裏"單字即單詞"的提法，是欠周密。"荸"字在一百一十頁，明明是單字而非單詞。我們叫做"辭典"，"成語"是不是要另外列？假使收"成語"，倒不如改名"語彙"。這是語文科學名詞需要審定的一點。假使混稱"語彙"，爲了語文科學萌芽時期，一切清賬未結，我們倒可以承認本書"收辭範圍之說明"。

關於本書"列序"和"注音"，我說了是可靠的工具，但注音的作用却不是這裏說的理想的方式。因爲如此辦法，僅僅是部字典音注的部分，而不是辭典列序的意義。辭有有字可寫的，也有無字可寫的。前面談過的"ㄍㄨ·ㄉㄨ"，我們已指出本書少收了幾個意思，就是少了幾個"辭"。沒有"字"寫出的材料，我們就見不到在辭典裏，所以凡例的總乙："各辭按所注國音之注音符號順序排列；別製音序檢字表，舉綱挈領，期便檢查，更製部首檢字表以備由字形而檢尋音義。"他們全是檢"字",沒有檢"辭"的意思,沒有順序注辭的音的作用。汪序裏講"列序"的好處說:"一般人或僅記某字或某詞之音而一時不審其應用何字或如何寫法,若照部首檢查,苦難着手;今得本書,則循音求字,便利滋多,更可收書寫上用字正確之效。"我們注重"辭"的觀念,應該依音排列,毫無問題。如果要注意字形,先知其音自可循音翻檢,但也有人見某字或某詞之字體,而不能知其讀音,循音求字無以爲用,本書"就注音符號次第,開卷即得"的作用便失,"節省時力不少"的好處何在?這又是本書沒有立定根本宗旨,名不副實的地方。《國音普通辭典》與《國語辭典》和"國語彙"的性質迥異,列序注音的作用就大不相同。

辭典不是字典,字典不是訓詁彙纂,理想的注釋要有個原則和種種方式。凡例的總例丁:"各辭之釋義,用簡明淺近之文言或語體,俾易了解;其內容,亦以'簡而不漏,淺而不陋'爲主。"

這教人有一個印象"雜亂無章"! 前面我們已指出爲了顧慮購用者的負擔而釋義從簡,實際上是收詞範圍過泛加多了篇幅,並不是注釋佔篇幅。我們倒覺得釋義過簡,大概是本書前身計劃注定了的。汪序引國語普通辭典編輯大旨說過:"……主旨在於正音,故於義訓變遷,語源考證,則不詳叙。"不講"變遷",不考"語源",我們也就沒有討論的必要,但是這又是《國語辭典》名不副實的一點!

這實在是一部"國語彙",廣義的國語。在新舊語文科學交替中間的一部大結集,可惜體例太顯得"大而無當"! 我們有一個廣義國語語彙結集的理想,承認"用字領辭"的編排,叙於本文末了用作留心字典辭書的學人研討的機會。我們說的"用字領辭",可以用實例來表示,姑以本書"齊"字爲例,一切材料全是 2048 頁到 2051 頁的。釋義因陋就簡,聊示一例。

一、先注音ㄑㄧ,次字形"齊"。這樣"ㄓㄞ"、"ㄐㄧ"、"ㄗ"三音就不要注。(凡字同音不同四聲的,列在一起。)

二、依原次列義,每義之下列其應用而成之辭,就是以義爲

類,"用字領辭"了:

1. 整,等。——齊眉、齊眉棍、齊眉穗兒、齊民、齊民要術、齊明、齊分法、齊頭、齊頭蒿、齊頭(兒)、齊腦兒、齊天樂、齊理、齊給、齊家、齊截、齊齊結結兒(的)、齊臻臻、齊鞍、齊楚、齊肅、齊雲社。

2. 同,並。——齊盟、齊名、齊打夥兒、齊年、齊行、齊集、齊驅、齊齒、齊聲、齊次式、齊攢。

3. 完備。——齊備、齊全、齊賑、齊諧。

4. 【史】朝代名,見南齊北齊條。——齊梁體、齊梁世界、齊書、齊瑟行、齊謳行。

5. 【史】周朝國名,地當今山東省。——齊大非耦、齊刀、齊東、齊東野語、齊論、齊國、齊河、齊桓公、齊楚、齊詩、齊司封。

6. 列,排比整理。——齊齒、齊齒呼。

7. 限,如"百年壽之大齊",見列子。

8. 中,見爾雅注。——齊國。

9. 齊齒呼簡稱。

10. 姓。——齊泰,齊召南,齊王氏。

多下了幾個字義無關的名物和地名譯名:齊巴罕察、齊墩果、齊暾、齊女、齊齊哈爾(齊洮鐵路、齊克鐵路、齊昂鐵路)、齊齊爾里克;還有一個"疾急"義的"齊給"。本書並沒有把這些以字爲綱給歸納一下。從編制上説,第一個字的本身下面所有的辭都應該有交代才是。辭源辭海的錯誤,不圖也還未曾"有勝於坊本之苟簡傳譌"因襲下來了!這或者提醒了所有官私各家編辭典的人注意"字"統"辭"的組織體例。

在完全國"語""辭"典未出以前,這是一部比較可用的國"音""語"彙,我們最後平心的説。

一九四七年二月十二日於上海。
原載 1947 年 6 月 6 日《大公報·圖書週刊》第 12 期

編輯字典計劃[①]

一、名稱等將來再定。

這部字典想混籠用"字典"的名目,不用"詞典"、"詞彙"一類標名。中國的"字"的觀念與"詞"的觀念最好暫且不在"方塊字"單位上呆分。我們可能從"語言"的觀念培養起注意聲音的意識,然後再明白的用"詞"來標目,才可以避免了"文字障"。本書要把(1)一個單獨的漢字,(2)由幾個漢字連寫的詞,都按照它表示意義的單位同等排列,名叫"字"典,實係"詞"典。全書編成,再行商定名稱。由於這個主要原則,就見出本書第一特色:

根據語言學原理,用科學方法,就實際語言現象編定。

二、絕對以音排列。

因為注意編排漢字所表現的意義單位,我們得用聲音統屬文字。例如喜好與和好兩個意義單位,聲音也有不同的分別,我們就在ㄏㄠˇ和ㄏㄠˋ下分列,不因它字形相同而牽連在一處。這是本書第二特色:

以音統形。

編排的辦法,約有下列各式:

1. 每一個聲音單位都用粗體標出。

2. 漢字形體相同,分列兩處者,通檢裏排比在一起。

3. 用在複音詞末尾之字,附列在本字用作第一字的複音詞之後,如乾ㄍㄢ字之後列"豆腐乾"、"糕乾"、"白乾兒"。

4. 一字有兩音,而語義不同者,一律不互見,如"好ㄏㄠˇ"、"好ㄏㄠˋ"。

5. 數字合成的詞,已經獨立成為一意義單位,不必分開,如

---

① 此文的基本思路,在作者以後主編《新華字典》時,得到完全的貫徹落實。

"豆腐"。

6. 從語源觀點看,像是古語原有的成分,暫時不定,如"我們"、"你們"、"他們"的"們"之與"我"、"你"、"他"可合爲一類,但暫不定。

7. 確知二語同源,雙方互見,如"伏"(孵)之與"菢"。

8. 二語同源,而有一爲後出,在後出一語下說明,如"尿泡"之"泡"與"脬"本爲一語,今擬在"泡"下注"脬或即通常所寫之泡"。

9. 同音字中確爲一字,而爲同音借用或通用之字,則取"附見"方式。

10. 同音字以筆畫多寡排列先後。

11. 諧聲相同的字以偏旁筆畫多寡爲序。

12. 多音字(詞)列在單音字(詞)後面,以音爲次。

三、以義排詞。

從"以音統形"而顧到意義單位,把同一聲音和形體的許多不同意義單位連列在一起。這樣由於向來形重於音,就有些忽略了意義與聲音的關連。這種忽略,形成單字與由單字組成的詞無從表示明確系統。本書要改正這個普遍因襲的錯誤,同一單字組成的詞依意義歸類排比。這是第三特色:

以義排詞。

意義的排列分爲以下三種方式:

a. 平列的——以應用之普通與否,或通語及方語,分列先後。

b. 歷史演變的不同的——以時代先後爲序。

c. 本義與引申義的不同的——審慎加以分別,再定先後。

更就技術上擬訂了兩項辦法:

1. 同一語下,分別各種不同的義類,編列號數。

2. 分別義類可能遇到困難,解決了的有以下幾點:

a. 義類不容易分截的,可以不分。

b. 同屬於一個義類之中的詞,有時不盡相同,可以分別加注。

c. 一個詞在用法上有時可能分屬於兩個義類下,重出。

四、以語分字。

有些由幾個單字組成的詞跟單字的義毫無關連，向來又和單字以及由單字組成的其它的詞混排在一起。本書認爲是另外獨立的意義單位，而絕對分開。例如，"東"、"西"和"東西"，是三個詞。這是第四特色：

以語分字。

五、以用決義。

本書編排法算得是一個語言學的系統建設。中國語的基本音位、基本義類、基本詞彙，以及聲音和意義、意義和文法的關係，也許可以有個初步的記錄。因此對於注解的方法不下抽象的定義，是以應用實際來表明它。這就是辯證的，而非形式邏輯的了。這是第五特色：

以用決義。

由"以用決義"的原則，定了幾條注解辦法：

1. 儘量用例證表示用法。

2. 需要加定義的新術語，力求引用標準解釋，加注出處。

3. 通常注解不注出處。

4. 不立"詞品"、"詞性"的系統。

5. 意義要注意語源的解釋，印度、藏、蒙、滿、回、日、韓、歐西等有關的都作簡要的注。

六、廣收活語言。

由於本書基本精神在注重語言的意義單位，是建立一個中國人民大衆語科學系統，因此材料的收集並不比材料的編排重要。所以初步計劃只圖把現代常見的字書，尤其各種通行的，拿來做改編的基礎。準備用中國大辭典編纂處編的國語辭典做參考，再添加新材料：

1. 無形有義的聲音單位，即無字有音的詞，以方框□代替漢字，酌量調查收入。

2. 時代新語言以及名作家詞彙要特別收輯。

3. 古今文書紀錄口語以及各地方言字書儘可能收入。

4. 外人所編漢語字典。

5. 實地在北平上海天津各大城市調查工商各業用語。

根據以上五項來源，本書所收主要材料中間所有的字，必須全行錄入。主要材料指的是：

a. 最近由人民政府編行的中小學教科書。

b. 人民政府以及中共所出的重要文獻和人民日報。

c. 魯迅的《吶喊》、《彷徨》、《野草》、《故事新編》。趙樹理的《李有才板話》到《傳家寶》等作品。

d. 抗戰到解放時期的新歌詞。

這就是本書第六特色：

廣收活語言。

七、由音求字。

由於絕對以音排列，一面訓練了應用的人注意讀書，一面成就了能說漢語的人就能找到漢字的一個自然事實。這是本書第七特色：

可以由音求字。

爲輔助這一個目的實現，把形體編排給應用的人參考，全書後面附通檢(辦法另商)。

音讀的標準擬製一套直音漢字，並設計附行"標準音盤"(亦可單行)。

聲音以國語爲準，注音字母、拉丁化(須加聲調)、國際音標並用。

因爲注重活語言，並且要便於由音求字，注音的方法互相配合，決定如下：

1. 普通同形異音的詞，如係"輕聲"變化，注音依例加"輕聲點兒"，如ㄅㄚˋㄈㄨˋ變成"ㄅㄚˋ·ㄈㄨ"（伯父）。

2. 不但注音標出，漢字字形上也把"輕聲"字用小字排印，如"大爺"。

3. 這個"伯父"意思的"大爺"，並且"大"字又是加重的，注音要在ㄅㄚ上加"重音撇"ˊ，如"ㄅㄚˊ·ㄈㄨ"。

4. 重音漢字用粗體字排印，如"**大**爺"。

根據這四個辦法，像"大爺"一詞，就有三種讀法，包含五個意義：
① **大**爺　ㄉㄚˋ·ㄧㄝ　（伯父）
② 大**爺**　ㄉㄚˋㄧㄝˊ　（伯祖）(傲慢自大的稱呼)
③ 大爺　ㄉㄚˋㄧㄝ　（老大）(北平妓院中稱男院主的稱呼)

不加符號就是不輕不重的平常讀音。許多無形有義而聲音相同的語言單位，純粹在口頭活着，尚未寫下，也根據輕重分別的辦法羅列出來。例如"ㄍㄨㄉㄨ"一個聲音單位，按着聲調分出四種讀法，包含十個意義：
① ㄍㄨˊㄉㄨ　　　　　□□（孤獨）
② ˊㄍㄨㄉㄨ　　　　　□□（取消）
③ ㄍㄨˇ·ㄉㄨ（ˇㄉㄡ）□□（聚）（整理）
④ ㄍㄨㄉㄨ　　　　　□□（冒出來）（蝌蚪）（嘴唇突出骨都）
　　　　　　　　　　　　（水沸）（煮）（胍肚骨朵）

重音跟輕音一樣，在大衆語言裏，有表示"抽象化觀念"的用處，如"給他個ˊ不管"，將"不管"的實際動作作爲抽象意思。凡是應用這種語言法則移轉意義的字，語言單位上應該認爲是獨立的。本書將平常音與變輕變重的音，排定次序如下：
① 平常音在前。
② 變重音居次。
③ 變輕音再居次。

例如：

大爺　　　　**大爺**　　　　**大爺**　　　　大爺
ㄍㄨㄉㄨ　　ㄍㄨˊㄉㄨ　　ㄍˊㄨㄉㄨ　　ㄍㄨˇ·ㄉㄨ

八、由義選詞。

能說漢語的人就能由本書找到漢字，並且可以把自己的意思正確的找到應用的詞彙，因爲以義排詞是本書首創的。這是第八特色：

可以由義選詞，爲寫作幫助。

本書收詞也就相當嚴格：

1. 專名不收，免致淆惑，如人名地名書名等。但僅用爲專名的字却收入，而必須注例，如姓氏字總要舉出一個眞的人名例才算。

2. 略語(即縮音字)不收。

3. 成語不收。

4. 譯音詞在中國語裏分開作爲兩詞，明白分立，如"佛"與"佛陀"。

5. 譯音字本音相同而譯音不同，兩處參見，如"涅槃"與"泥洹"。

九、適合大衆。

本書收字，形體僻異的不收，不通行的不收(如果要另外做總結漢字的工作,可以準備編一部"漢字林")。古材料也不用，必要的注解裏可用文字學原則的說明。又所有編排全行編號，易於查檢。合上各項特色，完成本書使命，第九大特色：

適合大衆——尤其工、農、兵、學生，以及中小學教員需要的閱報、讀書、寫作、學習的基本工具。

十、附錄。

本書正的內容純粹以語言單位爲主，要把向來"字書"、"類書"、"百科全書"和"詞彙"性質繳繞不清的觀念分別開來。爲了應用的人方便，擬議若干附錄：

1. 通檢——以全書所收漢字字形爲主的總集合(辦法另詳)。

2. 索引——以全書所收字音(複音詞只管第一字)編排。

3. 略語表——收集書中未收的略語，依音排列。

4. 全國行政區域及機構系統(縣級以上)表——以解放後至全書成稿時的編入。

5. 全國交通系統表——重要地名可以因水陸航線收編。

6. 度量衡制度表。

7. 稱謂調查錄——列重要方言，父、母、夫、妻、本身五方面的。

8. 全國節候農事行事表——應分全國爲若干區域，並介紹陽曆與節令的照應。

9. 數名、方位、稱代等日用語調查錄——列重要方言,包括少數民族,以備行旅參考。

10. 常用姓氏表——注意各地通行的,並儘量保存原讀。

11. 中外紀元表——中國歷代帝王須寫出姓名。

12. 近百年陰陽曆日期對照表——要簡單,或推算好備人檢查,或舉例說明備人推算。

如果附錄全實現,就圓滿成十大特色了。

這個計劃是本年四月十七和二十四兩次由同人商談的結果。我們還選了兩個聲音"ㄈㄛ"和"ㄍㄨㄥ"做例,着手按計劃上說的,集體進行試編樣本。真正的編例怕是隨時決定的,這不過是最初的想法罷了。由建功執筆,集中的寫出,給書店方面考慮。

三十八年四月二十七日魏建功

基本商談編輯的同人:

金克木　周祖謨　張克強　吳曉鈴　魏建功

原載《語文現代化論叢》第 2 輯

對1976年修訂《新華字典》方案(草案)的意見[①]

北京師範大學《新華字典》修訂組：

接到你處寄來"《新華字典》1976年修訂方案試行草案"(徵求意見稿)，并附件全份；經過學習，具見你們在調查研究的基礎上，考慮相當周詳。想來既得北京市委科教組的領導，又必然有三結合領導班子細緻具體地抓，再在進行修訂過程中逐步總結，確定實施辦法，效果一定可觀。茲就個人所見，提出若干想法，聊備審擇。

一、修訂方案試行草案從十個具體方面提出問題分析解決，對全書體例分別加以處理，體現了辯證唯物的思想方法，是與總則的精神相符合的。

二、這部字典的最初設計本人曾經參與。它是以"以音統字、以字統義、以義統詞"為總體例的，這個總體例是解放初期語文工作者根據對漢語特徵的理解，將舊有字彙字典從根本上予以改革的體現。舊字彙字典輾轉傳抄，不合時代要求，缺乏語文科學分析的做法，從此斷絕。這一總體例"主要是想讓讀者利用這本字典，對祖國語文的詞彙能得到正確的理解，并且知道詞彙現代化和規範化的用法，在書面上和口頭上都能正確的運用"(見初版《新華字典·凡例一》)。那時，一系列語文規範化和簡化的工作尚未進行，服務對象也只限於小學教師、初中學生和初中文化程度的幹部。近二十年來幾經修訂，現在提明是："一部供相當中等文化程度的工農兵、知識青年、學生、教師、幹部使用的小型工具書"，反映了我國社會結構在發展前進。但經過一系列修改，也造成了體例龐雜糾纏，自亂其例互相矛盾的問題。

[①] 此文係根據作者原手稿整理發表，略有刪節。

三、《新華字典》1953年版是初解放時期推陳出新階段的產物，由於歷史的局限，服務對象界定得較機械，因而造成收字也有一定的局限，後來幾次修訂雖然增加了一些字，但也不免出現畸輕畸重的現象。這次擬訂的收字原則，基本上是有客觀標準各方面平衡的。但用"以音統字、以字統義、以義統詞"的總體例來看，結合服務對象範圍的調整，收字問題的指導思想也要明確端正。首先，字典的服務範圍和内容必須包括漢語（字）的聲音、意義和漢字的形體。作爲字典的内容，要以讀者"一無所知"爲起點，不能主觀認爲這是大家都懂的就不必要收進，否則就會發生偏差。由於方言和文化的差別，存在着你知道他不知道、他懂你不一定懂的問題，就需要從一般的語文常識予以解説。字典是語文工具書不是語文教科書，它必須解決任何人任何的語文上的大小深淺不同的疑難。還有一層意義就是從漢語對人類貢獻的意義上説，有些最普通最基本的形、音、義的内容，我們雖然不必要，但爲着兼備對外交流的作用（《新華字典》是出口的書，我們知道一個例子，日本某漢學家曾提及他們對毛主席詞"刺破青天鍔未殘"的"鍔"字查不出意思，後來却在《新華字典》裏查到了），不應該從個人主觀出發任意删除。編字典要"突出政治"，個人以爲着重之點當在具體注釋方面，收字方面如何删除反倒有個辯證處理問題。

關於删字原則的四點。爲了解決今後的人遇到舊有的書籍刊物，看到那些非規範化、不簡化的字時認識了解的困難，字典似乎應該把它們收進來并指明其性質用處，這實際也是宣傳了規範化和簡化的方針。所删字數29個，從異體字的情況看，此種所謂"删"似乎就是不列爲字頭的意思。然而異體字是要出現在字頭後面圓括弧裏的，同時前面的檢字表裏邊就一定有它的地位。這是移換位置的删，不是根本撤除的删，根本撤除恐怕不符合字典的性質。至於從"㯽"到"斅"十三個字，其中有一些屬於異體的形式而又不能簡單歸併的，如斅之與澩、邵之與劭；還有的不能簡單歸併乃是由於某些字往往專在某一場合作如此形體，其出現的地方已屬於歷史文獻無法改變的緣故，像氘之與氣、弍之與二、弍之與一,它們或出現於道教的經典,或應用於人民日常經濟生活中。我們要刪也沒有什麼絕對不可以,不過和增加的字一對比,似乎有些不相稱。加了那麼多,比起來這些刪的就不十分必要了。例如"崬"既然是具體地名,孤零零要刪去,可不必。至於溪字有關"又音","轠"字例屬繁簡。簡化是今後行用上的標準,字典中究竟應該怎樣處理,就是上面已經講了的個人想法。555頁"徵"與549頁"征"的處理,正是簡化中有意分化的例子。簡化的主要意義是字形的書寫上的改革。1975年版字典中的"新舊字形對照表"也是一項簡化的措施,這并沒有在哪裏說什麼,而是從字模裏改革了,將數筆數的情況改革了。據個人所知,異體字表本是在印刷部門內部進行歸併的,有些字歸併尚有問題,所以《新華字典》并沒有一律收入。有些異體字極不普遍,根本不必提出,例如屛之與屏,從字盤上直接取消就行,列入字表反增加了糾紛。這次刪字原則第一點擬定"凡屬異體字而在原字典中作字頭的,一律刪除"的辦法,表面上符合原則,實際仍須多加調查研究。這種刪除乃是移換位置,是否一定要更動,請考慮。異體字也還有實踐上發生矛盾的,總以過細爲宜,個人以爲可不必采取"一律刪除"的辦法,而以個別問題個別處理的辦法爲妥當。例如"憖"同"勤"、"捄"同"救",前者是可以歸併的,後者就不一定了。"捄"字還有更早的其他意義,不能併入"救",作"救"義用開始於漢代。原字典已受異體字表的影響,處理得不理想。至於有些錯認爲是異體實際不是的更宜留意,不可魯莽滅裂!例如"案"與"桉"是毫無關係的,就和"架"與"枷"一樣。突出的一個例子,360頁"麯"字簡化爲"曲","麯"便基本上取消了,而向來舊書刊中"麯"與"曲"本不相涉,字典工作者便不能不考慮保留"麯",令後人遇到"麯"字可有捉摸。如果說這種簡化字的繁體作異體字處理,放在字頭後圓括弧裏;仔細研究起來,它畢竟不是異體而是簡化歸併的。因此凡簡化的原繁體,字典上應該有個獨立單位,讓讀者明確理解。關於收字問題,個人有這些不成熟意見。總之,要請全盤考慮,弄清歷史,避免混亂。罕用的字本字典可以不收,但"弌"、

"弍"等字還有作爲數目字大寫的用處,對某些人不能說是罕用。罕見的字不見於字典,合理嗎?

四、五十年代之初,我們采取"以音統字、以字統義、以義統詞"的總體例來編《新華字典》,用意在改變舊傳統的觀點,極力糾正不把文字和語言緊密結合起來的偏向。原來編的是字典,而包含了以詞爲中心的意思,所以初版才提出一個"字頭"的名目。字頭的意思指可以是一個音一個意義單位,也可以幾個音一個意義單位。它把漢字字形推到次要地位,而着重在語詞的聲音組織和意義單位的結合;初版凡例三說:"本字典所收字頭,除可以獨立用的單音詞外,也有一些在意義上不能分開的多音詞,如'芭蕉''徘徊''膀胱''參差''鴛鴦'等……",一個字有獨立意義可以作爲複音詞的詞素的,在字典裡出現爲一個字或一個字的某一個義項,由它組成的詞就在它的義項下出現;那些單字的義項無作用而必須幾個字連在一起表示一個意義的,便作爲多字頭的複音詞出現:這也是《新華字典》的一個特色。這批詞有漢語文獻以來就有了,舊字典裏都用單字出現,在注釋裏舉出多字頭作注解,實際語詞面貌就被掩蓋了。在祖國的文學遺產裏,許多文藝語言的音樂美就是若干複音詞的聲音結構表現的。字典不是就當前若干個人的意圖做記錄,而是把祖國語文的歷史和現狀總結歸納起來給廣大讀者作參考,悠久的文化一定要批判的繼承。這一問題請結合漢語科學研究以及文學史加以考慮處理。

五、《新華字典》最初單字頭、多字頭和義項下的詞頭是有明確的區別的。它的區別關鍵在意義和聲音的單位一致統一。它不是詞典,收詞問題跟着"以義統詞"的原則決定。如果用詞的觀念說明這字典的情況,那每一個單字頭是包含獨立的單音詞和作爲複合詞的詞素的單字,而每一個多字頭就是一個獨立的複音詞,它的表示聲音的單字沒有意義。方案草案在收詞的一章裏基本上也接觸到這一事實。原來收詞是貫穿在詞義的一條綫上,和現在的注意點不一樣。

讀者建議刪除"生僻的古舊語詞和一看就懂、無需注釋的語詞"是可以在"以義統詞"的原則下加以調整的。對所謂"生僻"、"古舊"和"一看就懂"的看法和處理態度，個人意見仍與前面在收字問題下提出的想法一樣。個人認爲運用"以義統詞"的精神可以解決讀者提出的分散的個別問題。例如收詞的第（十）項所舉彈指、顛連、洗禮等所謂"難懂"、"讀者要求增收"的一般語詞，本人以爲彈指在"彈"字㈠的義項①下和"指"字㈠的義項①下互收即可，"顛連"則須作[顛連]列入頁417"顛"字義項③下，頁555"洗禮"是否應收，宜考慮。"洗禮"牽連到宗敎儀式，"洗"字義項未收，似可不必加入。要收則當在洗㈠加一義項說明是宗敎儀式而收"受洗"和"洗禮"爲例（現代漢語詞典收了）。總之，編字典還是要圍繞語文科學分析去爲讀者解決了解意義的問題的。用這精神處理刪詞，也比較客觀合理。

六、方案草案的刪詞原則分項提出意見如下：

（1）"不常見不常用"不能據爲理由。"湫隘"是淺近文言常用語，"湫"義刪不了，"湫隘"就不必不動了（附件"隘"誤作"溢"）。"哈德門"收它爲的是"哈"字讀音問題出現的，有關首都地方具體語音，與陳舊落後無關。洋灰似與石灰、青灰作爲一系列的建築材料出現的，存刪不是多大問題。

（2）"一看就懂無須注釋"看來很有道理。但作爲生活用語或簡單口語，是否"一看就懂無須注釋"，倒是字典工作者的一個課題。一般讀者這樣說可以理解，當眞推敲也頗不易解決。機械地給每一個字做一個定義式的注釋，發生過許多笑話。如英國人的字典裏給"父親"下注釋大意是"望上數第一代的祖宗"，我們也有過給"母"字作注解說"生我的女人"，這種是注釋的問題，可以證明不能說生活用語或簡單口語就不必要注釋。一般語文工具書的字典收詞不應該以"難易生熟"定取捨；最普通的"了得"究竟怎麼講？編字典的人也還要費一些工夫才能歸納出來的，千萬不可以用"差不多"的精神看待詞義的解釋。再如"一塊兒"，個人知道有些地方不這麼說，那裏的人便不明白普通話這個詞。有個關於外國留學生學漢語的傳說,對"工夫"這個詞,因他知道"工"是"工人","夫"是"丈夫",就把"工夫"當做是"工人的丈夫"。"工夫"雖然我們"一看就懂",而不懂的人竟會以爲是"工人的丈夫",怎能肯定是"一看就懂無需注釋"而删去呢?

(3) 等義詞、重複出現的詞條,可合併就合併,但有一些"保留詞的第一個字頭下的詞條,其餘删去",要看具體情況,不能一概而論。原舉"變卦"、"紛紜"兩例,已體現分別處理的精神,希望更從"以義統詞"的原則分析考慮。

(4) 附錄是不穩定的,是否附錄中有的詞却不見於字典正文,這是字典的主次正副關係的問題。

(5) 所謂人名國名詞條,一律删去,也嫌籠統簡單了些。秦檜的"檜"是特例,專有的讀音,誰用漢奸的名字聲音取名字呢?改成"人名用字"就是不了解語文歷史事實了!"老撾"只有這一個國家用它,改專名爲通名豈不是笑話!請考慮後處理。

(6) 棲霞的處理最辯證。

(7) 原字典到 1962 年版以後用於詞條的[ ]《 》符號體例全亂,與最初精神很有出入,這次改《 》爲【 】也可以,但最好再嚴格審查一遍,明確用法,去除紛歧。例如許多民族名的[ ]《 》符號就應該釐定一下。

七、關於釋義,回顧參加 1971 年修訂工作時,周總理曾經告誠我們要正確處理删除和批判,不要"神經過敏"[①],倒是我們應該仔細注意的。

八、引用語錄、插圖檢字的方案本人無意見。

九、注音方案裏提出的歸類注音,是符合於讀者要求的改進。

[①] 1971 年在周總理的直接指導下進行了《新華字典》的修訂,"背"字條有一個義項是"背朝着"的意思,例句爲"背着太陽",修訂小組認爲有影射背着"紅太陽"(毛主席)之嫌而删去。匯報時總理問爲什麼删去? 回答有影射之嫌,總理氣憤地說:"神經過敏!"指示保留了這一例句。

十、附錄部分刪掉兩種、調整一種、待修補補充四種,是基本上妥帖的。尤其是調整的一種,更滿足了讀者要求。

十一、附件五的樣張版面眉目清楚,是一大改進。原字典初版將幾個讀音的字頭注釋集中在第㊀音的地方,㊁㊂……音地位注出見㊀,對讀者有一覽無餘的方便,請研究可否采用。樣張【ài ㄞ】下刪去"隘"是不恰當的。"要隘"、"狹隘"這些語詞是常用的。[āㄚ]下啊㊀注中"疑問"誤作"凝問",表明校對工作務必認真過細。

魏建功　1976.9.2

關於詞典編纂問題致曹先擢同志的兩封信

一

先擢同志：

我接到您給我的詞表以後仔細學習了一遍，又從教研組（古典文獻）轉交來一份徵求意見參考提綱以及選詞原則和漢語詞典試注稿，在從事教研組編寫任務的間隙時間裏，把一些不成熟意見結合學習所得草成以下若干條，供您審擇。如果可以在更多的同志面前獻醜的話，只要對爲人民服務有一點好處，我是十分願意的。

一、編纂詞典的選詞工作并非是零散個別地即興的，而是有一個貫串了毛澤東思想、明確爲工農兵服務、普及與提高相結合的原則做指導的科學系統的。這部詞典應該成爲將來漢語詞彙教學的中心內容，我們編纂的同志們主導思想上想來會不約而同地有這樣的理解。從這一意義出發，對於漢語詞的科學分析，編纂者就得首先有個綱領。解放以來，語文工作者在這方面也有了一些努力，《新華字典》初具綫索，《現代漢語詞典》又有發展。現在編寫，便可在二者之間加以權衡，決定取捨，使若干客觀存在的規律得以落實，正是無產階級新文化建設的一大收穫。

二、漢語的特色是詞義爲中心，漢文的特色以字形爲重點。詞義與音關聯得緊，字形與義結合得緊，二者又互相交叉，形成複雜的關係。詞典詞的排列怎樣把形、義、音三方面安排妥當，實在值得動動腦筋。過去字典組編排"四卷"的詞表，對於這一點似乎沒有注意。語文工具書有些費工夫的事，并於讀者無多大危害，而在使用上有一勞永逸的意義，也是怎樣服務法的應該考慮的事情。

三、選收詞目的標準似應決定一個較寬的範圍，從語文科學性出發，結合政治思想性，訂定字詞選目，不能主次倒置，形式上注意了政治思想性,實質上滋長了隨意性。"群衆能理解","不一定要查",不是編字典詞典工具書唯一的去取標準,只有注釋上注意避免繁瑣,而一般基本詞義則絕不可以忽略,才符合爲人民服務的要求。單字義項要儘量跟詞目相呼應,爲了幫助讀者弄通詞義,往往有許多看起來"能理解,不一定要查"的,認真弄通時就非有它不可。

四、有關選詞的標準,想到有這樣一些情況:

① 有一類詞隨字出,收字它必然出現,至少在義項中做例,無所謂不收。"不選詞目"中許多屬於這一部分。如:搭訕、韃虜、怛化、怛傷、玳瑁、駘蕩、賧佛、戥子、戥盤、靦面、跕脚、兜鍪、妒忌(舉 d 母爲例)。

② 有一些詞隨義出,有這義項即須用它作爲例詞,選不選是注釋不注釋的問題。選收詞目和不選詞目中都有這種性質的。結合前一種,如靦面、跕脚的詞義必須用它作例,可以不選;搭訕在搭或訕下就不一定能說明白,宜選收。

③ 義項不能包括,或未列義項,或不曉其義,選不選要考慮照顧到。選目中看不出來。顯明的如"丹田"不選,實際針灸醫療上的穴位是相當重要的。"搭訕"也要從實際應用需要考慮選不選。"彌留","彌"字下無其義項,已列入不選詞目,可商。又如"名堂",就是不曉其義的,詞較通用,就有選收作注的必要。

④ 對義項有例證作用的詞,首先列爲例詞;只列爲例不夠明白,須多加解釋的應選。不選詞目中有這一部分。如"眈眈"單字無此義,必須疊用,1965 年版《新華字典》的處理用[ ],這次都應該作爲詞目。但此字有單用的義,就看編纂條例如何,決定收不收。"和樂且眈",似可不收。要收,就是一個疊用的義項,一個單用的義項(樂之過甚)。又如"淡泊",《新華字典》"淡"下未收義項,現在收不收值得考慮。這與古舊詞彙有關,字形有合併。

⑤ 語言學習有關的義項例詞不入詞目,即是不須注釋;須注釋的,就作爲選收詞目。這種詞雖淺近,必須明白注釋。如"地"字下"地點"、"地面"、"地區"、"地域"不選,和選收的"地帶"、"地

方"、"地步",其區別同中有異,要注意指出。

⑥ 有關詞義用法的理解的,一般宜選收。這是指一些特例而言。如"點火"、"點燃"的"點"特有"燒着火"的義項,選收詞目中沒有。"點"字原無此義,是發展出來的新義,單字下必然有,按上面兩種例子可能收入義項下作例詞,如編纂條例決定要爲印證義項選詞,則以選收"點燃"一詞爲宜,而"點火"做例。又如"號脈","號"字用法特例,應選收。

五、詞目排列就是詞典編纂排列的一大項目。如何使用"以音爲綱"或"以形爲綱"的排列,最要緊是標準不可以複雜。但以照顧注釋集中爲理想。單字的義項,既爲單詞,又是合成複詞的詞素(或詞根),是音和形兩者不可分的。同一詞素(或詞根)構成音節較長(即字數加多)的詞(或詞組)便分開在兩處或幾處,乃是換用字數多少的另一標準來拆開的。編纂者有責任把詞頭加工整理,認真在編寫時排比分析,再加注釋,就可以說明了一點,解決了一片。拿字數多少分排開相同詞素(或詞根)的詞目,實際很不經濟,并不科學。《辭源》的時代應該再邁進一步! 初步想象詞典編排原則如下:

① 單字爲首,單一標準以音序排列。同音中再用筆形次序,再次用畫數。

② 以單字作詞素(或詞根)組成的詞不以字數多少排先後,先後次序仍依音序,比較劃一。

③ 詞素(或詞根)相同組成音節較長(即字數較多)的詞,跟着基本詞排列。排列法可試訂:a 式一般平,b 式低一格或 c 式接連在下面。這只注意了詞素(或詞根)在前頭的,是否也照顧 d 式在後頭的。可以設想 d 式的詞注釋放在它按音序排列的地方,即 a、b、c 中(討論決定某一式)。

④ 成語、文言結構可以ⓐ隨着詞的字面排列或ⓑ另外在詞排完後再排(音序)。

⑤ 譯名、專名(人、地、朝代……)也可以考慮另外編排。

試以"地"字爲例:

a式（一般平）	b式（低一格）	c式（接連在下面）
地	地	地
地步	地步	地步
地財	地財	地財
地大物博	地大物博	地大物博
地帶	地帶	地帶
地道	地道	地道　地道戰
地道戰	地道戰	地點
地點	地點	地段
地段	地段	地方　地方病　地方割據
地方	地方	地方觀念　地方戲
地方病	地方病	
地方割據	地方割據	地府
地方觀念	地方觀念	地覆天翻
地方戲	地方戲	地廣人衆
地府	地府	地窖
地覆天翻	地覆天翻	地盡其利
地廣人衆	地廣人衆	地牢
地窖	地窖	地老天荒
地盡其利	地盡其利	地利　地利人和
地牢	地牢	地力
地老天荒	地老天荒	地面
地利	地利	地盤
地利人和	地利人和	地痞　地痞流氓
地力	地力	地平綫
地面	地面	地契
地盤	地盤	地勤
地痞	地痞	地區
地痞流氓	地痞流氓	地權
地平綫	地平綫	地勢
地契	地契	地頭蛇

關於詞典編纂問題致曹先擢同志的兩封信　415

地勤	地勤	地圖
地區	地區	地位
地權	地權	地下　地下黨　地下鐵道
地勢	地勢	
地頭蛇	地頭蛇	地陷天塌
地圖	地圖	地窖子
地位	地位	地域
地下	地下	地獄
地下黨	地下黨	地支
地下鐵道	地下鐵道	地志
地陷天塌	地陷天塌	地質
地窖子	地窖子	地租
地域	地域	地主　|d 式
地獄	地獄	惡霸地主
地支	地支	
地志	地志	
地質	地質	
地租	地租	
地主	地主	
d 式	d 式	
惡霸地主	惡霸地主	

我傾向於 c 式，適當收一些 d 式，而成語、文言結構用ⓑ，譯名專名最好也另排，再用"地"字爲例排出：

　　　地
　　　地步
　　　地財
　　　地帶
　　　地道　地道戰
　　　地點
　　　地段

地方　地方病　地方割據　地方觀念　地方戲
地府
地窨
地牢
地利　地利人和*
地力
地面
地盤
地痞　地痞流氓
地平綫
地契
地勤
地區
地權
地勢
地頭蛇
地圖
地位
地下　地下黨　地下鐵道
地窨子
地域
地獄
地支
地志
地質
地租
地主　惡霸地主
地大物博
地覆天翻
地廣人衆

地盡其利
地老天荒
地利人和
地陷天塌

＊"地利人和"是從《孟子》"天時……地利……人和"來的,似可不收在"地利"下面;"地利"有兩義,除此還有"地力"的意思,"地利人和"可作成語出現在後面,"地利"下收其義項不列成語。

看來最不合理的辦法是:既不全依音排列,也不依義結集,又有畫數,又有字數。字數是偶然的,用它定次序只是表面整齊。跟着構成詞的單位逐次集中,不因字數多寡拆散排列,對讀者翻檢比較單純方便(注釋集中上面已説過)。詞與詞之間同音的才再數畫數,是編者的事,讀者并無多大關係。這裏 abc 三個排列,a 仍然殘存不合理的成分,b、c 精神相同,b 分出綱目,c 聚成族類,最後抉擇,請在注釋實踐中解決。d 式在"地"字下只有"惡霸地主"一例,這一辦法對讀者有幫助。《同音字典》曾有類似的措施。初步設想,只是把詞根或詞素在後部的連列(音序)在最後(某一單字),可以使人知道這一詞根或詞素用法的全貌。至於這一類詞的注釋,都見依音序排列應該出現的地位,不必注互見頁碼。例如"地"字可以有:背地、邊地、插花地、場地(景)、-處地、-斗地、嗷飯地、防地、分地、封地、飛地、翻地、發祥地、覆地、-搶地、墳地、割地、根據地、刮地(皮)、官地、館地、天地、塗地、故地、霍地、荒地、-黑地、-酒地、見地、境地、基地、就地、-辟地、-立地、領地、……之地、墁地、滿地、内地、平地、盆地、恁地、失地、實地、所在地、掃地、死地、隨地、倏地、聖地、塌地、頭地、田地、無地、土地、-喜地、席地、園地、餘地、自留地、陣地、質地、坐地、殖民地、轉地、换地。

從成語或文言結構等方面搜集,還有"地"字在前的 d 式詞:-地義、-地滅、-地久、-地覆、-地没、-地網、-地皮。

六、就現有詞目的排列可以確定選詞的完整而避免分散地逐詞決定的疏失,同時也能和注釋結合起來。例如前列"地"字下"地頭蛇"、"地平綫",就可以啓發我們考慮到"地平"、"地頭"兩詞是否應該補充。這就看它義項有無補充的必要來取捨了。"地平"看來在"地平綫"中必然涉及，似可不收。"地頭"有"地方上"和"田地邊"兩義，而且農業戰綫上開"地頭會"是新生事物，則"地頭蛇"只是"地方上"一義，不能包括"田地邊"一義，就得補充收詞。這樣就可能調整成："地頭　地頭會　地頭蛇"。一個"地頭"注釋將有兩個義項。以試注稿爲例，像"金"字有四個義項，注釋中的選詞有"金字塔"、"金剛努目"、"金蟬脱殼"三個"金"字就無所繫屬。我們可以考慮，"有關漢字'金'字的"和"金黃色"兩個義項是可以成立的，而"金剛"一詞是否要概括起來統屬"金剛石"和"金剛經"，乃至於"金剛"作爲比喻某些強梁者的爪牙的意義，所謂"四大金剛"在階級鬥爭中還有作用，又該如何處理？稿中③實際指的是"銅"，似可改爲："古代指銅，特指用銅製的打擊樂器：吉金｜金石｜鳴金收兵｜金鼓齊鳴。"這説明選詞與義項注釋相互制約，是有機聯繫的。《現代》(按：指《現代漢語詞典》)以"五金"、"合金"爲例。

詞的排列用 b 或 c，注釋能得簡明扼要、要言不煩的效果，當是有目共睹的。例如試注稿"世界"下面，若將"世界觀"、"世界貨幣金融危機"、"世界可知性"、"世界模式論"、"世界時"、"世界經濟"、"世界銀行"、"世界語"、"世界主義"集中在一起，不以字數多少分拆開，分別在四個義項下作例詞和單獨作爲詞目，可以兩相發明的。"世"字的排列便可以作：

　　世
　　世故
　　世界　世界觀　世界貨幣金融危機　世界可知性　世界模式論　世界時　世界經濟　世界銀行　世界語　世界主義
　　世面
　　世俗
　　世外桃源
　　世醫

七、選詞標準既如上述與排列、注釋須相配合,乃是從一個根本觀點出發的。這就是我們看到絕大多數的詞可以按照基本的詞素或詞根作解釋的規律。編詞典就應該抓住這個綱。這裏就這個意義補充幾點選詞的意見:

① 某些詞照字面易懂,而在意義用法上另有所指,應選收。例如"開"字不選詞目下的"開光"、"開交"、"開蒙"、"開心"、"開天窗",按義項差不多都從一個"啓"的意思來的,但是每一個詞意義用法都已經有所發展變化了。選收詞目似乎各有專義,"開心"和"開顏"相像但"開顏"不能代表,除"開光"涉及迷信可不選或有批判地注解,"開天窗"在魯迅著作中便是政治鬥爭的反映,指國民黨反動派箝制言論的一種手段。凡此乃是選詞和注釋兩相制約的辯證關係。

② 某些詞就目前了解在古語—今語、方言—普通話各方面有顯著不同意義,應選收。

③ 一般語詞"不選詞目"與分類語詞往往相涉,歷史文化方面的最多,須從分類角度作最後考慮。

④ "不選詞目"中一大部分反映舊制度、生活和世界觀,對於閱讀古舊文籍、了解歷史情況必不可少,應擇要選錄才妥當。

一般詞目和分類詞目界限難分,不選詞目往往是分類專門的。分類詞目還不知道共有哪些部門,總覺得首先要避免專門詞語出現,極普通詞語反而不見的現象。試看不選詞目中多有與三大革命實踐有關的,或有關文化知識,或有關祖國風物,或關係某一歷史時期,或反映革命鬥爭史實,或有助益於意志表達,或有裨理論學習,取捨之間,標準如何?總要切於實際,能替讀者解決問題,不可以憑一時感情率爾予奪。在這一點看法上只有原則地陳述,很難在每個詞目上標出去留,略舉不選詞目中若干詞供考慮(不一定每個都要保留,但是有必要請復核)。

玳瑁　道藏　道門　狄克推多　兒皇帝　發國難財　法師　俘虜政策　婦委　噶倫　噶廈　改土歸流　耕讀學校　庚子賠款　工委　宮調　宮廷政變　共同綱領　瓜片　關防

關門主義　官人　灌米湯　漢字簡化　號志燈　哼哈二將　鴻門宴　黃牛　回紇　回鶻　回教　火印　火頭軍　機會均等　假洋鬼子　九流三教　拉夫　浪人　龍山文化

這裏提的一點引起一個問題值得注意。某些專門分類的詞語本身已無必要收入，但它已進入一般生活詞語，不得不收。例如近代現代戲曲名詞術語不收詞目中"壓軸"、"京派"、"反串"、"龍套"、"臺步"、"行當"、"板眼"、"跟包"……。還有各分類部門本身也應請考慮最基本的常識要照顧，像戲劇中的"昆曲"（不知是否就是"昆劇"？）必須收入。

八、從語言角度對詞的構造在注釋中作適當表示，用一定的方式標注，對教學可以起劃一的作用。例如"叠語"、"連綿語"、"縮語"、"成語"、"譯語"……。

叠語：①單字下收義項，詞目中互見。目的在提醒讀者分清單獨一字和重叠兩字的不同。②或者單作詞目處理。兩種辦法，決用一個。

連綿語：①單獨一字之下不收義項，義項在全詞之下。全詞以首一字定位次。後面的字只備讀者單查，其注釋指引到全詞下查看。②首一字單字收全詞爲一義項，詞目互見（以首一字定位次）。後面的字同①。兩種辦理，決用一個。

縮語：①作詞目處理。②單字下收義項，詞目中詳注。可能兩種需要都有。

成語：①排列不雜入詞目。②由詞目連類產生的在詞目下出現。③有縮語詞目的隨縮語（文言結構排在成語前面）。

譯語：①作詞目處理。②酌情收入義項。③有縮語詞目的隨縮語。

附：專名　排列不雜入詞目，排在成語後面。分別情況，單字縮語收入義項，複詞不收義項（專名指人、地、朝代、民族）。

九、注音。

① 單字頭，參用《新華字典》和《漢語詞典》（按：指《現代漢語詞典》）辦法，即以拼音方案爲主，注音字母對照，再加漢字直音。

漢字直音宜取《漢語詞典》（按：指《現代漢語詞典》）方法，訂定若干標音字。《漢語詞典》（按：指《現代漢語詞典》）每一音節訂一字，四聲標注符號。爲求對讀者方便，可以每一音節每一聲調訂一個字，無字可采的注"某字的'陰平'（'陽平'、'上'、'去'）聲。"

② 注釋中最好"難字直音"。難字直音只用漢字和拼音方案，其次第是"音'某'——拼音"，如"忻音新（xīn）"。但請注意篇幅增加的問題。

按《成語小詞典》曾經采取"難字直音"辦法，有人認爲會引起讀音混亂，實際是專家的杞憂。我們可以注意一下，"尖音"、"入聲"、"閉口韻"幾種字不隨便用做直音字，即一律用"團音"、"陰聲"、"罨腭韻"，其他問題是有"普通話爲標準"的原則管着。如有混亂，只是這人根本沒有規範化，難道真要因噎廢食嗎？

③ 詞目，只注拼音方案和注音字母。難字直音。凡難字直音都在解釋中出現。

十、解釋。

① 排列的分類能幫助起解釋作用。分類排列得恰當可以節省注解工夫。

② 解釋單字和複詞要注意分析詞義。詞組和成語要注意關鍵字、詞的解說。例如"百般"的"般"，本條下已經暗釋了，須注意"般"字條有無此義相應。因此管單字注釋的人要掌握呼應問題（前面講排列的 d 式是爲這一點着想的）。

③ 按照"選詞原則"說本詞典"是供具有相當初中文化程度的工農兵和革命干部、中小學教師、中學生在學習馬列的書和毛主席的書以及學習文化科學知識時查字查詞使用的"，有些單字的義項還得加以補充。我前年整理 47 期學習文件接觸到這一問題，特爲提醒。試注稿"金"字須補充。

④ 選詞原則所謂"易懂的和過於專門的詞，一般不收"，基本同意，但個人以爲這是指列爲詞條的原則，而這些詞往往是一些基本詞語，主要應作爲單字（詞）義項下舉例的用處。選詞就有"列條"和"作例"兩種內容，爭論的問題似乎只注意了"列條"而沒

有管"作例"。應請明確雙方兼顧。這條以下幾點,是間接對解釋要求範圍寬廣一些。

⑤ 所謂"舊詞、舊義"必須審慎處理。在批判形"左"實右和清除極"左"思潮的方針下,對於舊詞如何對待應該妥善處理。工具書的性質不是政治讀物,著録詞條不等於提倡宣揚什麼,問題在注解所反映的思想傾向。例如有過掃四舊運動,并不等於關於四舊事物的語、詞根本不要出現了。如何做好清理文化遺產工作,體現批判繼承精神,在選詞上要反復研究一下。

⑥ 由上一點引出一個問題,也是現在常會碰到的。這就是把漢語的現代、古代劃分得過死的問題。如果很明白的時代能區分,是可以説清楚。但是往往有種傾向,強調我們現在一般了解知道的才算是沒有問題,否則仿佛是陳舊艱深的都予以排除。反映到注釋上,是由於對單字義項和構詞的關係不重視,因而發生隔膜;一誇大強調,便起了割斷語言上下蟬聯的脉絡。人們,尤其是關在書齋的知識分子,生活面狹窄,假科學的體系也束縛住了自己,往往妄生分别,截死古今。一切要從實際實踐出發。一些搞古代語的人輕率地把某些字義劃成"古代常用",而不注意教人掌握古今一貫的基本意義,增加了學習心理上的困惑。我希望這一詞典在這一點上不要疏忽! 對舊詞舊義可以結合選詞來源的擴充決定去取。例如魯迅著作中用過的一些舊詞舊義,無疑地要包括進來。早期白話乃至幾部大的文學名著(水滸、三國、紅樓、西遊),在新的學習高潮中爲廣大工農兵閱讀服務,恐怕倒要多加照顧。

十一、插圖和附表。《新華字典》最初有意增加插圖,因爲有些用圖可以補助文字説明的不足。修改到1965年版幾乎全删了,不能不算是一個倒退! 雖然如此,還保留了兩三幅綜合圖,就説明圖是不可少的。我呼籲:本詞典要適當重視這是注釋的一種補助方式! 例如,我就知道過去有人不曉得水牛是現代還有的動物,以爲只是圖畫中的動物,如果詞典裏有具體幾種牛的插圖,便可幫一些讀者增長知識。

與圖相當的還有一些表，也是需要的。例如我國文化上的干支，是很主要的紀年月時間的工具，六十甲子次第表應該收在"甲子"或"干支"、"六甲"之類的詞下面的。又如二十四節氣，也應該集中編入正文，就可以簡要地排列在一處，與每一節氣分見的內容相補充。大約有關文化常識的條目下以列表爲最合宜，似可估計凡須列舉到五項以上的事物就附表。

十二、附錄。

以《新華字典》的經驗，仍應多徵求各方意見來決定。我特別提一下，歷史年表必須認真處理。年號、統治者姓名、"廟號"，都不可缺。年號似可參考日本人著的年表收集一下，有三省堂出版的世界年表最通行。

"中外大事表"如果有辦法，希望早日籌備。

我想這本詞典有必要成爲無産階級文化大革命以來國內文化教育工作的基本參考書，附錄內容比《新華字典》擴大些，是理所當然的。

拉雜地想到哪裏就寫到哪裏，還得請您不客氣地批評指正！乃木同志不另。　敬致

敬禮！

魏建功　1972.5.29.

二

先擢同志：

詞典組選詞工作將告成功，我已別書意見轉達。那份意見是從一般語文的選詞角度提出的先決問題，用意在全書規模上。想您是可以諒解的。

我以爲：分類專門詞目宜逐一決定，一般語文詞目是詞典的骨架，似乎得從方針原則入手。漢語的科學體系迄無標準，基本詞及詞的基本結構等建立詞典的基礎要從頭樹立。回憶《新華字典》的草創，在 ⑱⑲⑳㉑(-子)(-兒)(-頭)(叠)結合當時學習的認

識。詞典的經驗自有《現代漢語》(按：指《現代漢語詞典》)在，但如何反映七十年代的認識水平、表現毛澤東思想，爲無產階級革命路綫服務，實在是我們的一大課題。組裏決定選詞的時候，注釋體例想必已有所決定，詞、詞組、詞根、詞素、成語乃至詞類……之間如何表示其聯繫，試注稿未見舉例。簡明扼要分注詞類，有無可能？按《現代》(按：指《現代漢語詞典》)標示結構辦法，逐詞注音分標，有無必要？前信就選詞論選詞，未敢涉及更爲根本的問題。

現在試注稿有些像《辭源》、《辭海》，能不斷其流，但又接受《新華字典》的編制，似爲發展。有關語文體系的編排尚不能窺見全豹，以致無由獻替。《現代》(按：指《現代漢語詞典》)對單字頭以及每一詞頭的處理，也有可取之處，組中或有其他字例可以揭示汲取其長否？不知道曾否用《現代》(按：指《現代漢語詞典》)作爲假想體例進行探索否？愚見希望試注稿能有表示全書編排體例的樣本，有別於《新華字典》修訂的徵求意見。體例不見，從何談選詞，更難決定編稿。

謹就管見，續陳一得之愚。敬致
敬禮！
乃木同志不另。

魏建功
1972.5.30.

廿九日晚帶了詞表和兩封信去中關園找您，天黑了，門牌號數不知道，就在溝西的東南地區兜了一個圈子又回來了。今天想，先請郵務員送給您，把詞表抽下。

專業裏工作并不重而有時間性，所以擠掉和您交換意見的工夫。現在學習任務又來了，最近個把星期不能再考慮這方面的問題，十號以後歡迎您來我處懇談一次！

1972.5.31付郵
建功

原載1998年《學術集林》卷13

祖國語文的特點

先説一説一般語文的作用。

語文的主要作用有四項：説、聽、寫、讀。全國中等教育會議討論課程標準，對於語文教學目標認定爲這四項的訓練，是掌握住了要點的。這四項構成三個環節。第一是説跟聽，第二是寫跟讀，第三是讀跟聽。語言是一個人説了、另一個人聽的，這是很明顯的。讀包括看跟唸。把話寫出來給人看。看的時候，我們實在是不出聲兒自己在唸。唸就等於説。所以三個環節的中心是"説——聽"。話説出來要教人聽得懂，寫出來要教人看得懂，寫的時候也得顧到説得出聽得懂，看的時候是把説得出聽得懂結合在一起的。這一個中心環節如果不能掌握，結果就運用不靈語文工具，自己説不明白，寫不清楚，聽或看人家説、寫的了解不透徹。

語文的作用表現在語文的內容上。語文內容可以分四點説：

一、語言是用聲音表示意思的，把聲音和意思記錄下來的是文字。人類社會由勞動創造起來，在共同勞動裏要求互相傳達思想意志，就創造了交際用的工具——語言。能説話本來就是人類的特點，這特點在把發音的動作跟思惟的活動聯繫得又密切又巧妙。所以語言的內容基本上是些表示意思的聲音，我們叫它"語音"。掌握語文工具首先就得發好語音，説話、讀文注音正音，是十分重要的。語言受時間和空間的限制，不在同一時間和同一地點，聲音表示意思的辦法不能當面發生作用；爲了補救這種缺陷，創出用有形體的符號來做聲音和意思的綜合記錄，就是文字。人類可以發出許多的聲音，跟思惟活動聯繫成爲包含一定意思的聲音才是語音。文字記錄的是有一定意思和聲音的語言。所謂"語文"包括語言和文字兩樣，實際只是一個東西——一套表示意思的聲音。注意，這個"語文"別跟用語言表現的文學混爲一談。語言文字的簡稱並不等於語言文學，"語文"這個詞彙應該確定認識一下。

二、語言不單是一套有意思的聲音，並且有意思的聲音要組成一個個的單位。例如"ㄓㄨㄥ"和"ㄏㄨㄚ"是兩個聲音，我們用它表示許多的意思；如果用漢字寫出許多意思裏的兩個形體"中"、"華"來，就表明了語言上這"ㄓㄨㄥ"、"ㄏㄨㄚ"兩個聲音所表示的意思組成了一個單位。這些聲音單位就叫"詞彙"，也叫"語彙"。譬如砌牆，這一個個的聲音單位就好比是一塊塊的磚。我們的語言内容是拿這些聲音單位（詞彙）做核心的。漢語作爲聲音單位的詞彙也有許多只用一個聲音的，例如"我"、"話"之類。

三、語言是有意思的聲音單位排列完成的。單是有意思的聲音單位，語言並不算完成。詞彙雖然有意思，它是一塊塊的磚，還不是牆。把許多有意思的聲音單位排列起來，成爲一定的組織結構，像用許多磚砌成牆似的，整個的語言的意思才能完全表示出來。這樣，聲音單位排列的次序就成爲語言的組織結構，我們叫它"語法"。所謂語文規律就是這按照大家共同應用的語言組織結構（語法）的習慣。一個民族有一個民族語文組織結構的習慣。像漢語的"主語"、"謂語"、"賓語"排列的次序，在日本語就要排成"主語"、"賓語"、"謂語"的次序，如"美帝日本武裝"在中國人看來是一個不成話的句子，正跟日本人要把"美帝武裝日本"當做没有講兒的話一樣。又像越南語説"萬年毛主席"，我們就要説"毛主席萬歲"。詞彙在掌握語文工具的問題裏跟語法都很顯著地分得出，因爲正是語文基本的作用的表現，如果運用錯誤，乾脆就要立刻糊塗得不成話了。平常説語文通不通，關係完全在這兩點上。大衆應用語言，基本上語音、詞彙、語法是不會錯的，道理很簡單：自己怎能弄不清楚自己民族語文的習慣？知識分子倒有時因爲只會搬弄漢字，不注意語音，把詞彙説歪了！例如一個人猛然暈倒"不省人事"，現在許多識字的人嘴裏都說"不ㄕㄥ人事"了，我可以保證大衆的嘴裏一定是說"不ㄒㄧㄥ人事！"若干知識分子已經跟這個音生疏了，他們不跟大衆接觸，可能感覺那個ㄒㄧㄥ音只是什麽曾子說的"吾日三省吾身"的文言讀法吧！再舉一個常見的例：

漢語説人不大方,或是有什麽陰謀活動,誰都知道用"鬼鬼ㄙㄨㄟˋㄙㄨㄟˋ",可是我們也常聽見一些没有接近大衆的知識青年滿嘴的"鬼鬼ㄘㄨㄥˊㄘㄨㄥˊ"(南方人)或"鬼鬼ㄔㄨㄥˊㄔㄨㄥˊ"(北方人)!這是從認漢字沒有得到老師正確指導讀音唸出來的,原來"鬼鬼祟祟"模模糊糊當作"鬼鬼崇崇"了。除了這些對讀音不注意造成錯誤的現象,我們還常遇見把意思用錯了的。大家知道有個常談的寫別字的笑話:一個人寫家信説:"人人都有命,惟有我無命,家中有命帶命來,家中無命帶錢來買命"。所有"命"字全是"傘"字寫錯的。這不過是故意結撰,可以提醒注意字形相似的訛誤。近來倒有幾個字常被人用錯,值得提一提。我們語文裏有些習慣的用法,造成詞彙意思的分別。例如一個"故"字,用在"人"字前面和用在"友"字前面就不同了:"故人"是"老朋友","故友"是"死去的朋友",你可不能把"老朋友"寫成"故友"!同樣,一個"先"字跟一個"前"字本可以通用來表示時間,可是如果跟"生"字連用,顯然地一個是"先生",一個是"前生",大家知道是不同的;但是跟"輩"字連用呢,不知道爲什麽多不能明白了!我親耳聽見過有人在歡迎會上對被歡迎的人説"某某先生是學術界'先'輩!"甚至對我們自己也常有機會被人稱呼做"鄉'先'輩!"殊不知"前輩"指活人,"先輩"指死人!這些都是祖國語文詞彙和語法的基本常識,在訓練和應用的時候不容許忽視的。我覺得祖國語文的組織結構似乎容易掌握,祖國語文的詞彙的運用實在倒不容易。正如斯大林所説:"文法(詞形變化法、造句法)是詞的變化規則及用詞造句的規則的綜合。"

四、語言内容最後的完密要求聲音單位的次序和意義的一致性。這就進入了修辭以及邏輯的範圍。上面説了語文通不通的問題,就是語言的聲音單位排列的對不對,排列的合不合民族語文規律。儘管語文規律不錯,有時候還成問題,也就是對不對以外還有好不好的問題。"對不對"表面上是個技術問題,"好不好"實質是一個思想方法問題。例如:"北京天安門……中華人民共和國的開國典禮就在這裏舉行。它的美麗的形象構成了我國國徽的重要部分。"(一九五一年一月三日《人民日報・我們偉大的祖國》)第一句的説法把"開國典禮"變成了經常的事,其實只是一次的事,謂語没有用對,如果寫做"就是在這裏舉行的",就正確了。第二句主語賓語安排得不妥帖,按語文規律説並没有問題,都是名詞。"美麗"和"重要"兩個詞彙不合適;國徽上用天安門的形象"莊嚴"的意義多些;國徽的圖案部分不應有"重要"和"不重要",應該是"主要"。主語"形象"不能自己"構成"國徽的某部分,謂語根本與主語不相應。這一句假使寫做"我國國徽的主要部分是用它的莊嚴美麗的形象構成的",也就正確了。這些都是詞彙次序和意義發生了矛盾,因而造成修辭和邏輯上的缺陷。

由這四點説來,語言内容基本是用聲音表示意思;按照民族習慣組成聲音單位——詞彙;再按照民族習慣排列聲音單位組織成語法結構;語法結構跟思想意志要取得嚴密的一致。語文作用如何可以正確發揮,就在對語文内容幾點的認真掌握。

斯大林發表的關於語言學的經典著作《論馬克思主義在語言學中的問題》,指明了語言的特徵。他扼要地告訴我們:"語言的文法構造和基本詞彙是語言的基礎,是語言特點的本質"。上面説了,我們語言的聲音單位是詞彙,它的排列次序就是文法構造。我們的文法構造和基本詞彙大體上也是没有變的。祖國語文的一個單字有些相當於斯大林説的基本的詞。由單字表示的或組合的詞就是基本詞彙。例如"共"、"産"、"社"、"會"、"黨"是基本的詞,"共産"、"社會"、"共産黨"、"共産社會"就是基本詞彙。祖國語文的文法是從我們祖先起思惟所得的巨大成功的指標。祖國的歷史有多久,祖國語文的文法就有多長時間的抽象化工作。祖國語文的基本詞彙性質的字義必須重視。祖國語文的文法構造必須是根據從祖先相沿下來的抽象化的觀念系統化地解釋它,決不可以想像另外有一套什麼語文規律的模型來套上去。我們依照斯大林的指示認識清楚一般語言特點的本質,按照一般語文的作用和内容來看祖國語文的特點。

我們祖國語文是有一些特點的,簡括起來説,可以有六項。

一、聲音富有音樂美。祖國語文聲音的美,我們自己是不覺得的。唐詩有兩句說:"只在此山中,雲深不知處",倒可以用做比方。這樣整個兒優美的音樂化的語言,我們用着、聽着、說着、寫着,自己並說不出好處來,真像身在滿山雲烟之中不能肯定說明所在的地方一樣。我們語言上音樂性的特點,不是其他語言所能比的。詞的基本分別既靠音樂性的變化表示,詞彙的基本情況又用聲音和諧的組織。例如平常說"喜好"跟"好壞",是地道的大衆口語裏活着的詞,寫的字形相同,唸的音也相同,大家用得很自然毫不混亂,就靠着唸音高低變化不同的表示。高低不同的變化叫做"聲調"。我們語音的基本分別在這種聲調的變化上,它是有音樂性的。聲調没有唸準,就算話没有說好,要鬧笑話的。外國人學我們的話,這一點最困難。從前有個日本人要人家拿"椅子",結果聽話的人拿了一塊"胰子"(肥皂)給他。聲調是我們語言的特點,過去習慣上叫它做"四聲",因爲是當初發現的時候分類定做"平、上、去、入"四種名目,就這樣叫了。"四聲"又死釘着漢字,因爲文人運用的關係,好像真是另外加到文字上去的,這個想法大錯!我們没有哪一個人不用"聲調"做詞義基本的分別,字儘管有人不用,話誰能不說?這種運用音樂性的聲音變化的事實不是爲文字分別意義興起來的,倒是這些文字把我們語言的事實併攏在一塊兒了。不然,文字就按照每一個聲調分別寫出來了。單個字音,我們不覺得它聲調上有音樂性的美,從四聲做了文學表現的條件的事實就足以證明它一定有這個因素。我們語言的詞彙的基本形式大多數是有一定的聲音組織的。由於每個單音已有了音樂性的基礎,這些聲音組織就形成和諧的音樂美。這裏要連帶說到一個問題,就是:中國語言的性質是不是"單音的"?這是向來資本主義國家的語言學者的一種誤解。這個說法是不對的。我們語言實在並不絕對是單音的。他們看見我們許多單個方塊字,以爲就是我們的詞彙單位,其實我們說話根本不是一個音一個音孤單開來說。我們要依着意義,把許多聲音組織成一個一個的單位說出來的。例如:"我們今天開會"是六個單音,說的時候決不是"我—們—今—天—開—會"這樣說法,一定是"我們—今天—開—會"這樣分着。在我們語言裏倒有一個特別現象,很規律地用兩個音的詞彙。這是我們語音現象的一個特點,用雙音組織詞彙。這些雙音組織的情況基本有三種。第一是重疊,兩個音一樣,就是疊音,向來叫"重言",例如"天"、"人",單的是一個意思,重疊起來"天天"、"人人",就是另一個意思。注意,"天天"、"人人"不能拆開來說是兩個東西,說話的情形並且把第二個音變做輕的,表示是一個整的詞。第二是兩個音開頭的一部分相同,向來叫"雙聲",就是詞彙的兩個字聲母相同。例如"光怪陸離","光怪"都是ㄍ,"陸離"都是ㄌ。第三是兩個音後部分相同,向來叫"疊韻",就是詞彙的兩個字韻母相同。例如,"中共"都是ㄨㄥ,"連綿"都是丨ㄢ。這三種是組織成詞彙的基本形式。除此以外,還有利用這三種形式變化表示的詞。利用重言的:

丁丁東東—丁東　　模模糊糊—模糊

渺渺茫茫—渺茫　　是是非非—是非

慌慌張張—慌張　　順順當當—順當

公公道道—公道　　吵吵鬧鬧—吵鬧

說說唱唱—說唱　　哭哭笑笑—哭笑

利用雙聲疊韻的:

丁令東隆　丁令疊韻,丁東雙聲,東隆疊韻,令隆雙聲。

唏哩嘩啦　唏哩疊韻,唏嘩雙聲,嘩啦疊韻,哩啦雙聲。

我們教學語文的時候並不作爲講解內容,這一套雙聲疊韻的名目只是專搞音韻的人或是一部分弄文學的人留心,其實是我們每個人都應該知道的。這不是語言以外的什麼,是每個人嘴裏說的詞彙的實際情況。民間文藝的繞口令就是利用聲音上雙聲疊韻的竅門組織成的。像"吃葡萄吐葡萄皮兒,不吃葡萄不吐葡萄皮兒",有"葡"、"不"、"吐"疊韻,"萄"、"吐"雙聲,"葡"、"皮"也有雙聲的作用。這就是口頭文學藝術性的一部分。

二、詞彙、語句音節勻稱。這是有連帶關係的。由於聲音富有音樂美,詞彙雙音組織就特別發達。又由於雙音組織的條件,從詞彙到用詞彙排列語句,就都有音節勻稱的要求。我們基本詞如前所說是些單音字,基本詞所組合的基本詞彙大部分是些雙音的。仔細體會我們說話,除了單音詞彙,多音的詞彙往往是雙音(兩個或兩個以上成雙的),或是在一個雙音的核心部分前或後面接上單音。舊詩五、七言平仄格律的產生,跟這個實際是分不開的。我聽到赴朝慰問代表團副團長陳沂同志報告,叙述志願軍戰斗員創作的描寫生活的口頭詩:"白日裏在深山修真養性,黑夜晚上前線解放人民。"(由於戰斗員文化素養的關係,只從一些封建迷信的讀物裏吸收了講"修煉"的"修真養性"成語,如果他知道用"養精蓄銳"才更好呢!)這就是三三四的快板,是大衆喜聞樂道的形式,就是民族的形式。又像何香凝老人參加抗美援朝義賣,跟北京的畫家合作畫了一幅喜鵲和牡丹,周恩來總理給題了兩句:"喜報援朝勝利,花貽抗美英雄",內容和形式都是運用民族語文的規律的。民族風俗說鵲叫是報喜的,所以叫名兒"喜鵲";這裏聯繫上援朝勝利的實際。牡丹花也是我們民族積極情緒的象徵,封建意識說代表"富貴",這裏把它批判地替代做代表中華人民的英勇威武,跟抗美的實際聯繫起來。兩句每一個字相對,都合乎聲音美的條件,是對聯的格律。像"花貽"的"貽"如果用普通說的"送"、"贈",唸起來就不好聽。許多常見的詞只有個"呈"字聲調合了,意思可又不恰當,所以用上這個"貽"字。"貽"字聲音和意義跟這一處的思想表現才相合。這些例子說明了聲音的音樂性跟詞、句組織形式的勻稱中間的關係,並且還跟思想表現有一致性。毛主席的論文最顯出這一個特點,我們上口一讀就可以明白。

三、詞句組織有機動的伸縮。祖國語文有了前兩個特點,因而它的組織是靈活伸縮的。這種靈活伸縮是有機動性的。學習祖國語文要特別注意省略的法則。省略的範圍包括詞彙的繁省和語句的變化,一直牽聯到修辭。我們的語文可以縮減而文法結構絲毫不變。例如"抗美、援朝、保家、衛國",說完全了應該是:"抵抗美帝國主義,援助朝鮮,保護家鄉,護衛祖國"。本來可算是四個口號標語,發揮了成雙的聲音組織作用,加工做到音節勻稱,就成了八個字的運動標題。這裏"抗美"兩個字,在語文規律和思想意識上有值得注意深究的。第一,既然是"抵抗"兩個字何以不縮用"抵"字,作爲"抵美"呢?原來祖國語文的單字跟複詞之間意義雖一致,在縮減的時候是要注意它意義的重點,省略去非重點,才能保存原意。"抵抗"的重點在"抗",用"抵"就不正確。假如我們要"抵制美貨",把它縮減,才可以用"抵"。因此學習祖國語文必須注意它"聲音"、"意義"、"用法"的合一。"抵洋牌"毛線取的"抵制洋貨"的意思,我們不難理解不用"制洋"的道理了。現在縮減的辦法很流行,"土地改革"叫"土改","整肅幹部"叫"整幹",其他一切都是一樣,把詞彙的頭一個字抽出來連接起來的。這跟外國文用第一個字母的辦法相似,例如美國的國名省做"U.S.A."。祖國語文的省略不是這樣單純的。省略的對不對關係到通不通。這樣,文法構造倒不難明白,詞彙的運用伸縮實在不容易。語文規律不只限於詞彙排列的語法,詞彙本身組織構造的變化也應該包括在內。其次,"抗美"的"美"當然指的是"美帝國主義",省做"美帝",這裏更省做"美"。我們知道也還有人模糊不清楚,說是"老美"、"美國人",就是思想意識上的問題了。掌握祖國語文的起碼條件要認真注意每個字所有的意義的絕對用法和詞所有的意義的確實重點。前面說過的"先輩"和"前輩"的分別就是這兒的例子。這裏只說詞彙的繁省,語句的變化從略。總之,我們語文組織機動性的伸縮是語音、詞彙、語法三方面結合一起的。

四、詞彙表現現實性。祖國大衆語言的詞彙是具體形象化的。平常像"光線"、"雪白"、"飛快"、"狐疑"……等詞彙都是用具體形象表示的。只要看掌握了大衆語言的作家的作品,形式和內容都叫人感覺到活生生的,就可以理解。像老舍掌握北京話寫出《龍鬚溝》這一個話劇,內容故事那樣簡單,演出成績那樣顯著。這就可以證明日常語言(詞彙)透過作家加工提煉,成爲文學的語言,把新中國首都人民熱愛自己的政府的實情具體形象化到舞臺上了。

五、語法構造表現邏輯性。語文的表現就是思想方法的表現。一個民族的語文規律就跟它本民族的思想方法牽聯着。我們的思想方法在語文表現上是非常嚴密的,每一個詞彙在語句裏排列的次序幾乎絕對不能變更。這表明我們語法構造是表現邏輯性的。外國語文像英語的時間副詞性的子句,由於有個副詞"When"領着,就可以擺前擺後在任何地方。祖國語文每一個排列的次序是有意義上的分別的,我們應該體會這是思想方法的嚴密。例如毛主席《反對黨八股》裏的一句話:"從歷史來看,黨八股是對於五四運動的一個反動"。我們只有這一個構造方式,如果組織成下面兩句,就跟原意不符,都不是民族規律:

黨八股,從歷史來看,是對於五四運動的一個反動。

黨八股是對於五四運動的一個反動,從歷史來看。

我們民族的規律,主要的意思一定首先提出,邏輯性就從這一點上表現。有人以爲祖國語文規律不如外國語文規律嚴密,我們恰恰是相反的看法。正確地想,正確地說,各種語文各自有它的嚴密性的。

六、思想方法簡短、明快、有力。依照前面的分析,很自然地了解祖國語文表現的思想方法的特點是簡短。我們大衆決不是賣驢的博士(故事裏說,一個博士賣驢寫契,寫了三四張紙,還沒寫出一個"驢"字)。簡短就必然是明快的、有力的。過去有人說:"中國語文不能表示複雜理論"。這是荒誕不經的!相反地,偉大的毛澤東思想完全是運用了賦有這些特點的祖國語文,把馬列主義與中國革命實際結合的理論表達出來的。

本文爲一九五一年六月三日應中國民主同盟天津市支部臨時工作委員會約所作語文講座的報告撮要。原題是:《中國語文的特點》。當時略記綱領,未寫草稿,現在參照原意,改成新題,設說引例,容有出入。原有"歐化"與"文言"兩問題,不及收入。——作者 一九五一年九月初、北京。

原載 1951 年《語文教學》第 2 期

中國純文學的形態與中國語言文學

我們要講文學表現的形態,儘管去分什麼詩、歌、詞、賦、曲、劇、小說;……若是談他表現的工具,我以爲無論何種形式的文學都脫離不了一個民族的語言和代表語言的文字的關係。自然,深進文學內容裏去討論什麼"意識"以至古昔所謂"文心"之類,那是另一件事,或用玄學家的口吻說那是"形而上"的吧。我只講這個"形而下"的問題。

文學如何的起源、成長、沒落、死亡,這是些不切實際的魔法套語。並且每一種文學意識的起源和成長等等,固然屬於歷史的演變,往往不是一個民族或一個時代的偶然的作爲,我也不想去說這個。至於各種不同的意識在某一時地並行滋長,成爲某一形態,我覺得也不是一種偶然的作爲。這種非偶然的文學形態與表現他的工具有拆不開的關係。如此,我們空論文學的形態,直是一件睜眼囈語的笑話——形而下者謂之"器"——文學形態之所由顯,自有其"器"——我是華人,則曉華事,中國語言文字和他所表現的文學形態間的情形,可得而言。

先說中國文字語言間的關係對文學形態的影響。

中國語言原始形式究竟什麼樣子,還是問題。最早的文字在今日只有殷商的甲骨刻辭。甲骨刻辭中有無文學作品,也還是沒有確斷的問題,不過我們至少知道甲骨刻辭的內容不僅是卜筮的記載。雖然實物記載的文學沒有和刻辭同樣早的,我們就已識得的刻辭看,却也能想見那個時代文化所反映出的文學,一定在口耳之間傳流着,還沒有什麼記錄的需要。因爲這些甲骨刻辭屬於特殊地位的產物,是王族生活的痕迹,一般人民與文字的因緣還很小。我想那時代也許只有族的地位而沒有個人,個人的地位小就沒有采用文字的需要。而且文字的組織,我們看出就有兩方面的情形：

1. 形體多半是重在繪態畫像的作用——平常所謂象形文字。
2. 聲音往往借了繪態畫像作用的專一形體做代表。文字與語言中間，我們又可以看出兩種關係來：
   (1) 用了一個形體表語言的對象，而其讀音也許就是語言的本身。
   (2) 用了一個形體表語言的本身，而其語言的對象與這形體無關。

這是文字起初與語言間之"合而不合"。這種情形，我覺得是中國語言文字的第一個特殊現象。在此情況之中的文學，我説是一種"口治的"，大概無多大不妥。

"口治"的文學者，其意蓋謂：文字與語言之間，意義是相符合的，而聲音未必相對；如果相對呢，則形義定不一致。我們近來聽見許多學者説中國語言與西藏、緬甸、暹羅的語言同一系統，如果是真的，想我這一個意思便有幾分可以成立。這種渺茫的揣測，給我們對於解釋中國文學形態上可以有一點新的假設。例如，向來講到詩的形態演變都用若干"言"做標準，依照這個假設就不盡然。雖然語言系統問題沒有正式的推定，按之現在語言狀況和文字情形説，一字一義，一義一音，以"言"數講未始不是一種辦法。但自"口治的"一義上立説，文字不過是表義的（語言的對象）作用而已，則文字便是以目治，而文學的表現自是口目兼治的了——目察其字，口誦其語。我們拿漢字所支配的文學如日本、朝鮮的看，看他們的"音讀"與"訓讀"的事實便可了解這個意思。上面説的(1)項，相當於"訓讀"意味，(2)項是"音讀"。我這種意見一定有人以為太滑稽了，但這實在是站在語言文字的變遷上看的。中國人的習慣早被那"一字一義，一義一音"的觀念所籠罩了，其實在語言的表現上——即文學的形態——何嘗有那麽一回事的？

關關雎鳩，在河之洲。窈窕淑女，君子好逑。
我們是不是一字一讀的呢？這裏——

(1) "關關"顯然告訴我們是兩個字音重疊起來寫一種鳴聲

的,就應該當做一個詞看。
(2)"雎鳩"是兩個字音連綿而成的一個鳥名。
(3)"窈窕"是兩個字音連綿而成的一個形容語。
(4)"淑女"、"君子"、"好逑"也是一種成語性質的名詞。
我們讀來至少就成了若干個節落:

關關　雎鳩　在　河—之—洲
窈窕　淑女　君子　好逑

如果再按照我們考求古音的假設,來推定其音讀,自然可以見得我所謂"訓讀"雖未足表明,而"音讀"已不是後來所謂若干"言"的意思了。例如"關關"照上面講來是 kuan kuan 兩音的重疊,如果我們說是:

ku—ā—ku—ā

正像以"姑惡姑惡"擬禽聲的辦法,"關關"雖爲"二音",豈不是實有"四音"而等於"四言"了!這樣向上推擬,我們不難想見,文字既然寫定,語言專有附麗,紙上所記成了一套表義的東西。文學的表現更是一種形體的連綴,簡直文字語言拆開了關係,完全是"目治的"。這是自上而下自然的演變,中國語言文字的第二個特殊變化,形成文學上的特殊現象。

"目治的"文學者,只是作者手寫了,閱者的眼可以看,却不能直接用口誦諷。前一個說法,文學是在口耳之間傳流而沒有着落到紙上;這一個說法反是在手眼之間紙上傳流而不能宣之於口。前者是有聲無形的,後者是有形無聲的。文學的生命離不開聲音。所謂無聲的文學者,(除了繪畫雕刻)並非不能讀出音來,而是非自然的語言形態。我們看極端的例:

……瀄濆淪而滀漯、鬱㴸迭而隆頹、盤涵激而成窟、㵦㴿溗而爲魁、涢泊栢而地颰、磊匒匌而相豗、驚浪雷奔、駭水迸集、開合解會、瀼瀼濕濕、茈華跋沮、湏濇漅澹(木華《海賦》)

……砯巖鼓作、滆渚滎濸、㶒瀁灢㴰潰泬濩澋、溰湟㶟泱、滌泅灡淪、漩澴滎潫、淲溫潰濌、浘淢灌涓、龍鱗結絡(郭璞《江賦》)

……爾其山澤、則崔巍嶢屼、嶸冥鬱岪、潰渱泮汗、滇㴑淼漫，或涌川而開瀆、或吞江而納漢、硱磳磈硊、濎濴洞洄、磁碰乎數州之間、灌注乎天下之半……潮波汨起，迴復萬里，欱霧漨浡、雲蒸昏昧、泓澄奫潫、頹溶沇瀁……鳥則鷗鷩鵾瑀、鸛鴰鷺鴻、鸄鶬避風、候鴈造江、鸂鶒鵬鷞、鵁鶴鵜鶬、鸛鷗鶍鸝、氾濫乎其上……木則楓柙橡樟、栟櫚榆根緜杭杶櫨、文㯉楨橿、平仲桾櫏、松梓古度、楠榴之木、相思之樹……（左思《吳都賦》）

這一類六朝的文學聲音方面也許比什麼時代的文學都考究，而我們說他是紙上看的文學却也更合理；我們感覺有許多圖案似的文字，就着題目的範圍擺在紙上罷了。我要說一句過分的話，中國文學形態的表面的劃分都沒有脫離開這個圈子。自從文字普遍應用（但真正的民眾沒有用着）以來，文學的表現就在語言文字皮肉分離之中了！這種主要的現象使得文學的形態在摹仿的循環裏進行。

有朝一日，文字語言的差異點更進步的減少了以至於消滅了，那自然的文學的形態會得向着新的形式裏去發展，自由的發展。這是我們研究語言文字的人夢想的文字進化，而做到語文合一，成為與最初文字語言合而不合的情形相似，其實不同的地步。這個理想的成功，是文字語言完全相同，而無不合了，然後文學又是"口治的"，是口、手、眼、耳大一統而治的。中國語言文字會有這第三個特殊變化，再形成文學上的特殊的現象。

再說中國文字語言中的實質對文學形態的影響。

上面說的文字語言間離合的關係已有若干部分是其實質影響到文學形態的；這裏要說的就全以聲音爲主來講文學形態。我說過中國文學的形態在摹仿的循環裏進行；其意謂當某一種文學形態的初起，多半文士運用民眾的成式；民眾久而久之却又摹仿了文士的方式再有所變更。那些死死摹仿的形態沒有聲音的活力。具有活力的形態無傷其爲摹仿而來，要不摹仿却恐怕也是一件不可能的事。爲了說明循環的摹仿，特指出中國文學形態的活力。

我這種看法，可以分中國文學的演變爲兩個中心：一個是漢字的文學，一個是漢語的文學。漢字的文學形態便是上來所說"目治的"文學，那兩種"口治的"文學就是漢語的文學形態。

我們的語言聲音的組織上有一種整齊的美，可名爲連綿美。連綿美的規律歸納起來，不外：

（1）雙聲，
（2）疊韻，
（3）重音，
（4）非雙聲疊韻。

非雙聲疊韻的中間包容些歷史上演變了的原有的雙聲或疊韻的。重音又有同字異字之分。我們不談專門的音韻，姑不論其詳。這字音語音爲一事，故由漢字寫出的形態與由漢語説出的形態都是一樣的。漢字漢語形成其文學形態的特殊之點即是音樂化的聲調。我們的語言連綿美的錯綜變化也在於此。

漢字的文學儘管不是自然的語言形態，而聲調的美往往敎他能夠成立。例如"八股文"和"試帖詩"有一種成調，舊日文人稱做"相思板"。還有相傳摹擬唐人作風，用"板側尿流急，坑深糞落遲"句比例晚唐的笑話，也足見這種文學的技巧只在於形態所具的聲音而已。如此的講求聲音，聲音失去了活力，所以"目治的"文學便產生出來了。關於聲調的技巧是有一種自然的調協，決不是做作起來的；這漢字文學形態的缺陷即是"做作"。聲調固然是漢字漢語的特質，但依史實和現狀看來，却不能如齊梁體文學那般雕斲。這裏我要討論那時的"四聲論"。

漢字的聲音，齊梁以後新出"四聲"之名。按四聲解説，向無定論。時代愈早，就越是簡單，只是四個例子而已。日本遍照金剛《文鏡秘府論調四聲譜》：

　　　　諸家調四聲譜具例如左：
　　　平上去入配四方：
　　　　東方平聲（平體病別）　　南方上聲（常上尚〇）

西方去聲（祛魅去〇）　　北方入聲（壬柾任入）

凡四字一紐，或六字總歸一紐。

皇晃璜　　鑊　　禾禍咊
傍旁徬　　薄　　婆潑䩦
光廣珖　　郭　　戈果過
荒恍侊　　霍　　咊火貨

上三字，下三字，紐屬中央一字，是故名爲總歸一入。

綺琴　　良首　　書林
欽伎　　柳觸　　深盧

釋曰：豎讀二字互相反也，傍讀轉氣爲雙聲，結角讀之爲疊韻，曰綺琴云欽伎互相反也，綺欽琴伎兩雙聲，欽琴綺伎二疊韻，上諧則氣類均調，下正則宮商韻切，持網舉目，庶類同然。

……

天土
隝烟

右已前四字，縱讀爲反語，橫讀是雙聲，錯讀爲疊韻，何者，土烟天隝是反語，天土烟隝是雙聲，天烟土隝是疊韻，乃一天字而得雙聲疊韻，略舉一隅而示，餘皆仿此。

大抵當時初創四聲之說，但列舉字例以示標準，其實聲調在語音裏却早已自然的存在了。我們拿《三百篇》的押韻分部情形看，就可以知道：

後來四聲的平聲上聲押韻相通；
後來四聲的上聲一部分單獨押韻；
後來四聲的去入聲押韻相通；
後來四聲的入聲一部分單獨押韻；
後來四聲的入聲平聲押韻相通；
後來四聲的平上去押韻相通。

用聲韻學術語說：

陽聲韻包含的是平上去通押的。

入聲韻包含的是入聲單獨押的和去入通押的。

陰聲韻包含的是上聲單獨押的、平上通押的和平入通押的。四聲的分配多半與音樂有關。而陽陰入的聲恐怕賦有湊拍四聲的基本價值。《秘府論調聲》云：

> 或曰，凡四十字詩，十字一管，即生其意，頭邊廿字一管，亦得，六十七十百字詩，廿字一管，即生其意，語不用合帖，須直道天真，宛媚爲上……詩上句第二字重中輕，不與下句第二字同聲爲一管，上去入聲，一聲一管，上句平聲，下句上入，上句上去入，下句平聲，以次平聲，以次又去入，以次上去入，以次又平聲，如此輕迴用之，宜至于尾，兩弦管上去入相近，是詩律也。

這裏的"弦管"，顯然指明四聲與音樂的關聯。然則四聲之爲物，本是字音自然的特質，不過齊梁以前順乎自然，不加雕斫，所以一切文學形態上没有一定格律。

這種説法，看現在語音的四聲各地不同，由其不同而形成各種方言的文學，以今類古也應明白。各地方言文學便是漢語文學的圈子了。無論詩歌戲曲在各種方言裏頭都有他的特別的調子，並不與標準四聲相同；各因四聲的自然特質，再被之弦管。齊梁四聲之説，我們説他是從民間來的，也極有理由。這是摹仿的循環之一端。然則文學上所謂"雅、俗"問題，由形態的表現並没有絶對的界限。語言文字的聲音組織是雅俗共賞的，因爲同一民族同此聲音也。

語言的自然四聲猶之乎一種自由生長的花木，文字的標準四聲就好比自山林中移植培養於庭園裏的盆景。這二者，實質無二，因緣非一，兩相因襲，互起變化。四聲之説未起之前，文學形態上表現的技巧何嘗没有特殊的調協。《詩經》、《楚辭》去今更遠，無從説了；就論漢晋之間，樂府曲辭多半先有所謂"古辭"，文人創作，按拍倚聲遞相摹擬，於是乎流爲詞，爲劇曲，爲戲文；那語言與音樂未嘗須臾離開。細看流變，音樂時時在變，文字組織時時在變，聲音也時時在變，所以文學形態也時時在變。凡所不變或所未變,都成了文士目治的雅詞,變而不能自已的一方面其初往往屬於口治的俗唱。四聲是其一例,請更看今日存在的語言的文學(指劇曲)昆曲、皮黃戲、評戲,他們的所謂"雅、俗"程度與其表現的活力正成反比。當"水磨調"的初興,我想一定和"亂彈"的初興一樣通俗;皮黃之漸成高雅,我想與昆弋之已近絕響相同;來日評戲之流,我想必然如昆弋皮黃之精進成熟。中國語言裏的音樂特質形成文學上形態自然的變遷。一部文學史單從文字記載的表面上去說,抓不着癢處;單講文字意義的內容去,豈非是"社會史"、"思想史"的變象了嗎?那是區區所謂"形而上"的,世之君子其可離去"形而下"的實質乎哉?雖然,人不能須臾離了空氣,却不肯仔細了解空氣;我於講中國文學的人討論形態問題情形,亦有此感。

我所說的是極淺陋的"語言文學史觀"也,但與所謂"白話文學"的意思不同。"白話文學"是文學史上一個時期的主張的標語;在這種標語下的作品,未必是真的"語言文學"。我們打開許多文學的新著來讀,無論詩歌、小說、戲劇,多半是一些新的目治的非漢字非漢語的東西。"新"文學云乎哉?"舊"文學云乎哉?活"語言"云乎哉?死"文字"云乎哉?我們能離了語言的實際來寫白話文學,古今中外不能不特闢一奇異的文學形態的紀錄!"雅"、"俗"、"死"、"活"乃至於"貴"、"賤"、"私"、"公",區區還覺得雖驚天動地的喧嚷了個不了,依舊是空談夢囈罷了!"瓶子"與"酒","新"、"陳"固是問題;瓶之為物,不離固體,若夫形態方圓扁斜,無傷於酒;而酒味酸甜厚薄,總不能變非液質。凡非純語言的自然形態,我決不承認是"語言文學"。

"語言文學"的要義在形態表現之有活力,活力之寄托又是聲音特質的運用。例如《永樂大典》卷一萬三千九百九十一所錄的戲文三種中間的《張協狀元》,但用閱讀的工夫,很難看懂,就因為他與現今"說相聲"的運用語言趣味一樣,有許多技巧上不是文人用摹擬字句的習慣去解釋得的。我將這篇情形敘在下面,表明中國語言文字實質對於形態的第二種影響。

《張協狀元》題目：

　　張秀才應舉往長安
　　王貧女古廟受飢寒
　　呆小二□村調風月（原缺一字）
　　莽强人大鬧五雞山

開首與現在"雜耍"和"影戲"以至"傀儡戲"開場一樣，由一個"末"角出來説"開場白"：

（末白）《水調歌頭》

　　　韶華催白髮，光景改朱容，人世浮世，渾如萍梗逐西東。陌上爭紅鬥紫，窗外鶯啼燕語，花落滿庭空。世態只如此，何用苦匆匆。　但咱們，雖宦裔，總皆通。彈絲品竹，那堪咏月與嘲風。若會插科使砌，何吝搽灰抹土，歌笑滿堂中。一似長江千尺浪，別是一家風。

唱了曲子，又道口白：

（再白）暫息喧譁，略停笑語。試看別樣門庭，教坊格範，緋綠可同聲。酬酢詞源諢砌聽，談論四座皆驚。渾不比，乍生後學，謾自逞虛名。《狀元張協傳》，前回曾演，汝輩搬成。這番書會，要奪魁名。占斷東甌盛事。諸宮調，唱出來因。厮羅響，賢門雅靜，仔細説教聽。

接着將故事前段用"諸宮調"唱述出來：

(1)《鳳時春》

　　　張協詩書遍歷，困故鄉，功名未遂。欲占春闈登科舉，暫別爹娘，獨自離鄉里。

(2)《小重山》

　　　前時一夢斷人腸，教我暗思量，平日不曾爲宦旅，憂患怎生當！

(3)《浪淘沙》

　　　迤邐離鄉關，回首望家，白雲直下，把泪偷彈。極目荒郊無旅店，只聽得流水潺潺。

(4)《犯思園》

刮地朔風柳絮飄,山高無旅店,景蕭條。蹲跧(按:即是彎蜷之意)何處過今宵?思量只恁地路迢遥!

(5)《遠地游》

張協拜啓:念是讀書輩,往長安,擬欲應舉。些少裹足,路途裹,欲得支費;望周全,不須劫去!

北平的"單弦"、"八角鼓"……種種説書的還是這樣,説一段情由唱一段曲子,這裹"諸宮調"的説白連續起來便是一大段故事。《鳳時春》後白:

看的世上萬般俱下品,思量惟有讀書高。若論張協,家住西川成都府,兀誰不識此人?兀誰不敬重此人?真個此人,朝經暮史,晝覽夜習,口不絶吟,手不停披。正是:煉藥爐中無宿火,讀書窗下有殘燈。忽一日,堂前啓爹媽:"今年大比之年,你兒欲待上朝應舉,覓些盤費之資,前路支用。"爹娘不聽這句話,萬事俱休,才聽此一句話,托地兩行泪下,孩兒道:"十載學成文武藝,今年貨與帝王家。欲改换門間,報答雙親,何須下泪?"(接唱《小重山》再白)孩兒覆爹媽:"自古道,一更思,二更想,三更是夢。大凡情性不拘,夢幻非實。大抵死生由命,富貴在天,何苦憂慮?"爹娘見兒苦苦要去,不免與他數兩金銀,以作盤纏,再三叮囑孩兒道:"未晚先投宿,鷄鳴始過關,逢橋須下馬,有渡莫争先。"孩兒領爹娘慈旨,自即離去。(接唱《浪淘沙》再白)話休絮煩。那一日正行之次,自覺心兒裏悶。在家春不知耕,秋不知收,真個嬌妳妳也。每日詩書爲伴侶,筆硯作生涯。在路,平地尚可,那堪頓着一座高山,名做五磯山。怎見得山高?巍巍侵碧漢,望望入青天,鴻鵠飛不過,猿狁怕扳緣;稜稜層層乃人行鳥道。齁齁齁齁,爲藤柱須尖。人皆平地上,我獨出雲登,雖然未赴瑶池宴,也教人道散神仙。野猿啼子,遠聞咽嗚嗚。落葉辭柯,近覷得撲撲簌簌。前無旅店,後無人家。(接唱《犯思園》再白)道猶未了,只見怪風淅淅,蘆草飄飄,野鳥驚呼,山猿争叫。只見一個猛獸,金睛閃爍,猶如兩顆銅鈴;錦體斑斕,好若半園綺;一副牙如排利刃,十八爪密布鋼鈎,跳出林浪之中,直奔草徑之上,唬得張協三魂不附體,七魄漸離身,仆然倒地。霎時間,只聽得鞋履響,脚步鳴,張協抬頭一看,不是猛獸,是個人。如何打扮?虎皮磕腦,虎皮袍,兩眼光輝志氣豪。便留下金珠,饒你命你還不肯,不相饒!(接唱《邊地游》再白)强人不管它説,怒從心上起,惡向膽邊生,左手摔住張協頭稍,右手扯住一把光霍霍冷搜搜鼠尾樣刀,番過刀背去張協左肋上劈,右肋上打,打得他大痛無聲,奪去査果金珠。那時張協性命如何?慈鴉共喜鵲同枝,吉凶事全然未保——

説到這裏,又改換了花樣,所以道白的最後説:

似恁唱説"諸宮調",何如把此話文敷演?

後行脚色!力齊鼓兒饒個"攛掇"末泥色! 饒個"踏場"。於是上來了一個"生"角。原文以下便雜了許多運用語言趣味科諢夾在唱的曲子中間。

生上白:訛!

末、衆:諾!

生:勞得謝送道呵?

衆:相煩那子弟?

生:後行子弟,饒個"燭影搖紅斷送"。

衆動樂器。

生踏場,調歎。

生白:《望江南》——

多忔戲,本事實風騷。使拍超烘非樂事,築球打彈謾徒勞,沒意品笙簫。諙諢砌,酐酢仗歌謠,出入還須詩斷送,中間惟有笑偏饒;教看衆,樂醄醄。

(唱)適來聽得一派樂聲,不知誰家調弄?

衆:《燭影搖紅》。

生:暫借軋巴。(按:"軋巴"恐怕也,是扮演的角色。)

衆:有。

生唱:罷,學個張狀元似像!

衆：謝了！

生：畫堂悄，最堪宴樂。綉簾垂，隔斷春風。汲艷艷，杯行泛綠。夜深深，燭影搖紅。

衆：應。

生唱：《燭影搖紅》——

燭搖影紅，最宜浮浪多忔戲。精奇古怪事堪觀，編撰於中美，真個梨園院體論該諧，除師（疑師字誤或是缺字）怎比九山書會？近目翻騰，別是風味，（一個若）抹土搽灰，趨蹌出没人皆喜。况兼滿坐盡明公，曾見從來底。此段新奇差异。更詞源，移宫换羽。大家雅静。人眼難瞞，與我分個令利。（原文"一個若"三字疑夾注動作而有誤字，故加括弧。）

以下才正演戲文本段；上來兩截，如果上下連貫，決不能明白他的所以然。這才是"儀態萬方"的文學！其中有"平話"意味，有"唱説諸宫調"，有"踏場"的舞蹈，而其活力充實毫不懈鬆。無他，是純語言的自然表現。"文言"、"白話"之分不過是時代變遷存留在表現形態的語言文字間差異的痕迹而已。

日本青木正兒《支那近世戲曲史》裏説到這個戲文，他没有看懂得這戲文的内容便説：

"長篇之中，科白多，冗漫倦人。"（原書頁一一七）

"……曲辭平凡無氣力，不足多觀。"（同上）

"關目雖往往有佳者，排場之法幼稚，知其未能運用。"（同上）

他以爲論其文學價值遠不如北曲雜劇，證斷了元代南戲的被北劇壓倒並非偶然之事，而且更加覺得《琵琶記》、《拜月亭》的有價值。我正從他這種議論上認爲可以證明我説的"語言文學"自然變遷的話。如果南戲的起初就有《琵琶記》那樣的作品，我的話才是説錯了。青木批評的三點，就是我説的野生草木與盆景的不同。文學形態一成熟，就正式的歸到將近老而衰的路綫上去了。高明的藝術是將南戲的形態的活力精煉表現出來恰到成功的境地。我們要知道民衆富有創造的勇氣，文士富有鍛煉的工夫。《張協狀元》是戲文的"大轄椎輪",《琵琶記》、《拜月亭》則是"花月正春風"的寫作。關於《張協狀元》的戲文正本裏的運用語言特質的地方,便是青木厭倦的科白。語言是隨時變動的,我想許多劇曲今日傳以爲名作的,在實地表演上未必操成功的左券。現在看來支離繁縟不能了解的東西許倒是實地裏最成功的,最風行的,時代越遠,越不能懂了。在文學自身的價值並無損貶。

《張協狀元》戲文第一齣,生唱《燭影搖紅》後道白,白的末了説:

  生:……張協夜來一夢不祥,試尋幾個朋友扣它則個。
  A(1) 末净 嚛呾出。
  (2) 净:有個——白,拜揖?
  (3) 末:一出來便開放大口——尊兄先行!
  (4) 生:仁兄先行!
  (5) 净:契兄先行!
  (6) 生末:依次而行。
  B(1) 生:嗳! 休訝男兒未際時,困龍必有到天期;十年窗下無人問,一舉成名天下知——小弟亂談!
  (2) 末:嗳!
  (3) 净:尊兄也嗳?
  (4) 末:可知是件"人之所欲"。
  (5) 末:嗳!
  (6) 末:這"嗳"却與"貪"字不同。
    末:"嗳"!
  (7) 净又嗳!
  C(1) 末:也得! 詩書未必困男兒,飽學應須折桂枝,一舉首登龍虎榜,十年身到鳳凰池——小子亂談!
  (2) 净:尊兄開談了?
  (3) 末:亂道!
  (4) 净:尊兄也開談了?
  (5) 生:亂道!

(6) 净：小子正是"潭"！正是"潭"！

(7) 末：到來這裏打杖鼓？

(8) 净：哩！

(9) 末：吃得多少，便飽了。

D(1) 净：昨夜燈前正讀書。

(2) 末：奇哉！

(3) 净：讀書直讀到鷄鳴。

(4) 末：一夜睡不着？

(5) 净：外面囉唣。

(6) 末：莫是報捷來？

(7) 净：不是，外面囉唣，開門看。

(8) 末：見甚底？

(9) 净：老鼠拖個馱猫兒。

(10) 末：只見猫拖老鼠！

(11) 净：老鼠拖猫兒！（三合）

(12) 末争。净笑：韻腳難押胡亂便了！

(13) 末：杜工部後代！

E(1) 生：尊兄高經？

(2) 净：小子"詩賦"。

(3) 末：默記得一部《韻略》？

(4) 净：《韻略》有甚難？——一東、二冬……

(5) 末：三和四？

(6) 净：三文醬，四文葱。

(7) 末：那得是市賣賬？

F(1) 生：卑人夜來俄得一夢。

(2) 净：小子最快説夢，又會解夢。

(3) 末：不知尊兄夢見甚底？

(4) 生：夜來夢見，兩山之間，俄逢一虎，傷却左肱，又傷外股，似虎又如人，如人又似虎。

(5) 净：惜乎尊兄正夢之間，獨自了！

(6)末：如何？

(7)净：若與子路同行，一拳一踢打未着（介）。

(8)末：我却不是大蟲，你也不是子路！

(9)净：這夢小子圓不得。

(10)末：法糊消食藥。

　　净：見説府衙前個，有圓夢先生，只是請他過來，問他仔細。

　　生：尊兄説得是！

　　净：明朝請過李巡來。

　　生：造物何嘗困秀才。

　　末：萬事不由人計較。

　　合：算來都是命安排。

以上是第一場完結，只是末净下場；接連第二場演張協回家，生唱一段《粉蝶兒》，"外"角上，扮他父親，商量請人圓夢。我們看注了號碼的六節對話，就可以明白是運用語言聲音上的技巧的。A(3)的"開放大口"，指(2)的責備。B(4)的"人之所欲"，將"噯"解作"愛"，所以(5)重申一句；而(6)更以"貪"字對"愛"，也再説了一聲"噯"。文字寫出只有"噯"，没有"愛"，便難明白。C(6)的"潭"與"談"混錯，其聲如狀"打杖鼓"，故(7)云云；(8)故意驚訝聲，(9)牽涉爲飽食出氣聲。D(9)的"兒"與(8)的"底"押韻，故(12)云云。E(7)因(6)而言"市賣賬"；(6)的"蒽"與(4)的"冬"押韻。F(10)因(9)的"圓不得"混錯而言。究竟藝術高低，我們不必討論，這裏但希望我所謂"口治的"文學的意思能因這些解釋更顯著，庶幾中國語言的特質影響於文學形態的問題有得明白的證據。

最後，中國語言文字受外來影響而及於文學形態的，如印度哲學的輸入與近世科學文學的介紹，都有相當的結果，多半則由語法的組織上表現。這是翻譯文學的形態問題，與本題稍遠了一點。雖然那些既有的結果業已成了中國文學形態的固有現象似的，究竟不是中國語言文字自然的變化。本文的一點意思却在於中國語言文字與文學形態間不可分離的關係的申説。

我願意一切作家,如要創造新的中國文學,不要忘了中國語言的特質和中國民族與這種語言特質的繫維——形而上者之謂"道"——無論建設何等中國文學上的道,區區籲求明公們先治此"器"!此器乃是聲音的活力,即純語言的自然形態表現。

原載《文學》(生活書店)1934年2卷第6期

談文翻白

這回國立北京大學招生的入學試驗國文題有一篇翻譯,是將杜甫的《茅屋爲秋風所破歌》譯成白話散文。本來古人的文章翻成今人的語言不是一件容易的事,何況這又是詩歌?這首詩的內容若是分析來看,裏面很有幾個問題,可以給國語文學家討論。我很願意提出請大家來討論。

(一)詞頭的對譯問題

我們翻古書不外乎兩件事:一是古人的文法改成今人的文法,一是古人的詞頭換做今人的詞頭。這中間的關係有全同的,有全不同的,有不全同的;文法的組織容易對照,而詞頭的相等却不容易。我們看這首詩必須譯的詞頭有——

秋高的高,

灑江郊的灑,

挂罥的罥,

塘坳,

向昏黑的向,

驕兒,

惡臥,

衾裂,

喪亂,

何由徹的徹,

突兀。

如果是直譯,這些詞是未必全具於國語,我們是不是要兼采一些方言?例如惡臥,假使不知道方言裏有得——

蠻睡,

武睡,

睡得武蠻,

睡像不好,

睏像壞,

必至於深求以爲惡應讀爲去聲,解做——

不願意睡,

怕睡,

懶得睡!

因而對於裏裂便含混模糊過去。我因此更逐詞抽出,做一個徵求,看這些詞兒在各地方言裏果有什麼不同。

高:深,秋深用高猶之乎冬深用隆。

怒號:兇吼吼的,號哭可以稱吼,風大很響也可以稱吼。

卷:剿,如皋方言,風捲物爲剿。

重:層。

茅:草。

灑:散落。

江郊:江村,江邊野地。

罥:網。

長林:一帶樹林子。

塘:河塘,圩塘。

坳:港汊,圩塘。

老無力:老無能爲。

忍能:肯,就肯。

對面:當面,頂面。

竹:竹林,竹窠。

呼不得:喊不住,叫不着。

倚杖:靠住拐,拄拐,扶拐棒。

俄頃:一忽兒。

定:停,歇,住。

向:望。

向昏黑:如皋方言撒烏,將黑。

布衾：布被。

驕兒：頑皮的孩子。

惡臥：見上。

裏裂：裏子破了，裏子撕開了。

雨脚：北平話掃雨，掃音ㄙㄠ的去聲。風吹雨星飛散叫掃，就是雨脚。如皋有"風掃雨"一語。

喪亂：離亂，難。

經喪亂：遭難。

沾溼：打溼，淋溼。

庇：遮蓋。

突兀：高高的。

獨：偏偏的。

詞頭的譯語既有了把握，就得注意——

（二）文法的對譯問題

如果將詞頭直譯，文法也可以直譯，但其中必有不能懂得的句子。因爲所以要譯的原因正是古今文法的不同，我們只有詞頭務求相對而文法只求相通。這相通指的意思的表現。例如"吾廬獨破受凍死亦足"，若直翻——

我的房子獨獨破了挨着凍死也夠了，

就不如

單是我的房子破了挨着凍，就是死了，也是甘心願意的。

我所以又要提倡，對於文學的作品要翻的時候，千萬儘力表現出原來的精神，我試譯如下：

（1）八月秋高風怒號，卷我屋上三重茅。

（八月深秋時節，風兒吼吼的刮去我屋上的三層草。）

（2）茅飛渡江灑江郊：高者挂罥長林梢，下者飄轉沉塘坳。

（草飛過了江散落在沿江的野地：高處的挂在一帶樹林的梢頭就像晾着網子一樣，下面的隨風打旋沉下圩塘港坳裏去。）

（3）南村群童欺我老無力，忍能對面爲盜賊；公然抱茅入竹去，唇焦口燥呼不得。

（南莊的些孩子們欺負我老了沒有能耐，竟肯忍心當面動起搶來，大模大樣的檢了草走進竹林裏去，叫喊得我唇都枯了嘴都乾了也不中用。）

（4）歸來倚杖自嘆息，俄頃風定雲墨色，秋天漠漠向昏黑。

（我獨自走回拄着拐杖嘆嘆氣，不大忽兒風停了，雲彩泛成墨一樣的顏色，秋季傍晚的天氣漸漸迷迷濛濛的黑了。）

（5）布衾多年冷似鐵，驕兒惡臥踏裏裂。

（到夜來老布被窩年久凉的像鐵一樣，頑皮的孩兒睡得武蠻把裏子給踹裂了。）

（6）床床屋漏無乾處。雨脚如麻未斷絕。

（一床一床的屋漏得那兒都沒有乾地方，風掃進細星星的雨脚亂麻似的沒有個完。）

（7）自經喪亂少睡眠，長夜沾溼何由徹！

（自從遭難就很少安易的睡覺，這樣浸淋得稀潮稀溼的一長宵又怎么着過！）

（8）安得廣廈千萬間，大庇天下寒士俱歡顏，風雨不動安如山。

（怎樣得到成千帶萬的高房大屋，普遍的庇護着天下貧窮人士一個個都歡天喜地的，風呀雨呀全不能動撼，平平穩穩的像山一樣。）

（9）嗚呼何時眼前突兀見此屋？吾廬獨破受凍死亦足！

（呀，什麼時候眼面前看到這高高的房子？單是我的房子破了挨着凍，就是死了也甘心願意！）

這樣譯法，我說還不免是生吞活剝，算做到直譯以至意譯的一部分，却不能算得神譯。說到這裏呢，我們應該知道國語文是怎樣的有生命的一種東西了。我們儘管把詞頭和文法表現出來，而原文的意思難得顯出，所以前輩譯外國文有許多"不譯"的條例。這不但怕不能顯出原意，還爲的不能顯出原意十分恰當。

我們爲了翻譯的最小要求倒可以不管三七二十一只是將甲改乙教人知道就算了。如若更進要翻得漂亮，便不能不講究神譯,近來有人叫做氣譯。怎樣定這翻譯的形(直)意神三譯的標準,於是又成了一個問題。

(三)譯法的標準問題

普通文字的翻譯如果是説理的似乎越形譯得確切越好。例如北京大學這次理學院試題的一段翻譯是墨子非攻篇的文章,我們只要明明白白拿現代國語去説出他來便是一篇好的譯文。

> 今有一人,入人園圃,竊其桃李;衆聞則非之,上爲政者得則罰之。此何也?以虧人自利也。

現在有一個人進了人家的園子偷了那家的桃兒李子;大夥兒聽說了就很不以他爲然,在上面執政的抓着了他就要罰他。這是爲什麼?因爲他是損人利己的。

> 至攘人犬豕雞豚者,其不義又甚於入人園圃竊桃李。是何故也?以虧人愈多,其不仁滋甚,罪益厚。

至於搶人家狗猪雞豚的,他的不義又比進人家園子裏偷桃兒李子更厲害。這是什麼緣故?因爲損人越大,他那心的不仁就越加厲害,犯的過失就更加重。

> 至入人欄厩,取人馬牛者,其不仁義又甚於攘人犬豕雞豚。此何故也?以其虧人愈多。苟虧人愈多,其不仁滋甚,罪益厚。

至於進了人家牛欄馬槽裏牽走人家的馬牛的,他那心的不仁不義又比搶人家狗猪雞豚更厲害。這是什麼緣故?因爲他的損人又更加大。假使損人越大,他那心的不仁就越加厲害,犯的罪過就更加重。(下略)

那叙事的文章呢,內容多半可以直譯;文句上却往往有些簡練揣譯的修飾,直譯必不能曲盡其旨的,所以宜於意譯。這裏我們又得注意韻文與散文的分別。一篇文言的散文可以翻成白話散文也可以翻成白話韻文;同時一篇文言的韻文也能翻成白話、韻文或散文。如果着重在韻文和散文的格調上,我們又不必泥於叙事與説理的性質上去定翻譯方法的標準。

譬如説到韻文翻成散文,這首杜詩的翻譯,依我上面所譯的還不够表現他原詩的意思。我們要翻他應該先就原文明白是幾段文字,和各段意思是什麽。我上面分成的九句,可以按押韻的字和意思的層次,分做若干段:

(1)(2)兩句是一段,以號、茅、郊、梢、坳五字押韻,就是國音的ㄠ韻,說的秋風破屋的情形。

(3)(4)兩句是一段,以力、賊、得、息、色、黑六字押韻,就是國音的沿革上所謂"入聲附K"的一種韻,說的屋破後向晚的情形。

(5)(6)(7)三句是一段,以鐵、裂、絕、徹四字押韻,就是國音的沿革上所謂"入聲附T"的一種韻,說的破屋夜間遇雨的情形。

(8)句是一段,以間、顏、山三字押韻,就是國音的ㄢ韻,說的經過風雨屋破以後的希望。

(9)句是一段,以屋、足二字押韻,就是國音的沿革上所謂"入聲附K"的又一種韻,說的對於這希望的感想。

我們不能因爲原文的組織和舊日的習慣混亂了文法上意義完足的句的定義。所以我不說第一段是主句而說是兩句,這樣的五段,我們再融貫起他的先後結構去修辭,或許能寫出一篇極生動的散文來;但是我相信國語裏的詞頭是不够的。

這個不够的原因就是在融貫起來翻譯是重於意和神。我們可以從下面一個例子了解,國語應該吸取方言的精采,才可以得到生動之趣——也就得到新生命。這個例子是用一種方言翻譯文言散文爲韻文的,在河南東部有一篇民間通行的孔子故事的戲曲,演的論語裏"盍各言爾志"的曾晳的一段。我的妻曾背給我聽,是:

夫子說:"你說啥?"①
曾晳在那彈琵琶;
彈得琵琶ㄖㄣㄖㄣ響:②
"夫子在上聽我講,

---

① 啥,什麽。
② ㄖㄣㄖㄣ,弦樂器稀緩的發音形容語。

我跟他們不一樣。"①
夫子説:"那怕啥!
各人説能各人的話。"②
曾晢説:
"當今日,三月天,
新做起的大布衫;
大的大,小的小,
同上南坑去洗澡;
洗罷澡,乘風涼;
回家唱個山坡羊。"
夫子聞聽心歡喜:
"我的徒弟就數你!"

這是何等的手段! 我們看論語原文:

"點,爾何如?"
鼓瑟希,
鏗爾,舍瑟而作,對曰:
"异乎三子者之撰。"
子曰:"何傷乎!
亦各言其志也。"
曰:
"暮春者,
春服既成;
冠者五六人,童子六七人,
浴乎沂;
風乎舞雩;
咏而歸。"
夫子喟然嘆曰:

---

① 跟音 geir,和。
② 能音 neeng,你們。

"吾與點也！"

雖不句斟字酌的針鋒相對，可是最要緊的神情全表現得活鮮活跳的了（據說還有山東方言的譯作）。我覺得我們的國語文學不能將這種活鮮活跳的語言的精采抓住而轉到白紙上寫黑字的新捏湊工夫，那是最沒出息的，最不長進的。因此這文翻白的譯法的標準，我主張直譯宜國語，神譯宜方言。國語可以平易近人的曲折表現，方言可以聲容逼肖的透徹表現，散文宜國語，韻文宜方言，最終的目的：方言國語化，國語化方言。

國語化方言是以國語去改良方言。方言國語化是將方言吸進國語裏來。這兩件事做到，才可以真正完成——

國語的文學，

文學的國語。

世間不少糊塗的人，他們還拚命爭持着文白的問題！我看來這些人也不過聊作解人而已，何嘗吃得此中甘苦？動不動說文言白話只是"之乎者也"改成"的嗎呢呀"的玩意兒，你想話又如何說起？在下請諸公試一試，來一手兒再說吧！

原載《世界日報》1932 年 8 月 6 日《國語週刊》第 46 期

談何容易文翻白

記得去年北京大學招考新生的國文試驗題有一篇文翻白,在下就特爲談了一次文翻白。記得那篇談文翻白裏,在下提出了三個問題:(1)詞頭的對譯問題;(2)文法的對譯問題;(3)譯法的標準問題。

在這三個問題之下,在下又說到形意神三種譯法,最後說了下面這一番話,現在重行抄出來:

> 我覺得我們的國語文學不能將這種活鮮活跳的語言的精采抓住而轉到白紙上寫黑字的新捏湊工夫,那是最沒有出息的,最不長進的。因此這文翻白的譯法的標準,我主張直譯宜國語,神譯宜方言。國語可以平易近人的曲折表現,方言可以聲容逼肖的透徹表現,散文宜國語,韻文宜方言,最終的目的:方言國語化,國語化方言。國語化方言是以國語去改良方言。方言國語化是將方言吸進國語裏來。這兩件事做到,才可以真正完成——
>
> 國語的文學,
>
> 文學的國語。

事情隔了一年,接連又是各學校招生,北大呀,師大呀,還都有那麼一個文翻白的試題。不錯,本來教育部定的標準,大學一年級學生都得能夠譯讀古書;文體工具解放了這些年來,譯讀古書的訓練總該有了相當的成效了。可是我們聽說今年的風氣,作文的多半變了不通的淺近文言,標點翻譯的成績更是"西望長安——'不見家(佳)'"!在下本不是任何文學名家的,聽得這樣消息倒不免有些替咱們的國語的文學發愁。

並非是學校裏提出來考試的一段文字不能標點翻譯就算絕對的替文學或其他學問前途下了個判決。不過接受教育訓練到比較最高階段的人基本讀書能力沒有，那學術文化的整個前途確是有問題的。不把基礎的學識得到嫻熟的運用，將來的一切是好比沙灘上蓋的房子罷了。

講國文講得好的先生就是能把文章用他的話神譯出來，寫下來便是好翻譯。這種先生究竟少有，因爲天才不是到處隨時有的。講國文的先生們，請您諸位得拿定主意，擔起這分責任來，至少教出一批高足肯老老實實、仔仔細細、句句字字，把文章看得明白、懂得明白、說得明白。近來的少年讀書不求甚解固然是他們自己的錯誤，教書的人也得分相當的責任。這大學考試的翻譯，不過是一種測驗，看你能看能懂能說的程度有多少深淺。我們就這一點上說，做答案的人第一須求能夠忠實的直譯。在另一方面說，我們希望各大學要提出一些標準書籍，指定是高中畢業的人無論學文法理工種種學科的人，都應該知道運用的工具。然後在這種標準之下，檢試程度。自然一般的能力都求做到了直譯。而出類拔萃的人也可以自出心裁去神譯。

有人或者要責難我們：假使一個學生物的人不懂翻譯一篇詩，難道就算基礎學問不健全嗎？這正是我說要指定一些標準的書籍，這些書籍自然要各方面有關係的。話說認真點，研究科學的人文學也不妨講究一些。法布爾的昆蟲故事是何等精細的科學著述，同時又是何等巧妙的文學作品。我們既是向高深的學術裏面去探求，我們就得將基本的各種工具講究好了。最近斯文赫定的西北科學旅行的長征記，也是個好例了，他的文學手腕實在高明。然則一個研究考古的人，或研究地理的人也未嘗不可以兼擅文學了。這樣說下去，例子舉不勝舉，我們的國內學者也不乏其人。這下面我隨意說幾個吧。第一如酈道元的《水經注》，他把歷史考據地理風俗融合一氣，成爲一部描寫自然最有文學價値的書。第二如楊衒之的《洛陽伽藍記》，他本是寫的一部佛教掌故，而極有文學手腕。第三如顏之推的《家訓》，他將極瑣細的種種處世接物修養爲學的經驗識見，用優美的文學寫出。明朝末年，徐宏祖（霞客）的《徐霞客遊記》要算一部富有科學態度的著述。他的文筆與《水經注》、《洛陽伽藍記》、《顏氏家訓》的不同,而是一種嚴正的地志,中間包括了《水經注》、《洛陽伽藍記》等等性質記載在內。丁文江先生爲他做年譜,將遊記全部印出,他序末的一段說:

> 當明之末,學者病世儒之陋,捨章句而求實學,故顧亭林王船山黃梨洲輩奮然興起,各自成家,遂開有清樸學之門。然霞客先生生於顧黃王諸公之前,而其工作之忠勤、求知之真摯,殆有過之無不及焉,然則先生者,其爲樸學之真祖歟?又先生生於明季,游滇之時,天下已亂。觀其小記諸則,述當日政事甚詳,知先生非不關心時局者。乃求知之念專,則盜賊不足畏,蠻夷不能阻,政亂不能動;獨往孤行,死而後已。今天下之亂,不及明季,學術之衰,乃復過之。而青年之士,不知自奮,徒藉口世亂,甘自暴棄;觀先生之風,其亦可以自愧也乎!

我們就可以了解徐氏寫遊記的價值了。北京大學今年文翻白的兩段文章(北平和滬漢)就是摘的滇遊日記和江右日記裏的。他們是只教考文法科的人翻譯,並沒有教理科考生翻譯。那兩段文章,一則可以試驗讀者的敘述景物的層次,有無經驗,一則可以試驗讀者的敘述瑣細的事物有無趣味。

前一則就是北平用的,江右遊記,崇禎十年(一六三七年)正月初四日的日記上半截。原文是:

> 初四日:霧影忽開忽合。從正道下覓風洞石柱。直下者三里,遠見香爐峰時出時沒,半山猶濃霧如故;遂乘未雨返山頂,先往九龍。沿山脊西行,初猶瀰漫,已漸開。三里下度一脊,忽沉霧中望見中峰北,矗崖嶄柱,直下插谷底,號曰"千丈崖";百崖聳峙迴環,高下不一。隨北而下,爲門,爲闕,爲嶂,爲樓,皆密樹平鋪,霧猶時時籠罩,身至其側,輒復開朗標異。蓋"武功"屏立,東西與中共起三峰,而中峰最高,純石;南面僅見突兀;而北則極懸崖迴崿之奇。使不由此而由正道,幾謂"武功"無奇勝矣。西三里過中峰之西,連度二脊,狹僅尺五。至是南北俱石崖,而北尤嶄削,環突多奇,脊上雙崖重剖如門,下隤至重壑。由此通道而下,可盡北崖者勝,惜山高路

絕,無能至者。

譯文

　　　　初四日:滿天大霧,迷濛濛一靉兒散來一靉兒聚。
　　　　我由那,正道兒下山,一心要找到風洞去看看石柱。
　　　　筆陡山遙望下走,走下了山道二三里,
　　　　只見那,香爐峰,躲躲閃閃,在霧影兒裏,
　　　　山腰間,依舊是,濃霧迷迷,四下裏密雲欲雨意;
　　　　趁天色,急轉頭,忙回山頂,歸路方便先向九龍去。
　　　　順山背,向西行,烟霧騰騰,到後來雲影天光漸漸開。
　　　　行三里,向下翻,翻過山背,
　　　　猛然地,大霧裏,望見那中峰北面,戳破雲的崖,刀斬齊的柱,挺挺向下栽插在山溝兒底,此處山名千丈崖;無數的山頭,對對高聳,圈圈環繞,高的高,低的低,真個是千形百態。
　　　　從北邊,向下去,有的像座門,有的就像條門檻,有的像屏嶂,還有的像所樓房,這處處,緊密密,長滿的樹木齊平,還不斷籠罩的霧氣茫茫,也有時,銷散清朗,鋪張出奇异景,等得你人到其旁。
　　　　武功山,屏風般,東西中三峰共起,惟有那中峰第一高,又加是角棱棱盡是石頭;打南望,只見得高的突兀,在北面才顯出懸崖迴崿的萬般希奇。
　　　　要不是從這路,一死兒走正道,對武功,幾幾乎,要說它"無啥希奇"!
　　　　再向西,又三里,連翻兩山背,轉過了中峰西面,山路窄,才不過一尺有半。
　　　　到這裏,南北山盡是些石頭崖,
　　　　北一面,更加是斗峭如削,一圈兒骨突起千奇百怪,山背上,兩崖子層層切開,好一似門啓雙屏,上到下直落深壑沒底澗。
　　　　從這裏,通道而下,北崖者勝,就可以盡探完全,
　　　　爭奈這嵯峨山高,鳥道不通,無人能到,除非你胳膊底下

把翄安。

後一則是滬漢用的，滇遊日記，崇禎十二年（一六三九年）正月十一日的日記上截。原文是：

十一日：飯後，覺左足拇趾不良，爲皮鞋所窘也。而復吾亦訂余莫出，姑停憩一日，余從之。宏辨安仁出其師所著書見示。宏辨更以紙帖墨刻相異，且言遍周師以青蚨相貽，余作柬謝之。甫令顧僕持去，而大覺僧復路遇持來，余姑納之笥。上午赴復吾招，出茶果，皆異品：有本山參，以蜜炙爲脯；又有孩兒參，頗具人形；皆山中產。又有桂子，又有海棠子，皆所未見者。大抵迤西果品，吾地所有者皆有，惟栗差小，而棗無肉。松子，胡桃，花椒，皆其所出，惟龍眼荔枝市中亦無。菌之類，鷄葼之外，有白生香蕈，白生生於木，如半蕈形，不圓而薄，脆而不堅（"黔"中謂之八擔柴，味不及此）。此間石蜜最佳，白若凝脂，視之有肥膩之色，而一種香氣甚异。

譯文

十一日：早飯後，覺得左脚大拇趾不很舒服，是被皮鞋擠了的。復吾也約了我別出門且休歇一天，我答應了他。宏辨和安仁拿了他們師父著的書給我看。宏辨還送了紙帖墨刻給我，並且告訴我遍周和尚要送錢給我做程儀，我便寫信去辭謝他。才教姓顧的傭人拿了去了，可是大覺和尚又在路上遇到了已經拿來了，我就暫且將那錢存放在箱子裏。上午應復吾的約去了，他拿出了茶果，都是些奇异東西。有的本山參，用蜜烘成了乾脯；還有孩兒參，很有些像人的形像；都是山裏出產的。又有桂子，還有海棠子，都是沒有見過的。大概往西去地方的果品，凡是我們家鄉有的那兒都有，只是栗子稍微小些，胡桃，花椒，都是那兒出產，不過龍眼荔枝街上也沒有。菌子的種類，鷄葼以外，有白生和香蕈，白生是長在樹木下的，像半個蕈子的樣兒，不大圓而是薄的，鬆脆而不硬（貴州省裏出的叫做八擔柴，味道不如這裏的）。這裏石蜜很好，白得像凍起來的脂油，看着有肥而膩的顏色，並且有種香味兒很特別。

本來爲了談一談如徐霞客遊記一類的文章翻譯白話的問題,就是說明這一類文章作爲翻譯材料的價值,取以發表我對於現在想求專門學問的青年朋友的希望。我希望青年朋友要沈靜下心去把基礎工具修好了,別連皮傅的常識都沒有,却眼高手生的封滿而不自知。我說說北大的翻譯笑話,至少可以教我們爲中國的學術文化前途捏一把冷汗!例如——

  霧猶時時籠罩,身至其側,輒復開朗標异。蓋武功屏立,東西與中,共起三峰。

竟有把"霧猶時時籠罩身"當成一句的!又有把"標异蓋"、"武功屏"當成兩個地名的!還有說那山上豎着"异蓋武功"的牌子的!這樣的文句會錯解到這樣的地步,或者特別給原諒一下;可是——

  三里下度一脊,忽沈霧中望見中峰北,矗崖嶄柱,直下插谷底,號曰千丈崖;百崖聳峙迴環,高下不一。

竟有把"忽沈霧中望見……"解作"忽然沈沒到霧裏……","望見"就給另起了!最離奇的將"谷底號曰千丈崖"連成一氣,解說是"山谷下面大聲的說是'千丈崖'"!昔生公說法,頑石還點頭;這座高山自報名字,想也可以!我們從何原諒起!至於——

  余姑納之笥,

會譯成"我姑姑給的箱子";若將上文連看,真是天下大滑稽事了!上文是——

  而大覺僧復路遇持來;

所以也有人這樣譯過道:"大覺和尚在路上遇見了,拿來我姑姑的箱子!"

我上面試譯的兩段只想做到直譯(間有意譯)而不鬧笑話。以我這樣譾陋,譯得必然不好,若說神譯,則吾豈敢!那還是請諸位看看下期本刊要載的舍耘先生翻成的鼓詞吧。

原載 1933 年 9 月 2 日《世界日報·國語週刊》第 101 期

後　記

　　魏建功先生(1901—1980年)，江蘇海安人，是我國當代著名語言文字學家、教育家，1925年畢業於北京大學中文系，歷在北京大學、輔仁大學、燕京大學、京城帝國大學(漢城大學前身)、西南聯合大學、國立西南女子師範學院、國立臺灣大學等院校從事漢語文教學工作。他於1927年經老師錢玄同先生介紹，參加當時教育部的"國語推行委員會"並任常委，從此終身從事漢語文的推廣與改革的實踐。1935年受公推將國內外館藏九種敦煌韻書殘片與《切韵》排比編成重要工具書《十韻彙編》，從事音韻學研究之學人至今仍奉爲圭臬。先生並爲《十韻彙編》寫了學術性長序，後被命名爲《論切韻系韻書》，成爲先生在韻書研究方面的代表作。1940年受"教育部國語推行委員會"的委託，編寫國家韻書《中華新韻》，至今仍在沿用。1946年受命赴臺灣推行國語，努力清除日本強制推行日語50年的影響，進行了十分重要的"文化光復"工作。建國後被聘爲"文字改革委員會"理事，任"漢字整理部"副主任，具體主持了第一批簡化字的擬定。1953年牽頭組建"新華辭書社"，主持編纂了享譽海內外的《新華字典》(第一版)。1958年受命在北京大學中文系組建全國第一個"古文獻專業"，爲國家培養了急需的古文獻整理、研究人才。

　　今年，經南京大學中文系魯國堯教授推薦，商務印書館決定出版先生有關語言文字學的文集以及《漢字形體變遷史》專著單行本。這對一生根據工作需要撰寫和編著了大約四五百萬字著作，卻從未爲自己出過一本文集的魏建功先生來說，可算是百年盛事了。《文集》篇目業經北京大學中文系何九盈教授核定。謹對商務印書館及魯國堯、何九盈二位教授表示衷心的感謝。

魏至
2011年國慶日前